Schottland
mit Hebriden, Orkney und Shetland
Richtig Reisen

Susanne Tschirner

Inhalt

Das Land

Berge, Lochs, Wind: Geographie und Klima   10
     Statistik: Was Sie schon immer über Schottland wissen wollten ...   12

Lebensräume für Pflanzen und Tiere   14
     Thema   Munros: Berge zum Einsacken   17

Wirtschaftsräume im Wandel der Zeiten   19

Die Menschen

Typisch schottisch?   25
     Thema   Tartan und Kilt oder das karierte Schottland   26

Turbulente Jahrhunderte – Kleine Geschichte Schottlands und der Schotten   29
     Thema   Unumgänglich in Schottland – Maria Stuart   34
     Thema   »Freedom is a noble thing« – Nationalismus einst und heute   40

Scottishness in Sprache und Literatur   42
     Thema   Et Ego in Scotia: Johnson und Fontane   47

Die Kunst: Stehende Steine   48

Routen durch Schottland

Das südliche Hügelland

On the Borders	58
Dumfries und Galloway	64

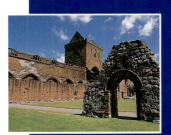

Der Central Belt

Edinburgh	78
Zwischen Holyrood Palace und Edinburgh Castle: Royal Mile und Altstadt	78
Thema Edinburgh feiert: Theaterfestival und Military Tattoo	84
Südlich im Schatten der Burg: vom Grassmarket zur Universität	87
Die viktorianische Mitte: Calton Hill, Princes Street, Westend	88
Die Neustadt: im Norden der Princes Street	90
Am Stadtrand	94
Ausflug durch East Lothian	95
Ausflug zu den Ufern des Firth of Forth	98

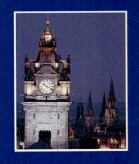

Glasgow	102
East End - das ›alte‹ Glasgow um die Kathedrale	106
Mammon in Merchant City: das viktorianische Stadtzentrum	109
Museen, Museen - vom West End zum Pollok County Park	111
Thema Ein Prophet in Glasgow – Charles Rennie Mackintosh	112

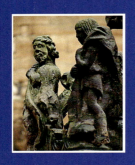

Ausflug an den Loch Lomond und zu den Trossachs	116
»Doon the watter« - den Clyde hinunter nach Bute	121
Ausflug in den Südwesten bis nach New Lanark	122

Rund um Stirling 126

Fife: Golf und Fischerhäfen 129

Thema	Hexenwahn in Schottland	132
Thema	Golf, Golfer, Golferinnen	137
	Ein Ausflug ins Piktenland	138
Thema	Das Rätsel der Pikten	140

Entlang der Ostküste von Dundee nach Stonehaven 143

Die Highlands

Aberdeen, die graue Ölstadt 150

	Deeside - an Schottlands königlichem Fluß	153
Thema	Braemar, das schwergewichtige Sportfest im Kilt	158

Vom Dee nach Inverness 161

Thema	Wasser des Lebens: Whisky	166

Autobahn in die Highlands – von Perth nach Inverness 171

Thema	Mutmaßungen über den Stein des Schicksals	174

Der Norden: von Inverness bis Ullapool	178
Der Westen: Fort William und Wester Ross	184
Thema My God, it's the Monster!	190
Argyll – die südwestlichen Highlands	195
Tip Over the Sea to Islay and Jura	204

Die Inseln

Die nördlichen Inseln	208
Orkney	208
Thema Leben und Sterben in der Steinzeit	214
Shetland	221
Thema Öl	224
Die Hebriden	232
Die Äußeren Hebriden – auf Lewis und Harris	232
Thema Die Farben der Hebriden: Tweed	240
Skye: die neblige Schöne	241
Thema Heldin der Highlands - Flora MacDonald	244
Thema Vom Dudelsack zum Rock	250
Mull mit Iona und Staffa	254
Ferieninsel Arran	258
Thema Der schöne Traum vom Landleben – die Welt der Rosamunde Pilcher	261

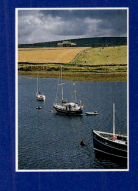

Serviceteil

Inhaltsübersicht	265
Glossar	334
Scots –Deutsch	334
Ortsnamen	337
Register	340
Abbildungsnachweis	357

Danksagung

Ich danke allen Institutionen und Verkehrsgesellschaften, die diesen Führer mit Rat und Tat unterstützt haben: British Bookshop, British Heritage, Edinburgh Tourist Office, Historic Scotland, National Trust for Scotland, Caledonian MacBrayne, Deutsche Lufthansa AG, hier insbesondere Karin Weber, P & O Scottish Ferries und Scandinavian Seaways. Mein besonderer Dank gilt Claudia Ritsert und Christiane Ebeling von der British Tourist Authority BTA in Frankfurt/Main, die mir bei Planung und Bewältigung der Recherche eine unschätzbare Hilfe waren. Ein nicht minder herzliches Dankeschön geht nach Köln an die Mitarbeiterinnen und Mitarbeiter des DuMont Buchverlags, insbesondere Angela Buntenbroich und Angelika Thill für ihre Kompetenz und Geduld.

Ich widme dieses Buch Friedhelm Laass, Bonn.
Er weiß, wofür.

Susanne Tschirner   Bonn, im März 1996

Verzeichnis der Karten und Pläne

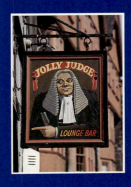

Schottland	vordere Umschlagklappe
Edinburgh	hintere Umschlagklappe
Borders	58/59
Dumfries und Galloway	66/67
Dumfries	70
East Lothian	96/97
Ufer des Firth of Forth	98
Glasgow	104/05
Loch Lomond	117
Ausflüge von Glasgow	122/23
Rund um Stirling	127
Fife	130/131
St. Andrews	136
Dundee bis Stonehaven	142/43
Dundee	144
Aberdeen, New Town	150
Aberdeen, Old Town	152
Deeside	154/55
Vom Dee nach Inverness	162/63
Von Perth nach Inverness	172
Norden	180/81
Westen	185/86
Südwesten	196
Islay und Jura	205
Orkney	209
Shetland	222
Lewis und Harris	233
Skye	241
Mull	254
Arran	259

Das Land

Berge, Lochs, Wind: Geographie und Klima

Geologie

»Wo sonst in der Welt gab es ein so verschiedenartiges, ein so mannigfaltig abgestuftes Grün wie hier? – Das Grün junger Lärchen, das bleiche Grün der Winterfelder, die zarte Farbenpracht jungen Korns, die pfauenblauen Töne der See hinter Eriskay, das tintenschwarze Grün der Kiefernforste, das weiche Grün eines alten, verblichenen Tartans, das dunkel glühende Stechpalmengrün, Farngrün und Heidegrün, Schilfrohr im See und Kiebitzflügel, und das smaragdene Herz der Atlantikwogen, die sich aufbäumten wie Pferde in der Sonne und brachen wie Donner am Strand? Und dies war der beständige Zauber des Landes: Wenn immer du genau hinsiehst, erblickst du Liebreiz in zerbrechlichen, winzigen Formen, und wenn du den Blick in die Ferne schweifen läßt, ergreift dich seine hohe, strenge Schönheit, die steinernen Rippen seiner Berge, die wolkenumhüllte Erhabenheit seiner Gipfel.«
(Eric Linklater: »Magnus Merriman«)

Lochs, Berge, Hügel: Die landschaftlichen Phänomene, die man gemeinhin mit Schottland in Verbindung bringt, sind Kinder der letzten Eiszeit, die vor etwa 10 000 Jahren zu Ende ging. Die unvorstellbaren Geröllmassen, welche die Gletscher transportierten, änderten Flußläufe, schliffen die Bergkuppen ab, höhlten Täler wie das des Loch Lomond aus, schufen die charakteristischen *Corries* (gälisch *coire*), schüsselförmige, oft mit einem See gefüllte Gebirgskare in Gipfelnähe, oder die Drumlins in Mittel- und Südschottland, in länglicher Hügelform abgelagertes Moränenmaterial.

Doch schon zuvor hinterließen **erdgeschichtliche** Prozesse ihre steinernen Rückstände, sorgten so für das abwechslungsreiche Erscheinungsbild des Landes: Auf den nordwestlichen Inseln und Highlands herrschen Lewisische Gneise vor, die mit ihren 2,2 Mia. Jahren zu den ältesten bekannten Gesteinen der Erde gehören. Der harte, verwitterungsbeständige Granit, Ergebnis vulkanischer Aktivitäten, sorgt dafür, daß die Cairngorms noch heute so hoch sind. Roter, leicht erodierender Sandstein aus dem Jura an den nordöstlichen Küsten von Caithness und Orkney verleiht der Region ihren fotogenen Purpurhauch. Vulkangesteine wie Arthur's Seat, die isolierten Kegel der Eildon Hills in den Borders oder die prismatischen Basaltsäulen auf Staffa haben unverwechselbare Landmarken gebildet. Auch den Charakter der Flüsse bestimmen die Gesteinsarten mit: Die meisten Ströme des Westens und Nordens fließen durch sauren, nährstoffarmen Quarzit, was sie ungewöhnlich klar und ebenfalls leicht sauer und nährstoffarm macht; die charakteristische bräunliche Färbung bekommen sie durch Torfgrund und Moore. Die Flüsse des Ostens wie Tweed und Don fließen auch durch Sandstein- und Kalkschichten und sind daher nährstoffreicher und trüber.

Geographisch zerfällt Schottland in **drei Großregionen:** das etwa 600–800 m hohe südliche Hügelland *(Southern Uplands),* in dessen fruchtbaren Senken intensive Landwirtschaft möglich ist; das dichtbesiedelte mittelschottische Tiefland, auch *Central Belt* genannt, mit seinen aus dem Karbon stammenden Bodenschätzen wie Kohle, Erz und Kalk, mit seinen Metropolen, fruchtbaren Ackerbaulandschaften und Industrien – es dehnt sich zwischen den

Meeresarmen des Clyde und Forth aus; schließlich die rauhe, wirtschaftlich unterentwickelte Bergwelt des Hochlands mit den höchsten Gipfeln, schönsten Lochs und wenigsten Menschen – für viele der Inbegriff Schottlands. Der Triade folgt auch die Routengliederung dieses Buchs, wobei vom Hochland noch einmal die kulturell eigenständigen Inseln getrennt werden.

Drei **geographische Verwerfungslinien,** alle von Nordosten nach Südwesten verlaufend wie auch die meisten Täler im Westen, gliedern die drei Regionen. Sie entstanden im Zuge der kaledonischen Gebirgsbildung im frühen Devon. Die *Highland Boundary Fault* von Stonehaven an der Ost- zu der Arran-Insel an der Westküste teilt Highlands und Lowlands voneinander. Der tiefe Bruch des *Great Glen* ist durch die ebenso tiefe, lange Seenkette Loch Ness, Loch Oich, Lochy und Loch Linnhe bezeichnet, von Inverness nach Fort William; das ›Große Tal‹ trennt die südöstlichen Grampians von den nordwestlichen Highlands. Die weniger offensichtliche *Southern Uplands Fault* verläuft entlang der südlichen Hügelketten der Regionen von Borders und Dumfries/Galloway, in etwa von Edinburgh nach Ayr.

Schottland, schön und gut. Aber das **schottische Wetter?** Schon der amerikanische Schriftsteller Nathaniel Hawthorne hielt Nieselregen, den *Drizzle,* sowie hartnäckigen Nebel für typisch schottisch. Wesentliche Kennzeichen des schottischen Wetters sind Wechselhaftigkeit, die vom Atlantik über das Land ziehenden Wetterfronten, kühle Temperaturen und stürmische Winde. Es heißt, man könne einen Mann aus Edinburgh überall in der Welt daran erkennen, daß er seinen Hut festhält, bevor er um eine Häuserecke biegt. Be-

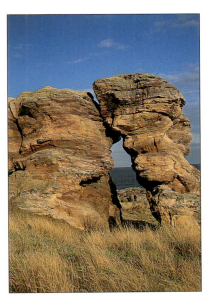

Der rötliche Sandstein an der Küste von Fife ist fotogen verwittert

rüchtigt ist auch der frühjährliche und sommerliche *Haar,* ein vom Meer aufziehender Dunst, der einem die klare Sicht vernebeln kann. Der Golfstrom an Schottlands Westküste beschert dem Land ein ausgeglichenes, mildes ozeanisches Klima ohne große Hitze- und Kälteextreme, durch die Kollision mit den kälteren Festlandluftmassen aber auch konstante Wolkenbildung und Stürme. Daß Schottland im Winter 1994 von der schlimmsten Regenflut des Jahrhunderts heimgesucht wurde, halten manche Wetterkundler dagegen weniger für ›typisch schottisch‹ als für den Indikator einer globalen Klimaveränderung.

Generell regnet es zwar überall oft und kräftig, mit durchschnittlich 1600 mm im Jahr liegt die Westküste, an deren Bergen sich alle atlantischen Tiefausläufer zunächst einmal abregnen, jedoch eindeutig vor den 800 mm der Ostküste.

Statistik: Was Sie schon immer über Schottland wissen wollten ...

Größe: 78 783 km², das ist ein Drittel der Fläche Großbritanniens und entspricht etwa der Größe Österreichs.

Lage: Zwischen dem 54. und 61. Grad nördlicher Breite, etwa auf einer Höhe mit Bergen oder Südgrönland; Shetland liegt näher am Polarkreis als an London. Im Osten bilden die Nordsee, im Westen der Atlantik, im Süden Cheviot Hills und der Tweed Schottlands Grenzen.

Entfernungen: Kein Ort liegt weiter als 64 km vom Meer entfernt. Die maximale Nord-Süd-Ausdehnung des Festlands beträgt 440 km, die maximale Ost-West-Ausdehnung 248 km.

Inseln: 800 an der Zahl, davon sind 130 bewohnt. Die größten Archipele sind Orkney und Shetland im Norden und die Hebriden im Westen.

Küsten: Über 10 000 km ist Schottlands Küste lang, wenn man den zahllosen, im Westen bis zu 50 km ins gebirgige Hinterland einschneidenden Fjorden und Seebuchten folgt. Die größten Ästuare, trichterförmige, lange Flußeinmündungen, sind Firth of Forth bei Edinburgh, Firth of Tay bei Dundee, Moray Firth bei Inverness, Firth of Clyde bei Glasgow und Solway Firth bei Dumfries.

Berge: Fast zwei Drittel Schottlands sind Hügelland über 120 m. Der höchste Berg Großbritanniens, der Ben Nevis, kommt auf 1347 m (Munros s. S. 17).

Gewässer: 30 000 Lochs, gälisch für See, und 6628 Flüsse mit einer Länge von 47 984 km bedecken das Land. Die größten, über 100 km langen Flüsse sind Tay, Spey, Clyde, Tweed, Dee, Don und Forth; die größten Seen Loch Lomond (71 km²), Ness (56 km²) und Awe (39 km² und mit 41 km der längste). Schottland besitzt mit seinen von den Eiszeitgletschern in die Erde gegrabenen Lochs einige der tiefsten Inlandgewässer der Welt (Loch Morar 372 m).

Temperaturen: Im Winter durchschnittlich von minimal − 0,5 bis maximal 7,5 °C: milde Winter, kühle Sommer.

Bevölkerung: Die 5 Mio. Schotten machen nur ein Elftel der britischen Bevölkerung aus. Durchschnittlich leben 65 Menschen auf einem Quadratkilometer, was Schottland zu einem der dünnstbesiedelten Länder Europas macht. Große Schwankungen bestehen zwischen den Highlands (8/km²) und der Region Lothian um Edinburgh (427/km²). Im *Central Belt* konzentrieren sich 80 % der Gesamtbevölkerung.

Religion: Der Löwenanteil der Schotten gehört einer der vielen protestantischen Kirchen an, die meisten der presbyterianisch-calvinistischen Church of Scotland, die keine Hierarchie kennt; ihre Gemeindeorganisation besteht aus dem Geistlichen (Presbyter), den Kirchenältesten und der stark von ihnen kontrollierten Gemeinde; einmal im Jahr treffen sich alle Presbyter zur Generalversammlung in Edinburgh. Die zweitstärkste Kirche ist die katholische; ihre meisten Anhänger sind auf den Äußeren Hebriden und unter den Nachkommen irischer Emigranten in Glasgow zu finden. Weitere protestantische Kirchen sind die Baptisten, die Episkopalisten, die wie die englische Staatskirche Bischöfe haben, und die fundamentalistische Free Church (s. S. 232 und 246 f.).

Städte: In den vier Metropolen Glasgow (898 000), Edinburgh (450 000), Aberdeen (210 000) und Dundee (172 000) lebt ein Drittel aller Schotten.

Der Monstersee Loch Ness, das Urbild eines schottischen Lochs: tief, langgestreckt, von ginsterbewachsenen Weidehängen und Bergrücken umfangen

Der geringsten Niederschläge rühmt sich das alte Königreich Fife. Die Temperaturen nehmen aufgrund des nachlassenden Einflusses des Golfstroms von Westen nach Osten ab, wobei natürlich auch die Höhe eine Rolle spielt – den Kälterekord hält Braemar mit –27,2 °C. In den Gebirgen, vor allem in den Grampians mit ihren Wintersportregionen, ist mit nicht geringen Schneemengen zu rechnen. In der An Gharbh Coire, einem Corrie in den Cairngorms, soll der Schnee erst zweimal in diesem Jahrhundert aufgetaut sein.

Als sonnenreichste und niederschlagärmste Monate gelten Mai und Juni. Ausnahmen bestätigen die Regel. Dem nördlichen Breitengrad verdankt Schottland spürbar längere Tage. Auf Shetland kann man am längsten Tag des Jahres, dem 21. Juni, um 24 Uhr im Dämmerlicht der arktischen Mittsommernacht Golf spielen. Auch der sonnige Herbstmonat September eignet sich gut zum Reisen. Baden kann man eigentlich nur im Juli/August, doch muß man dann das Land auch mit den meisten anderen Gästen teilen. Als D. H. Lawrence nörgelte, man müsse, um Schottlands Wetter zu ertragen, ein amphibisches Wesen sein, übertrieb er es ganz klein wenig. Wer einmal die Sonne nach einem Regenguß durch die niedrighängenden Wolkenbänke hat brechen sehen, wenn das Land in ein leuchtendes, klares Licht getaucht ist und alle Farben hundertfach intensiviert zu sein scheinen, der wird sich in Wetterdingen zum Keltophilen wandeln. Man erkennt ihn an Regencape, Gummistiefeln und einem trockenen Humor.

Lebensräume für Pflanzen und Tiere

Die weiten, menschenleeren Berghänge, Moor- und Heidegebiete könnten den Eindruck erwecken, Schottland sei eine einzige unverdorbene Naturlandschaft. Doch die Ödnis ist von Menschenhand gemacht. Schon die steinzeitlichen Siedler begannen mit der Abholzung des ursprünglichen **kaledonischen Forstes** – das römische *Caledonia* bedeutet ›Wald auf den Höhen‹. Holzkohle- und Eisenproduktion sowie Schiffsbau gaben ihm den Rest. Heute zeugen nur noch kümmerliche Reste von diesem Ur-Wald (s. S. 177 und 194). Vor allem Überweidung durch Schafe und Rotwild führten und führen zu einem ökologisch verhängnisvollen Kahlfraß.

Mit großangelegten Aufforstungen nach dem Zweiten Weltkrieg versuchte man, der zunehmenden Erosion und Versauerung der Böden Einhalt zu gebieten. Die schnell und auch auf sauren Böden wachsende Sitkafichte ist der Lieblingsbaum der auf Ertrag bedachten Forstindustrie, die mit ihren 12 000 Beschäftigten einen wichtigen wirtschaftlichen Faktor darstellt. Bei Ökologen als ›Stangenspargel‹ verschrien (Willst du einen Wald vernichten, pflanze Fichten!), erweisen sich diese Nadelbaummonokulturen höchst anfällig gegen Windschlag und laugen den Boden aus. Sie haben den einzigen genuin schottischen Nadelbaum, die Schottische Kiefer *(Scots Pine)*, weitgehend verdrängt. Misch- oder Laubwald findet sich fast nur noch in geschützten Reservaten, so den feuchten, mit Moosen und Flechten

Farbenprächtig blühen im Mai die Rhododendren in Schottlands Parks

bewachsenen Eichenwäldern von Argyll. Der ausgewilderte Rhododendron ist mit seinen farbenprächtigen lila Blüten zwar eine Augenweide, wuchert aber so stark, daß die immergrünen, fast baumhohen Sträucher den heimischen Wald zunehmend ersticken. Die Förster werden dieser schönen Plage kaum Herr, die britisch-schottische Landbesitzer einst für ihre Gärten importierten. Überhaupt gilt: Wer in Schottland üppigen alten Baumbestand sehen will, muß in die Parks der Herrenhäuser gehen, denn die Adligen haben vom 18. Jh. an viel für die Aufforstung Schottlands getan.

Elch, Ren und Wolf, die wir aus gälischen Gedichten und von Piktensteinen kennen, sind schon lange ausgerottet. Es steht zu befürchten, daß die ohnehin aufgrund der frühen Loslösung vom europäischen Kontinent recht artenarme Fauna des Landes (dasselbe gilt für die Flora) weiter reduziert wird. Für die Tierarten, die einen natürlichen Wald als Lebensraum benötigen, wird es immer enger: für das von seinen aggressiveren grauen Vettern verdrängte Rote Eichhörnchen, den von Nadelbaumsamen lebenden Kreuzschnabel, eine Finkenart, oder den fast bis zum Aussterben bejagten Auerhahn, eine große Moorhuhnart, dessen auffälliges Balzverhalten mit dem aufgefächerten Schwanz auf Schottlands Kiefernwaldlichtungen immer seltener zu beobachten ist. Die scheue Wildkatze lebt heute fast nur noch nördlich des Great Glen in vom Menschen ungestörten Naturlandschaften, wegen fehlender Wälder auch in baumlosem Gras- und Felsland. Von den vielen verwilderten Katzen unterscheidet sich der braunschwarz gestreifte, unter Artenschutz stehende ›schottische Tiger‹ durch seine größere Gestalt mit breiterem Schädel und längeren Beinen, den schwarzen Rückstreifen und den buschigen, geringelten Schwanz mit der charakteristischen schwarzen Spitze. Recht ungefährdet ist der *Pine Marten*, ein Marder, der von kleinen Vögeln und Nagetieren lebt und sich auch im Nutzforst wohl fühlt. Die Baumgrenze in den schottischen **Bergen** liegt mit 500 m vergleichsweise niedrig. Meist ersetzen jedoch ohnehin Sträucher wie Heide, Heidel- oder Preiselbeere, Wacholder, Bärentraube oder Ginster die im übrigen Europa an dieser Stelle anzutreffende Krüppelbaumvegetation. In der Felswüste der höchsten Gipfel gedeiht neben Moosen und Flechten auf besseren Böden auch eine sonst nur in noch größeren Höhen vorkommende arktisch-alpine Pflanzenwelt, z. B. Enzian, Vergißmeinnicht, Azaleen, Vogelmiere oder Steinbrech. Hier ziehen seltene Raubvögel wie der Goldadler mit seinen bis über 2 m breiten Schwingen oder der Wanderfalke ihre majestätischen Kreise, stürzen zum Beutemachen jäh und zielsicher hinab. Menschliche Eierdiebe, das nun verbotene DDT, das die Eierschalen der Falken brüchig machte, und giftige Farben zum Markieren der Schafe (der Goldadler frißt Schaf- und Hirschaas) führten in den 60er Jahren beinahe zu ihrem Aussterben. Heute besitzt Schottland die stärkste Goldadlerpopulation in Europa, denn sie nähren sich prächtig von Gebirgshasen, Moor- und Schneehühnern. Letztere tarnen sich im Sommer mit einem braunscheckigen, im Winter mit einem weißen Federkleid und sind extrem kälteunempfindlich.

Es sind jedoch die sumpfigen Hochmoore und die etwas trockeneren **Heidemoore** mit ihrem nährstoffarmen Ober- und verhärteten Unterboden sowie das saure Grasland der Rauhweide *(Rough Grazing)*, die das schottische Landschaftsbild nachhaltig prägen. Vermutlich ersetzen sie alle frühere Waldgebiete. Im Juli blüht als erste Art der Leitpflanze Heide die dunkelviolette Glockenheide, im August dann das hellere Heidekraut. Hunderte von verschiedenen *Ericaceae* – so der botanische Name für die Heidekrautgewächse – sind im Botanischen Garten von Edinburgh zu bewundern (s. S. 94). Auf feuchteren Böden wachsen nur noch die anspruchslosen Torf- und Sumpfmoose, Sumpfmyrte und -affodill oder Riedgräser. Die Sumpfschwertlilie blüht leuchtend gelb in Wassergräben und an Seeufern. Vor allem im niederschlagsreichen Westen deuten Farne, die schon mal an die 2 m hoch werden, auf etwas nährstoffreichere und besser entwässerte Böden hin.

An den Insektenschwärmen, von denen besonders die berüchtigte schottische Mücke den Wanderer piesackt, labt sich sommers ein bekannter Zugvogel, die Schwalbe. Heidemoor ist Moorhuhnland. Das wohlschmeckende *Grouse* mit dem schönen lateinischen Namen *Lagopus scoticus* ernährt sich von Heideschößlingen und nutzt die Deckung seiner Freßpflanzen gegen Raubtiere. In der Balzzeit hört man sein meckerndes Gackern, den Anlaßgeräuschen eines Motors nicht unähnlich, über die Heide schallen. Die Männchen tragen als Hochzeitskleid einen roten Oberkopf und Hinterhals, ansonsten sind die rundlichen, eher unscheinbaren Tiere braunschwarz mit weiß gesäumten Federn.

Die Tiere und Pflanzen, deren Lebensraum vor 100 Jahren der **Acker** war, sind wie überall in der europäischen Intensivlandwirtschaft durch Monokulturen, Pflanzenschutzmittel und Kunstdünger weitgehend vertrieben worden. Keine Mohn- und Kornblumen lockern mehr die ordentlichen, langweiligen Gersten- und Weizenfelder auf; früher weit verbreitete Vögel wie Kiebitz, Feldlerche oder Rebhuhn sind ein seltener Anblick geworden. Am Boden nistende Vögel wie die vom Aussterben bedrohte

Munros: Berge zum Einsacken

Wer zur Elite unter Schottlands Bergen gehört, ist über 3000 Fuß oder prosaische 914 m hoch und darf sich Munro nennen. Der Nachteil: Er muß sich vermehrt besteigen und von sammelwütigen Gipfelstürmern ›einsacken‹ lassen. *Munrobagging* heißt der Sport, und er treibt seltsame Rekordblüten. Im Jahre 1900 ging Reverend Archibald Eneas Robertson in die vom Scottish Mountaineering Club geführten Ruhmesannalen ein als erster, der alle 277 Munros bestiegen hatte. Es folgten die erste Munroistin, Kathy Murgatroyd, der erste zehn- und der erste siebzigjährige Munroist, der erste Hund auf allen Munros (mit Begleitung) und schließlich der schnellste Munroist, Mark Elsegood, der alle Gipfel in sagenhaften 66 Tagen knackte. Über 800 Munroisten gibt es mittlerweile in der Welt, Tendenz steigend.

Tragisch mutet auf dem Hintergrund dieser Erfolgsstories das Schicksal des Namengebers an. Sir Hugh T. Munro, viktorianischer Offizier, Gentleman und Schottlandliebhaber, hatte gegen Ende des letzten Jahrhunderts jenes vielbändige Mammutwerk verfaßt, das alle Dreitausender auflistete. An zwei Gipfeln scheiterte er. Munro konnte sich zwei berüchtigte Gipfel, den Sgurr Dearg auf Skye und den Carn Cliochmhulinn in den Cairngorms, nur aus der Ferne ansehen wie Moses das Gelobte Land.

Wiesenknarre werden mit der frühen Mahd von den Wiesen vertrieben, der Schleiereule fehlen in den modernen Farmhäusern die unabdingbaren Winkel und Ecken. Die Große Hufeisenfledermaus scheint den Überlebenskampf schon verloren zu haben. Bussarde und Hühnerhabichte, zwei Zivilisationsfolger, kommen dagegen bestens mit der veränderten Umwelt zurecht.

Im Hochland, wo die Rainhecken noch nicht wegrationalisiert sind, am Wegesrand und in den oftmals unter ökologischen Gesichtspunkten bewirtschafteten Ländereien der großen Herrensitze trifft man heute noch am ehesten ein reiches Tier- und Pflanzenleben an: Dachs, Wiesel, Hermelin, Fuchs und natürlich die allgegenwärtigen Kaninchen, Bandgras, Klee, wilde Nelken oder Schottlands Nationalblume, die Distel. Und im Frühling und Frühsommer überzieht ein bunter Teppich das Land: grellgelber Stechginster, der intensiv nach Kokos duftet, blaue Traubenhyazinthen, duftende Weißdornhecken, lila Rhododendron, der weißblühende wilde Knoblauch oder Bärlauch mit seinem intensiven Geruch, rosa Grasnelkenkissen an den Felsküsten. Im *Machair*, den Salzmarschen des Westens, entfaltet sich eine einzigartige Blütenpracht.

Die possierlichen Papageitaucher brüten auch auf Staffa

In den größtenteils sauberen schottischen **Flüssen und Seen** – phantastische 98 % sind als völlig unverschmutzt eingestuft – tummeln sich 40 der in Großbritannien beheimateten 45 Fischarten, finden sich die größten Perlmuschelbestände Westeuropas, gedeihen gelbe Wasserlilien und Schilfgras. In den 200 schottischen Lachsflüssen, als deren berühmteste Spey, Tay, Tweed und Dee gelten, kämpfen alljährlich Lachse und Forellen gegen Strömung und Angler. Der begehrte Speisefisch Lachs, der in Süß- und Salzwasser lebt, schwimmt am Ende seines Lebens Tausende von Kilometern zu den Laichgründen zurück, in denen er selbst aus dem Rogen geschlüpft ist. Nur in absolut sauberen Gewässern legt er seinen Laich ab – ein Expertenlob für die schottische Wasserqualität. Die wenigen verschmutzten Flüsse sind diejenigen, welche durch die großen Städte fließen, die wie Aberdeen oft keine Kläranlagen besitzen. Auch hier funktioniert das Warnsystem Lachs, denn bis vor kurzem verirrte sich kein Lachs mehr in den von Industrieabwässern verunreinigten Clyde.

In den Seen, Salzmarschen, Ästuarien und Grasländern der westlichen Dünenstrände überwintern vom Herbst bis in den April arktische und subarktische Arten wie Schwäne, Enten und Wildgänse aus Grönland oder Island, nisten heimische Arten wie der Austernfischer mit seinem langen, orangefarbenen Schnabel, Kiebitze und andere Watvögel oder der wieder eingebürgerte Fischadler; etwa 50 Pärchen, der gesamten britischen Population, gewährt Schottland Gastrecht.

Die langgezogene **Küste** ist ein Vogelparadies, das möglicherweise kurz vor dem Sündenfall steht. Millionen von Seevögeln wie Trottellummen, Tordalke, Papageitaucher, Möwen, Tölpel und Kormorane nisten in den Klippenfelsen. Doch die Überfischung und Verschmutzung der Meere, besonders der Nordsee, der ›Kloake Europas‹, und verschmutzte oder kranke Fischnahrung bedrohen die Artenvielfalt bei Vögeln und Meeressäugern. Im Frühjahr 1994 trafen beunruhigende Nachrichten von einem Massensterben der Seevögel an Schottlands Küsten ein, allein 50 000 auf

Shetland. Ornithologen fanden heraus, daß die Vögel verhungert waren. Gegen die Schleppnetze der internationalen Trawlerflotte kamen sie nicht an. Gefährdet sind auch die Populationen von Ottern, die in Süß- und Salzwasser vorkommen, Walrössern sowie Seehunden, in Schottland hauptsächlich die größeren Kegelrobben und der kleinere Gemeine Seehund mit seinem hundeähnlichen Profil. Noch in den 80er Jahren wurden Robbenbabys wegen ihres weichen weißen Fels abgeschlachtet, bis Aktivisten von Greenpeace die Heuler bunt färbten und den Pelzhändlern das Geschäft versalzten. Alle Robben, im Wasser elegante Taucher, kommen zur Geburt der Jungen an Land, wo sie sich nur schwerfällig und unbeholfen bewegen können. Seehunde und Otter verfangen sich rettungslos in Hummerreusen oder engmaschigen Schleppnetzen. Mit Fischern und Fischfarmern treten die Tiere in eine manchmal tödlich endende Freßkonkurrenz um den Lachs. Seehunde kann man an Schottlands Küsten relativ häufig, seltener Otter, Delphine oder sogar Wale sichten.

Wissenschaftler geben derweil schottlandweit alarmierende Prognosen ab: Ein Drittel aller Tierarten – besonders stark ist die Insektenwelt betroffen – werde um die Mitte des nächsten Jahrhunderts ausgestorben sein, wenn nicht, einhergehend mit einer radikalen Wende im Denken und im Umweltschutz, wieder ausreichende seminatürliche Lebensräume geschaffen würden.

Wirtschaftsräume im Wandel der Zeiten

Heute rücken die Trawler mit Sonardetektor und Beutelnetz den bereits gefährlich reduzierten Fischbeständen zu Leibe. Im Vergleich mit dem Goldenen Zeitalter der **Fischerei,** dem 18. und 19. Jh., als Herings- und sogar Walfang boomten, ist die drastisch geschrumpfte schottische Fangflotte mit ihren etwa 8000 hauptberuflichen Fischern und knapp 2500 Schiffen allerdings nur ein kleiner Fisch. Trotzdem gehen an die zwei Drittel aller britischen Flossentiere schottischen Fischern ins Netz. Die Fischereiaktivitäten verlagern sich langsam von der hoffnungslos überfischten Nordsee nach Westen. Hauptfanggründe liegen um die Hebriden und westlich von Orkney und Shetland. In vielen Häfen, vor allem an der Ostküste, geht der Trend weg von der Hochseefischerei zum lukrativeren Hummer-, Krabben- und Muschelfang: Qualität statt Quantität für die Feinschmecker der Welt. Die größten Fischereihäfen, wo Massen von Weißfisch angelandet werden, sind noch immer Peterhead und an zweiter Stelle Aberdeen an der Ostküste. Als Makrelenmekka gilt Ullapool. Der Fang von Wildlachs und Forellen ist strikt limitiert und bringt über die saftigen Anglergebühren mehr Geld als die ordinären Weißfische in Schottlands öffentliche Kassen.

Zwölfmal so viel Fische, wie mit Netz und Angel gefangen werden, werden in hochtechnologischen Fischfarmen gezüchtet. Das zukunftsträchtige, expandierende und viele Arbeitsplätze schaffende *Fish Farming* nutzt bevorzugt das saubere Wasser und die geschützte Lage der westlichen Fjorde. Pestizide, Antibiotika und Fischgülle stellen aller-

Der Fischereihafen Ullapool ist Schottlands ›Makrelenmekka‹

dings eine wachsende Gefahr für deren Sauberkeit dar. Da der Lachs in den fünf Jahren, die er bis zur Verzehrreife leben darf, erst Süß- und dann Salzwasser benötigt, lebt er zunächst in kleineren Fischfarmen in Inlandseen und später in größeren in Meeresarmen. Während im Westen Lachs und Forelle gezogen werden, baut man auf Orkney und Shetland hauptsächlich Mies- und Jakobsmuscheln oder zunehmend auch Austern an. Norwegische Dumpingpreise setzen den Lachsfarmern jedoch schwer zu: »Schottischen Lachs auf schottischen Tischen«, fordern sie.

Obwohl mehr als zwei Drittel der Landfläche auf die eine oder andere Weise landwirtschaftlich genutzt werden, sind doch nur weniger als 2 % der Bevölkerung im immer weiter schrumpfenden **Agrarsektor** beschäftigt. In den Highlands und Islands herrschen kleine Betriebsgrößen und Nebenerwerbslandwirtschaft vor, das sog. *Crofting:* ein paar Schafe und Rinder, die auf der gemeinschaftlich genutzten Rauhweide grasen, ein wenig Ackerbau mit Futterpflanzen, Rüben und Kartoffeln, ergänzt durch ein bißchen Fischerei oder Heimindustrie wie die Tweed-Weberei auf Harris. Das in lange Streifen aufgeteilte Crofting-Land reicht von der fruchtbaren Küstenmarsch, wo Seetang als Dünger zur Verfügung steht, zum Hochmoor, dem ›schwarzen Land‹, wo gemeinsam Torf für den Eigenbedarf gestochen wird. Diese *Crofting Communities,* einzelne, entlang der Küstenstraße aufgereihte Gehöfte, prägen auch heute noch weite Gebiete des Nordens und Westens. Sie entstanden als Folge der *Clearances,* als die großen Landbesitzer immer mehr Bauern von ihrem Land vertrieben, um es als Schafweide zu nutzen. Die Bauern wurden an die Küste getrieben und zu Fischerei und Tangsammeln *(Kelp)* für die chemische Industrie gezwungen. Groß ist die Solidarität der Crofter untereinander, das Gemeinschaftsgefühl, das sie gegen die harte, feindliche Umwelt und den Landbesitzer, den *Laird,* zusammenschweißt. Crofting ist eher eine Lebensanschauung als ein schnödes Bewirtschaftungssystem.

Im Gegensatz zu diesem fast autarken, ökologischen *Mixed Farming,* das fast ohne Pestizide und Kunstdünger auskommt, wird auf den fruchtbaren Böden der Lowlands, hauptsächlich im mittelschottischen Tiefland, ein hochmechanisierter, intensiver und spezialisierter Ackerbau auf größeren Höfen betrieben. Vor allem an der Ostküste begünstigen mildes Klima und fruchtbare Böden den Anbau von Weizen, Gerste, Hafer, Raps oder Rüben auf riesigen Monokulturfeldern. Gerste als Futterpflanze und für die Whisky- und Bierherstellung liegt an erster Stelle, doch als Frühstücksmüsli kommt auch der Hafer wieder zu Ehren. Er ist die klassische Getreidesorte Schottlands, unverzichtbarer Bestandteil von *Oatcakes, Porridge* und *Haggis* (s. S. 25 f.).

Die Schotten sind Fleischesser; daran hat auch der grassierende Rinderwahn (s. S. 326) nichts geändert. Milch geben die importierten holsteinischen und friesischen Rinder und das einheimische Ayrshire-Rind; Fleisch das hübsche, gedrungene Galloway-Rindvieh mit seinem dichten, schwarzlockigen Fell. Die wohl älteste Rinderrasse der Welt ist Gegenstand eines Züchterkults mit religiösen Dimensionen, über den die *Galloway Cattle Society* seit vorigem Jahrhundert mit Argusaugen wacht: *Sire* und *Dame* heißen die Zuchtstiere und -kühe. Die ausschließlich draußen lebenden robusten Vierbeiner sind ideal für eine artgerechte, natürliche Tierhaltung – Urviecher für eine zukunftsweisende Landwirtschaft. Die zotteligen, langhörnigen Hochlandrinder mit ihrer fotogenen Stirntolle waren wegen des geringen Fleischertrags schon fast vom Aussterben bedroht. Sie werden aufgrund ihrer Fleischqualität und Widerstandsfähigkeit in letzter Zeit aber im Zuge eines ökologischen Umdenkens vermehrt gezüchtet und auch in Herden auf dem Kontinent eingekreuzt.

Von der Rauhweide der Highlands, die flächenmäßig den größten Teil des Landes ausmacht, nähren sich seit alters her die anspruchslosen Schafe. Durch Überweidung entstehen indes irreparable Schäden, denn der karge Hochlandboden kann nur eine geringe Anzahl von Weidevieh vertragen. Oft werden die Schafe kurz vor dem Schlachten oder zum Überwintern auf die fetteren

Gutmütige Giganten: Hochlandrinder

Weiden der südlichen Lowlands gebracht. Den schottischen Bauern geht es dabei immer weniger um Wolle und immer mehr um Fleisch, weshalb die nördliche, widerstandsfähige Blackface-Rasse und die gute Wolle gebenden Shetlands zunehmend dem fleischigen Cheviot-Schaf das Gras überlassen müssen. Gegen quälend lange Viehtransporte, auch aus Schottland, und einen irrsinnigen Schlachthof-Tourismus quer durch Europa gehen nun in den südenglischen Fährhäfen immer mehr Menschen auf die Straße.

Als in den 70er Jahren des 19. Jh. die Wollpreise wegen Überangebots fielen, vertrieben die Großgrundbesitzer auch die Schafe und siedelten statt dessen Rotwild an. Seitdem geht die High Society Großbritanniens in Schottland auf die Jagd, eine höchst lukrative Einnahmequelle für den Jagdherren und ein nicht zu unterschätzender Wirtschaftsfaktor im Land. In letzter Zeit jedoch mischen sich zunehmend Mr. Neureichs aus Londons Bankerriege oder gar aus Texas unter die erlauchte, aber etwas geldknappe Gesellschaft. »Früher hätte die Oberschicht noch auf solche Leute geschossen, heute muß sie mit ihnen schießen«, titelte der »Sunday Telegraph«. Die gewinnbringenden Hirsche vermehren sich derweil ungehindert, eine Plage, gegen die man Aufforstungen und ganze Dörfer mit Stacheldraht zu schützen sucht. Ganz anders geht es *dem* schottischen Jagdwild, dem Moorhuhn, das aufgrund von Überbejagung und Epidemien stark dezimiert ist. Traditionell beginnt mit den Parlamentsferien am 12. August, dem *Glorious Twelfth,* die Jagdsaison, verbunden mit zahlreichen gesellschaftlichen Ereignissen auf den Herrensitzen Albas. Über 2000 Arbeitsplätze hängen direkt und indirekt vom *Famous Grouse* ab. Ein angeschossenes Moorhuhn stürzte sich 1995 kamikazegleich auf Elizabeth II. und verletzte sie – Jäger leben gefährlich.

Schottland war im britischen Verbund eines der ersten Länder, in denen die **Industrielle Revolution** sich voll entwickelte, mit all ihren negativen Auswirkungen wie Ausbeutung, Massenverelendung, Slumbildung und ungehemmtem Raubbau an der Natur. Zwei Schotten legten wichtige Grundsteine für die modernen Zeiten: James Watt erfand 1765 die erste Niederdruck-Dampfmaschine und schuf so die technische Voraussetzung für den Boom der Textilindustrie um Glasgow und Dundee. Adam Smith begründete 1776 mit »An Inquiry into the Nature and Causes of the Wealth of Nations« die klassische Nationalökonomie und den wirtschaftlichen Liberalismus, gleichsam den ideologischen Unterbau des Kapitalismus. Doch die Zeiten, als Schottland oder genauer die Clyde-Region um Glasgow mit ihrer Schwerindustrie die ›Schmiede des Königreichs‹ war, sind längst vorbei.

Der Niedergang der Schwerindustrie begann nach der dem Ersten Weltkrieg folgenden Weltwirtschaftskrise und setzte sich mit der nicht zu unterbietenden Konkurrenz der auf den europäischen Markt drängenden Billiglohnländer nach dem Zweiten Weltkrieg fort. Die europaweite Stahlkrise seit den 70er Jahren gab Kohlegruben und Stahlwerken den Rest. Wenige Zechen arbeiten noch wie die drastisch gesundgeschrumpfte Monktonhall Colliery bei Edinburgh, wo Arbeiter sich mit bis zu 10 000 £ in die bedrängte Grube einkauften, um sie zu retten. Gegen den Widerstand der Belegschaft wurde 1992 Schottlands letzter Stahlriese, das legendäre Ravenscraig bei Motherwell, stillgelegt. Ganze Industrielandschaften liegen brach, verschmutzt, verödet. Hoffnungslosigkeit und zunehmende Gewalt machen sich in diesen Regionen mit einer der höchsten Arbeitslosenraten Großbritanniens breit. Ein Freizeit- und Kulturpark soll auf dem nach und nach abgerissenen Werksgelände von Ravenscraig entstehen.

Eine tiefgreifende Strukturkrise seit den 50er Jahren führte zu einer totalen

Umorientierung der schottischen Wirtschaft. Wie überall in den alten Industrienationen verläuft die Entwicklung weg von der Fertigungsindustrie hin zu Dienstleistung und Hochtechnologie. Zukunft hat der *Industrial Belt* zwischen Edinburgh und Glasgow, wo sich mit dem petrochemischen Komplex um Grangemouth und an die 500 Elektronikbetrieben – man nennt die Region schon *Silicon Glen* – einige der größten Arbeitgeber des Landes niedergelassen haben. Eine exzellente Infrastruktur und gut ausgebildete Arbeitskräfte sind die Standortvorteile der mittelschottischen Senke, die vermehrt auch ausländische Investoren anlockt. Man bemüht sich aber auch zunehmend um die Ansiedlung von Betrieben z. B. der Computerbranche oder der Forschungshochtechnologie in den Highlands und Islands.

Zukunft hat auch der traditionell starke **Finanz- und Versicherungssektor**. Die drei Geldgiganten, die schon 1695 gegründete Bank of Scotland, die Royal Bank of Scotland und die Clydesdale Bank, beherrschen die schottische Finanzszene noch heute. Vor allem im Geschäft mit den *Emerging Markets* Osteuropas und Südostasiens ist Edinburgh – nach London das bedeutendste Finanzzentrum Großbritanniens – führend.

Die lokale verarbeitende Agrar-Industrie nimmt heute mit 70 000 Beschäftigten den ersten Platz des Fertigungssektors ein. Nahrungsmittel wie Heidehonig, Whisky, Räucherlachs und Shortbread, Woll- und kunsthandwerkliche Produkte haben ein genuin schottisches Flair und stehen in unmittelbarem Zusammenhang mit Schottlands wichtigstem einzelnen Industriezweig: dem **Tourismus.**

Die Besucher aus Übersee, England oder Kontinentaleuropa bringen einen milliardenschweren Pfundsegen vor allem in die strukturschwächste Region,

Warten auf gutes Wetter in der Tracht des keltophilen Touristen

die Highlands. Das ist auch kein Wunder, denn der Löwenanteil der Urlauber nennt die landschaftlichen Schönheiten als Hauptgrund für einen Schottlandbesuch. Einen Nachteil für die Beschäftigten stellt der höchst saisonale Charakter des Tourismus dar. Im Winter müssen sich die Bootsbesitzer, Cafébetreiber und B&B-Wirte nach zusätzlichen Verdienstmöglichkeiten umsehen. Entzerrung der Hauptreisesaison durch Skiurlaube, winterliche Städtereisen oder Sonderangebote in Frühling und Herbst, so lautet das Gebot der Stunde. Doch manches Seeufer ist schon heute von unschönen Campingplätzen verstellt oder von aggressiven Wassersportarten erodiert, mancher Lieblingsberg wie Ben Nevis oder Ben Lomond durch zu viele Stiefel zertrampelt. Wo die jährliche Zahl der Besucher doppelt so hoch wie die Gesamtbevölkerung ist, muß überaus vorsichtig mit dem größten Schatz umgegangen werden: der intakten Natur.

Die Natur liefert Schottland nicht nur Touristen, sondern auch die nötigen Ressourcen für eine ausgeglichene Energiebilanz. Der in letzter Zeit immer begehrtere Torf wird im Gegensatz zur Nachbarinsel Irland nicht industriell, sondern nur zum Privatgebrauch und für die Whisky-Destillation abgebaut. Einen Großteil des schottischen **Energiehaushalts** decken die üppigen Wasserreserven. 50 Wasserkraftwerke, zum größten Teil in den Highlands, produzieren eine saubere Energie und sind wie das grandiose Projekt Ben Cruachan (s. S. 200) oder der Staudamm von Pitlochry (s. S. 175) zur Touristenattraktion gediehen.

Fünf Atomkraftwerke stehen in Schottland, Dounreay (s. S. 183), Torness (s. S. 96), Hunterston A und B in Strathclyde und die Anlage von Chapelcross in Dumfries. Großbritanniens erstes AKW, Hunterston A, baute die Regierung hier oben im ›menschenleeren‹ Norden, möglichst weit weg von London. Dabei würde Schottland auch ohne die unberechenbare und kostspielige Atomkraft auskommen: Der mit Milliardenbeträgen subventionierte Atomstrom ist dreimal so teuer wie andere Energieträger.»Wir wollen nicht mehr Englands nukleare Müllhalde sein«, lautete ein Wahlslogan der Scottish National Party (SNP).

Alternative Energien, hoffentlich die Wahl der Zukunft, werden zur Zeit auf den nördlichen Inseln erprobt. Die Kraft des Windes, der auf Schottland bekanntlich nicht zu knapp bläst, und der ebenfalls unerschöpflichen Gezeiten machen sich der Windgenerator auf Orkneys Burgar Hill und die ›Unterwasser-Windmühle‹ vor Stromness zunutze, eine Gezeitenkraftwerk-Versuchsanlage der Heriot-Watt University in Edinburgh.

Obwohl sich insgesamt in der schottischen Wirtschaft ein Gesundungsprozeß abzeichnet – oft, wie im Falle der Werften, ein Gesundschrumpfungsprozeß –, bleibt das traditionelle Nord-Süd-Gefälle auf der Britischen Insel weiterhin bestehen. Immer noch nimmt die Bevölkerungszahl leicht ab, immer noch gibt es in Schottland fast doppelt soviele *Cheapos,* Slang für Sozialhilfeempfänger, als im Süden, immer noch liegt das Durchschnittseinkommen unter dem der englischen Landsmänner und -frauen. Wenn Englands Wirtschaft einen Schnupfen hat, heißt es hier oben, bekommt Schottlands eben gleich eine Lungenentzündung.

DIE MENSCHEN

Typisch schottisch?

»Wie beginnen schottische Rezepte? Man leihe sich ...«, geht einer der erträglicheren Schottenwitze, die vor allem in den politisch unkorrekten 70er Jahren die Runde machten. »Schotten sind geizig«, lautet die Kernaussage. Die Armut des Landes wird bei der Entstehung des **Klischees** Pate gestanden haben. Tatsache ist, daß die calvinistische Religion mit ihrer Prädestinationslehre eine puritanische, arbeitsame, erfolgsorientierte Gesellschaftsmoral gepredigt und durchgesetzt hat. Wo Verschwendung und Faulheit als Sünde galten und ohnehin wenig zu verschwenden und zu faulenzen war, geriet man leicht in den Geruch des geizigen Arbeitstiers.

Der im ärmlichen Edinburgher Arbeitervorort Fountainbridge geborene und aufgewachsene Schauspieler Sean Connery darf in dieser Hinsicht als so etwas wie ein Paradeschotte gelten. (Übrigens auch in Hinsicht auf die dunklen Haare und Augen, die gälisches Stammeserbe sind, auf Whisky- und Golfleidenschaft.) Zielstrebigkeit und Ehrgeiz, mit denen er seine berufliche Karriere verwirklichte, verweisen auf die im Grunde calvinistische Überzeugung, daß jeder seines Glückes Schmied sei. Connery, der die entbehrungsreiche Zeit seiner Kindheit nie vergessen hat, gilt in Gelddingen als geschickt und penibel, ja äußerst sparsam. Was ihn nicht davon abhielt, eine schottische Stiftung zur Förderung talentierten Schauspielernachwuchses zu gründen und millionenschwer auszustatten. Mindestens zwei Seelen wohnen also in der schottischen Brust.

Denn das gälisch-keltische Erbe des Landes bietet der frommen calvinistischen Verbissenheit Paroli. Die Gälen gelten traditionell als großspurig, gastfreundlich, rauflustig, rede-, sanges- und trinkfreudig. Die zahlreichen **Feste** des Landes, angefangen bei den über 60 Highland Games (s. S. 158 f.), scheinen es zu bestätigen. Statt des schnöden Kommerzfestes Weihnachten feiern die Schotten lieber ihr ganz spezielles, kontaktfreudiges Silvester: *Hogmanay's Day.* Jeder schaut bei jedem zu Hause herein, und das traditionelle *Footing* ist an Neujahr noch längst nicht vorbei. Am 25. Januar, dem Geburtstag des Nationaldichters Robert Burns, bieten die landauf, landab veranstalteten *Burns Supper* reichlich Gelegenheit zum Trinken und Feiern. Selbst hartgesottenen Schotten jagt der Gedanke an die alljährliche gesellschaftliche Verpflichtung des Haggis-Essens Schauer über den Rücken: Weil Burns gerne (?) Haggis aß und ein Gedicht »To a Haggis« verfaßte, müssen sich beim Burns Supper alle Anwesenden erheben, die acht Strophen rezitieren und die feierlich hereingetragenen Innereien samt Hafermehl im prallen, footballförmigen Schafsmagen verzehren. *Haggis, Tatties and Neeps,* ›Haggis, Kartoffeln und Rüben‹, lassen sich nur mit viel Whisky herunterspülen. Experten rümpfen die Nase ob des traditionell gekochten Innereien-Hacks – von französisch *hachis.* Sie empfehlen, Burns, »Great chieftain o' the puddin' race«, ›das große Oberhaupt des Preßwurst-Clans‹, scheibenweise anzubraten oder so scharf zu würzen, daß man nichts mehr schmeckt. Snobs besuchen das teuerste aller Burns Supper in Glasgow, wo es nach einem Alibi-

Tartan und Kilt oder das kariete Schottland

»Antiquity contains a certain spell,
To make ev'n things of little worth excel.
To smallest subjects gives a glaring dash,
Protecting high-born idiots from the lash.«
(Allan Ramsay: »Tartana«)

Über den Marmeladentöpfchen der Firma Baxters of Scotland kleben kleine Banderolen. In Cawdor Castle schützen karierte Läufer den Schloßboden, und nur auf kariertem Bierdeckel schäumt das Tartan Special über. Schottland, das sind die bunten Karos, der Tartan. Das Wort weist auf die *Auld Alliance: Tiretaine* nannten die Franzosen jene bunten Wollstoffe, die schon knapp zwei Jahrtausende zuvor den Römern ein Dorn im Auge waren, weniger wegen der schreiend bunten Farben als wegen der wilden Kelten, die drunter steckten. Der karierte *breacan feile*, ein ellenlanges Tuch, das gefältelt und gegürtet von jedem Highlander spätestens seit dem 16. Jh. getragen wurde, bildete nach unten den Kilt und nach oben, über der Schulter von einer Brosche gehalten, das Plaid. Es konnte in stürmischen Hochlandnächten auch schon mal als Zelt oder Decke dienen. Aus dem Abscheu, den Lowland-Schotten dem Kleidungsstück entgegenbrachten, und dem nationalen Impetus, den es bei Gegnern der Union nach 1707 erweckte, kann man schließen, daß es spätestens zu dieser Zeit ein Symbol der Highlands, ihrer politischen Identität und ihrer Bewohner geworden war.

Das dachten sich auch die Engländer nach der Schlacht von Culloden und verboten 1747 per Gesetz, bei Androhung von Gefängnis und Deportation, »den Männern und Knaben jenes Teils von Großbritannien, der Schottland genannt wird«, die gälische Sprache, Dudelsäcke, Waffen und ihre angestammte Kleidung. Und die ausdrücklich nicht genannten Frauen und Mägdelein? Vor dem »Gesetz zur Abschaffung und Ächtung der Hochlandtracht« sollen die Damen Edinburghs mehrheitlich Plaids getragen haben. Nur ein halbes Jahrzehnt später war es vorbei mit der Karoherrlichkeit in der Damenmode.

Ein englischer König war es schuld, daß der Tartan wie ein Phönix aus der Asche stieg, modern und wieder zum Symbol Schottlands und als Firmensignet und Touristensouvenir zu einem beträchtlichen Wirtschaftsfaktor wurde. George IV., der romantische Hannoveraner, besuchte 1822 als erster Monarch seit Charles' I. Visite im Jahre 1633 Schottland. Er ließ sich im rotkarierten Hochlanddress als Clansman und *Chief of the Chiefs* feiern und von Sir David Wilkie malen. So initiierte er die später von seiner Nachfolgerin Victoria weiter entwickelte *Tartanry*, die Tartanmanie. Wer ihn auf die Idee brachte und als Zeremonienmeister fungierte? Kein

Geringerer als Sir Walter Scott. Erst um die Mitte des 19. Jh. wurde jene strenge Wissenschaft geboren, die jedem Clan ›seinen‹ höchsteigenen Tartan zuweist. Der wegweisende Wälzer »Vestiarium Scoticum« von 1842 wird denn heute auch zuallererst wegen seiner kühnen Erfindungsgabe gepriesen. Historisch sind die Clantartans nicht. Gleichwohl: Wer heute nach langwieriger Suche Ahnen aus dem Menzies-Clan ausgemacht hat, trägt rot und weiß, zur Jagd rot und grün und in Trauer schwarz und weiß. Und wer keinem Clan angehört, darf den allen freistehenden jakobitischen Tartan tragen: gelb-blau-rot-grün-weiß.

Längst als Politpropaganda entlarvt ist zwar das Märchen, der ›kleine‹ Kilt oder *feile beag* (der Wickelrock, wie er heute getragen wird) sei 1717 ausgerechnet von einem Engländer, Thomas Rawlinson, erfunden worden, weil die langen Stoffbahnen der Arbeiter sich immer in den Maschinen seines Eisenwerks verfingen. Doch muß sich manch konservativer Kiltträger damit abfinden, daß der Kilt, für ihn ein Symbol für Vaterland und Clan, von ›Unbefugten‹ angelegt wird: von Rockstars wie Axl Rose, Afrikanern wie Mangosuthu Buthelezi und neuerdings von der schwulen Avantgarde in den USA und Großbritannien. Die Kiltrebellen tragen das ehrwürdige Kleidungsstück allerdings nicht mit dem traditionellen Strumpfdolch *Sgian Dubh*, dem *Dirk*-Dolch mit Messer und Gabel und der Jagdtasche mit Fellüberhang, *Sporran*, sondern mit Spitzenunterwäsche vom Designer. Der echte Schotte versteckt hingegen unterm Kilt nur seine *Balls*.

Immer mehr Schotten tragen stolz die Nationaltracht des karierten Kilt

Appetizer-Haggis ein anständiges Menü gibt.

Bevor romantische Naturen wie Sir Walter Scott und Königin Victoria das Klischee jener rauhen, aber herzlichen und edlen berockten Wilden kreierten, das viele auch heute noch mit den Schotten assoziieren, hatten die **gälischen Highlander** einen denkbar schlechten Ruf. Der Mönch Gildas bezeichnete um 540 ihre Ahnen, die *Scoti et Picti,* als »abscheuliche Horden, die (...) sich in ihrer Gier nach Blutvergießen (...) in nichts nachstehen«. Und als »ein wildes und ungezügeltes Volk, ungeschlacht und unabhängig, dem Raub verfallen und äußerst grausam« diffamierte der Lowlander John of Fordun die Highlander. *Sassenachs* schimpfen die Hochländer im Gegenzug dafür seit Jahrhunderten ihre tiefländischen Landsleute, die schon immer und nicht zu Unrecht in dem Ruf standen, ihren Vorteil bei England zu suchen und zu finden. Der auch heute noch aktuelle, vielzitierte Gegensatz zwischen gälischen Highlandern und **anglisierten Lowlandern** ist eine Konstante der schottischen Geschichte und Kultur.

Auf kulturellem Gebiet kann sich Schottland einiger **nationaler Errungenschaften** rühmen, die sein Bild in den Augen der Welt zu einer unverwechselbaren, fest umrissenen Größe machen. So besitzt es einen Nationaldichter, Burns; ein Nationalgericht, Haggis; eine erfolgreiche Fußball- und eine siegesgewohnte Rugbynationalmannschaft; eine stachlige Nationalblume, die Distel; einen legendenhaften, jedem Schotten teuren Nationalheiligen, St. Andrews; ein Nationalgetränk, den Whisky; eine Nationaltracht, den Kilt; ein Nationalmusikinstrument, den Dudelsack, sowie zwei (inoffizielle) Nationalhymnen: Burns getragenes »For Auld Lang Syne«,

dessen erste Zeilen jeder Schotte rezitieren kann und jeder Englischsprachige zu Silvester singt, und das schmissigere »Scotland the Brave«. Alles, was einer solcherart ausgestatteten Nation fehlt, ist der Staat (s. S. 40 f.).

Was würde ein Brainstorming zum Thema Schotten neben Karo und Kilt (s. S. 26 f.), Geiz und Dudelsack (s. S. 250) zutage bringen? Den **Clan.** Er hat sich in den Sprachen der Welt als Synonym für ›Sippe‹, ›Interessengemeinschaft‹ eingebürgert. Nichts anderes, nämlich ›Kinder‹, ›Nachkommen‹, ›Gefolgsleute‹, bedeutet auch das gälische *clann.* Seit dem frühen Mittelalter hatte sich in den abgelegenen Hochlandtälern das Clansystem herausgebildet, die Basis der gälischen Gesellschaft. Diese sehr persönliche Herrschaftsform basierte auf gegenseitiger Treue und Waffenhilfe zwischen Clanchef – Frauen waren von der Erbfolge ausgeschlossen – und Gefolgsleuten. Am Anfang mögen wirkliche Verwandtschaftsbeziehungen bestanden haben, doch ist es unwahrscheinlich, daß alle Clanmitglieder, die sich traditionell als Nachkommen des Clangründers betrachteten, tatsächlich miteinander verwandt waren. Das Land wurde in dieser selbstversorgenden Clanwirtschaft gemeinschaftlich verwal-

tet und vom Clanchef, der auch Recht sprach und Schutz gewährte, auf Pachtbasis *(calpe)* an seine Mannen weitergegeben. Die mächtigsten Solidargemeinschaften, denen sich kleinere Clans oft anschlossen, konnten um die 1000 Mann ins Feld führen. Viehdiebstähle und lustvoll über Generationen verfolgte Fehden prägten das Bild dieser kriegerischen Gesellschaft, in der das Recht des Stärkeren herrschte und Mord und Blutvergießen an der Tagesordnung waren. So tischten die berüchtigten MacGregors zum Dank für ihre Gastfreundschaft der Lady von Ardvorlich das Haupt ihres Vaters mit Käse und Oatcakes im Mund auf. Keine idyllischen Zustände, aber eine leistungs- und lebensfähige Gesellschaft, die die Engländer, die Feinde *south of the border,* im 17. und 18. Jh. auf dem Weg in ein einheitliches Großbritannien zerstörten.

Turbulente Jahrhunderte – Kleine Geschichte Schottlands und der Schotten

Frühzeit und Römer

Um **6000 v. Chr.** wandern die ersten Menschen, mesolithische Jäger und Sammler, vom Kontinent her nach Schottland ein.
Um **4200 v. Chr.** beglücken neue Siedler vom Kontinent die nomadischen Ureinwohner mit den Errungenschaften der Neolithischen Revolution: Seßhaftigkeit, Ackerbau, Haustierhaltung und Töpferei.
Um **2300 v. Chr.** schwingen sich neueingewanderte Glockenbecherleute mit Hilfe ihrer Bronzewaffen zum Herrscher über die bisherigen Siedler auf, die nur Steinwaffen und -werkzeuge kennen. Es scheint, als hätten die jeweils neuen, technisch überlegenen Ankömmlinge die Oberschicht gebildet und sich allmählich mit der Urbevölkerung vermischt.
Etwa **800–100 v. Chr.**, in der späten Bronze- und frühen Eisenzeit, wandern keltische Völkerschaften ein. Dies geht, wie die zahlreichen Hügelfestungen ab dem 8. Jh. v. Chr. zeigen, nicht ohne Kämpfe mit den Alteingesessenen ab.
Im **2. Jh. v. Chr.** veröffentlicht der Geograph Ptolemäus die erste Karte von Schottland mit den Namen der dort lebenden Stämme wie den *Brigantes* und den *Caledonii.*
79–83 v. Chr. stößt der Provinzstatthalter Agricola vom römisch besetzten Britannien nach Schottland vor. In der legendären Schlacht am Mons Graupius schlägt er Calgacus, den Anführer der einheimischen Stämme. Trotzdem wird die mal stärker, mal schwächer auf-

trumpfende römische Macht nie nördlich der Lowlands Fuß fassen. »Sie schaffen eine Wüste und nennen es Frieden«, läßt der römische Historiker Tacitus Calgacus im »Agricola« sagen.
Um **120 n. Chr.** wird der Hadrianswall zwischen Tyne und Solway gebaut.
142/43 entsteht zwischen Forth und Clyde der Antoninuswall.
209 Auch die Heeresexpedition des römischen Kaisers Septimius Severus ins wilde Caledonien kann die römische Herrschaft im heutigen Schottland nicht dauerhaft etablieren.
Um **400** wird mit der Aufgabe des Hadrianswalls die römische Präsenz an Schottlands südlicher Grenze beendet.

Die Pikten und die Geburt der Nation

Ab dem **3. Jh.** sind die keltischen Pikten im Norden des heutigen Schottland nachgewiesen. Spätestens vom 6. Jh. an, als sich ihr Reich in seiner endgültigen Form herauskristallisiert, beherrschen sie unter vermutlich zwei Hochkönigen Schottland nördlich des Forth. Das sich langsam konsolidierende piktische Königtum bildet den Grundstein für das mittelalterliche Königtum sowie die Geburt Schottlands als Nation (zu den Pikten s. a. S. 140f.).
Um **500** gründen aus Irland eingewanderte Kelten im Südwesten und auf den Hebriden das Reich der Skoten von Dalriada (Argyll), das in ständigem Konflikt – und Heiratskontakt – mit den Pikten steht. Der irische Abt und Klostergründer Columban, der ein Jahrhundert nach dem eher sagenhaften hl. Ninian die Mission der Pikten beginnt, gibt dem Dalriada-König Fergus Mór 573 kirchliche Rückendeckung und Weihe. Der eigentliche Apostel der Pikten ist jedoch Columbans Nachfolger und Biograph Adomnan, Abt von Iona von 679 bis 704.
685 schlägt der piktische Hochkönig Bridei mac Bile die aggressiv nach Norden drängenden Northumbrier bei Dunnichen Moss. Dieses anglisch-germanische Reich im Osten der Lowlands sowie das keltisch-britonische Reich von Strathclyde im Westen der Lowlands werden in den folgenden Jahrhunderten mit Pikten und Skoten zum schottischen Reich verschmelzen.
Während der langen Regierung Nechtans in der ersten Hälfte des **8. Jh.** basteln Kleriker der streng königstreuen piktischen Kirche mit Hilfe einer Königsliste und Legenden um Cruithne, den sagenhaften und gerechten ersten Piktenkönig, einen Herrschermythos und -kult zusammen. Die Regierungen von Konstantin (789–820) und Oengus (820–34) sind das Goldene Zeitalter der Pikten.
843–58 Kenneth mac Alpin, König von Dalriada, erobert das Piktenreich und gründet die Dynastie der MacAlpins.
889–900 Donald II. wird erstmalig *rí Alban,* König von Alba (d. i. Schottland), genannt. Kirchenmänner helfen den Herrschern bei der weiteren Konsolidierung der Monarchie. Den Königen gelingt es nicht, den Verlust des Nordens und Westens an die Norweger bzw. Wikinger zu verhindern.

Schottland im Mittelalter – die MacMalcolm-Dynastie

1040–57 Der von Shakespeare berühmt gemachte Macbeth ermordet seinen Vorgänger Duncan I. (1034–40) und wird seinerseits von Duncans Sohn Malcolm III. getötet. Der Krieg um die MacAlpin-Nachfolge ist beendet.

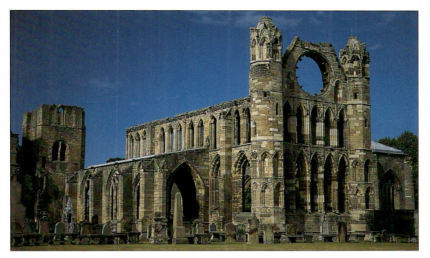
Auch Elgin Cathedral ist wie die meisten schottischen Kirchen eine Ruine

1058–93 Während der Regierung von Malcolm III. hält das Lehnswesen Einzug, die sog. Normannisierung vor allem Südschottlands und eine wachsende Abhängigkeit von England beginnen. Die Kirche erweist sich als die stärkste Stütze des Königtums. Malcolms englische Frau Margaret, eine große Förderin der Kirche, wird nach ihrem Tod heiliggesprochen.

1124–53 Der am englischen Hof erzogene David I. bringt zahlreiche Normannen als neue Lehnsherren nach Schottland, so die Bruces und die Stuarts. Das erstarkte Königtum prägt erstmalig seine eigenen Münzen und gründet verstärkt königsfreie Städte *(Royal Burghs),* die einen prosperierenden Handel mit Agrarprodukten, hauptsächlich Wolle und Häute, treiben. Die Könige fördern kontinentale Orden und gründen Abteien. In den Lowlands setzt eine schleichende Anglisierung ein: *the bloodless Norman Conquest.*

1165–1214 William I., der Löwe, versucht, die Herrschaft über periphere Regionen wie die westlichen Inseln, die von Regionalkönigen, *Rís,* beherrscht werden, durch ehemals normannische Familien wie die Stuarts und Bruces unter seine Kontrolle zu bekommen. Ein System von königlichen Festungen entsteht. 1174 muß der gedemütigte König im Vertrag von Falaise dem englischen König Heinrich II. den Lehnseid schwören. Die englische Krone wird künftig hiervon ihren Suprematieanspruch über Schottland als Vasallenreich ableiten.

1237 fixiert der Vertrag von York die umstrittene englisch-schottische Grenze zwischen dem Tweed und dem Firth of Solway, so wie sie im Prinzip heute noch gilt.

1249–86 Die Regierung Alexanders III. bringt Schottland ein Goldenes Zeitalter. 1263, nach dem schottischen Sieg über die Norweger in der Schlacht von Largs, werden die Hebriden endgültig dem Reich einverleibt.

1290 erlischt mit dem Tod von Margaret, der *Maid of Norway,* die Linie der MacMalcolm-Könige (s. S. 220).

Die Unabhängigkeitskriege gegen England

1292 entscheidet der englische Eroberkönig Edward I., *the hammer of the Scots,* im Thronstreit zugunsten John Balliols, der Schottland von ihm zu Lehen nimmt.

1295 schließen die Schotten einen Vertrag mit Philipp IV. von Frankreich – Beginn der *Auld Alliance,* der traditionellen politisch-kulturellen Verbindung mit Englands Gegner auf dem Festland. Edward erobert Schottland, was zu einer nationalen Erhebung unter William Wallace führt (s. S. 127).

1314 siegt Robert the Bruce (König 1306–29) bei Bannockburn (s. S. 126). Im Friedensvertrag von Edinburgh 1328 erkennt England Schottland als selbständiges Reich an.

Nationalheld Robert the Bruce

1320 schreiben die Prälaten dem Papst in der Erklärung von Arbroath von der Unabhängigkeit ihres Landes – ein Meilenstein des schottischen Nationalbewußtseins (s. S. 40).

Bis **1357** im Vertrag von Berwick ein Waffenstillstand vereinbart und der König aus elfjähriger Gefangenschaft im Tower entlassen wird, zerreißen weitere Kriege zwischen den Balliols respektive England und den Schotten unter David II. Bruce (1329–71) das Land.

1349 und bis in die Mitte des 15. Jh. dezimiert die Pest, von den Schotten ›der widerwärtige Tod aus England‹ genannt, die Bevölkerung. Inflation, Abschwung, brachliegende Felder und ein zurückgehender Wollhandel sind die Indizien einer anhaltenden Krise von Wirtschaft und Gesellschaft.

Die Stuarts

1371 kommt mit Robert II. der erste Stuart-König (englisch Stewart) auf den schottischen Thron. Die Familie leitet ihren Thronanspruch von der Heirat Walter Stuarts mit Robert Bruces ältester Tochter Marjorie her. Mit dem sog. Highland-Problem, Unruhen im Hochland, haben alle Stuarts zu kämpfen.

1406–37 James I. verlebt die ersten 18 Jahre seiner Regierung in englischer Gefangenschaft.

1437 wird James I. von unzufriedenen Adligen ermordet – auch die schottischen Fronden sind eine Konstante der Stuart-Regierungen. Keiner seiner Nachfolger bis einschließlich Maria Stuart wird eines natürlichen Todes sterben. James II. kommt, wie alle Könige bis zu James VI., minderjährig auf den Thron. Thronrat, Regenten, mächtige Regionalherrscher und ehrgeizige Königinwitwen kämpfen gegeneinander um die Macht.

Die vielen Minderjährigkeitsregierungen stellen einen Grund für die permanente Schwäche des schottischen Königtums und die traditionelle Stärke der Feudalherren dar.
1455 kann James II. die mächtige Familie der *Black Douglases* ausschalten, nachdem er den 8. Earl eigenhändig erdolcht hat – die Macht der Stuarts hat ihren Zenit erreicht. James' Frau Maria von Geldern bringt burgundische Kultureinflüsse ins Land, den Kult des Ritter- und Königtums und die Bettelmönchsorden der Franziskaner und Dominikaner: das elegante und asketische Gesicht des Spätmittelalters.
1472 erhält die laut Papstdekret ›besondere Tochter Roms‹ mit dem Erzbistum St. Andrews endlich Metropolitanstatus. Durch die Heirat James' III. mit der Tochter des dänischen Königs fallen die Orkneys und Shetland zurück an Schottland: Das Land hat in etwa seine heutige Ausdehnung erreicht. James' III. (1460–88) muß sich wie jeder Herrscher nach ihm vor allem mit Erhebungen auf den Hebriden und deren mächtigen *Lords of the Isles* auseinandersetzen.
1513 fällt James IV. zusammen mit etwa 10 000 seiner Soldaten und vielen Magnaten in der Schlacht von Flodden gegen die Engländer: »Die Blüte des Landes ist abgemäht«, übersetzt Fontane die schottische Totenklage »Flowers of the Forest«.

Reformation, Revolution, Restauration

Die Periode zwischen 1500 und 1650, von Historikern das ›lange sechzehnte Jahrhundert‹ genannt, erlebt einen rapiden Bevölkerungsanstieg. Der Außenhandel steigt trotz Inflation und Geldentwertung an. Die Städte, allen voran Edinburgh, werden zu Zentren der schottischen Wirtschaft. Die *Gentry*, landbesitzende kleine Adlige oder reiche Bürger, Juristen und protestantische Geistliche sind die ›Aufsteigerklassen‹ des 17. Jh., in dem sich der englische Einfluß durchsetzt.
1542 stirbt James V. wahrscheinlich vor Gram nach der verlorenen Schlacht von Solway Moss, natürlich gegen die Engländer. Eine Woche zuvor hat die Königin Maria von Guise seine einzige Erbin geboren: *Mary, Queen of Scots*.
1544/48 versucht Heinrich VIII. durch das sog. *Rough Wooing,* einem brutalen Zerstörungsfeldzug in den Borders, Maria als Braut für seinen Sohn zu bekommen – vergeblich. Die junge schottische Thronerbin heiratet den französischen Dauphin und wird 1548 nach Frankreich gebracht. Heinrich II. von Frankreich erklärt sie aufgrund von Erbansprüchen zur Königin von England – eine ständige Bedrohung für Elizabeth I., letztendlich der Grund für Marias Hinrichtung.
1560 beschließen die Adligen der Kongregation die Einführung der Reformation in Schottland. Der Calvinist John Knox ist ihre graue Eminenz. Bis etwa 1625 hat sich die Evangelisation auch beim Volk durchgesetzt. Im selben Jahr sterben Marias Mann, der französische König Franz II., und ihre Mutter, die Regentin von Schottland. Marias persönliche Regierung beginnt. Die ersten Jahre sind erfolgreich, und die junge Königin errichtet einen glänzenden Renaissancehof.
1565 heiratet sie trotz Angeboten aus ganz Europa einen schottischen Adligen mit Königsblut, Lord Darnley.
1567 beginnt Maria Stuarts unaufhaltsamer Abstieg mit der Ermordung Darnleys und ihrer unmittelbar folgenden Heirat mit dem Emporkömmling

Unumgänglich in Schottland – Maria Stuart

Ob man in den Ruinen des Palastes von Linlithgow an ihre Geburt am 8. Dezember 1542 erinnert wird, durch ihre Gemächer im Holyrood Palace pilgert, das winzige Zimmer in der Festung von Edinburgh bestaunt, wo sie den späteren James I. von England gebar – Mary Queen of Scots, die 24 Jahre lang mehr schlecht als recht über ihre Untertanen herrschte, ist heute weder aus dem schottischen Nationalbewußtsein noch aus der schottischen Fremdenverkehrsindustrie wegzudenken.

Schön soll sie gewesen sein, die Tochter des schottischen Königs James V. und der Französin Maria von Guise, das bezeugen selbst ihre erbittertsten Gegner: blond, mit goldbraunen, kleinen, etwas tiefliegenden Augen, weißer, zarter Haut, kleinem Mund und ovalem Gesicht. Als sie 44jährig im englischen Fotheringhay hingerichtet wird, ist aus ihr eine füllige Matrone geworden. Dem Henker, der das abgetrennte Haupt der Menge zeigen will, fällt es aus der Hand: Die Königin trägt eine Perücke, darunter kurzgeschorenes, graues Haar. Getanzt, musiziert, geflirtet und gelacht hat sie gerne, eigenhändig Gedichte verfaßt, französische und lateinische Klassiker gelesen, Handarbeiten verfertigt, gejagt ist sie und geritten – eine liebenswerte, gebildete, höfische, ein wenig leichtfertige Renaissancedame. Unzucht und Gotteslästerung werfen ihr die protestantischen Eiferer vor, allen voran der schottische Reformator John Knox. Der Mann ist in gewisser Hinsicht kein Frauenfeind (als 50jähriger heiratet er eine 16jährige), aber ein Gegner von Frauen als Herrscherinnen: Mit der Schrift »Erster himmlischer Trompetenstoß wider die abscheuliche Herrschaft der Weiber« eckte er auch bei seiner protestantischen Gönnerin Elizabeth an.

Die junge Königin Maria, die 1561 nach 13 Jahren Aufenthalt am eleganten französischen Hof wieder in ihre rauhe Heimat zurückkehrt, ist in den Augen der überwiegend protestantischen Lords mit dem Makel des Katholizismus behaftet. Daß sie in Schottland, wo solch papistischer Götzendienst streng verboten ist, die Messe feiern will und darf, entfremdet sie ihrem Adel, ihrem Volk.

Charmant, besonders, wenn sie einen bestimmten Zweck verfolgt, aufbrausend, rachsüchtig, mit ausgeprägtem Sinn für Pathos – so erscheint die schottische Königin im Spiegel der zeitgenössischen Quellen und ihrer eigenen Briefe. Oft bricht sie, so nach der berühmten Begegnung mit Knox im Holyrood Palace, in aller Öffentlichkeit in Tränen aus, auf der anderen Seite intrigiert sie, lügt, was das Zeug hält, kann listig und verschlagen sein. Eine »Tochter des Widerspruchs« hat ihre »liebe Verwandte« und gnadenlose Rivalin, Elizabeth I. von England, sie einmal genannt. Am Ende erweist sich, daß Maria, fest überzeugt vom Gottesgnadentum des Herrschers, kein Geschick fürs Regieren hat. Zwischen den Mahlsteinen gewiefter Politprofis wird sie zerrieben: dem geschickt taktierenden Knox, den Partikularinteressen der schottischen Adligen und der jungfräulichen Königin und Cousine in London, verständnisse proviziert und unklug ist für eine Königin – am Ende wird ihr Volk sie als »große papistische Hure« verleumden. Weil er sich unter ihrem Bett versteckt und sich ihr unsittlich genähert hat, wird dem jungen französischen Dichter Pierre de Châtelard der Prozeß gemacht – nicht der letzte

Die gefangene Maria wird in Loch Leven Castle zur Abdankung gezwungen

der sie trotz engster Feindschaft nie persönlich begegnet.

Genausowenig, wie Schottland ohne Maria Stuart sein kann, kann der Mythos Maria Stuart ohne Männer sein. Der erste Gatte, der französische Kindkönig Franz II., stirbt jung – nicht einmal eineinhalb Jahre ist Maria an seiner Seite glücklich und Königin von Frankreich gewesen. Das Heiratskarussell dreht sich erneut, die Gerüchteküche brodelt. Die junge Witwe zeigt sich empfänglich für Galanterien, was Miß-

Mann, der für die »schönste und grausamste Fürstin« den Kopf verliert.

Ehemann Nummer zwei, Lord Darnley, stammt aus königsfähigem schottischem Adel, ist gutaussehend, sportlich, unfähig und charakterlos. Für Maria scheint es eine Liebesheirat gewesen zu sein, die aus unerklärlichen Gründen nach der Hochzeitsnacht oder kurz danach in Abneigung und Haß umschlägt. Bald betrügt Darnley seine Frau, läßt es an Ehrerbietung gegenüber der Königin fehlen, strebt selbst nach mehr Macht. Und findet sich als nackte Leiche auf freiem Feld vor Edinburgh wieder. Die Mörder werden nie überführt. Weiß Maria von dem Mordkomplott, billigt es sogar? Ist sie Lord Bothwell hörig, Ehemann Nummer drei und Drahtzieher des Attentats? Die bald nach Darnleys Tod auftauchenden Kassettenbriefe zeigen die Königin als zynische Ehebrecherin, die vor dem Mundgeruch des kranken Gatten in Bothwells Arme flieht. Jüngste historische Untersuchungen scheinen zu beweisen, daß die Briefe nicht oder zumindest in den belastenden Passagen nicht authentisch sind.

Entführt und vergewaltigt haben soll Bothwell die Königin, gezwungenermaßen habe sie ihn dann geheiratet. Auch wenn sie am Tode Darnleys unschuldig ist – diese Ehe ist eine Mesalliance, unter ihrem Stand und politisch wieder einmal höchst unklug. Der Adel stellt sich bald gegen sie und ihren Mann. Bothwell flieht und stirbt geistig umnachtet in einem dänischen Gefängnis. Maria wird zum vorletzten Mal in ihrem Leben gefangengesetzt, von den eigenen Untertanen, vom eigenen Halbbruder Moray, und im Tower House von Loch Leven zur Abdankung gezwungen.

Und flieht ein letztes Mal, über den Solway Firth nach England, in die vermeintlich hilfreichen Arme ihrer lieben Verwandten Elizabeth. Die aber denkt nicht daran, ihr zu helfen, denn die Schottin kann dynastische Ansprüche auf den englischen Thron geltend machen: eine ständige Gefahr für die Tochter Anne Boleyns, ein möglicher Kristallisationspunkt für aufständische katholische Kräfte in England. Und so läßt sie Maria für den Rest ihres Lebens gefangensetzen – 19 lange Jahre – und am Ende hinrichten.

Bothwell. Die öffentliche Meinung schlägt gegen Maria um, die man der Mittäterschaft an dem Mord bezichtigt. Die *Confederate Lords* nehmen die Königin gefangen und krönen ihren kleinen Sohn als James VI. – eine waschechte Revolution. Die Reformation schlägt eine radikalere, calvinistische Richtung ein – treibender Motor der Generalversammlung der *Kirk* ist George Buchanan.

1568 flieht Maria aus ihrem Gefängnis, der Burg von Loch Leven, und wenig später nach England, wo sie jedoch nicht die erwartete Hilfe von Elizabeth erhält, sondern erneut gefangengesetzt und 1587 aufgrund eines Komplotts gegen Elizabeth hingerichtet wird. In Schottland tobt bis zum Fall des Maria treuen Edinburgh 1573 der Bürgerkrieg.

1585 ergreift James VI. persönlich die Regierung. Er und der Großteil der schottischen Magnaten sind Pensionäre von Elizabeth. James' Konfrontation mit dem Kirchenführer Andrew Melville markiert den Beginn einer Entfremdung von Monarchie und Kirk – am Ende wird die Kirk und nicht das Königtum die schottische Identität verkörpern.

1603 erbt James als der erste seines Namens die englische Krone. Die Stuarts sind nun britische Könige, Schottland gerät ins Abseits.

1638 formiert sich die presbyterianische Opposition unter der Führung der Magnaten Argyll und Rothes gegen Bestrebungen Charles I., nach englischem Vorbild durch vom König ernannte Bischöfe Kontrolle über die Kirk zu erlangen. Das von Nationalstolz und presbyterianischen Überzeugungen getragene Manifest des *National Covenant* entsteht, die Bischöfe werden abgesetzt, das von Charles eingeführte Gebetbuch nach englischem Vorbild wird abgeschafft. Der Erste Bischofskrieg folgt, der sich bald in den ›Krieg der Drei Königreiche‹ (Schottland, England, Irland) fortsetzt.

1641 muß Charles bei seinem Besuch in Edinburgh eine konstitutionelle Revolution billigen, die dem Parlament weitgehende Machtbefugnisse verleiht.

643 verbünden sich die Schotten im *Solemn League and Covenant* mit den Königsgegnern in England. Montrose und seine weitgehend aus Highlandern bestehende Armee plündern in Schottland für den König, Schotten in Irland für die Covenanters. Der erst 1651 mit dem Sieg Cromwells endende Bürgerkrieg fordert schwere Verluste.

1646 flieht Charles zu den Schotten, wird im Jahr darauf jedoch von ihnen an das englische Parlament ausgeliefert.

1649 proklamiert das schottische Parlament Charles II. nach der Hinrichtung seines Vaters durch die englischen Independenten zum neuen König.

1650 gewinnt Cromwell die Schlacht von Dunbar. Schottland wird besetzt und gehört bis 1660 zum *Commonwealth,* der englischen Republik. Das schottische Parlament wird aufgelöst, eine Besatzungsarmee kontrolliert das Land.

1660 wird Charles II., der Sohn Charles' I., zum König proklamiert. Während der nun folgenden Restauration werden die Bischöfe wieder eingesetzt. Die radikalen Presbyterianer in der schottischen Kirche werden vor allem in den 80er Jahren, den *Killing Times,* blutig verfolgt.

1688 muß der katholische Bruder des 1685 gestorbenen Charles II., James VII., fliehen und die Herrschaft dem Protestanten William von Oranien überlassen, der mit Mary, der Tochter Charles' II., verheiratet ist. Die Schotten akzeptieren ihn unter der Bedingung, daß die Kirk presbyterianisch bleibt.

1692 erreicht die schon von den letzten Stuarts mit Hilfe des verhaßten Campbell-Clans betriebene antigälische ›Befriedungspolitik‹ in den Highlands mit dem Massaker von Glencoe (s. S. 188) einen bis heute unvergessenen Höhepunkt.

In einem größeren Britannien

1707 kommt es unter Anne, der Schwester Marys, zum Unionsvertrag, der Zusammenlegung der englischen und schottischen Krone, die einen schon lange währenden Prozeß des Aufgehens Schottlands in einem größeren Britannien abschließt. Das schottische Parlament wird aufgelöst, statt dessen entsenden die Schotten 45 Parlamentarier (heute sind es 72) und 16 Peers nach Westminster. Eigenständige Bereiche bleiben, großteils bis heute, die presbyterianische Kirk, das niederländisch beeinflußte Recht und das ausgezeichnete demokratisch-humanistische Erziehungswesen. Mit der Abschaffung des Kronrats in Edinburgh verliert Schottland seine eigene Verwaltung. Die Unzufriedenheit in Schottland wächst.

1715 bricht anläßlich des Todes von Königin Anne und der hannoveranischen Thronfolge eine jakobitische Erhebung los. James VIII. Stuart wird in Aberdeen zum König ausgerufen, nach der verlorenen Schlacht von Sherriffmuir verläßt er das Land.

1745 landet Prinz Charles Edward Stuart *(Bonnie Prince Charlie)* mit französischer Unterstützung in Schottland und

Geschlagene Highlander ziehen heim nach der Schlacht von Culloden

beansprucht den britischen Thron für sich. Die Erhebung der Highlands wird 1746 in der Schlacht von Culloden niedergeschlagen. Der siegreiche Herzog von Cumberland geht mit äußerster Grausamkeit gegen die Aufständischen vor. Dudelsack, Kilt und Tartans werden verboten, viele Clans von ihrem angestammten Land vertrieben.
Das liberale, aufgeklärte **18. Jh.** gilt als Schottlands Goldenes Zeitalter, das *Age of Improvement*. Die bekanntesten Geister der schottischen Aufklärung sind Adam Smith, der Vater der modernen Volkswirtschaftslehre, David Hume, der Philosoph des rationalen Empirismus, und der Historiker William Robertson. Eine Blüte in Kunst, Literatur und Wissenschaften macht Schottland zu einem der bedeutendsten intellektuellen Zentren Europas.
Erste Hälfte des 18. Jh. – 1822 initiiert der Besuch König Georges IV. in Edinburgh mit Tartan- und Dudelsackkult eine schottische Renaissance, die Königin Victoria und Sir Walter Scott fortsetzen. Der Tartankult bildet die romantische Gegenströmung zur Industriellen Revolution, die 1790 mit der ersten maschinellen Spinnerei in Schottland Einzug hält. Man unterscheidet die von weiblichen Arbeitskräften dominierte Epoche der Baumwolle (1780–1830), die ›männliche‹ des Eisens (1830–1870) und die des Schiffbaus (1870–1914). Mit der Eröffnung des Forth-Clyde-Kanals 1790, Telfords Caledonian Canals 1822 und der ersten Eisenbahnstrecke 1848 werden die infrastrukturellen Voraussetzungen gelegt.
Derweil vertreiben die Großgrundbesitzer in den sog. *Clearances* Hunderttausende von Pächtern von ihrem Land, um es für die profitablere Schafweidewirtschaft zu ›räumen‹. Zahllose Schotten wandern nach Übersee aus oder vergrö-

ßern das Heer der billigen Saison- und Fabrikarbeiter und der Arbeitslosen in den Slums der großen Städte.

1843 spaltet sich unter Führung von Thomas Chalmers die evangelische Free Church von der Church of Scotland ab. Protestantische Sonntagsschulen, Bibelgesellschaften, die Temperenzlerbewegung und eine katholische Renaissance unter den irischen Einwanderern in Glasgow charakterisieren die Frömmigkeit der viktorianischen Zeit.

1883 wird nach dem Aufstand der Kleinbauern auf Skye, den sog. *Crofters' Wars,* die Napier-Untersuchung eingesetzt, die die Mißstände auf dem Land verstärkt ins öffentliche Bewußtsein rückt. Mehrere Gesetze zur Linderung des durch mangelhafte Schulbildung, Hungersnöte, überhöhte Pachtzinsen und willkürliche Vertreibungen entstandenen Elends auf dem Lande werden verabschiedet. In den Städten organisieren sich die Arbeiter zunehmend in der 1888 gegründeten Scottish Labour Party, in Gewerkschaften, Gesellschaften und kooperativen Bewegungen. Die schottischen Arbeiterbewegungen sind traditionell stark von religiösem Gedankengut getragen, sei es calvinistischer oder katholischer Provenienz.

1914–18 Die Kriegsbegeisterung in Schottland ist groß, hoch der Blutzoll, den das Land zu entrichten hat. Allein aus Glasgow fallen 18 000 Mann, ein Zehntel der männlichen Bevölkerung. Die folgende Depression trifft Schottland besonders hart. Ein blutiger kommunistischer Arbeiteraufstand in Glasgow unter John MacLean schafft den Mythos von der *Red Clydeside.* Schottland ist bis heute eine Labour-Hochburg. 1918 erhalten Frauen über 30 Jahren das Wahlrecht.

1934 wird die Scottish National Party (SNP) gegründet (s. S. 40f).

1936 zieht der *Secretary of State for Scotland,* spöttisch ›kleiner schottischer Premierminister‹ genannt, aus London ins Edinburgher St. Andrew's House; das Amt wurde 1885 geschaffen. Ihm unterstehen die Bereiche Landwirtschaft und Fischerei, Erziehung, Gesundheit und Wohnungswesen. Alles andere wird in London entschieden.

In den **50er Jahren** kommen die seit 1911 einsetzenden sog. zweiten Clearances in den Highlands zum Abschluß: Bevölkerungsverluste von gut einem Viertel, die Hälfte der in der Landwirtschaft Beschäftigten wird arbeitslos.

1965 wird unter einer Labour-Regierung das *Highlands & Islands Development Board* gegründet.

1970 Die Entdeckung des Forties Field in der Nordsee leitet den schottischen Ölboom ein (s. S. 224f.).

1974/75 Eine Verwaltungsreform macht aus den alten 33 Grafschaften zwölf Bezirke mit gestärkten Verwaltungsbefugnissen gegenüber London: Dumfries & Galloway, Borders, Strathclyde, Lothian, Central, Fife, Tayside, Grampian, Highland, Western Isles, Orkney, Shetland.

Schotten und Shetländer fordern Unabhängigkeit in einem geeinten Europa ein

»Freedom is a noble thing« – Nationalismus einst und heute

Ein schottisches Nationalgefühl bildete sich erstmals in den Befreiungskriegen gegen den *Auld Enemy* England im 14. Jh. heraus. Markig schrieben die schottischen Prälaten in der Erklärung von Arbroath 1320, was heute allen Ernstes selbst der glühendste Nationalist nicht mehr gutheißen würde: »So lange, wie noch hundert schottische Männer leben, werden wir uns unter keinen Umständen der Herrschaft der Engländer beugen. Nicht für Ruhm oder Reichtum oder Ehre streiten wir, sondern nur für unsere Freiheit, die jeder ehrenwerte Mann sich selbst um den Preis seines Lebens nicht wird nehmen lassen.« John Barbours (1316?–95) Reimchronik »The Bruce«, erst 1616 im Zuge eines erneuten Auflebens des Nationalgefühls veröffentlicht, gab Schottland wenig später mit dem glorifizierten König Robert the Bruce seinen Nationalhelden. Schottlands Dilemma aber war, daß es zwar fast sieben Jahrhunderte lang ein unabhängiges Königreich bildete, 1707 nach der Union der Kronen aber zunehmend an eigenen Konturen verlor und in einem ›größeren Britannien‹ aufzugehen drohte.

Erst um die Jahrhundertwende, verstärkt nach dem Ersten Weltkrieg, gewannen nationalistische Strömungen in Schottland wieder an Kraft. Die 1886 gegründete Scottish Home Rule Association forderte eine eigene parlamentarische Versammlung und die Kontrolle über genuin schottische Fragen: *Devolution*, ›Dezentralisierung‹, hieß und heißt das Schlagwort. 1934 fusionierten unter der Federführung von John MacCormick National Party of Scotland, 1928 gegründet, und Scottish Party, 1932 gegründet, zur Scottish National Party, kurz SNP. Die Unterstützung durch die literarische Bewegung der Schottischen Renaissance (s. S. 45) hat der Partei zunächst eher geschadet als geholfen. Die meist aus Mittelständlern rekrutierte SNP galt als elitäre Gruppierung, die die Massen nicht zu mobilisieren verstand.

In den 50er Jahren kamen die spektakulären Aktionen denn auch nicht von der SNP, sondern von einer phantasievollen ›außerparlamentarischen Opposition‹. 1950 wurde der Stone of Scone entwendet (s. S. 146), und im skurrilen Briefkastenkrieg ließen schottische Nationalisten einen (!) der roten Briefkästen der *Royal Mail* explodieren. Dann erst machte die britische Post aus der zweiten Elisabeth die schottisch korrekte erste.

All das änderte sich ab den 70er Jahren, als die SNP, nun mit einem klaren Willen zur Macht, wirtschaftliche Themen in dem gebeutelten Land anzusprechen begann: Warum ist die Arbeitslosigkeit in Schottland höher als in England? Warum sollen englische Beamte, die in London weit weg vom Schuß sitzen, oder der zur Parteidisziplin verpflichtete Secretary of State über schottisches Recht und schottische Finanzen entscheiden? Und vor allem: Warum fließen die Ölmilliarden nur zum Teil für den Ausbau von Straßen, Industrien und Schulen zurück ins Land? »England Expects ... Scotland's Oil« lautete ein schlagkräftiger Slogan der SNP, die in den Wahlen von 1974 ihr bislang bestes Ergebnis mit elf Abgeordneten einfuhr. 1979 sprachen sich die Schotten in einem Referendum mit 51,6 % der Stimmen für eine Dezentralisierung aus. Der Haken: London hatte eine 40 %-Klausel eingebracht, und aufgrund der geringen Wahlbeteiligung machten die Ja-Stimmen nur 32,8 % der Gesamtbevölkerung aus. Das Referendum war gescheitert.

Die SNP, nunmehr eine proeuropäische, sozialdemokratische Separatistenpartei im Aufwind, gewann bei den Wahlen von 1987 und 1992 je drei Parlamentssitze. Das englische Mehrheitswahlrecht, bei dem immer nur der stärkste Kandidat in einem Wahlkreis durchkommt, ließ ihre achtunggebietenden 21,5 % weitgehend unberücksichtigt. Trotzdem ist der Trend zur *Scottishness* wohl nicht aufzuhalten: Schottlands *Britishness* drohe spätestens in der nächster Generation auszusterben, behaupten Historiker, und das belegen auch Umfragen: 78 % sprachen sich 1992 für Selbständigkeit von England aus, 34 % gar für eine radikale Loslösung. Rechtsgerichtete, extremistische Gruppierungen wie *Scottish Watch* oder *Settler Watch* blieben bislang einflußlose Randerscheinungen.

›Ein neues Albanien‹ werde ein selbständiges Schottland sein, spottete der konservative Schottlandminister Ian Lang. Der schottische Wähler hat den Tories längst die Quittung für die jahrzehntelange Ignorierung und Unterdrückung ihres Nationalgefühls präsentiert. Bei den Kommunalwahlen von 1994 erstritten sich die Mannen der SNP den zweiten Platz in der Volksgunst, hinter Labour und vor Liberaldemokraten und den auf den vierten Platz verwiesenen Konservativen.

Labour und auch die Liberaldemokraten haben die Devolution für Schottland und Wales mittlerweile in ihr Programm aufgenommen. Tony Blair, der neue jugendlich-dynamische Parteivorsitzende, ist selbst Schotte. Eine dezentralisierte Zukunft in einem Europa der Regionen, mit eigenem Parlament und weitgehenden Entscheidungsbefugnissen, möglicherweise unter dem Dach einer gemeinsamen konstitutionellen Monarchie, liegt also im Bereich des Möglichen. Wie steht es auf dem behaarten Unterarm von Sean Connery, einem der Zugpferde der SNP, eintätowiert? »Scotland for ever.«

Der schottische Nationalstolz manifestiert sich in zahlreichen Festen, hier einer Prozession mit der weißblauen Andreasflagge vor dem Glenfinnan Monument

Scottishness in Sprache und Literatur

Die verwirrenderweise ›Schotten‹ genannten Iren, die im 3. Jh. n. Chr. von der Nachbarinsel nach Westschottland kamen und dort das Königreich von Dalriada gründeten, lehrten die (alten) Schotten Gälisch sprechen. Zu dieser keltischen Sprachenfamilie gehören auch das Irische, Walisische und Bretonische. Als König Malcolm III. Canmore und seine englische Frau Margaret Englisch anstelle von **Gälisch** zur Hofsprache machten, begann der langsame Niedergang dieser Sprache in Schottland. Im 14. Jh. hatte sich die sog. *Highland Line* herauskristallisiert: Nördlich vom Forth, im *Gàidhealteachd*, wurde im Gegensatz zum anglisierten Süden gälisch gesprochen und gelebt.

Die absichtsvolle Zerschlagung der Highland-Kultur nach Culloden 1746 führte über ein Verbot des Gälischen fast zu seiner Auslöschung. In beiden von England unterworfenen keltischen Ländern, Irland und Schottland, dasselbe glottophagische Vorgehen der Besatzungsmacht: Über die Sprache sollte die nationale Identität vernichtet werden; beide Male wurden die Gälischsprechenden an den unwirtlichen westlichen Landesrand verdrängt. In Schottland gibt es heute nur noch etwa 65 000 *Native Speakers*, vor allem auf den Hebriden. Lillian Beckwith stellt in ihrem Hebriden-Roman »In der Einsamkeit der Hügel« einfühlsam dar, wie sehr das Gälische das Zusammengehörigkeitsgefühl der verschworenen Inselgemeinschaft stärkt. In William Mackenzies »Whisky Galore« hat die Engländerin Mrs. Odd beim Aussprechen von *uisge beatha*, gälisch für Whisky, ein Aha-Erlebnis: »Erst hört sich's an, als ob man niest, und dann, als ob man gähnt.« In den Ortsnamen (Glossar s. S. 336) ist die aussterbende Sprache noch schottisches Allgemeingut, so in *ben* von gälisch *beinn,* was Berg oder Hügel bedeutet. »... thank God our Place-Names/Antedated our Anglicization«, schreibt Hugh MacDiarmid in seinem Gedicht »Scotland«, nachdem er den sarkastischen Vorschlag gemacht hat, zu Ehren König Georgs V. den Firth of Forth in ›Firth of Fifth‹ umzubenennen.

Das **Scots** entwickelte sich aus demselben Stamm wie seine südliche Sprachschwester, nämlich aus dem Altenglisch (Glossar s. S. 333). Im Verlaufe des Mittelalters verbreitete es sich von seinen Ursprüngen in den Borders über Südwest- und Ostschottland und wäre um ein Haar eine völlig eigenständige Sprache geworden – wenn die politische Annäherung an England im 17. Jh. nicht auch sprachliche Konsequenzen gehabt hätte. Vor allem im Wortschatz unterscheidet sich das Scots vom Englischen, denn etwa 50 000 Vokabeln von *Kirk* statt *Church* bis *wee* statt *small* beweisen, daß die Schotten auch sprachlich gesehen ihren eigenen Kopf haben. Der Reisende wird sich einhören müssen in das eigenwillige, harte, gutturale schottische Englisch, in dem z. B. das ›r‹ gerollt und nicht wie englisch ›ar‹ ausgesprochen wird. Überhaupt wird vieles hier oben ähnlich wie im Deutschen ausgesprochen. Versteht man einen Schotten besonders gut, wird es sich um einen *White Settler* aus England handeln.

Mit einem Donnerschlag tritt Schottland 1762 auf die Bühne der Weltliteratur, mit »Fingal, ein altes episches Gedicht, (...) verfaßt von Ossian, dem Sohn Fingals, aus dem Gälischen übersetzt«. Die schönen Seelen der europäischen Empfindsamkeit sind hingerissen. »Ossian!« seufzen Lotte und Werther über den angeblichen Bardenversen aus dem 3. Jh. Die Gelehrten der ausgehenden Aufklärung dagegen, allen voran der grantige englische Großmeister Samuel Johnson, erklären das schwülstig-rührselige Opus, das so erstaunlich genau den Nerv des 18. Jh. trifft, schlichtweg für einen Schwindel. Sie sollten recht behalten. **James MacPherson** (1736–96) hieß der schottische Kujau, der seinem Land endlich das fehlende Nationalepos schenken wollte. Ein grundlegendes Dilemma der schottischen Literatur kündigt sich an: Schreibt man in Gälisch, versteht's kaum einer, schreibt man in Englisch, scheint das spezifisch Schottische auf der Strecke zu bleiben. MacPherson hat sich, ein wegweisender Entschluß, für das Englische entschieden.

Dies gilt auch für die beiden großen alten Männer der schottischen Literatur, **Sir Walter Scott** (1771–1832) und **Robert Burns** (1759–96). Der vielbeschäftigte, vielseitige Scott – Anwalt, Herausgeber, Übersetzer, Kritiker, Lyriker und Begründer des historischen Romans – wuchs in den Borders auf, vollgesogen mit den heldischen, romantischen Balladen seiner Heimat. Und er starb auch dort, auf seinem Xanadu Abbotsford, ein Mann des eklektizistischen Sammelns, des Sowohl-als-auch. Ein Grenzgänger zwischen England und Schottland, zwischen realistischer Erzählkunst und dem Geist der Romantik, zwischen schriftstellerischem Genie und abgegriffenen Klischees. Schon seine frühen Versepen, die Balladen- und Gedichtsammlung »Minstrelsy of the Scottish Borders«, »The Lay of the Last Minstrel«, »Marmion, a Tale of Flodden Field« und der Welt erster Bestseller in Versform, »The Lady of the Lake«, verarbeiten wie die späteren Romane Stoffe aus der schottischen Geschichte, mit Vorliebe aus den Borders.

Sir Walters Erzählkunst machte die Schönheiten seiner Heimat in ganz

Wo der Genius dichtete - Sir Walters Arbeitszimmer in Abbotsford House

Robert Burns

Europa bekannt und zog scharenweise Touristen an jene Orte, an denen seine Helden und Heldinnen litten und liebten. So verschaffte »The Heart of Midlothian« der Heroine Jeanie Deans und dem finstren Edinburgher Tolbooth-Gefängnis Weltgeltung und Besucher aus aller Welt. Das gleiche gilt für »Rob Roy« und die Trossachs, für »The Fair Maid of Perth«. Da der schon zu Lebzeiten hochgeschätzte Scott auch gekrönte Häupter wie George IV. mit Schottischem zu bezaubern wußte, gab er gleichsam den Startschuß für die hannoveranische Tartan- und Schottlandbesessenheit. In jeder schottischen Schloßbibliothek finden Sie heute die 29 Bände der zur Zeit der Jakobitenaufstände spielenden Waverley-Romane. Da Scott in seinen letzten sechs Jahren endgültig zum Vielschreiber wurde, um den finanziellen Ruin abzuwenden, füllen seine Werke ganze Bücherregale.

Wo der Epiker Scott von Schottlands Vergangenheit zehrte und Erfolge im Ausland und vorrangig unter den gebildeten Zeitgenossen einfuhr, nahm der Lyriker Burns seine bäuerliche Lebensumwelt zum Thema und wurde auch von den einfachen Leuten nahezu kultisch verehrt. Für den schottischen Tourismus hat er ebensoviel getan wie Scott. Der für die Französische und Amerikanische Revolution entflammte Freigeist, Frauenheld und Spötter gegen Obrigkeit und presbyterianische Bigotterie war der Sohn eines Bauern und führte den Großteil seiner Jahre selbst ein bäuerliches Leben, abgesehen von dem Intermezzo als Steuereinnehmer und Schmugglerjäger auf der Ellisland Farm nördlich von Dumfries. Ganz im Gegensatz zum Anwaltssohn Scott stilisierte sich Burns gern als ungekünstelten Naturburschen und -dichter, vor allem in Edinburgher Intellektuellenkreisen. Noch heute gilt er vielen Kritikern fälschlicherweise als provinzieller Schmied von kernigen Versen auf den Whisky und unflätiger auf die *lasses,* Scots für Mädchen. Dabei war der seit seiner Jugend kränkelnde Mann beileibe kein Säufer, sondern ein Gesellschaftstrinker, der ein Gläschen Claret dem Hochprozentigen vorzog. Völlig untypisch für seine Zeit, lehnte er Angeln und Jagen ab und verfaßte eine ergreifende Ode auf den »Wounded Hare«, einen angeschossenen Hasen – ein früher Tierschützer und Grüner.

Sein *summum opus,* die Verserzählung »Tam o'Shanter«, berichtet von einem Bauern, der sich nach dem Markt in Ayr so lange in Kneipen herumtreibt, daß er nächtens auf dem Kirchhof von Alloway in einen Hexensabbat stolpert (s. S. 65). Was man vordergründig für eine volkstümliche Burleske halten könnte, erweist sich als ein durchgestaltetes satirisches Meisterwerk der Gesellschafts- und Sittenschilderung, das von den verschiedenen Sprachebenen genial Gebrauch zu machen versteht: Im umgangssprachlichen Scots sind die anarchischen, sinnenfrohen Passagen um Suff und Weiber gehalten, zum hochsprachlichen schottischen Englisch greift der distanziert-ironische Erzähler, wenn moralische Sentenzen und puritanische Sittenstrenge gefordert sind.

In Braemar, wo er mehrere Wochen Genesungsurlaub verbrachte, fand **Robert Louis Stevenson** (1850–94) nicht die gewünschte Heilung von seinem Lungenleiden. So trieb seine Krankheit ihn aus der Heimat fort in südlichere, mildere Gefilde, am Ende gar nach Samoa, wo er als hochverehrter *tusitala*, als Geschichtenerzähler, starb. Ebenso weit entführen seine mitreißenden Abenteuerromane den Leser, die Scotts Vorbild viel verdanken. Jeder Jugendliche kennt »Kidnapped«, dessen Fortsetzung »David Balfour« oder die berühmte ›Schatzinsel‹, »Treasure Island«. Am schottischsten blieb der Sohn eines Edinburgher Anwalts in »The Strange Case of Dr. Jekyll and Mr. Hyde«. Der beunruhigend realistische Schauerroman um eine körperlich vollzogene Bewußtseinsspaltung zehrt atmosphärisch von der düsteren Edinburgher Kriminalhistorie, insbesondere vom Fall des Deacon Brodie, der tags ein ehrbarer Bürger war und nachts auf mörderische Raubzüge ging. Am Ende wird, wie jeder weiß, Dr. Jekyll, eine Stütze der Gesellschaft, seines verbrecherischen, häßlichen Selbst in Gestalt von Edward Hyde nicht mehr Herr. Die großen Ausstellungen und Feiern anläßlich seines hundertsten Todestags betonten denn auch vor allem diese moderne Seite Stevensons, die satirische Bloßstellung der verlogenen Bürgermoral, die Weltoffenheit und seinen psychologischen Scharfsinn. Ein weiterer gebürtiger Edinburgher, der kokainsüchtige Arzt und Autor Sir Arthur Conan Doyle (1859–1930), entfernte sich sowohl biographisch als auch mit den detektivischen Abenteuern des weltbekannten Sherlock Holmes so weit von seiner Heimat, daß man ihn kaum mehr als schottischen Autor reklamieren darf.

Wurzeln hatten sich die Schriftsteller der ›Schottischen Renaissance‹ in den 20er Jahren des 20. Jh. auf die Fahnen geschrieben. **Hugh MacDiarmid** alias Christopher Murray Grieve (1892–1978), der von 1922 an Lyrik auf Scots schrieb, war ihr einflußreichster Vertreter. In seinem Hauptwerk, dem langen Gedicht »A Drunk Man Looks at the Thistle«, verstand er es, die verschiedenen mündlichen Scots-Dialekte zu einer neuen, nationalen Kunstsprache zu vereinigen (eine schier unlösbare Aufgabe für Übersetzer). Der streitbare Autor, der jahrelang unter ärmlichsten Verhältnissen u. a. auf Shetland lebte, forderte seine Landsleute auf, über ihre rückwärtsgewandte Gartenzaunperspektive hinweg europäisch, fortschrittlich zu denken. In diesem Rahmen wollte er die Beschäftigung mit Schottland als Nation fördern und die Wiedergeburt der *Scottishness* in die Wege leiten. Sein umfassendes lyrisches Werk ist innovativ, politisch – er tendierte zeitlebens zur schottischen Linken, war aber auch Mitglied der SNP –, philosophisch, zynisch, dezidiert antienglisch und hat aufgrund seiner stilistischen Perfektion einen Platz in der Weltliteratur gefunden.

Alle schottischen Autoren zwischen den beiden Weltkriegen beschäftigten sich in der einen oder anderen Form mit dem Dilemma ihrer nicht mehr existenten Nation, mit einer noch ausstehenden Nationalliteratur, rieben sich an MacDiarmid und seiner Bewegung: Eric Linklater (1899–1974), Edwin Muir

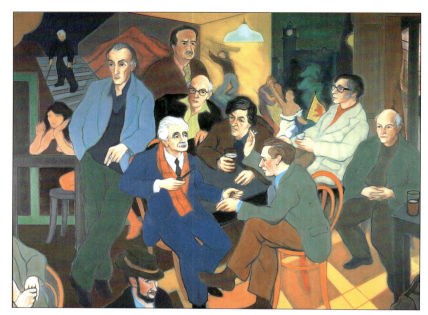

Auf Alexander Moffats Gemälde »Poets' Club« in der National Gallery von Edinburgh sind Schottlands Dichtergrößen versammelt: u. a. sitzend im blauen Anzug Hugh MacDiarmid und stehend im grauen Jackett George Mackay Brown

(1887–1959), Neil Gunn (1891–1973), Naomi Mitchison (geb. 1897), Lewis Grassic Gibbon (1901–35). Wie war Scottishness zu leben, zu schreiben, wenn man weder zu reaktionären »gälischsprechenden, haggisfressenden, kilttragenden Schotten« werden wollte (Gibbon über die Nationalisten) noch zu Literaten der ›englischen Grafschaft Scotshire‹? Die Autoren fanden diesen schottischen Standpunkt in einer Rückbesinnung auf tiefenpsychologische, religionsgeschichtliche, phantastische Phänomene, auf die Geschichte ihres Landes vor der Industrialisierung, vor der Aufklärung, vor der Reformation.

Die wohl bekanntesten Vertreter der zeitgenössischen schottischen Literatur sind die beiden Antipoden **James Kelman** (geb. 1946) und **George Mackay Brown** (geb. 1921). Kelmans provozierend-deftige Prosa gilt als schwer lesbar und wenig narrativ und wendet sich vorzugsweise den Verlierern der heutigen Gesellschaft zu; er wurde in Glasgow geboren und lebt auch heute dort. Im Gegensatz dazu schöpft der große alte Mann der Orkneys die Inspiration zu seinen kunstvoll-schlichten, hintergründigen, schwermütigen Erzählungen aus der Natur und den Menschen des nördlichen Archipels; er wurde in Stromness geboren und lebt auch heute dort: »Im endlosen Bestiarium des Wetters sammeln sich die Einhörner der Wolken weit im Westen über dem Atlantik; die Sonne ist ihr Herr, die See ihre Herrin. (...) Ihre schimmernden Hufe fliegen über die Orkneys und weiter, über die Nordsee hinweg.« (Mackay Brown: »Greenvoe«)

Et Ego in Scotia: Johnson und Fontane

Im 18. Jh. fuhr der Gentleman nicht ins unzivilisierte Schottland. Er begab sich gen Süden, an die hehren Stätten klassischer Kunst in Italien, von wo sich die eine oder andere antike Statue oder eine prächtige Vedute für den heimatlichen Herrensitz mitbringen ließen. Der erste Reiseführer, der auch Schottland behandelte, des Robinson-Autors Daniel Defoe »Tour Through the Whole Island of Great Britain« von 1725, hatte nur wenige der begüterten Südfahrer in den rauhen Norden umlotsen können. So erscheint es um so verwunderlicher, daß der große Enzyklopädist, Schriftsteller und Gesellschaftsmensch, Dr. Samuel Johnson, mit seinem getreuen ›Eckermann‹ James Boswell im August des Jahres 1773 von Edinburgh zu einer Hebriden-Reise aufbrach. Man nahm übrigens, da es noch keine Nord-Süd-Verbindung durch die Highlands gab, den Küstenweg via Aberdeen und Inverness nach Westen.

Da die Tour sich bis in den November hinzog – eine Reisezeit, von der man nur abraten kann –, war das Wetter auf Skye, Coll, Mull und Iona entsprechend stürmisch und bot neben der schlechten schottischen Küche dem bärbeißigen ›englischen Goethe‹ hinreichend Anlaß zu ätzenden Kommentaren. »Das einfache Leben in der wilden Natur (...) schien uns ein würdiger Gegenstand der Wißbegier«, schreibt Boswell in seinem »Tagebuch einer Reise nach den Hebriden mit Dr. Johnson« über die Beweggründe, warum zwei bequeme, vernünftige Stadtmenschen ein solches Abenteuer bestehen sollten. Doch die wilde Natur entlockte den beiden nur wenig Bewunderung. »Es regnete, und alles kam uns etwas trübselig vor«, ließe sich der Tenor der Reise mit Boswells Worten zusammenfassen. Auch das einfache Leben besichtigten sie lieber, als daß sie es am eigenen Leibe erprobten. Statt dessen suchten sie die Gastfreundschaft und gepflegte Konversation hochstehender, geistreicher Menschen. Johnsons literarische Ausbeute des Abenteuerurlaubs, die »Reisen nach den westlichen Inseln bei Schottland«, liest sich gerade deshalb so amüsant und frisch, weil sie ganz frei von den romantischen Verklärungen späterer Jahrhunderte ist.

Zwischen dem nüchtern-grantigen Johnson und Theodor Fontanes 1860 veröffentlichtem Reisebericht »Jenseit des Tweed« liegen die Jahrzehnte der europäischen Romantik. Sie verliehen einsamen Naturlandschaften und schaurigen Heldenballaden – Schätze, die Schottland ja mengenweise zu bieten hat – einen neuen, hohen Stellenwert. Mittlerweile hatte die Schriftstellerin Johanna Schopenhauer mit ihrem 15jährigen Sohn Arthur, dem nachmaligen Philosophen, Schottland bereist und darüber geschrieben. In »Erinnerungen von einer Reise in den Jahren 1803, 1804 und 1805« schwärmte sie von den hinreißenden Aussichten und der malerischen Tracht der ›Bergschotten‹. 1829 hatte sich der Komponist Felix Mendelssohn-Bartholdy mit seinem Freund Klingemann das Land erwandert und von der düster-großartigen Natur und dem mittelalterlichen Bauerbe zur »Hebriden-Ouvertüre« und zum Hauptmotiv seiner »Schottischen Symphonie« inspirieren lassen. Zwischen Johnson und Fontane liegen auch und vor allem die Romane und tourismusfördernden Aktivitäten Sir Walter Scotts und Königin Victorias Hochlandbegeisterung. Schottland war ›in‹ geworden.

So konnten Fontane und sein Freund und Reisegefährte Bernhard von Lepel bereits auf mehrere Reiseführer wie »Black's Picturesque Tourist of Scotland« und auf etablierte Reiserouten zurückgreifen. Edinburgh Castle und Holyrood Palace, Stirling und die Trossachs, Inverness, Loch Lomond, Staffa und Abbotsford gehörten zu den unabdinglichen Stationen einer Schottlandreise in der zweiten Hälfte des 19. Jh. Hinzu kam, daß Fontane, der erklärtermaßen »mit Maria Stuart zu Bett ging und mit Archibald Douglas aufstand«, bevorzugt solche Orte aufsuchte, die er nördlich von Inverness nicht finden zu können meinte: Sei dieser Teil Schottlands doch, ein klassisches Vorurteil, »arm an Plätzen historischer Erinnerung oder romantischen Interesses«.

Trotz dieser krassen Routenfehlplanung: Was Fontane heute noch lesbar, ja unverzichtbar für einen Schottlandreisenden macht, ist der Kontrast zwischen den anrührend erzählten alten Geschichten und dem realistischen, liebenswürdig ironischen Erzählton. So verschweigt der märkische Dichter es nicht, wenn er von findigen Wirtsfrauen düpiert wird. Er formuliert persönliche Enttäuschung angesichts hochgelobter Sehenswürdigkeiten wie der Trossachs oder Scotts Abbotsford. Und er findet Worte von zeitloser Gültigkeit: »Der Tag war grau, und der Himmel drohte mit Regen.«

Die Kunst – Stehende Steine

Schottland ist übersät von herausragenden Zeugnissen prähistorischer Kult- und Begräbnisstätten. Vor allem auf den Inseln können Liebhaber **megalithischer Kunst** sich satt sehen: an den Steinkreisen von Callanish auf Lewis und Brodgar/Stenness auf Orkney, dem Steinzeitdorf Skara Brae und den Ganggräbern von Maes Howe und Isbister, alle auf Orkney. Die Forschung ist sich mittlerweile einig, daß die Steinsetzungen bewußt auf bestimmte Himmelskörper ausgerichtet wurden, meist auf die Sonnenwenden und Tagundnachtgleichen, die für die Ackerbaugesellschaften lebenswichtige Bedeutung hatten. Die geometrische Präzision, mit der diese Setzungen und die in ihrer Funktion rätselhaften Näpfchen- und Ringmarkierungen *(Cup and Ring Marks)* um Kilmartin ausgeführt wurden, ist ohne ein einheitliches Längenmaß, die vielzitierte megalithische Elle, kaum denkbar. Dies wiederum legt die Existenz einer Spezialistenkaste weiser Männer oder Priester nahe.

Ab etwa 100 v. Chr. entstanden, wahrscheinlich als Reaktion auf eine Völker-

Einer von Schottlands schönsten Brochs: Clickhimin Broch auf Shetland

invasion aus Südengland, die **Brochs,** technisch ausgeklügelter Höhepunkt der prähistorischen Trockenbaumauerweise. Mousa auf Shetland, Dun Carloway auf Lewis und die Glenelg Brochs sind die besterhaltenen Exemplare. Da sich die am wenigsten entwickelten Brochs auf den Hebriden finden, spricht einiges dafür, daß sie sich von hier über das Land verbreitet haben. Nur in Schottland findet sich diese Form der Fluchtburg, in der eisenzeitliche Sippen Schutz vor Plünderern suchten: ein bis zu 13 m hoher, sich nach oben leicht verjüngender Turm mit hohlen, doppelschaligen Wänden, in deren Kammern Vorräte gelagert wurden, durch Galerien und eine Treppe miteinander verbunden. Den eigentlichen ›Wohnraum‹, heute nicht mehr erhalten, boten Holzgerüste und Hütten im Innern des Turmrunds. Neben dem niedrigen, leicht zu verteidigenden Eingang findet man eine oder zwei Kammern, die vielleicht Hunde beherbergten.

Aus dem frühen Mittelalter blieben in Schottland neben wenigen Ruinen schlichter, rechteckiger Kirchlein vor allem die Piktensteine (s. S. 140f.) und einige frühchristliche Grabsteine erhalten, die man in den keltisch-irischen Mönchsgründungen Iona und Withorn bewundern kann. Erst der englische Einfluß, der unter den Canmore-Königen Malcolm III. im 11. und verstärkt unter David I. im 12. Jh. Einzug in Schottland hielt, brachte den Anschluß an die kontinental-europäische Architekturentwicklung. Kirchen wurden aufgeführt *ad maiorem dei gloriam*. Die robusten Rundbögen und normannischen Zickzackmuster der englischen Romanik zeigen heute am schönsten die **Kathedralen** von Kirkwall und Dunfermline. An den Klostergründungen Davids I., unter denen die vier großen Borders-Abteien herausragen, läßt sich bereits der Übergang von der Romanik zu den eleganten Spitzbögen, tragfähigen Kreuzrippengewölben und der ›himmelstrebenden‹

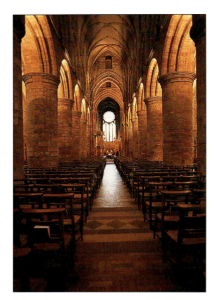
Die romanische Kirkwall Cathedral, Orkney

Tendenz der Gotik beobachten. Sweetheart und Melrose Abbey, die Kathedralen von Glasgow und Aberdeen, St. Giles in Edinburgh, King's College Chapel in Aberdeen und die flamboyante Rosslyn Chapel sind die vielleicht schönsten Beispiele der schottischen Hoch- und Spätgotik. Die meisten Klöster und viele Kirchen lernen wir heute als romantische Ruinen kennen. Schuld hieran tragen der englische König Heinrich VIII., der die Abteien säkularisieren ließ, und der puritanische Eifer der Bilderstürmer um John Knox, der sündigen Zierat im Gotteshaus vernichtete. Die schmucklosen, aus einem einzigen Raum bestehenden Hallen der presbyterianischen Kirchen sprechen eine deutliche, strenge Sprache.

Die Canmore-Könige, ihre Nachfolger und die großen Magnaten errichteten **Steinburgen** zur besseren strategischen Beherrschung des Landes. Die Vielfalt dieser trutzigen, in folgenden Jahrhunderten immer weiter ausgebauten Burgruinen macht es schwer, eine ›Hitliste‹ zu erstellen; doch Tantallon, Caerlaverock, Hermitage, Kildrummy, Rothesay, Urquhart und Dunnottar Castle zählen mit Sicherheit dazu. Die zahllosen *Tower Houses* Schottlands, quadratische, teils von einer Mauer *(enceinte)* umschlossene Wehrtürme auf rechteckigem, später dann auch L- oder Z-förmigem Grundriß zeugen vom Verteidigungsbedarf auch des niederen Adels in den unruhigen Zeiten des späteren Mittelalters.

Die Clanchefs der westlichen Highlands ließen sich vom 14. bis 16. Jh. reich verzierte Reliefgrabsteine meißeln. Als kriegerische Herren in Kettenhemd und Spitzhelm, mit Claymore-Schwert und Speer sind sie dargestellt, umgeben von Galeeren, Jagdszenen und exquisiten, keltisch beeinflußten Ornamenten. Diese ganz eigenen Kunsterzeugnisse im Herrschaftsbereich der Lords of the Isles sind stark von der Kunst des gälischen Nachbarn Irland beeinflußt. In Iona, Kilmartin und Saddell kann man die qualitätvollen Erzeugnisse dieser regionalen Steinmetzschule betrachten.

Höhepunkt und Ausklang fand der mittelalterliche Burgenbau im **Baronialstil** des 16. und 17. Jh., konzentriert in der Dee-Region. Die mit Türmchen, Erkerchen, Giebeln, Kegelhelmen, Zinnen und jeder Menge Zierat geschmückten Tower Houses von Crathes, Fraser und vor allem Craigievar verbanden das nostalgische, wehrhafte Zitat mit einem modernen, luxuriösen Innenleben. Traditionsverbundenheit ist ein Hauptmerkmal der schottischen Architektur – das Tower House als Urform schottischen Wohnens wird über den Neobaronialstil des 19. Jh. bis zu den genialen Entwürfen Charles Rennie Mackintoshs (s. S. 112f.) unablässig zitiert. Und selbst

Die Portalloch-Grabsteine in Kilmartin stammen aus dem Spätmittelalter

die bürgerliche Wohnarchitektur des 17./18. Jh., die man am besten an den *Little Houses* der *Royal Burghs* Culross, Dunkeld oder Stirling studieren kann, läßt mit Halbtürmen und Zinnen noch viel vom kriegerischen Geist der Tower Houses ahnen. Auch die *Tolbooths*, die Rathäuser der königlichen Burgflecken, kommen meist wehrhaft daher. Mit dem *Mercat Cross*, dem Marktkreuz, befriedigten die reichen Bürger ihr Repräsentationsbedürfnis.

Schottland hat sich aber auch für ausländische Kunsteinflüsse immer offen gezeigt. Als mit Beginn der Neuzeit und der Entwicklung der Feuerwaffen strategische Überlegungen immer unwichtiger wurden, wandelten die Burgen sich zu **Schlössern.** Die sinnenfrohe Renaissance hielt mit den Königspalästen Linlithgow, Stirling und dem prachtvollen Falkland Einzug in den nebligen Norden. Gegen Ende des 17. Jh., zur Zeit der Restauration, brachte der Architekt Sir William Bruce mit dem Bau des Holyrood Palace die würdig-repräsentativen, an die Antike angelehnten Baukonzepte des englischen Klassizismus nach Schottland. Das darauffolgende Jahrhundert dominierte die Architekten- und Innendesignerfamilie der Adams, deren berühmtester Sproß, Robert Adam (1728–92), für den Klassizismus in seiner schwerelosen palladianischen Spielart steht. Seine einzigartigen pastellfarbenen Stuckdecken, Verkörperung des aufgeklärten, eleganten Geistes der georgianischen Epoche, befinden sich in Herrenhäusern wie Mellerstain oder Culzean, die mit einem Zinnenkranz hier, einem Türmchen dort immer noch einen Hauch von mittelalterlicher Wehrarchitektur atmen.

In der feinsinnigen georgianischen Zeit, so benannt nach vier Georgs auf dem englischen Königsthron (1714–1830), wurde auf eine harmonische, stilvolle

Gothic Revival: das edwardianische Lauriston Castle bei Edinburgh

Inneneinrichtung besonderer Wert gelegt. Zum erstenmal in Schottlands Kunstgeschichte erfuhr auch die **Malerei** eine hohe Blüte. Die Porträtmaler Sir Henry Raeburn (1756–1823) und Allan Ramsay (1713–84) bannten mit leichten, geübten Pinselstrichen die adligen Familien Schottlands auf die Leinwand. Von den Wänden der großen Herrensitze, zwischen exquisiten Möbeln und kostbarem Porzellan, blicken sie und die von ihren zeitgenössischen englischen Kollegen Sir Joshua Reynolds und Thomas Gainsborough Porträtierten heute auf die zahlenden Besucher herab. Wer die Wahl hat, hat die Qual: Dunrobin, Drumlanrig, Glamis, Cawdor, Floors, Bowhill, Inveraray, Blair, Scone oder Hopetoun?

Das **19. und beginnende 20. Jh.** sahen, wie überall in Europa, auch in Schottland eine Wiederbelebung und eklektizistische Mischung vergangener Baustile. William Henry Playfair (1789–1857) beglückte Edinburgh mit einer Reihe neugriechischer, tempelähnlicher Gebäude, die reichen Handelsherren von Glasgow schmückten ihre Stadt mit Prunkbauten, in denen neogotische, neoromanische und neobarocke Elemente eine muntere Mischung eingehen – historische Repräsentationsstile im Dienste der Selbstdarstellung und Erhöhung von Schottlands neuer Geldelite. Scone Palace, Abbotsford House und vor allem Balmoral stehen für den Neobaronialstil, der in der mittelalterverliebten viktorianischen Zeit fröhliche Urstände feierte – **Gothic Revival.** Die Werke Sir Robert Lorimers – die Thistle Chapel in St. Giles oder Kellie Castle – bezeichnen den Ausklang der historistischen Stile und eine moderne Neuorientierung in edwardianischer Zeit.

Im Gegensatz zu der akademischen, schwülstigen Historienmalerei der viktorianischen Zeit steht William MacTaggart (1835–1910), der ›schottische Turner‹, der die Landschaften seiner Heimat und ihr wechselvolles Licht einfing. Wild und unakademisch malte um die Jahrhundertwende eine Gruppe junger, vom französischen Impressionismus beeinflußter Künstler, die unter dem Namen *Glasgow Boys* bekannt wurde: James Guthrie (1859–1930), George Henry (1859–1943), Edward Atkinson Hornel (1864–1933). Zeitgenossen des französischen Post-Impressionismus und der Fauves, markieren die sog. Schottischen Koloristen, Francis Campbell Boileau Cadell (1883–1937), Samuel John Peploe (1871–1935) und George Leslie Hunter (1879–1931) den Beginn der spezifisch modernen Kunst Schottlands, obwohl sie im gesamteuropäischen Kunstkontext einen eher konservativen Standpunkt vertreten. In Glasgow und Edinburgh sind diese Künstler und auch Joan Eardley (1921-63) zu sehen, die mit Bildern von Kindern aus Glasgower Slums und später vom kleinen Küstenort Catterline Weltruhm gewann.

Auch **zeitgenössische schottische Künstler** erfreuen sich internationaler Reputation. John Belanys (geb. 1942) Werk lebt von einem ganz persönlichen, aus der maritimen Bilderwelt entlehnten Mythos; von Sean Connery und Sir Peter Maxwell schuf er ausdrucksstarke Porträts berühmter schottischer Zeitgenossen (National Portrait Gallery, Edinburgh). Der Künstler und Dichter Ian Hamilton Finlay (geb. 1925), berühmt geworden durch seine Gedichte-Objekte, steht in der Tradition von Dadaismus und Konkreter Poesie. Vielschichtige Bedeutungsinhalte aus unterschiedlichen Kulturzusammenhängen werden bei ihm in ein gewollt einfaches, künstliches Bild verdichtet. In seinem ›Dichtergarten‹ Stonypath in den Pentland Hills stellt er neoklassizistische oder schlicht provozierende symbolhafte Objekte und Zitate wie Guillotinen, SS-Runen, einen goldenen Apollokopf, den »Apollon Terroriste«, oder Handgranaten in die ›unschuldige‹ Natur: ironische Brechung, moralistischer Fingerzeig, ein Ärgernis für politisch Korrekte. Für den Mitbegründer der Pop Art, Eduardo Paolozzi (geb. 1924), sind die Bildwelten der modernen Populärkultur wie Kino oder Fernsehen ausschlaggebend. In der Scottish National Gallery of Modern Art in Edinburgh sind alle Größen der modernen schottischen Kunst versammelt. Vor dem Tempelentree stehen metallene ›Megalithen‹: »Conversation with Magic Stones« der britischen Bildhauerin Barbara Hepworth (geb. 1903). Der Kreis schließt sich.

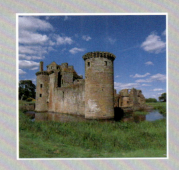

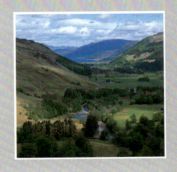

Routen durch Schottland

Das südliche Hügelland

On the Borders

»These mist covered mountains
Are a home now for me
But my home is in the lowlands
And always will be.«

(Dire Straits: »Brothers in Arms«)

Samtgrüne Hügelkuppen wie Brotlaibe, stille Täler, in die sich viktorianische Landhaushotels schmiegen, romantische Klosterruinen, trutzige Burgen: Das sind die Borders, wie der Name sagt, von alters her Grenzland zwischen England und Schottland und als solches und der fruchtbaren Scholle wegen hart umkämpft. Daß die Barone bis ins 17. Jh. wie im Wilden Westen das Gesetz in die eigene Hand nahmen, zeigen die vielen wehrhaften Bauten wie Smailholm Tower, Hermitage Castle oder das inzwischen wohnlicher gemachte Traquair House. Die *Common Ridings* im Frühling und Frühsommer, heute farbenprächtige Touristenspektakel, erinnern an die Zeit, als die Bürger zum Schutz gegen marodierende Raubritter die Grenzen ihrer *Burgh* patrouillierten. Ein Land, das Heldenballaden und Geschichten von tapferen Rittersleut' geradezu herausfordert: Walter Scott-Land. Mitten hinein, umgeben von den großen mittelalterlichen Abteien Melrose, Jedburgh, Dryburgh und Kelso, setzte er sich seinen Traum vom schottischen Mittelalter, Abbotsford House. Mit den glänzenden Herrenhäusern von Mellerstain, Bowhill und Floors betreten wir

Routenkarte Borders

◁ *Caerlaverock Castle bei Dumfries*

den zivilisierteren Boden späterer Epochen. Auch landschaftlich haben die Borders einiges zu bieten: die kahlen Eildon Hills, den Wasserfall Grey Mare's Tail, verträumte Uferwege entlang des Tweed.

Ein ideales Standquartier für die Entdeckung der Borders ist **Melrose** 1 (S. 304), dessen gemütlich-altmodische Hotels und Pubs den dreieckigen Market Place mit dem Marktkreuz aus dem 17. Jh. säumen. Am Platz bietet der viktorianische Tee-, Kaffee-, Whisky- und Bierladen *Pyemont & Company Merchants* z. B. das im nahen Traquair gebraute Bier oder einen *Sheep's Dip Single Malt* an – die Bauern tunken ihre Schafe garantiert

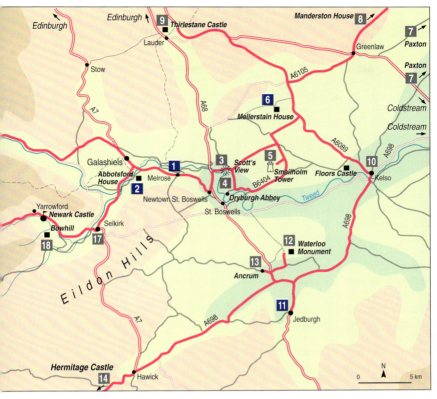

nicht in die köstliche Flüssigkeit, wie der Inhaber versichert. In gut einer Stunde steigt man von hier auf den ersten der drei markanten Gipfel der vulkanischen **Eildon Hills**, die weithin die Borders dominieren (vom Marktplatz die Dingleton Street herauf, am Haus No. 21 Weg nach links hoch nehmen). Der schottische Zauberer Michael Scott soll sie im Mittelalter auf magische Weise gespalten haben. Wem nicht nach Magie, sondern nach Stofftieren der Sinn steht, der besuche das kleine private **Teddybärmuseum** mit seinem netten Hinterhofcafé.

»...bei Mondenschein/Besuche Melros' und – *tu es allein*«, übersetzte Fontane Sir Walter Scott. Der Rat ist heute nicht zu befolgen, denn nur durchs Gitter kann man nachts einen Blick auf die rötlichen Ruinen der gotischen **Zisterzienserabtei** werfen, deren Vorgängerbau David I. 1136 gründete. Tagsüber erkennt man ohnehin besser den filigranen Skulpturenschmuck, »ein in Stein gebildetes Herbarium scoticum« (Fontane), in dem die schottische Distel und auch Kohlköpfe unter den Händen der Meistersteinmetze emporwuchsen. James und William Douglas, balladenträchtige Sprößlinge eines kampferprobten Borders-Geschlechts, liegen hier begraben. »Das Herz von Douglas« aus der Ballade des deutschen Dichters Graf Moritz von Strachwitz (1822–47) gehörte indes keinem Douglas, sondern dem großen Bruce. Es gelangte nicht, wie der ster-

Speisen wie Gott in Schottland – Marmion's Brasserie

In einem holzgetäfelten, gemütlichen Raum genießt man, was der freundliche Mr. Robson an französisch inspirierter schottischer Bistro-Küche zaubert: einen Avocado-Stilton-Dip, Tomaten-Feta-Tartlets, Lamm in Honigkruste oder Mint-Orangensauce, fritierte Pastinake oder Salate mit köstlichem Dressing. Schmackhaft, unprätentiös, mit ungewöhnlichen, gelungenen Kompositionen und erstaunlich preisgünstig (S. 304).

bende König es vorgesehen hatte, in die heilige Erde von Jerusalem, sondern kehrte nach William Douglas' Tod im Kampf gegen die Sarazenen nach Schottland zurück. Eine kleine Plakette in der Nähe des Kreuzgangs weist auf den möglichen Begräbnisort des Herzens hin. Das berühmte Dudelsack spielende Schwein ist eine in der hinteren Reihe von Fialen an der südlichen Außenmauer versteckte Skulptur.

Der mauerumschlossene **Priorwood Garden** neben dem Grabsteinmeer der Abtei ist auf Färbepflanzen spezialisiert; sein reizender Apfelbaumgarten lockt vor allem zur Blüte im Mai. Ein Abendspaziergang führt an den ausgedehnten Abteiruinen vorbei zum Tweed mit seinen stillen, mückenreichen Uferwegen und einer viktorianischen Hängebrücke.

Der Blick vom Speisesaal seines neogotischen **Abbotsford House** 2 (S. 266) auf den geliebten Tweed war das Letzte, was Sir Walter Scott in diesem Leben sah. Das Neuschwanstein der Borders, 1822 errichtet, quillt über vor von Scott gesammelten Scotabilia wie Rob Roys Börse oder Flora MacDonalds Heiratsvertrag und von Scott-Devotionalien wie Hose und Stock des seit einer Polioerkrankung gehbehinderten Meisters. Waffensammlung, Bibliothek, Arbeitszimmer (s. Abb. S. 43) und Garten sind die Höhepunkte dieses sehenswerten Märchenhauses, das schon zu des Dichters Lebzeiten wie ein Museum gewesen sein muß.

Als Scotts Leichenzug von Abbotsford nach Dryburgh fuhr, soll sein Pferd wie gewohnt am **Scott's View** 3 über Bemersyde angehalten haben – ein letzter ›Letzter Blick‹. Weit schweift das Auge von diesem berühmtesten Aussichtspunkt der Borders über kokosduftende Ginsterbüsche, einen weiten Tweed-Mäander und die sanfte Wiesenlandschaft bis zu den Eildon Hills am Horizont. Besteigt man den Hügel im Rücken des an der Straße liegenden 180°-Aussichtspunkts, gelangt man in wenigen Minuten zu einem rötlichen megalithischen Standing Stone und weiter zu einem Plateau, auf dem sich ein 360°-Rundumblick bis zum Smailholm Tower eröffnet. Im nördlichen Querschiff der **Abteikirche von Dryburgh** 4, romantisch inmitten der von alten Baumriesen überschatteten Parklandschaft in einer Tweed-Schleife gelegen, ruht Sir Walter nun im Kreise seiner Familie. Die ausgedehnten, zum großen Teil frühgotischen Ruinen der ab 1150 errichteten Prämonstratenserabtei lohnen auf alle Fälle den Besuch.

Im Herzen der Borders, im Scott-Land, liegt alles nah beieinander. Hoch ragt in einer Bergmoorlandschaft der trutzige, mit rotem Sandstein abgefaßte **Smailholm Tower** 5 (S. 317) aus dem 16. Jh. über einem romantischen kleinen Tümpel empor (s. Abb. S. 62). Eine sehenswerte Puppenausstellung auf drei Etagen illustriert Szenen aus Scotts Leben und den von ihm populär gemachten Borders-Balladen. Auf der Sandyknowe Farm direkt unterhalb des Tümpels bekam der kleine Walter, der am Fuße des alten Scott-Familienturms seine Kindheit verbrachte, von seiner Tante Janet die traurigen, heroischen oder auch lustigen Geschichten erzählt.

Im nahen **Mellerstain** 6 (S. 304) huldigt man einem anderen Genius: dem des Architekten und Innendesigners Robert Adam. 1770 vollendete er das 45 Jahre zuvor von seinem Vater William begonnene zinnenbekrönte Herrenhaus der Baillie-Familie. Die pastellfarbenen, original erhaltenen stuckverzierten Dekken, besonders in der Bibliothek, sind der Inbegriff georgianischer Eleganz und Leichtigkeit. Eine kostbare Gemäldesammlung und schöne Gärten machen die wohl berühmteste Arbeit Robert Adams in Schottland zu einem Muß für jeden Besucher. Lust auf mehr Herrenhäuser? Das palladianische, ebenfalls von der Adam-Familie entworfene **Paxton House** 7 mit seinen Chippendale-Möbeln und der Regency-Porträtgalerie sowie das edwardianische **Manderston House** 8 in Robert Adam-Manier, der

›Schwanengesang‹ des klassischen Herrenhauses‹, erreichen Sie auf einem Ausflug in Richtung des schon nicht mehr schottischen Berwick-upon-Tweed.

Ein weiterer lohnenswerter Ausflug, in Richtung Edinburgh, führt zum **Thirlestane Castle** 9 (S. 319), seit 700 Jahren von der Familie Maitland bewohnt. Hinter der imposanten rötlichen Fassade verstecken sich das ursprüngliche Tower House des 16. Jh. mit Türmchen und Erkerchen und die prächtigen Stuckdecken aus dem 17. Jh. Am ältesten wirkt das Anwesen von der Rückseite, wo ein empfehlenswerter Spaziergang entlang des durch grüne Wiesen plätschernden Lauder-Bachs führt.

Das hübscheste Städtchen, das er kenne, sei **Kelso** 10 (S. 299) schwärmte Sir Walter. Tatsächlich ist der lebhafte Ort einen Besuch wert: die georgianischen Häuser am **Marktplatz** wie das altehrwürdige *Cross Keys Hotel*, der Blick von der Brücke auf die Schokoladenseite der Stadt mit Floors Castle am Horizont, Spaziergänge am Flußufer. Hinter der Brücke liegen die Ruinen der 1128 gegründeten, einst reichsten und prächtigsten der vier großen Borders-Abteien; nur einige reich verzierte romanische Partien der hohen Kirchenwestfront blieben erhalten. Gegenüber ist im **Turret House** aus dem 17. Jh. das Stadtmuseum untergebracht – an einem lauschigen Hinterhofplätzchen mit einem netten kleinen Café. Eine halbe Stunde läuft man am Tweed-Ufer entlang über den von der Roxburgh Street ausgeschilderten *Cobby Riverside Walk* zum prächtigen Schloß des Duke of Roxburgh, **Floors Castle**. Dem frühgeorgianischen Herrenhaus nach Entwürfen von William Adam setzte William Playfair um die Mitte des 19. Jh. ein verspieltes Neo-Tudor-Mützchen aus Zinnen und Türmchen auf. Im Innern stößt man

zwischen Matisse, Reynolds und flämischen Wandbehängen immer wieder auf Fotos des sympathischen derzeitigen 10. Herzogs. 1984 drehte Hugh Hudson hier die Tarzan-Verfilmung »Greystoke« mit Christopher Lambert. Die beeindruckende Abteikirche von **Jedburgh** 11 (S. 298) vom Ende des 12. Jh., mit Ausnahme des fehlenden Dachs beinah intakt und reich mit romanischem Bauschmuck verziert, geht auf eine Gründung Davids I. aus dem Jahre 1138 zurück. Fotogen erhebt sie sich am Stadteingang hoch über dem Jed Water und den terrassenförmigen Abteiruinen. Den Blick von der Empore auf die rhythmisch gestaffelten Säulen und das mächtige Westwerk, den stillen Friedhof und das kleine, aber feine Museum sollte man sich nicht entgehen lassen. Die attraktive, touristische Stadt hat einen **Marktplatz** mit bunten georgianischen Häuschen, ein sehenswertes Gefängnismuseum, den **Castle Jail** aus dem 19. Jh., ein **Mary Queen of Scots House**, dessen Ausstellung eindeutig Partei für die ›Märtyrer-Königin‹ ergreift – und viele Schilder, die dort hinleiten.

Vor den Toren der Stadt bietet das mit einem kleinen Aufstieg zu erklimmende **Waterloo Monument** 12 auf dem Peniel Heugh (227 m) einen weiten Blick. Beschauliche Stille atmet der Dorffriedhof von **Ancrum** 13; eine einbogige Steinbrücke wölbt sich über den träge plätschernden Bach. Recht weit fährt man über die geschäftige Textilindustriestadt Hawick (S. 294) und dann durch karge Hügel- und Moorlandschaft nach **Hermitage Castle** 14 (S. 295). Doch der Weg lohnt. Wie ein steinerner Katamaran thront die massige, ›männliche‹ Grenzfeste der königlichen *Wardens of the March* über Erdwällen und

Smailholm Tower

einem Flüßchen an diesem öden, schönen Flecken. 1566 besuchte hier Maria Stuart nach einem berüchtigten Gewaltritt von Jedburgh ihren Markgrafen Bothwell, der im Kampf gegen aufrührerische Borders-Geschlechter verwundet worden war; die gern romantisierte Episode war wohl rein politischer Natur. Mit etwas Glück bekommt man hier abends eine kostenlose *Sheep Dog*-Vorführung zu sehen, wenn die landestypischen schwarz-weißen Hütehunde eine Schafherde zusammentreiben.

Die beiden letzten Ausflüge führen uns von Melrose in die nach Westen zunehmend einsame Bergwelt an der Grenze zwischen den Borders und Dumfries. Die intimen Räume von **Traquair House** 15 (S. 320) sind mit Antiquitäten und Stuart-Reliquien vollgestopft – eine Locke von Bonnie Prince Charlie, die Wiege James' VI., Maria Stuarts Rosenkranz, Schuh, Staatsbett. Man spürt, daß hinter diesen dicken Mauern seit dem 12. Jh. kontinuierlich adlige Menschen wohnten. Die glühenden Jakobiten, der 4. Laird of Traquair war Hauptmann der Leibwache Maria Stuarts, hielten fest am katholischen Glauben, wovon eine Fluchtkapelle aus den Zeiten der Verfolgung zeugt. Das berühmte Bärentor bleibt traditionshalber seit der Flucht Bonnie Prince Charlies geschlossen – bis die Stuarts zurückkehren. In den *Grounds* gibt es eine Brauerei, ein Buchsbaumlabyrinth, ein Cottagecafé, Kunsthandwerkerläden. Im und um den weißen, schlichten Haus sind Arbeiten zeitgenössischer Künstler ausgestellt, um deren Förderung die sympathische, umtriebige Familie sich verdient macht. Kurz hinter dem hübschen Peebles (S. 310), einst ein beliebter Badeort, steht auf einem Felsvorsprung über dem bewaldeten Tal des Tweed das Tower House **Neidpath Castle** 16, ein Zeugnis mehr für die kriegerische Vergangenheit des Grenzlands.

Über den Textilfabriken im Tal des Yarrow Water, wo man preisgünstig Wollwaren kaufen kann, liegt das nette **Selkirk** 17 (S. 313). Sir Walters Statue steht auf dem Marktplatz vor dem ehemaligen Rathaus und Gerichtsgebäude, wo er einst als Sheriff Recht sprach. Düster und grau thront das viktorianische Schloß von **Bowhill** 18 über einer prachtvollen, sanft abfallenden Schafweide – Scotts ›süßes Bowhill‹, wie er in »The Lay of the Last Minstrel« schreibt, mag man darin kaum erkennen. Durch den riesigen bewaldeten Landschaftspark führen schöne, markierte Wege, u. a. am Yarrow entlang zur Tower House-Ruine **Newark Castle** aus dem 15. Jh. Ihre bedeutende Kunst- und Gemäldesammlung – Canaletto, Raeburn, Gainsborough, Reynolds sowie Andenken von Scott, dessen Vorfahren auf Newark Castle saßen, und dem Herzog von Monmouth – öffnen die Herzöge von Buccleuch leider nur im Juli für die Öffentlichkeit: ein Minimalprogramm von 28 Tagen (s. S. 173).

Das idyllische **Yarrow-Tal**, sanfte Schafweiden auf weit auseinandertretenden Hügeln, war die Heimat von James Hogg, dem *Ettrick Shepherd*. Der Schafhirt, Autodidakt und Dichter, ein Zeitgenosse von Scott, traf sich oft mit diesem und anderen Literaten im alten Gasthaus **Tibbie Shiel's Inn** 19 (S. 319) am St. Mary's Loch, wo sein Denkmal oberhalb der Straße steht, oder im ebenso alten, ebenso gemütlichen und ebenso von den Geistesgrößen der Scott-Zeit frequentierten **Gordon Arms Hotel** 20 (S. 293) kurz davor. Hinter dem St. Mary's Loch schließen die rauhen Moffat Hills sich eng um das Tal zusammen. Hier stürzt einer von Schottlands berühmtesten Wasserfällen, der **Grey Mare's Tail** 21, etwa 70 m tief zu Tal. Der linke Weg führt in zehn Minuten zu einem Aussichtspunkt, der rechte, mäßig steile in einer Stunde hoch zum Loch Skeen mit seinen braunen Forellen, aus dem der ›Schwanz der grauen Stute‹ fällt. Die einzige Störung in der stillen Natur stammt von den fast bodennah fliegenden Düsenjets der RAF, die hier besonders gern und häufig ihre markerschütternden Übungsflüge veranstaltet. Mit Unterschriftenaktionen und Protestinitiativen versuchen die Betroffenen sich zu wehren.

Dumfries und Galloway

So wie die Borders Sir Walter gehören, so gehören die südwestlichen Lowlands Robert Burns, dessen Gedenkstätten sich um Alloway und Dumfries häufen. Im Küstenstreifen, welcher im Westen und Süden den gebirgigeren Kern umschließt, wird intensiv Landwirtschaft betrieben. Lassen Sie sich zu kunstgeschichtlichen Höhepunkten wie Caerlaverock Castle, den Schlössern von Drumlanrig oder Culzean, den Abteien von Sweetheart und Dundrennan, dem Bergbaumuseum von Wanlockhead oder dem Kostümmuseum vom Shambellie House entführen. Spätestens an der sanften Sonnenküste des Solway Firth rund um die Künstlerkolonie Kircudbright wird jeder einsehen, daß Schottland nicht nur aus den Highlands besteht.

Im adretten **Alloway** 1 (S. 268), heute ein Vorörtchen von Ayr, wurde Schottlands Nationaldichter geboren. Vom klassizistischen Rundtempel des **Burns Monument** inmitten eines kleinen Parks schweift der Blick zur mittelalterlichen **Brig o'Doon**, die ihren Bogen elegant über den Doon schwingt. Über ihre hohe, kopfsteingepflasterte Kuppe entkam Tam o'Shanter der Hexe, da das Satansvolk fließendes Wasser nicht überqueren kann; den Preis, einen ausgerissenen Schweif, zahlte die Stute Meg. Gegenüber, in der Kirchenruine der alten **Alloway Kirk,** beobachtete Tam, der zu lange im Wirtshaus gefeiert hatte, die ausgelassen tanzende Teufelsbande. Das Grab von Robert Burns' Vater William sowie einige phantasievoll mit Skeletten und Vater Chronos verzierte moosgrüne Grabsteine aus dem 18. Jh. erhöhen den gespenstischen Reiz des Friedhofs.

Ohne Gespensterschauer übersteht man das nahegelegene **Land o'Burns Centre** und die Tam o'Shanter Experience-Schau, wo ein für die jüngste touristische Entwicklung in Schottland typisches supermodernes Multimedia-Besucherzentrum einen in die Zeit von Burns zurückversetzen soll. Trotz *Guided Tour* mit Kopfhörer und Puppenausstattung kommt das langgestreckte **Burns Cottage** im Ortszentrum im Vergleich dazu richtig altertümlich daher. In diesem strohgedeckten Bauernhaus mit dem kleinen Cottage-Garten, schottisch *Kailyard*, wurde Robbie geboren, sang seine Mutter ihm schottische Volks- und Gespensterballaden vor. Das angeschlossene Museum zeigt Originalbuchausgaben und -manuskripte, Illustrationen seiner Werke – Tam o'Shanter immer an der tellerartigen Bommelmütze zu erkennen, dem Tammy –, Burns-Devotionalien satt. Dezent verschweigt man hier, daß der Frauenheld Jean Armour erst nach dem vierten Kind – zweimal Zwillinge – heiratete, hochgestellte Damen anhimmelte und Schankmägde schwängerte.

Noch mehr Burns bieten das **Burns House Museum** und die vom Dichter frequentierte *Poosie Nansies Tavern* in **Mauchline** 2 oder der *Bachelors' Club* in **Tarbolton** 3 (S. 319), wo der junge Heißsporn einen Debattierclub für Junggesellen ins Leben gerufen hatte. Auch die geschäftige Markt- und Seebadestadt **Ayr** 4 (S. 271) hat ihre Burns-Flecken: die dichterbesungene **Auld Brig** aus dem 13. Jh., den alten, immer vollen *Tam o'Shanter Pub* in der No. 230 der hektischen Einkaufsmeile High Street. Ohne Burns kommen der weite Sandstrand mit den typischen britischen Seebadeort-Amusements und den viktorianischen Pensionen dahinter aus sowie der großzügige Wellington

Das Treppenhaus von Culzean Castle

Routenkarte Dumfries und Galloway

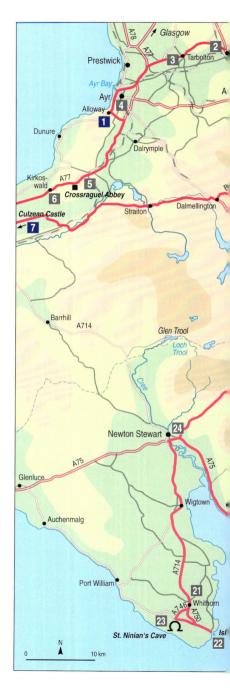

Square mit seinen pastellbunten georgianischen Häuserfronten.

Kurz nach den ausgedehnten Ruinen der spätmittelalterlichen cluniazensischen **Crossraguel Abbey** 5 (S. 277) erwartet einen in **Kirkoswald** 6 (S. 301) Souter Johnnie's Cottage. Es gehörte dem Flickschuster John Davidson, dem Vorbild für Tam o'Shanters Trinkkumpan. Im Garten des restaurierten Brauhauses sitzen die unsterblichen Figuren der Wirtshausszene, vom örtlichen Künstler Thom modelliert, auf dem Friedhof gegenüber liegen die sterblichen Überreste Davidsons und Douglas Grahams: letzterer, Pächter der Shanter Hill Farm und Halbtagsschmuggler, besaß ein Boot namens »Tam o' Shanter« und war das ›reale‹ Vorbild für Burns' berühmteste literarische Figur.

Kein Geringerer als Robert Adam verwandelte in den 80er Jahren des 18. Jh. das alte Tower House des Earl of Cassilis aus dem Kennedy-Clan in einen zeitgemäßen, dezent neogotischen Prachtbau: Hoch ragt **Culzean** (sprich Cullin) **Castle** 7 (S. 277) eines der faszinierendsten Schlösser Schottlands, über den Felsklippen der Westküste auf. Die georgianische Eleganz der Raumfluchten mit Adam-Spiegeln, -Leuchtern und jenen berühmten Stuckdecken in abgestuften Pastelltönen ist schlicht betörend, besonders das ovale Treppenhaus (s. Abb. S. 65) und der schwerelose zentrale Salon mit Meerblick. Der National Trust hat das Schloß, das Adam-Viadukt und den Landschaftspark mit viel Mühe und Liebe renoviert.

Durch das vom Bergbau geprägte zentrale Hügelland in Richtung Südküste unterwegs, stößt man an der Hauptdurchgangsstraße von **Sanquar** 8 (S.

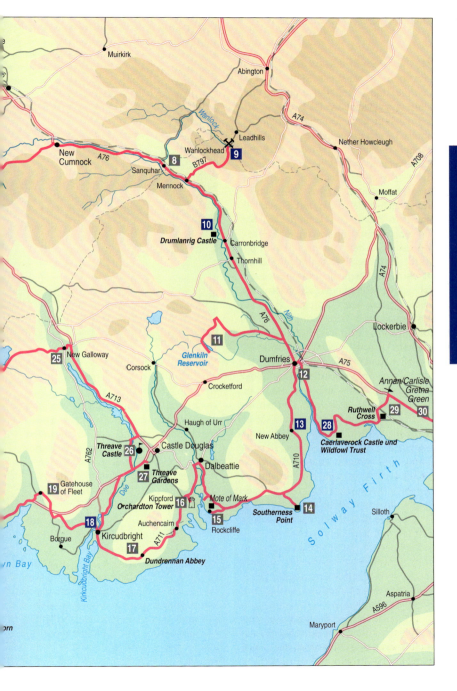

Blick über das Wehr auf Dumfries

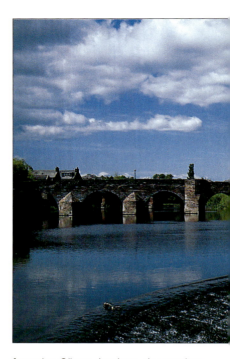

313), in einem unscheinbaren Haus mit fast schon historischer 50er-Jahre-Einrichtung, auf Schottlands und der Welt ältestes noch arbeitendes **Postamt** aus dem Jahre 1712. Durch ein schönes, enges Tal mit behäbigen grünen Hügelkuppen gelangt man zu den verstreut auf verschiedenen Höhenzügen liegenden Cottagereihen der Bergarbeitersiedlung **Wanlockhead** 9 (S. 320), Schottlands höchstgelegenem Dorf. Eineinhalb Stunden dauert die kundige, witzige Führung durch die freiwilligen Mitarbeiter der örtlichen Initiative. Besichtigt werden ein nasser, kalter, enger Stollen, in dem die Bergleute unter lebensgefährlichen Bedingungen schufteten, und zwei rekonstruierte Cottages, in denen die Familien um 1750 und, schon etwas gemütlicher nach den Reformen des philanthropischen Mineneigentümers, des Herzogs von Bucchleuch, um 1860 lebten. Hier lernt man die Kehrseite der prachtvollen georgianischen Stadthäuser von Edinburgh kennen. Achtjährige Jungen zogen die beladenen Bleikarren durch die Stollen, Arthritis und Rheuma waren an der Tagesordnung, Ausrüstung und Nahrung mußten die *Miner* im Laden der von Quäkern betriebenen Bergbaugesellschaft kaufen – lebenslange Schuldabhängigkeit war die Folge. Heute wird in ›Gottes Schatzhaus in Schottland‹ nicht mehr geschürft.

Die Herzöge von Queensberry, später von Bucchleuch, residierten derweil prunkvoll in **Drumlanrig Castle** 10 (S. 278). 1645–76 entstand die vierflügelige Hofanlage aus der Spätrenaissance nach Plänen von Sir William Bruce. Majestätisch thront das rötliche Sandsteinschloß, das eine Douglas-Festung aus dem 14./15. Jh. einschließt, über den formalen Gärten, inmitten eines weiten, von markierten Wanderwegen durchkreuzten Country Parks. Die Gemäldesammlung in den holzgetäfelten Räumen sucht ihresgleichen: die vielen schönen Frauen der Familie, porträtiert beispielsweise von Thomas Gainsborough, Philip de Lazlo oder John Merton, John Ainslies Dienstbotenporträts vom Beginn des 19. Jh., Renaissanceporträts des französischen Königs Franz I. und seiner Gemahlin von Joos van Cleve, Sir Nicholas Carew von Hans Holbein d. J., vor allem aber Rembrandts »Lesende alte Frau« und die jüngst als Original Leonardos bestätigte »Madonna mit der Garnspule«. Fahrradverleih, Kunsthandwerkerläden in den ehemaligen Ställen und Falknereidarbietungen ergänzen das Kulturangebot in einem der lohnendsten großen Herrensitze Schottlands. Das verträumte kleine

Glenkiln Reservoir 11 im Hinterland von Dumfries ist ›umstellt‹: von harmonisch in die Natur eingebetteten Skulpturen, u. a. von Jacob Epstein und Auguste Rodin. Der berühmtesten Plastik, Henry Moores wunderschöner »König und Königin«, hat ein Verrückter 1995 die Köpfe abgeschnitten.

Dumfries 12 (S. 278), mit 30 000 Einwohnern die geschäftige Metropole an Schottlands Südküste, scheint an Sommertagen förmlich zu glühen: Schuld hieran ist der rötliche Sandstein, das Hauptbaumaterial. Burns, der große Sohn der Stadt, wird zwar überall liebevoll präsent gehalten, aber nicht so gnadenlos vermarktet wie in Alloway. Ein Spaziergang führt uns von der 1882 mit Geldern aus einer öffentlichen Sammlung errichteten **Burns-Statue (1)** die quirlige Fußgängerzone der Haupteinkaufsmeile High Street herunter zum georgianischen **Midsteeple (2)** von 1707, dem alten Rathaus. Die Bänke, der **Brunnen (3)**, die entspannte Atmosphäre laden dazu ein, hier zusammen mit den *Locals* ein mittägliches Sandwich zu verzehren. Vom vielbesuchten alten Pub **Globe Inn (4)**, wo Burns gern in geselliger Runde trank, kommen wir zum bescheidenen, original eingerichteten **Burns-Haus (5)**, wo er seine letzten Jahre verbrachte. Der mitteilsame *Warden* hat viele interessante Dinge über Burns zu erzählen. Bewundern Sie die berühmte Kilmarnock Edition und den diamantgeritzten Autograph im Fenster. Auf dem dichtgedrängten, glühend roten Friedhof unterhalb des hohen Turms der georgianischen **St. Michael's-Kirche (6)** strahlt ein einziges weißes, gräzisierendes **Mausoleum (7)**. 1815 meinten die Stadtväter von Dumfries dies ihrem großen Sohn schuldig zu sein, der nun mit Frau Jean und fünf seiner Kinder dort ruht. Auf einer viktorianischen **Hängebrücke (8)** überqueren wir den breiten, flachen River Nith und schlendern an seinem grünen Ufer zum **Robert Burns Centre (9)**, das einem den Dichter menschlich, künstlerisch und natürlich audiovisuell nahebringt. Am Hang darüber wartet in friedlicher Umgebung das **Heimatmuseum** mit der **Camera Obscura (10)** oben im alten Windmühlenturm. Der schönste Blick auf Dumfries ergibt sich von dem möwenvollen **Wehr (11)**, die sandsteinrote Fußgängerbrücke **Devorgilla Bridge (12)** von 1431 im Hintergrund. Im entzückend viktorianisch eingerichteten

Dumfries 1 Burns-Statue 2 Midsteeple 3 Brunnen 4 Globe Inn 5 Burns-Haus 6 St. Michaels-Kirche 7 Mausoleum 8 Hängebrücke 9 Robert Burns Centre 10 Heimatmuseum/Camera Obscura 11 Wehr 12 Devorgilla Bridge 13 Bridge House 14 Tourist Information

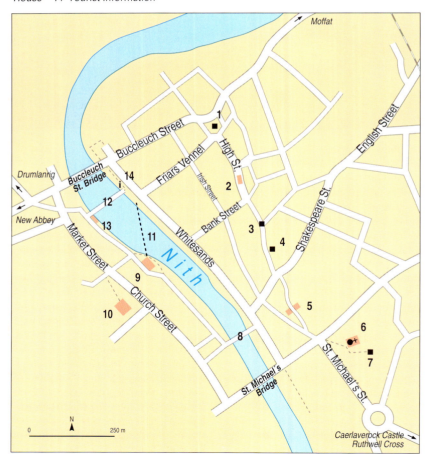

Das Shambellie House zeigt sehenswerte Kostüme von der Jahrhundertwende

Bridge House (13), dem ältesten Haus der Stadt aus dem Jahre 1660, findet man z. B. eine Zahnarztpraxis von 1880.

Die wunderschöne Fahrt entlang der sanften Küste von Solway mit ihren weiten Sand- und Schlickfeldern und kleinen, felsigen Badebuchten beginnt mit einem Paukenschlag im pittoresken, südenglisch anmutenden **New Abbey** 13 (S. 306). Hoch reckt sich der quadratische Vierungsturm, den ein Skulpturenfries mit lachenden und die Zunge herausstreckenden Köpfen umläuft, über die leuchtend roten, fast perfekt erhaltenen Ruinen von **Sweetheart Abbey** (S. Abb. S. 3 oben). Devorgilla, die Mutter des Königs John Balliol, gründete das Zisterzienserkloster 1273. 21 Jahre lang hat sie das einbalsamierte Herz ihres Gatten John Balliol bei sich getragen, bis sie mit ihm, dem ›Liebsten‹, dem ›süßen Herzen‹, vor dem Hochaltar begraben wurde. Inmitten eines prächtigen Rhododendronparks gewährt das viktorianische **Shambellie House** dem sehenswerten schottischen Kostümmuseum eine stilvolle Bleibe. In jedem Raum wird eine typische gesellschaftliche Situation aus dem Leben der feinen Leute 1880–1930 nachgestellt: Damen beim Wohltätigkeitsempfang, Herren bei Zigarre und Port in der Bibliothek.

Wenn man am weiten Kieselstrand unterhalb des alten, aus Feldsteinen gemauerten **Leuchtturms** am **Southerness Point** 14 steht, sieht man von den in die Dünen geduckten Cottages der kleinen Sommerfrische nur noch die Schornsteine – ein magischer, stiller Ort. Das andere Ufer im Südosten ist schon Nordengland, die Industrieanlagen um Carlisle. Von den weißen Cottages des kleinen **Rockcliffe** 15 an der ›schottischen Riviera‹ führt der *Jubilee Path*, ein einfacher, 4 km langer Weg durch ein vom National Trust betreutes Schutzgebiet, vorbei am Mote of Mark, einem eisenzeitlichen Hügelfort, ins hübsche **Kippford** 16 mit seinem Jachthafen.

Entspannen am Southerness Leuchtturm

Der Kuckuck ruft im Wald, auf den grünen Weiden stehen stolze, schwere Rösser, blökende Schafe und massige Galloway-Rindviecher, darunter auch hier und da ein *Belted Angus* mit dem lustigen weißen Bauchgürtel; über allem liegt der Geruch nach Gülle und Heumahd. Hier steht Schottlands einziges rundes Tower House, das stämmige **Orchardton Castle** (S. 307) von 1450, von dessen Zinnen man auf die pastorale Idylle blickt. Ähnliches hat 1568 Maria Stuart als Letztes von ihrem Königreich gesehen, als sie in **Dundrennan Abbey** [17] (S. 280) ihre letzte Nacht auf schottischem Boden verbrachte. Kastanien und Eichen umstehen die schlanken Bündelpfeiler, die hohe, elegante Spitzbogenreihe der Querschiffarkaden, die interessanten Grabsteine. Mit den Steinen von Dundrennan, im 12./13. Jh. in dem typischen romanisch-gotischen Übergangsstil der Zisterzienser entstanden, wurde – nach Maria Stuarts Besuch – das gleichnamige kleine Dorf gebaut.

Die pastellfarbenen, vor Erkern strotzenden Häuschen, die engen Hinterhöfe und Cottage-Gärten von **Kircudbright** [18] (S. 300; sprich Körcuubri) an der weiten Schlickmündung des River Dee möchte man am liebsten gar nicht mehr verlassen. Das Licht und das denkmalgeschützte georgianische Stadtensemble der ehemaligen Royal Burgh schätzten Künstler um den Jugendstildesigner E. A. Taylor und seine Frau, die Buchillustratorin Jessie M. King. Dorothy L. Sayers »Fünf Falsche Fährten« spielt in einer vergleichbaren Künstlergemeinschaft der späten 20er. Eine Malschule und Ausstellungen in der hübschen Harbour Cottage-Galerie und im Tolbooth aus dem 17. Jh., an dem Halseisen von

Gladstone Guest House

Wohnen Sie in einem von Schottlands besten Guest Houses. Von den Erkern der geschmackvoll schlicht eingerichteten Räume schweift der Blick über die üppigen Hinterhofgärten und die reizende Cottagereihe des Nachbarhauses No. 44, die Jessie M. King für Künstlerkollegen ausbauen ließ. Morgens wartet ein abwechslungsreiches Frühstück, abends ein Drink in der gemütlichen *Honesty Bar*. Sue Westbrook sorgt dafür, daß Sie sich auf Anhieb wie zu Hause fühlen (S. 300).

einer grausameren Vergangenheit zeugen, versuchen heute die Tradition aufrecht zu erhalten. Sehen Sie sich das **Heimatmuseum** der Stewartry an – so heißt der Verwaltungsbezirk um Kircudbright –, die Kircudbright-Bilder sowie den Videofilm über die Künstlerkolonie im **Tolbooth Arts Centre**, die Ruine des spätmittelalterlichen **MacLellan's Castle** und vor allem die **Hornel Art Gallery**. Weniger der süßlichen Gemälde ostasiatischer Kindfrauen wegen, dem Spätwerk des einflußreichen ›Glasgow Boy‹ Hornel, als wegen des georgianischen Broughton House, das er bewohnte. Das lichtdurchflutete Bibliotheksatelier und der mauerumwehrte, wuchernde Cottage-Garten sind bezaubernd. Der artenreiche **Wildlife Park** am Ortsrand hat sich besonders der Erhaltung der schottischen Wildkatze verschrieben.

Kurz hinter dem netten **Gatehouse-of-Fleet** [19] (S. 288), zwei Häuserschlangen aus bunten und leuchtend weißen Cottages entlang der Straße, steht die gut erhaltene Ruine von **Cardoness Castle** aus dem 15. Jh. Seine finstren Herren, die MacCullochs, waren berüchtigt dafür, Nachbarn zu erschlagen und alte Frauen auf Misthaufen sterben zu lassen. Die jungsteinzeitlichen Ganggräber **Cairnholy** [20] I und II, ersteres mit einer beeindruckenden Fassade aus Stehenden Steinen, sehen auf die tidenabhängige Watt- und Sandbucht der **Wigtown Bay**.

Fast ans Ende der stillen Welt von West-Galloway führt ein Ausflug ins verschlafene **Withorn** [21] (S. 321). Wo im 5. Jh. des hl. Ninian *Candida Casa* (›weißes Haus‹) stand, die älteste Kirche Schottlands, finden heute interessante Führungen durch die archäologischen Grabungen statt: »The Dig« als gruppendynamisches Erlebnis für schottische Schulklassen. Von den Ruinen des Nachfolgebaus, der einst prächtigsten Bischofskirche Galloways, sind das romanische Portal, die Krypta und die exquisite **Sammlung von Kreuzen und Grabsteinen** sehenswert, die Schottlands ältesten christlichen Grabstein aus dem 5. Jh. enthält. Neben Iona und St. Andrews war Withorn das bedeutendste schottische Pilgerziel. In **Isle of Withorn** [22], heute ein verschlafener Fischer- und Jachthafen, landeten die Pilgerboote. Von der St. Ninian's Isle am Hafen, die gar keine Insel ist, sieht man an klaren Tagen die Isle of Man im Meerdunst liegen. Ein 20minütiger Spaziergang bringt einen auf den Spuren der mittelalterlichen Pilger von einem Parkplatz neben einer Farm an der A747 zur **St. Ninian's Cave** 23. Unscheinbare Ritzkreuze des 8.–10. Jh. findet man am Eingang der Höhle, in die sich der hl. Ninian zum Meditieren an der stillen Felsküste zurückgezogen haben soll.

Durch den erholsamen Galloway Forest Park mit seinen zahlreichen ausgeschilderten Wandermöglichkeiten, z. B. im Glen Trool-Nationalpark, fährt man von **Newton Stewart** 24 (S. 306) ins nette **New Galloway** 25. Das uneinnehmbare **Threave Castle** 26 (S. 319) bei Castle Douglas, im 14. Jh. von Archibald, dem ›grimmigen‹ Schwarzen Douglas errichtet, war den Stuart-Königen ein ständiger Dorn im Auge, eine Bedrohung ihrer Oberhoheit. Heute läutet man eine Glocke, und ein Warden von Historic Scotland setzt einen anstandslos auf die grüne Dee-Insel über. Die schönen **Threave-Gärten** 27 südlich von Castle Douglas sind berühmt für ihre Narzissen und ihren *Walled Garden*.

Von Dumfries geht es zur Grenze. In dem Marschland südlich der Burns-Stadt überwintern Tausende von Ringelgänsen aus Spitzbergen. Von Oktober bis April kann man von den Beobachtungsposten des Naturschutzgebietes »Wildlife and Wetlands Centre« die tausendflügligen Armaden einschweben sehen. Ein libellenumschwirrter Wassergraben umschließt die vielleicht schönste Burgruine Schottlands, das hauptsächlich aus dem 14. Jh. stammende **Caerlaverock Castle** 28. Auf beinahe dreieckigem Grundriß gebaut – ein mittelalterlicher Chronist nannte ihn treffend schildförmig –, Rundtürme an den Ecken, an der Schildspitze die beeindruckende Zwillingsturmfront, präsentiert sich die rötliche Burg von jeder Seite überraschend anders (S. Abb. S. 56/57). Über die zerstörte Südmauer öffnet sich der Blick auf die Nithsdale Apartments von 1634 mit ihren mythischen Renaissance-Reliefs. Ein Naturlehrpfad führt durch die Sumpflandschaft, an gelben Schwertlilien vorbei zu den Erdwällen der alten Burg. Das reich skulptierte, northumbrischen Einfluß verratende **Ruthwell Cross** 29 aus dem 7. Jh., ein tief in den Boden der kleinen Kirche eingelassenes monumentales Bildkreuz, stellt eins der wertvollsten Kunstwerke der ›dunklen Zeitalter‹ dar.

Im flachen, heute unübersehbar industrialisierten Grenzstreifen zu England liegt Schottlands letzter Rummelplatz, **Gretna Green** 30 (S. 293). Generationen entführter, durchgebrannter oder nur romantischer Bräute gaben hier vor zwei Zeugen und dem trauberechtigten Schmied ihrem Auserwählten das Jawort und profitierten so seit 1754 von Schottlands im Vergleich zu England laschen Heiratsgesetzen. Obwohl ein Gesetz 1940 den *Runaway Marriages* die legale Grundlage entzog, gehen immer noch viele Pärchen in Gretna den Bund für zumindest einen Teil des Lebens ein, so im Jahre 1967 Joschka Fischer mit seiner ersten Frau. Reisebusinsassen gesetzten Alters und meist deutscher Nationalität lassen sich über dem Amboß des Old Blacksmith's Shop Centre zu einer nicht ganz ernst gemeinten *Mock Marriage* verbinden – der gigantomanische Freizeitpark um die alte Schmiede zehrt nicht schlecht vom Heirats- und Schottenmythos.

Einen Heiratsraum besitzt auch das »First House in Scotland«. Für uns ist es das letzte oder die andere Seite des Schilds.

Der Central Belt

Edinburgh

»I see the wheels of industry at a standstill
And the northern lands wasted
And the empty house in Edinburgh
Without authority or voice.«
(Runrig: »Alba«)

Edinburgh (S. 281), das seinen Namen wohl dem northumbrischen König Edwin aus dem 7. Jh. verdankt, war seit dem Spätmittelalter, als die frühen Stuarts es zur Residenz machten, die unangefochtene Hauptstadt Schottlands, sein kulturelles, wirtschaftliches und politisches Zentrum, das in den Unabhängigkeitskriegen des 13./14. Jh. und den Glaubenswirren des 16./17. Jh. eine entscheidende Rolle spielte. Das Goldene Zeitalter des 18. Jh., als Edinburgh mit Männern wie David Hume und Adam Smith zu einer der europäischen Metropolen der Aufklärung avancierte, setzte neben die mittelalterlich enge Alt- eine großzügige, lichte Neustadt.

Mit ihren vielen Hügeln und Aussichtspunkten ist ›Edwins Burg‹ eine fotogene Schöne, eine Stadt der Vistas, der Durch- und Ausblicke: eine goldene Stadt, wenn die Abendsonne ihre Häuserfluchten und Turmspitzen aufglühen läßt, eine graue Stadt, wenn der Regen von den hohen Dächern tropft. In einem Maße wie kaum ein anderer Ort lebt sie von jenen romantischen oder grausigen Geschichten, die sich um ihre Plätze und Paläste ranken, von jenen Marys, Knoxes, Burkes und Hares, die dem Besucher wohlige Schauer entlocken: wahrhaft eine Stadt der Gegensätze,

◁ *Edinburghs elegante Princes Street*

der Spannungen. Die weltberühmte Royal Mile, die elegante Neustadt, die neben Glasgow bedeutendsten Museen Schottlands und die kleineren, versteckt liegenden Sehenswürdigkeiten und gemütlichen Pubs, zu denen mancher Abstecher führt, erschließen sich dem Besucher am besten zu Fuß, denn in diesem urbanen Juwel mit menschlichem Format liegt alles recht nah beieinander.

Zwischen Holyrood Palace und Edinburgh Castle – Royal Mile und Altstadt

»Die Ausblicke von **Arthur's Seat** [1] sind an einem schönen Tag einem Nikkerchen im Haus vorzuziehen«, meinte schon Robert Burns. Vom Parkplatz am Queen's Drive hinter Holyrood Palace nimmt man den links zu den mageren Resten der St. Anthony's Chapel hinanführenden, zunächst asphaltierten Weg, der sodann in zahlreichen Trampelpfaden über einen langgezogenen Kamm, mitunter recht steil, in einer guten halben Stunde auf den prominenten, 251 m hohen ehemaligen Vulkan führt. Ganz Edinburgh liegt dem *Crag*, wie man ihn hier nennt, zu Füßen: die etwas niedrigeren Salisbury Crags, über die der längere, hinter dem Parkplatz rechts abzweigende Weg hierher führt, die kleinen Seen St. Margaret's, Dunsapie und Duddingston Loch, die sommers von Vögeln und winters von Schlittschuhläufern wimmeln, das Örtchen Duddingston mit seiner Kirche und dem *Sheep Heid Inn*, einer alten Postkutschenstation aus dem 18. Jh. Im Süden

Zu Füßen von Arthur's Seat liegen Edinburgh und der Firth of Forth

schimmern die kahlen Kuppen der Lammermuir Hills, im Norden die Wasser des Firth of Forth am Hafen von Leith, weit im Osten erhebt sich Berwick Law aus der Küstenebene, nah im Westen Edinburgh Castle aus dem Häusermeer.

Die Keimzelle von **Holyrood Palace** 2 im ausgedehnten Park zu Füßen des Crag war die heute in Ruinen liegende Augustinerabtei des Holy Rood, ein altes schottisches Wort für ›Kreuz‹, 1128 von David I. gegründet. Die Legende macht einen übernatürlichen Hirsch mit einem Kreuz im Geweih für des Königs fromme Anwandlung verantwortlich. Etliche schottische Könige wurden hier gekrönt, getraut, beigesetzt. James IV. legte zu Beginn des 16. Jh. mit dem Bau des Tower House-ähnlichen Nordwestturms den Grundstein für die königliche Residenz, der Charles II. durch den Architekten Sir William Bruce und den Steinmetz Robert Mylne ab 1671 ihr heutiges barock-klassizistisches Aussehen verleihen ließ: symmetrische, von zwei Türmen flankierte Fassade mit zentralem Portal, pilastergeschmückter Innenhof, Stuck- und Holzarbeiten im prunkliebenden Stil der Restauration.

Bonnie Prince Charlies und Georges IV. glänzende Empfänge 1745 bzw. 1822 (s. S. 26f.) markieren Abgesang und Wiederbelebung des schottischen Highland-Mythos', doch die Besuchermassen, die pünktlich um neun Uhr morgens im weiten Vorhof vor der Kopie des Linlithgow-Brunnens auf Einlaß warten, kommen nur wegen ihr: Maria Stuart. In den historischen Appartements des alten Nordwestturms mit ihren Renaissancekassettendecken und der leider nicht zeitgenössischen Einrichtung findet sich u. a. noch eine kleine Katze, welche die in Fotheringhay Gefangene eigenhändig stickte. Im Schlafgemach spielte sich das Rizzio-Drama ab. Abgeschmackt fand Fontane den Blutfleck, angebliches makabres Zeugnis von den angeblich 57 Dolchstichen, die den verhaßten italienischen Sekretär und angeblichen Liebhaber der Königin durchbohrten. Heute müssen eine schlichte Metallplakette und die Phantasie des Betrachters genügen. In dem spätmittelalterlichen Häuschen des sog. Queen Mary's Bath vor dem Palast soll man noch jüngst einen Dolch gefunden haben, von den Mördern hastig weggeworfen...

Nach modern verbauten Anfängen steigt der weltberühmte Straßenzug der **Royal Mile** vom ›Haus der vielen Erinnerungen‹ (Robert Louis Stevenson) zur Burg hin an; er besteht aus Canongate, High Street, Lawnmarket und Castle Hill. Die Abfolge bedeutet nicht nur Höhengewinn, sondern auch zunehmend touristische Durchdringung. *Auld Reekie*, die ›Alte Verräucherte‹, verdiente sich im Mittelalter diesen Spitznamen durch drangvolle Enge, aus Fenstern gekippten Hausunrat und qualmende Schornsteine. Die hohen, steinernen Häuserfronten, je nach Licht von einem warmen Beige oder einem kalten Grau, wirken regelmäßig, ohne uniform zu sein. Treppchen, schmale Gäßchen und die typischen *Closes* zweigen ab, Hinterhöfe und Durchgänge, die den Blick auf die Kehrseite der mehrgeschossigen Wohnblocks freigeben. Besonders pittoresk sind **White Horse Close** und der kleine 17. Jh. – Garten des **Dunbar's Close** an Canongate, an der High Street **Advocate's Close**, durch den man auf die gerahmten Wasser des Forth blickt, **Tweedale Court** oder **Old Fishmarket Close**, durch den es steil zum Cowgate hinabgeht. Pubs wie *Canongate Tolbooth Tavern*, *The Waverley* oder *Deacon Brodie's Tavern* säumen die quicklebendige, immer volle Touristenmeile, Restaurants und Cafés, Andenkenläden mit schönem (neben dem John Knox House), meist jedoch weniger schönem Kitsch, Geschäfte, in denen man sich in Highland-Kluft fotografieren oder selbige mieten kann, dunkle Spirituosenmekkas wie *Cadenhead's Whisky Shop* oder der *Christmas Shop*, in dem das ganze Jahr über die Weihnachtslichter brennen...

Vom Friedhof der 1688 errichteten **Canongate Kirk** [3], wo Adam Smith und – angeblich – David Rizzio, weltlichem Trubel entronnen, ruhen, schweift der Blick zur Royal High School am Calton Hill hinüber, ein klassizistischer Nachbau des Athener Theseus-Tempels. Hinter dem schlicht geschwungenen Giebel der Kirchenfassade nimmt die Queen am Gottesdienst teil, wenn sie, meist im Sommer, in Holyrood weilt: Der hübsche **Canongate Tolbooth** [4] mit seinem charakteristischen Türmchen, aus dem keck eine Uhr hervorschaut, wurde 1591 als Rathaus der von Edinburgh unabhängigen Gemeinde Canongate errichtet, in der sich viele Adlige des größeren Platzangebots wegen Stadthäuser bauen ließen. Die Geschichte der Leute, die ihnen (ab dem 18. Jh.) die Paläste bauten oder in den Manufakturen schufteten, erzählt »The People's Story« im Tolbooth. Das **Huntly House** [5] gegenüber, ein Stadthaus des 16. Jh., beherbergt das städtische Heimat- und Geschichtsmuseum. Vom Balkon des **Moray House** soll 1650 die Gattin des Marquess of Argyll dem besiegten königlich-katholischen General Montrose auf den Kopf gespuckt haben – elf Jahre später wurde ihr Mann unter demselben Balkon zum Schafott geführt.

Aufgebrachte Stimmen, die eines älteren Mannes und einer jungen Frau, streiten sich hinter der reich mit Erkern, Fenstern, Wappen geschmückten Fassade des sehenswerten **John Knox House** [6]: In Wirklichkeit ermahnte der

High Street und St. Giles Cathedral

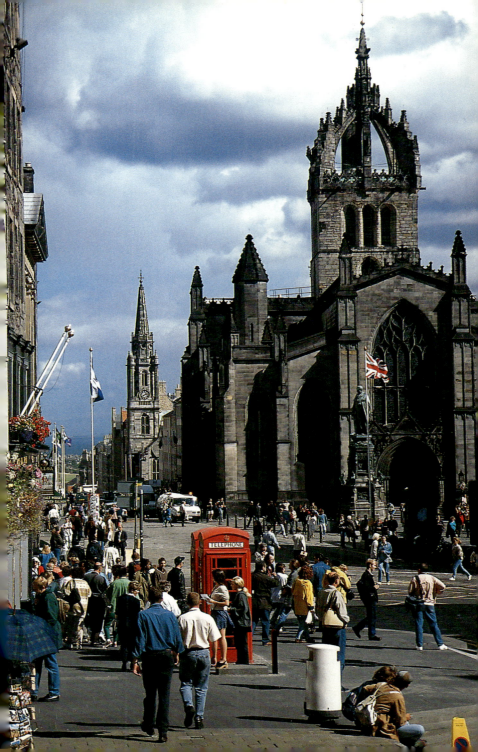

strenge Reformator die lebenslustige Königin im Holyrood Palace, und das mittelalterliche Haus gehörte auch nicht ihm – man nimmt allerdings an, er sei 1572 hier gestorben –, sondern dem wohlhabenden Goldschmied James Mossman, der die Treue zu seiner königlichen Kundin mit dem Tod bezahlte. Ziehen Sie Ihren Kopf unter den niedrigen Türen ein und sehen sich die Goldschmiedewerkstatt, Kreuzigungsszenen auf Delfter Kacheln im Kamin und die originalen holzvertäfelten Räume mit den Renaissancedecken an. Oder versuchen Sie sich im **Stone and Brass Rubbing Centre** 7 am Ende von Chalmers Close in jener beliebten britischen Freizeitbeschäftigung, die fleißigen Reibern Rubbel-Repliken, z. B. von Piktensteinen, beschert. Gegenüber lädt das **Museum of Childhood** 8 mit Puppen, Automaten und Spielen zu einer Reise ins Reich der Kindheit ein.

Die Cockburn Street mit ihren spitzzahnigen Giebelreihen säumen alternative Second-Hand- oder Gruftie-Shops, Galerien und Pubs. Sie erlaubt gleichsam aus der Gulliperspektive den Blick hinan auf die zwölf Stockwerke hohe georgianische Börse, die **City Chambers** 9. Von der High Street ist das Zentrum wirtschaftlicher Macht nicht einmal halb so beeindruckend, nämlich dreistöckig. Hier, auf der **High Street**, lag die Keimzelle Edinburghs. Vor dem heute hauptsächlich aus dem 19. Jh. stammenden Mercat Cross wurden Geschäfte abgeschlossen, Proklamationen verlesen. Machtzentren: Im Rücken von St. Giles versteckt sich hinter einer georgianischen Fassade die **Parliament Hall** 10 mit ihrer ohne einen einzigen Nagel auskommenden Stichbalkendecke. Wo bis zum Unionsvertrag von 1707 das schottische Parlament tagte, arbeitet heute der Oberste Gerichtshof, letztes Überbleibsel schottischer Eigenständigkeit. *The Heart of Midlothian* war bis zu seinem Abriß im Jahre 1817 das Zentrum strafender Justiz – Gefängnis, Hinrichtungsort. Sir Walter Scott trägt mit seinem gleichnamigen Roman wieder einmal die Schuld daran, daß sich der romantische Geist einer finstren Stätte bemächtigen und sie verklären konnte. Heute ist das ›Herz‹ ein Herz aus Pflastersteinen vor dem Hauptportal von **St. Giles Cathedral** 11 (s. Abb. S. 81).

Den charakteristischen offenen, kronenförmigen Turmabschluß der *High Kirk* Edinburghs imitieren schottische Kirchen im ganzen Land. Spätestens seit 854 stand ein Gotteshaus am Ort der heutigen schlichten, größtenteils aus dem 15. Jh. stammenden gotischen Kirche mit ihren niedrigen Gewölben. Im Innern finden sich eine Statue von John Knox, der einst hier predigte, Grabmal bzw. Epitaph der Feinde Montrose und Argyll sowie des 1570 in Linlithgow ermordeten Regenten Moray, Ratgeber und später Gegner seiner königlichen Halbschwester Maria Stuart, pathetische marmorne Gedenkmonumente der Highland-Regimenter und die ordentliche neogotische Holzschnitzpracht der edwardianischen Thistle-Kapelle von Sir Robert Lorimer (1911). Die Devise des sehr spätmittelalterlichen Ritterordens von der Distel (1687 von James VII. gegründet),»Nemo me impune lacessit«, ›Niemand fordert mich ungestraft heraus‹, wird Ihnen in zahlreichen schottischen Adelspalästen wiederbegegnen, deren Bewohner zu dem erlauchten Kreis gehörten.»What's left of Scotland's glory? Only St. Giles«, seufzt der alte Mann unter dem leuchtenden Fenster der Präraffaeliten Burne-Jones und Morris und lächelt.

Am Lawnmarket (*lawn* = Batist) wohnten einst die Tuchhändler. Ein Schwein

Hoch erheben sich die fotogenen Bastionen der Burg über Edinburgh

unter den Frontarkaden, wo früher die Stoffballen verkauft wurden, und eine ausgestopfte Ratte in der behaglichen, mit Messingbettpfannen und Fußwärmerschemeln angefüllten Küche zeigen, daß sich **Gladstone's Land** 12 (*land* = mehrstöckiges Wohnhaus*)* in der liebevollen Obhut des National Trust befindet. Das sehenswerte ehemalige Heim des Tuchhändlers Thomas Gledstanes aus dem 17. Jh. ist üppig mit bemalten Holzbalkendecken und barocken Schnitzmöbeln ausgestattet. Im Hinterhof steht **Lady Stair's House** von 1622, wo das **Writers' Museum** 13 sich dem Erbe von Robert Burns und den in Edinburgh geborenen Dichtern Sir Walter Scott und Robert Louis Stevenson widmet.

Bei Sonne wirken die für Edinburgh so typischen Hinterhöfe wie die rekonstruierten **Mylne's Court, Riddle's Court** oder **Brodie's Close** pittoresk, bei Regen ragen die mehrstöckigen grauen Steinfronten düster wie Gefängnismauern auf. Dann gehen die Geschichten von Sonne und Schatten im menschlichen Wesen, von Stevensons Dr. Jekyll und Mr. Hyde, unter die Haut:

Vom ehrenwerten Ratsmitglied Deacon William Brodie, der nächtens auf Einbrechertour ging, der von Grizel Weir, die plötzlich sich und ihren allseits respektierten Bruder Major Thomas Weir der Ausübung sinistrer Hexenrituale bezichtigte.

Hinter den angeschwärzten neogotischen Spitztürmen der **Tolbooth St. John's-Kirche** 14 rücken die Fronten von Castle Hill zum finalen Burganstieg zusammen. Zur Rechten verheißt die **Camera Obscura** 15 von 1853 wechselvolle Lichtbilder der Stadt, zur Linken, im **Scotch Whisky Heritage Centre** 16, fährt man in einem Wägelchen durch die sehr touristisch aufbereitete Geschichte von Schottlands Lieblingsgesöff. Dann öffnet sich die Esplanade, der Austragungsort des *Military Tattoo*, und die kanonenbewehrten, gestaffelten Bastionen der Festung türmen sich fotogen über der Stadt. Fontane hat wie üblich recht: Lage und Ausblicke sind bedeutender als die Anlage selbst. Trotzdem wird kein ernsthafter Schottlandreisender auf einen Besuch verzichten.

Edinburgh feiert: Theaterfestival und Military Tattoo

Nach bescheidenen Anfängen im Jahre 1947 hat sich das über drei Wochen von Mitte August bis Anfang September hinziehende *Edinburgh International Festival of Music and Drama* zum größten Kunstspektakel der Welt gemausert. Auf den schönen Schaubühnen der Stadt geben sich die Großen der Bühnenkunst ein Stelldichein: die renommierten nationalen Institutionen Scottish Opera, Royal Scottish National Orchestra, Scottish Chamber Orchestra und Scottish Ballet; internationale Schauspiel-, Ballett- und Opernensembles wie das Dubliner Abbey Theatre oder die Mark Morris Dance Group; Stars wie Ute Lemper oder Peter Zadek; Autoren von William Shakespeare bis zu Peter Handke.

Ursprünglich ein spontanes, alternatives Straßentheater, hat sich auch das Festival Fringe (*fringe* = Rand, Franse) längst institutionalisiert. Über 500 Ensembles aus aller Welt buhlen mit frechen, originellen Werbegags um die Gunst des Publikums, das die Einwohnerzahl Edinburghs zu Festivalzeiten gut verdoppelt. Laien und Profis, Schmieren- und Experimentalakteure, Jongleure, Pantomimen, Tänzer und Gaukler nutzen jeden Kirchhof, jeden Clubraum, jede Schule und jeden Winkel für Darbietungen. Besonders vor der National Gallery geht das Treiben bis spät in die Nacht. Die etwa zeitgleichen Veranstaltungen des Film- und zweijährlichen Buchfestivals sowie zahllose Ausstellungen komplettieren das gargantueske Kulturmenü. Es versteht sich, daß Unterkünfte auf Monate, die guten Restaurants auf Tage im voraus ausgebucht und Taxis nur unter Aufbietung aller Kräfte zu bekommen sind. *Busy* ist die Stadt in dieser Hoch-Zeit, noch quirliger, weltoffener, elektrisierender als sonst.

Im Jahre 1950 fand erstmalig, als Beitrag der britischen Armee in Schottland (!) zum Edinburgh Festival, mit dem es wegen der zeitlichen Überschneidung oft verwechselt wird, das Edinburgh Military Tattoo statt. *Tattoo* bedeutet ›abendliche militärische Musikparade‹ und soll eine Verballhornung des niederländischen Gastwirtsrufs *Doe den tap toe*, ›Zapfenstreich‹, sein, mit dem einst Bierhähne abgedreht und Soldaten in die Kaserne zurückkomplimentiert wurden. Etwa 200 000 Besucher, viele davon aus Übersee, nehmen jährlich auf den Tribünen der Esplanade Platz und bewundern das militärisch-musikalische Massenspektakel vor der effektvoll angestrahlten Bastionenstaffel von Edinburgh Castle. 50 Mio. verfolgen es vor den Fernsehern der Welt.

Jedes Jahr steht die Darbietung unter einem anderen Motto, 1994 war es die Auflösung des 200 Jahre alten Traditionsregiments der Gordon Highlanders. Tanzformationen, Musikkapellen aus aller Welt – 1986 das deutsche Heeresmusikkorps 300 – und auch schon mal Elefanten, Kamele oder

Military Tattoo

Je schräger die Reklame fürs Fringe Festival, desto wirkungsvoller

Den tiefsten Eindruck machen die Dudelsackkapellen mit ihrer getragenen, unter die Haut gehenden oder zackigen Musik, die *massed pipes and drums* der schottischen Regimenter wie der *Royal Scots Dragoon Guards*. Sie kämpften im Golfkrieg, spielten mit Mike Oldfield und haben einen prominenten Oberst: die Königin. Warm anziehen heißt die Parole, denn noch nie wurde eine Veranstaltung des Tattoo abgesagt. Bei widrigen Wetterverhältnissen, was Ende August nicht selten vorkommt, wird auch vom Publikum militärisches Durchhalten gefordert. Wenn zum Abschied der Choral »The Lord is my Shepherd« (Der Herr ist mein Hirte) und die schottische Nationalhymne »For Auld Lang Syne« (Um der alten Zeiten wegen) erklingen, singt alles mit, reicht sich über Kreuz die Hände. Wer keine Karten bekommen hat, kann am Straßenrand des Castle Hill den eindrucksvollen Auszug der schottenberockten Dudelsackkapellen bewundern. Nach mäßigem Gedränge verläuft sich die Masse der Abschiednehmenden um St. Giles herum. Unter einem gemeinsamen Regenschirm trällern drei Inderinnen »God save the Queen«.

polizeiliche Motorradakrobaten nehmen neben ›echten‹ Schotten teil. 1995 beeindruckte eine farbenprächtige ägyptische Schautruppe.

Seit der Bronzezeit siedelten Menschen auf diesem Felsen, immer wieder wurde der strategisch wichtige Ort heiß umkämpft, belagert, niedergerissen, wiederaufgebaut. So beschränken sich die historisch bedeutsamen Reste auf die normannisch-romanische **St. Margaret's Chapel** aus dem 12. Jh., in deren weißgeschlämmtem Inneren noch heute Gottesdienste und Trauungen der Festungsbesatzung stattfinden, auf die **Great Hall** mit ihrer kostbaren spätmittelalterlichen Stichbalkendecke und jene schmucklose, winzige Kammer, in der Maria Stuart den späteren James VI. zur Welt brachte. Die schottischen **Kronjuwelen** – eine perlen- und edelsteinbesetzte Krone, die aus der Zeit von Robert the Bruce stammen soll, Zepter und Schwert aus der Renaissance, päpstliche Gaben an James IV., den treuen Sohn der Kirche – waren nach dem Unionsvertrag verlorengegangen. 1818 suchte und fand sie Sir Walter Scott: ein

Geschichtenschreiber, der Geschichte machte. Noch heute bemüht sich **Edinburgh Castle** 17, das Hauptquartier der Scottish Division, als Festung ernstgenommen zu werden; es wirkt aber vor allem wie ein großes Militärmuseum. Das **Scottish National War Memorial** für die Gefallenen des Ersten Weltkriegs und das **Scottish United Services Museum** tragen zu diesem Eindruck bei, desgleichen die dicke *Mons Meg*, deren Kugeln im 15. Jh. in Flandern die französischen Ritter das Fürchten lehrten. Eine etwas modernere Nachfolgerin feuert täglich außer sonntags um Punkt 13 Uhr ihren Salut vor der Mill's Mount-Batterie.

Südlich im Schatten der Burg: vom Grassmarket zur Universität

Abwärts gleitet die langgezogene Kurve der Victoria Street, wie eine Schlucht unter hochaufragenden Häusermauern hinab zum **Grassmarket**. Galerien, ethnische Restaurants und Krimskramsläden verstecken sich hinter buntbemalten Holzfassaden im Erdgeschoß. Heute amüsiert man sich hier locker und ein wenig alternativ in gemütlichen Kneipen wie dem schon von Robert Burns besuchten *White Hart Inn*, bei Lager und Livemusik. Früher vergnügte man sich beim Volksspektakel Hinrichtungen. Eine halbstündige Strangulierungstortur überlebte die ›halbgehängte‹ Kindsmörderin Maggie Dickson, der man danach gnädig die Strafe erließ. Vom Galgen des Grassmarket baumelten Hexenmeister wie Grizel und Thomas Weir, Märtyrer wie die Covenanter, allzu Gerechte wie der ob seiner Strenge verhaßte Hauptmann der Stadtwache, Porteous, den ein erzürnter Mob aufknüpfte, und Schurken

wie der berüchtigte Burke, der gemeinsam mit seinem Kumpan Hare den ständig wachsenden Leichenbedarf der Edinburgher Anatomen mit Serienmorden zu befriedigen suchte.

Gespenstisch wirkten **Greyfriars-Kirche** und **Kirchhof** 18, als nächtens während des Fringe-Festivals 1994 ein Stück über eben jene Leichenmacher zwischen den alten Grabsteinen gegeben wurde. In der Nachmittagssonne ist die Stätte, wo 1638 der National Covenant unterzeichnet wurde, eine besinnlich-melancholische Oase der Ruhe: Bänke, Rasen, Bäume, verzierte, grauschwarze Grabdenkmäler, die an Häuserrückseiten emporzuranken scheinen. Der berühmteste Grabbesitzer hier ist nicht der Maler Allan Ramsay, sondern ein Hund. Greyfriars Bobby, ein Skye-Terrier, wich 14 Jahre – bis zum eigenen Ableben – nicht vom Grab seines Herrchens John Gray, womit er einen wahren Touristenstrom anlockte. Einer seiner Verehrer stiftete dem treuen Fellknäuel 1873 die lebensgroße Bronzestatue gegenüber dem Eingang zum Kirchgrund.

Wir sind nun mittendrin im aktuellen geistigen Zentrum Edinburghs, im Universitätsviertel. 10 000 Studenten hat die Old University, auch wenn sie sich im durchgängig touristischen Gesicht Edinburghs nicht allzu prägend bemerkbar machen. Daß **South Bridge** und **George IV Bridge** wirklich Brücken sind, bemerkt man erst an den Abgründen, die sich dort auftun, wo sie hoch über Cowgate kreuzen – ein Edinburgh voller Überraschungen. An der Georgsbrücke liegen die beiden bedeutendsten Bibliotheken der Stadt, **Central Public Library** 19 und **National Library of Scotland** 20, und Edinburghs zweite, 1821 gegründete und 1966 in Universitätsstatus erhobene Hochschule, die **Heriot-Watt University** 21. (Der moderne Campus liegt im Westen der Stadt, in Riccarton. Die dritte, erst 1992 zur technischen und naturwissenschaftlichen Universität erhobene Einrichtung ist die Napier University.)

Ins **Royal Museum of Scotland** 22 geht man nicht nur, weil der Eintritt wie in alle öffentlichen Galerien und Museen frei ist. Schon die schwerelose, gotische Kirchenräume zitierende gußeiserne Konstruktion der lichten Eingangshalle (1861–88) ist ein Erlebnis. Der eklektizistische Sammelgeist des 19. Jh. hat europäische, altägyptische und fernöstliche Kunst, ausgestopfte Tiere, Münzen, Mineralien, Waffen, Schiffsmodelle und technisches Wunderwerk wie Watts Dampfmaschine in den hehren Hallen vereint. Der nebenan entstehende Neubau sorgt dafür, daß das Universalmuseum nicht aus allen Nähten platzt.

Die älteste der drei Universitäten, die 1583 gegründete **Old University** 23, wendet der South Bridge ihre hohe, säulengeschmückte und in der Enge der hektischen Einkaufsstraße kaum zu würdigende Fassade zu, 1789 von keinem Geringeren als Robert Adam entworfen. Die **Talbot Rice Gallery** im Innern zeigt Gemälde und Skulpturen des 16. und 17. Jh. sowie wechselnde Ausstellungen in Räumen, die Playfair entwarf. Etwas weiter erhebt sich die postmoderne gläserne Palastfront des **Edinburgh Festival Theatre** 24, Schottlands größtes und technisch flexibelstes Musiktheater. 1994 von Colin Ross fertiggestellt, umschließt es den edwardianischen Zuschauerraum des Empire Palace Theatre von 1928. Nur wenig unterhalb der schön herausgeputzten Royal Mile und fast parallel zu dieser verlaufend, zeigen Cowgate und Holyrood Road die unrestaurierte, heruntergekommene oder kahlschlagsanierte Kehrseite der altstädtischen Jubiläumsmedaille.

Die viktorianische Mitte: Calton Hill, Princes Street, Westend

William Henry Playfair und seinen neoklassizistischen, zu Beginn des 19. Jh. entstandenen Bauten auf dem **Calton Hill**, dem kleineren Bruder von Arthur's Seat, verdankt Edinburgh den Beinamen ›Athen des Nordens‹. Auf der mit einem weiten Rundumblick gesegneten Hügelkuppe mit dem **National Monument** 25 stehen weitere Gebäude im Stile Griechenlands: der wegen Geldmangels unvollendete Nachbau des Parthenon, ein Denkmal für die Gefallenen der Napoleonischen Kriege; das **Neue Observatorium** 26 mit seinen vier Säulenfronten, eine Replik des griechischen Tempels der Vier Winde; das aus Säulen gebildete Rundtempelchen, ein **Denkmal für** den Philosophen **Dugald Stewart** 27. Auf den schmalen hohen Turm des **Nelson-Monuments** 28 kann man hinaufsteigen, und im Observatorium wird »The Edinburgh Experience« gegeben, eine stimmungsvoll-informative 3-D-Diaschau. Dudelsackbläser spielen für die busweise herbeigefahrenen Touristen.

In Playfairs distinguierten, zwei- oder dreistöckigen Straßenzügen am Calton Hill klingt die georgianische Glanzzeit aus (1820–60). Die Top-Adresse Edinburghs, wo zahlreiche Konsulate residieren, beginnt mit den dorischen Säulen von **Regent Terrace**, windet sich mit **Carlton Terrace** elegant um die Runde, um in den hohen, heute vielfach von Hotels eingenommenen Tempelfronten der **Royal Terrace** ihren Höhepunkt zu finden. Die bescheidenen, einstöckigen Häuser und Cottages an den schmalen *Lanes* und *Mews* im Hinterhof der Carlton Terrace bewohnten Hand-

Blick vom Calton Hill über das Monument für Dugald Stewart auf die Stadt

werker und Zulieferer, von den Städtebauern klug eingeplant und versteckt. Wie eine Schneckenhauskonstruktion mutet das ›Innenleben‹ der georgianischen Prachtfassaden an – ein Bauprinzip als Spiegel gesellschaftlicher Hierarchien, das der gesamten Neustadt zugrunde liegt. Hinunter geht es, am alten **Calton Hill-Friedhof** 29 mit seinen unheimlichen grauen Grufthäusern vorbei; der Obelisk erinnert an die Chartisten von 1793, die das Allgemeine Wahlrecht gefordert hatten und dafür deportiert wurden. Im Tal nördlich der Royal Mile lag einst der Nor' Loch, der im Zuge der Neustadtplanung trockengelegt wurde.

Man steige des schönen Überblicks wegen noch einmal hinauf: die 287 Stufen des kirchturmähnlichen, neogotischen **Scott Monument** 30, das die Stadt ihrem großen Sohn 1840 setzte. Auf der engen Wendeltreppe mit Gegenverkehr sieht man auf Fialen und Figuren aus Scotts Romanen, unten sitzt der Meister selbst, aus behäbigem Marmor modelliert. Vom Calton Hill wandert der Blick das autogesprenkelte Band der **Princes Street** hinunter, eine der schönsten Magistralen der Welt, auch wenn Geschäfte und Warenhäuser nicht mehr ganz so nobel sind wie im guten alten 19. Jh. und mancher Betonklotz von den Bausünden der 60er und 70er Jahre zeugt (s. Abb. S. 76/77). Ihre Südseite, welche durch Parlamentsbeschluß von 1816 unbebaut zu bleiben hat, um den einzigartigen Blick auf Altstadt und Burg nicht zu verstellen, säumt die weite grüne Lunge der **Princes Street Gardens**. Open-Air-Café und -Theater (das Ross Theatre), die aus Blumen gepflanzte Uhr, jede Menge Regimentsdenkmäler, sommerliche Musikveranstaltungen und vor allem viel Grün sind die Hauptattraktionen des Parks. Tief ducken sich der **Waverley-Bahnhof** 31 von 1846 unter fabrikhallenähnlichen Glasdächern, das preisgekrönte postmoderne Einkaufszentrum **Waverley Market** 32 von 1985 gar unter die Erde, um dem gesetzlichen Bauverbot Genüge zu tun. Nur der historistische Protzbau des **Balmoral** 33, einst das North British Hotel (allein der Name!), reckt auf der Tabuseite seinen stadtbildprägenden Turm hoch, dessen Uhr immer drei Minuten vorgeht, damit kein Reisender den Zug verpaßt. Über die Statue von Henry Dundas auf dem St. Andrew's Square blickt man nach Leith, zum Forth, ja nach Fife – und auf der anderen Straßenseite den Essern im viktorianischen **Kaufhaus Jenners** 34 auf den Teller.

Auf dem im Zuge der Stadtneuplanung künstlich aufgeschütteten Mound trennen zwei neoklassizistische Playfair-Bauten East und West Princes Gardens: die **Royal Scottish Academy** 35 und die **National Gallery** 36. In den achteckigen Sälen im Erdgeschoß und den der Malerei des 18./19. Jh. gewidmeten Räumen im 1. Stock hängen Gemälde von internationalen Malergrößen wie Rembrandt, Rubens und van Gogh sowie eine ausgezeichnete Sammlung deutscher Zeichnungen von Dürer bis Klee. Besonderes Augenmerk verdient die schottische Malerei des 18. Jh.: Sir David Wilkie, David Martin, Allan Ramsay, William Dyce und vor allem Sir Henry Raeburn mit dem rätselhaft-kargen Bildnis des Reverend Walker, der auf dem Duddingston Loch Schlittschuh läuft (1784). Auch das **City Art Centre** 37, das in einem ehemaligen Lagerhaus von 1899 hauptsächlich schottische Künstler vom 17. Jh. bis heute ausstellt, ist einen Besuch wert.

Am Ende der Princes Street, im Westen der Burg, erstreckt sich Edinburghs betriebsames Westend, das Viertel mit den meisten Pubs, Diskotheken, Kinos und Theatern. Neben dem Konzertgebäude der **Usher Hall** 38 liegen die renommierten Bühnen **Royal Lyceum** 39 und das avantgardistische, für die Entwicklung des Fringe-Festivals so wichtige **Traverse Theatre** 40. Am Festival Square mit seinen Springbrunnen hat das Edinburgher Filmfestival im **Filmhouse** 41 seinen Sitz. Das nostalgische **King's Theatre** 42 mit seinen Rundlogen, Putten und Karyatiden ist eine neobarocke Symphonie in Gold, Beige und Purpur. Hier pulsen Nachtleben und Autoverkehr, besonders an der Fünfstraßenkreuzung **Tolcross** mit ihrer bekannten Uhr, um in den weiten Parks von Bruntsfield Links und The Meadows geruhsam auszuklingen.

Die Neustadt: im Norden der Princes Street

Im 18. Jh., als der georgianische Zeitgeist Überbevölkerung, Enge und Schmutz in Auld Reekie nicht mehr dulden konnte, hatte ein Mann einen Traum von einer neuen Stadt. Lord Provost George Drummond setzte ihn auch in die Tat um, und so entstand auf der grünen Wiese eine Riesenbaustelle, die eins der größten geschlossenen Viertel mit georgianischer Bausubstanz hinterließ. Der bis dato unbekannte Architekt James Craig gewann mit einem schlichten Plan den ausgeschriebenen Wettbewerb: Zwischen den großzügig angelegten Straßen Queen und Princes Street wuchs ein Straßengitter vom 1767 begonnenen St. Andrew's Square im Osten zum erst 1815 abgeschlossenen Charlotte Square im Westen heran.

Den riesigen **St. Andrew's Square**, den ›reichsten Platz Europas‹, säumen internationale Banken- und Versicherungsgesellschaften. Georgianische Bausubstanz, aber auch moderne Bausünden umstehen Henry Dundas' Statue auf hoher Säule. Mit seinem von Sir William Chambers erbauten Stadthaus an der Ostseite des Platzes, heute Hauptquartier der **Bank of Scotland** 43, verhinderte der mächtige Mann mit dem Spitznamen ›König Harry IX.‹ einen Kirchenbau, der als Gegengewicht zu der St. George's Church (heute West Register House) am Charlotte Square geplant war. In dem Gassengewirr im Rükken von Robert Adams **Register House** 44, dem Aufbewahrungsort der schottischen Urkunden, geht es eher pariserisch-bohèmehaft zu, in den Pubs *Guildford Arms* oder im berühmten, üppig mit viktorianischen Holzschnitzereien ausgestatteten **Café Royal** 45, seit über 100 Jahren Treffpunkt von Künstlern und Intellektuellen: Hier schlürft man Austern unter den bunten Kachelbildern der »Doulton Tiles«, die für die Internationale Edinburgher Ausstellung 1886 gefertigt wurden. Am Picardy Place können Sie drei Skulpturen von Eduardo Paolozzi und eine Sherlock Holmes-Statue entdecken.

In dem backsteinroten historistischen Museumsbau an der Queen's Street fasziniert schon der von einer Doppelarkade umgebene Neuschwanstein-Innenhof, rundum mit einem Fries berühmter Schotten und von Fresken William Holes zu bedeutenden Ereignissen der schottischen Geschichte geschmückt. Rechts des Eingangs verleiht die unverzichtbare **National Portrait Gallery** 46 der schottischen Geschichte ihre Gesichter: Bruces Schädelabguß und Knöchelchen, die Bute-Trinkschale, die Bruce als Löwen im Kreis seiner treuen Anhänger zeigt, Gemälde und Miniaturporträts von Maria Stuart und Darnley. Man verfolgt Charles' II. Enthauptung und die Wandlung des hübschen Bonnie Prince Charlie zum aufgedunsenen Trunkenbold, der Frau und Geliebte prügelt. Besonders sehenswert ist die Sammlung

Eleganz im Understatement: Front eines typischen georgianischen Neustadthauses

zeitgenössischer berühmter Schotten, wo man George Mackay Brown in Alexander Moffats »Poets' Club« (1980; s. Abb. S. 46) alias Café Royal entdeckt oder Sean Connery im Golfhemd von John Bellany (1986). Auf der linken Gebäudeseite ist in der Altertümer-Abteilung des **Royal Museum** das Beste versammelt, was von der Steinzeit an in Schottland gefertigt wurde: eine der größten und besten Piktensteinsammlungen, die Ausgrabungsfunde von Skara Brae und Jarlshof, der Silberhort der St. Ninian's Isle.

Suchen Sie sich aus, wie Sie zum **Charlotte Square**, Robert Adams Meisterstück, flanieren wollen: hektisch über die vielbefahrene, breite George Street oder alternativ über die schmalere, quirlige Fußgängerzone der Rose Street, die nette Pubs wie die berühmte *Abbotsford Bar* mit ihrer Stuck- und Holzeinrichtung säumen. Oder herrschaftlich über die Queen Street, deren linke Seite eine stattliche georgianische Häuserzeile, deren rechte der private, für Anlieger reservierte gleichnamige Park einnimmt – eine Einschränkung, die dem Besucher in Edinburgh häufig begegnet. Das zentrale Tortenstück der Adamschen Nordseite von Charlotte Square mit der vorgeblendeten Tempelfassade teilen sich der National Trust (No. 5), der Secretary of State for Scotland (No. 6) und das vom Trust betreute **Georgian House** 47, das eine ›Zeitreise‹ ins Alltagsleben der wohlsituierten Bewohner von No. 7 zu Beginn des 19. Jh. ermöglicht. Die rührig-redseligen alten Damen, die ehrenamtlich für den Trust arbeiten, erklären Ihnen die Geheimnisse von Kaminschirmen (um das Herunterlaufen dicken Damen-Make-ups zu verhindern) und zinnernen Urinierbecken, in die die Herren sich entleeren konnten (nachdem die Damen sich zurückgezogen hatten).

Schauspieler führen den Besucher auf einem im Keller gezeigten Video vom morgendlichen Levée bis zum nächtlichen Gästeempfang im Jahre 1815.

Die Neustadt ist kein homogener Block, sondern eine Reihe verschiedener Entwicklungsprojekte über einen Zeitraum von gut einem halben Jahrhundert. Daß die edlen Gebäude so gut instandgesetzt sind, verdankt die Welt dem 1970 gegründeten, aus Stadt, Eigentümern und Historic Scotland bestehenden *Edinburgh New Town Conservation Committee*. Machen Sie einen Spaziergang durch das durchgängig georgianische Wohnviertel nördlich der Queen Street, das 1802–22 entstand: India Street, Heriot Row und Abercromby Place, vom Drummond Place über Great King Street zum abschließenden Kreis des **Royal Circus**. Nachts fällt der Blick durch die sprossenunterteilten Fenster und fächerförmigen Türlichter auf pfirsichfarbene, zitronengelbe oder minzgrüne Interieurs mit Stuckschmuck. Morgens, wenn entschlossene junge Menschen zu ihren Arbeitsplätzen in Computer- und Investmentfirmen hasten und alte Damen ihren Hündchen die privaten Grünanlagen aufschließen, bewundert man die schwarz oder weiß gestrichenen Gitter, die gußeisernen Lampenhalter und Fußabtreter, die verschiedenen Steinbearbeitungen von Bosse bis zu Rustika, die Kaminschlotbatterien, Säulen und Tempelgiebel.

Den Höhepunkt des Spaziergangs, die vom Architekten James Gillespie Graham 1824–27 für den Earl of Moray komponierte Platzfolge, muß man sich von der Queensferry Street aus erwandern: Der halbkreisförmige **Randolph Crescent** steigert sich zur Ellipse des **Ainslie Place** und zum grandiosen Rund des **Moray Place**. Im Nordwesten dieser

Essen, Trinken und Schlafen in Leith

Leith, Edinburghs alter Hafen, ist in den letzten paar Jahren *fashionable* geworden, und steht an der reizvollen Schwelle vom Sanierungsgebiet zum schicken Geschäftszentrum und Mekka für Fischrestaurants und Pubs. Das *Malmaison Hotel* in einem neogotischen ehemaligen Seemannsheim bietet stilvoll-postmodernen Komfort mit französischen Empirezitaten, Weinbar und Brasserie-Restaurant.

Im *Shore* nebenan ist es immer proppevoll, sowohl im alten Pub, wo oft Livemusik gespielt wird, als auch im (Nichtraucher-)Restaurant, wo z. B. köstliche Jakobsmuscheln in Pernod-Pfeffersauce serviert werden. Im historischen Pub/Restaurant des *King's Wark* geht es noch informeller zu, entspannt-alternativ auch im guten *Skipper's Bistro*-Restaurant. Eine Institution ist die urig-verwinkelte *Waterfront Wine Bar* mit Snacks und einer umfangreichen Weinkarte, einer der größten Schottlands.

Unter einer puttenübersäten venezianischen Stuckdecke von 1640 mit Rußpatina diniert sich elegant bei Kerzenlicht im *Vintners' Rooms*. Das historische Gemäuer nutzten schon augustinische Mönche im Mittelalter als Keller für ihre guten Tröpfchen, danach einer der Leith-typischen Weinhändler. Heute hat die *Scottish Malt Whisky Society* ihre georgianischen Prunksäle im 1. Stock. Die lange Karriere im Dienst von Schottlands Spirituosen verspürt man an der schönen Theke mit ihren scheinbar meilenlangen Weinregalen.

Straßenzüge fällt der Grund zum Leith Water hin ab. Ein Wanderweg führt am Ufer entlang bis zum Hafen von Leith: durch das nette, fast ländliche **Dean Village** mit vielen Grünanlagen und Stockbridge mit seinen Antiquitätenläden und schönen georgianischen Straßenzügen wie **St. Bernard's Crescent** oder **Ann Street**.

Im Bereich der neogotischen **St. Mary's Episcopal Cathedral** 49 mit ihren drei die Stadtsilhouette beherrschenden Türmen hat Edinburgh, etwa mit den mandelförmigen Eglington/Glencairn und Grosvenor/Lansdowne Crescents, viktorianische ›Ringe‹ angesetzt. Auf großzügigem Rasen vor neoklassizistischer Säulenfront kündigen zahlreiche Skulpturen die **Scottish National Gallery of Modern Art** 50 an. In den hellen, modernen Sälen ist von Picasso bis Paolozzi alles versammelt, was in der Kunst des 20. Jh. Rang und Namen hat (nur Ian Hamilton Finlay hätte man sich stärker berücksichtigt gewünscht). Die entzückende Terrasse des Cafés geht in einen intimen Skulpturengarten über. Testen Sie hier die ausgezeichneten Küchlein und Aufläufe mit Blick auf Paolozzis Kunst.

Am Stadtrand

Südlich von Arthur's Seat recken sich die dachlosen Giebel und runden Ecktürme von **Craigmillar Castle** 1 in den Vorstadthimmel. In das mächtige Tower House flüchtete sich Maria Stuart 1566 nach der Ermordung Rizzios, hier soll sie der Verschwörung zur Ermordung ihres mittlerweile ungeliebten Gatten Darnley ihr Einverständnis gegeben haben.

Im Vorort **Corstorphine** steigen die umfangreichen Gründe und großzügigen Gehege des sehenswerten **Zoos** 2 den gleichnamigen Hügel hinan und bieten weite Ausblicke. Der 1913 gegründete Tierpark genießt wegen der blaugrün schillernden, winzigen Pfeilgiftfrösche, der Großkatzen und vor allem der Pinguine Weltruhm. Pünktlich um 14 Uhr lassen sich letztere von ihren Pflegern zu der putzigen Parade außerhalb des Geheges bewegen – nicht nur die Kinder sind begeistert.

Inmitten einer netten viktorianischen Wohngegend atmet die grüne Lunge des **Botanischen Gartens**, auch er eine Institution mit Weltruhm. Schlendern Sie durch die zehn Gewächshäuser, vor allem das alte, elegante Palmenhaus, den Felsgarten mit hunderterlei Heidearten und ins georgianische Inverlaigh House, wo Wechselausstellungen stattfinden und man von der Caféterrasse einen schönen Blick auf Edinburgh hat. Und nehmen Sie einen ausreichenden Vorrat ungesalzener Erdnüsse für den unersättlichen Appetit der handzahmen grauen Eichhörnchen mit!

Eine Fahrt über die Küstenstraße von Leith nach Cramond bietet zunächst schöne Ausblicke auf die Hafen- und Industrieregion, um dann die West Granton Terraces zu passieren: Die ausgebrannten, brettervernagelten und teils gar noch bewohnten Betonblocks zeigen eine großstädtische Problemzone, wie sie der Tourist meist nicht zu Gesicht bekommt. Ein größerer Gegensatz als zu dem stillen Hafenörtchen **Cramond** 3 läßt sich nicht denken: Spazieren Sie durch die Dreierreihen weißschwarz gestrichener Fischerhäuschen mit steilen Verbindungstreppen und blumenübersäten Hintergärten, bei Ebbe über den Dammweg zum vorgelagerten Inselchen oder einfach an der Strandpromenade entlang. Vor der Kirche sind Grundmauern des römischen Forts ausgegraben worden, das Antoninus Pius im 2. Jh. errichtete und Septimius Severus zu Beginn des 3. Jh. instandsetzte. Zehnmal würde das geschrumpfte heutige Cramond in das Militärlager hineinpassen. **Lauriston Castle** 4, prächtig im edwardianischen Stil des frühen 20. Jh. eingerichtet, liegt idyllisch inmitten eines großen Parks (s. Abb. S. 52).

Die Pinguinparade im Zoo von Edinburgh ist ein touristisches Must

Ausflug durch East Lothian

Der Ausflug führt in die sanft hügelige Küstenregion im Osten von Edinburgh mit ihren Seebadeorten North Berwick und Dunbar mit ihren vielen Burgruinen – Tantallon Castle allein ist den Abstecher wert. Durch die Ausläufer der Lammermuir Hills, wo das pittoreske Ensemble der Preston Mill und das Herrenhaus mit den vielen Damen, Lennoxlove, den Besucher erwarten, geht es über die spätgotische Märchenkapelle von Rosslyn zurück in die Metropole.

In der großzügig angelegten Vorstadt **Musselburgh** 6 mit ihrer Rennbahn verweisen Schilder auf den *East Lothian Coastal Trail*, der mit schönen Ausblicken auf den Firth of Forth und Fife bis North Berwick verläuft. Das **Scottish Mining Museum** 7 (S. 314) in **Prestongrange**, zwischen Musselburgh und Prestonpans gelegen, macht den Besucher mit Schottlands industrieller Vergangenheit bekannt. Hinter **Seton** 8 mit seiner spätgotischen Kollegiatskirche und vor allem um den Seebadeort **Gullane** 9 (S. 294) erstrecken sich kilometerlange, dünengesäumte Sandstrände, die zu langen Wanderungen einladen. Nach Gullane, besonders auf den traditionsreichen Muirfield Course, strömen Golfer aus aller Welt. Im alten Ortszentrum des englisch anmutenden **Dirleton** 10 besucht man die beeindruckenden, bullig aus dem Fels herauswachsenden Ruinen der Burg, deren älteste Partien bis ins 13. Jh. zurückreichen. Von den Gärten mit einem runden Taubenschlag schweift der Blick über eine weite, gelassene Felderlandschaft.

Der nette, moderne Seebadeort **North Berwick** 11 (S. 306) bietet mit Jachthafen, Sandstränden, Sportzentrum und dem renommierten West Links Golfplatz

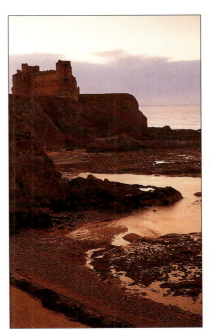

Trutzige Steine: Tantallon Castle

– sein 15. Grün soll eines der besten Löcher der Welt sein – jede Menge Freizeitbeschäftigungen. Den Zuckerhut des Berwick Law vor den Toren der Stadt, mit »The Law« hinreichend ausgeschildert, sieht man schon von Arthur's Seat aus der flachen Küstenplatte aufragen. Ein etwa 20minütiger, recht steiler Aufstieg wird mit dem erwarteten Rundumblick belohnt.

Über der zunehmend schroffen Felsküste thront die sandsteinrote, noch immer wehrhaft wirkende Ruine von **Tantallon Castle** 12 (S. 319; 14. Jh.). Sie gehörte jenem berühmten Archibald Douglas *Bell the Cat*, der 1482 der ›Katze‹ Cochrane (ein niedriggeborener Günstling König James' III., der dem schottischen Hochadel ein Dorn im Auge war) die ›Glocke‹ umgehängt, will

Routenkarte East Lothian

heißen als erster die Hand gegen den mächtigen Mann erhoben hatte. Von den schwindelnd hohen Wehrgängen blickt man auf die Steilküste mit ihren kleinen Buchten und auf den mächtigen Bass Rock, dessen weißer Leuchtturm draußen im Meer aufragt. Das Vogelschutzgebiet, wo eine der größten Tölpelkolonien der Welt, Papageitaucher und Eissturmvögel ungestört nisten, ist mit Bootsausflügen von North Berwick zu umrunden.

Durch die 20 pittoresken Cottages, die die Hauptstraße des Gutsdorfes **Tyninghame** säumen, geht es nach **Dunbar** 13 (S. 279) einem Freizeit- und Wassersportzentrum mit einem berühmten *Leisure Pool* und typisch britischer Kleinstadtatmosphäre. Am schönsten ist Dunbar an seinen Häfen: An den alten **Broad Haven**, 1650 von Oliver Cromwell angelegt, schließt sich nach Nordwesten der **Victoria Harbour** aus dem 19. Jh. an; hier dümpeln ehemalige Fischkutter vor Anker, die für Angel- und Bootsausflüge gechartert werden können. Zwischen den beiden Festungsruinen im Westen des Neuen Hafens hat sich das Meer seinen Durchlaß durch die verwitterten Sandsteinfelsen erzwungen; noch mehr kleine Boote ankern in dieser Bucht. Archäologie zum Anfassen – versuchen Sie sich einmal in angelsächsischer Webkunst – verheißt »Dunbar Under Ground« im alten **Town House**. Der in Dunbar geborene frühe Grüne und Initiator des amerikanischen Nationalparksystems John Muir (1838–1914; sein Geburtshaus ist in Dunbar zu besichtigen) hätte den nach ihm benannten **Country Park**, der sich von Dunbar in nordwestlicher Richtung an der Bucht von Belhaven erstreckt, sicher gutgeheißen. Was man vom **Torness Visitor Centre** 14 wohl nicht wird behaupten können, wo *Scottish Nuclear* dem Besucher mit blitzblanker Schautechnologie weismachen will, wie sicher und modern Atomkraft in Schottland ist.

Im Hinterland liegt die bei Wanderern beliebte, noch fast unberührte Heideödnis der **Lammermuir Hills**. Ein schöner Spaziergang führt auf die drei gestaffelten Erdwälle des eisenzeitlichen **White Castle Hillfort** 15 hinter dem netten Örtchen Garvald. Wieder in der Tiefebene knirschen die wassergetriebenen Mühlräder der **Preston Mill** 16 (S. 312) im mehllosen Demobetrieb. Das ulkige Gebäudeensemble aus dem 16. Jh. mit seinem roten Zipfelmützendach wirkt wie ein ›schiefes‹ Frank Gehry-Haus. An der Rezeption mit einem Schlüssel ausgestattet, kommt der Besucher nach fünfminütigem Spaziergang zum Phan-

tassie-Taubenschlag – Vorsicht, der bullige Stumpf mit seinem Schrägdach ist ›bewohnt‹! Die Tauben müssen allerdings nicht mehr wie zu Maria Stuarts Zeiten fürchten, in den Kochtopf zu wandern.

Die Ruinen des mittelalterlichen **Hailes Castle** 17 mit ihrem integrierten Taubenschlag erheben sich fotogen in einer pastoralen Wiesenidylle über dem sanft dahinfließenden Tyne. Als Maria Stuart und Bothwell 1567 hier übernachteten, hatten sie noch Dächer über den Köpfen. **Haddingtons** 18 (S. 294) Schokoladenseite ist eindeutig das Ensemble aus Flußufer, gotischer St. Mary's Collegiate Church mit Friedhof und der schmalen, dreibogigen Fußgängerbrücke. Die Kirche besitzt gleich zwei Fenster des Präraffaeliten Burne-Jones im südlichen Quer- und Seitenschiff. An der Alderston Road beginnt ein Weg für Wanderer und Radler ins 7 km entfernte Longniddry, der auf einer ehemaligen Eisenbahntrasse verläuft.

Vor den Toren der Kleinstadt residiert inmitten eines feudalen Parks der mittlerweile 15. Herzog von Hamilton auf seinem Stammsitz **Lennoxlove** 19, ein Tower House des 14. Jh. mit Anbauten aus dem 17. Jh. Den ausgefallenen Namen verdankt es einer extravaganten Frau, der gefeierten Schönheit Frances Teresa Stewart, Herzogin von Lennox, die ihr Vermögen dem verarmten Vetter Alexander Lord Blantyre vermachte – unter der Bedingung, das Anwesen hinfort »Lennox love to Blantyre« zu nennen. Die Avancen Charles' II. hatte sie standhaft zurückgewiesen, und der König soll ihr seine Freundschaft erhalten haben, selbst nachdem *La Belle Stewart* im Alter von Pocken entstellt war. Auch Nelsons skandalöse Lady, deren

Porträt von Angelika Kauffmann zu sehen ist, war eine Hamilton. Eine kleine Ausstellung zu Maria Stuart – das Haus gehörte einmal ihrem Staatsminister William Maitland – zeigt u. a. ihre Totenmaske und die berüchtigte Silberschatulle mit jenen umstrittenen, wohl gefälschten sog. Kassettenbriefen, die ihre Beteiligung an der Ermordung Darnleys beweisen soll(t)en. In den formalen Gärten balanciert eine entzückende Statue eine Sonnenuhr auf ihrem Kopf, und wilde weiße Cadzow-Rinder, die einzigen ihrer Art, grasen unbehelligt auf der Weide – glaubt man der Legende, schmorten sie einst als Opfer in den Kesseln der Druiden.

Weitere lohnenswerte Abstecher führen ins pittoreske **Gifford** 20 mit seinen weißverputzten Häuschen am Fuße der Lammermuir Hills, nach **Glenkinchie** 21 (S. 293) bei Pencaitland, der einzigen Destillerie in der Nähe von Edinburgh, oder nach **Newtongrange** 22 zum zweiten Bestandteil des Scottish Mining Museum (S. 313), der inmitten einer trostlos gereihten Bergarbeitersiedlung liegenden ehemaligen viktorianischen **Zeche Lady Victoria**. Ein Zeitsprung katapultiert den Besucher vom maschinengläubigen Industriezeitalter ins christliche Spätmittelalter nach **Rosslyn** 23 (S. 312). An den portugiesischen Plateraskenstil erinnert die vegetativ anmutende Dekorfülle der Kapelle, die eigentlich eine Kreuzkirche werden sollte. Nach dem Tod des Stifters und letzten Fürsten von Orkney 1486 reichte es nur noch zur Vollendung des Chors. Wände, Rippen und Gewölbe sind überwuchert von biblischen Szenen – man beachte den Totentanz in der Lady's Chapel – und knospendem Schmuck. Für die kunstvoll verschlungene *Prentice Pillar* soll der Meister seinen Lehrling aus Künstlerneid erschlagen haben.

Ausflug zu den Ufern des Firth of Forth

In einer flachen, wenig spektakulären Agrar- und Industrielandschaft stehen Paläste wie die Ruinen von Linlithgow und eins von Schottlands prächtigsten Schlössern, Hopetoun House, geschichtsträchtige Kirchen wie Dunferm-

Routenkarte an den Ufern des Firth of Forth

Wunder der Technik - die Eisenbahnbrücke über den Forth

line, der Begräbnisort von Robert the Bruce, und die liebevoll restaurierten Little Houses von Culross.

Zwischen zwei Giganten der modernen Technik, den **Forth Bridges**, duckt sich bescheiden das hübsche **South Queensferry** 1 (S. 312) mit dem historischen *Hawes Inn*, den Scott und Stevenson in ihren Romanen unsterblich machten. In noch ältere, heidnische Zeiten geht das Ritual des *Burry Man* zurück, einer Puppe aus den Samenkapseln der Klette, der im August während der jährlichen *Ferry Fair* durch die Straßen der Stadt getragen wird und den Rest des Jahres über als Modell im Museum zu sehen ist. Vom Pier gegenüber dem Hawes Inn schippert die »Maid of the Forth« zum Eiland **Inchcolm** 2, um dessen guterhaltene Abtei aus dem 13.–15. Jh. mit dem seltenen oktogonalen Kapitelhaus Seehunde schwimmen und Papageitaucher fliegen. Von **North Queensferry**, das mit seinem **Bridges**

Visitor Centre auch in punkto Brückenaussicht den Konkurrenzkampf mit seinem südlichen Namensvetter aufgenommen hat, fährt die »Heather« vom Town Pier nach Inchcolm. (Das **Deep Sea World**-Großaquarium in North Queensferry ist allerdings konkurrenzlos.) Die drei rostroten, langgestreckten Rauten der 1880 fertiggestellten Eisenbahnbrücke mit den verschlungenen Stahltrossen und die beiden eleganten hohen Türme der Autobrücke von 1964, der längsten Hängebrücke Europas, schwingen sich an strategisch seit altersher bedeutender Stelle mehr als einenhalb Kilometer über den Forth. Warum staatliche Behörden eine dritte, heftig umstrittene Forth-Brücke planen, ist nicht nur Umweltschützern ein Rätsel.

Dunfermline 3 (S. 280) war seit dem Mittelalter Königssitz, Handels- und Industriezentrum, vor allem für die Leinenweberei. Andrew Carnegie (1835 – 1919; sein Geburtshaus ist heute ein

Museum), der eine amerikanische Traumkarriere vom Weberssohn zum millionenschweren Stahlbaron machte, beglückte im Alter die Menschheit mit etlichen Stiftungen – seine Geburtsstadt z. B. mit dem großzügigen **Pittencrieff Park**, in dem es Naturlehrpfade, Vogelhäuser und formale Gärten zu bewundern gibt. Über diesem grünen Tal türmen sich die Baumassen der 1072 von Königin Margaret gegründeten **Abteikirche**, Grablege der schottischen Könige von Malcolm Canmore (1070) bis zu den frühen Stuarts, sowie die Ruinen der Konventsgebäude und des königlichen Palasts. Neben Kirkwall Cathedral sind die bulligen Rundpfeiler des Hauptschiffs aus dem 12. Jh. mit dem typischen Zickzackdekor das Beeindruckendste, was die normannische Architektur in Schottland hervorgebracht hat. Der abgetrennte neugotische Chor, die heutige Pfarrkirche, zeigt schon mit den Lettern am Vierungsturm, wer hier – unter einer Marmorplatte mit Messingeinlagen – ruht: King Robert the Bruce. Als man die in mehrere Bleischichten gehüllten sterblichen Überreste des großen Mannes – der mit ca. 1,85 m seine Zeitgenossen auch rein körperlich überragte – 1818 wiederentdeckte, gab das dem schottischen Nationalstolz enormen Auftrieb. »Er wird wohl nicht mehr auferstehen, selbst wenn viele sich das heute wieder wünschen«, seufzt der gesprächige Warden.

Von den leicht ansteigenden, mit großen Kieseln gepflasterten Gassen von **Culross** 4 (S. 277) wirkt selbst die Industriekulisse der Ölraffinerien von Grangemouth auf dem gegenüberliegenden Forth-Ufer beinahe idyllisch. Der National Trust hat die kleinen, weiß oder pastellfarben verputzten Häuschen, die im 16./17. Jh. von Kohleabbau und Salzsiederei reich gewordenen Bürgern gebaut wurden, im Rahmen des vorbildlichen Little Houses-Projekt restauriert. Die Be-

Blick vom Study über den Marktplatz des pittoresken Culross

wohner tragen mit liebevoll gepflegten Blumengärtchen zum pittoresken Gesamtbild dieses komplett erhaltenen königlichen Burgfleckens bei – nur eine solche Royal Burgh durfte den lukrativen Fernhandel betreiben. Sehen Sie sich im ockergelben (Miniatur-)Palast die allegorischen Deckengemälde an, genießen Sie den Ausblick vom *Study*-Türmchen auf Marktplatz und Mercat Cross oder steigen Sie zu Abteiruinen und Pfarrkirche hoch, in der der Palastbesitzer George Bruce, Prototyp eines Culrosser Handelsmagnaten unter James VI., sein Grabmal hat.

Wer den Industriegürtel um Falkirk und Grangemouth durchfahren hat, vermutet kaum eine solche Abgeschiedenheit, wie sie die sanften grünen Erdwälle von **Rough Castle** 5 bieten, dem besterhaltenen Fort und Wallstück jenes Befestigungswerks gegen die wilden Nordschotten, das der römische Kaiser Antoninus Pius 141–45 aufführen ließ (bei Bonnybridge, von der B 816 abzweigend). Nach dem Besuch der ehemaligen Johanniterkommende **Torphichen Preceptory** 6 (S. 320) aus dem 12.–18. Jh. werden Freunde megalithischer Denkmäler zum **Cairnpapple Hill** 7 (S. 274) fahren. Von der späten Steinzeit bis zur Eisenzeit wurde die prähistorische Stätte, eine der bedeutendsten Schottlands, benutzt. Ein *Henge*-Monument, Löcher, mit menschlicher Asche gefüllt, und eine Grabkammer unter zentralem Cairn sind zu sehen.

Über der hübschen Altstadt von **Linlithgow** 8 (S. 303) auf der einen und den Ufern eines Sees auf der anderen Seite erheben sich die rechteckigen, dachlosen hohen Mauern des ehemaligen königlichen **Palastes** aus rötlichem Sandstein. Schautafeln sollen dem Besucher helfen, sich das fröhlich-kultivierte Hofleben vorzustellen, das in dieser Lieblingsresidenz James IV. und VI. und ihrer Königinnen Margaret Tudor und Maria von Guise (die hier Maria Stuart zur Welt brachte) im ›goldenen‹ schottischen Spätmittelalter herrschte. Ein Labyrinth von Wendeltreppen, Gängen, Kellern und Zimmerfluchten, leere Fensteröffnungen und zerfressene Relief- und Statuenreste lassen indes eine eher elegische Stimmung aufkommen. Den angemoosten, mit teils verwittertem Figurenschmuck bestückten Renaissancebrunnen im Innenhof ließ James V. 1530 errichten (s. Abb. S. 4 oben). Lebhafter geht es in der von einem futuristischen modernen Aluminiumhut bekrönten **St. Michael's-Kirche** zu: Von weither reisen Brautpaare an, um sich unter den spätmittelalterlichen Gewölben und dem leuchtstarken Burne-Jones-Fenster das Jawort zu geben, der Bräutigam, wie das im bürgerlichen Schottland Usus ist, im Kilt.

Von **Bo'ness** 9 (S. 273) mit seinem viktorianischen Bahnhof und Eisenbahnmuseum dampft eine historische Eisenbahn 6 km bis Birkhill. **Blackness** 10, früher der umtriebige Hafen Linlithgows, schläft heute am schönen Ufer des Forth einen Dornröschenschlaf. Die finstere **Festung** mit ihren schiffförmigen Wällen, im 15./16. Jh. errichtet und einst eine der vier bedeutendsten Schottlands, diente, wie der schaurige Kerker beweist, oft als Gefängnis. Den Übergang von mittelalterlicher Festungsarchitektur zum eleganten Herrenhaus zeigt das sehenswerte **House of the Binns** 11 (S. 273) aus dem 17. Jh.

Die ausladende Barockfassade von **Hopetoun House** 12 (S. 295) ist ganz Anspruch. Ein Anspruch, den die prunkvollen, von William Bruce und der Adam-Familie entworfenen Staatsgemächer, die standesgemäßen Porträts von Gainsborough und Ramsay oder das achteckige Prunktreppenhaus mit seinen witzigen modernen Fresken voll und ganz erfüllen. In einem kleinen Museum zeigen Zeichnungen von ›Eingeborenen‹ und Riesenmoskitos, wie die adligen Sprößlinge das Leben in den Kolonien sahen – der Marquess of Linlithgow war bis 1943 Vizekönig von Indien. Interesse verdienen auch die historischen Fotos zum Bau der Forth-Brücken, auf die man von der Aussichtsplattform auf dem Dach blickt. Wen die vielen abgeschlagenen Tigerköpfe nicht abschrecken, kann nebenan im Café bei gutem *Home Baking* die Finanzen des derzeitigen Lords, der noch im Schloß wohnt, aufbessern helfen.

Die kleine Kirche **St. Cuthbert** (1130–50) in **Dalmeny** 13 (S. 277) ist für ihren normannischen Bauschmuck berühmt, vor allem am Südportal: ineinandergestellte Rundbögen, Zickzackfriese, phantasievolle Monster- und Tierköpfe. Über dem Firth-Ufer steht **Dalmeny House** aus dem 19. Jh., der Herrensitz der Earls of Rosebery im Neo-Tudor-Stil.

Glasgow

»Glasgow's Miles Better«, behauptet Schottlands größte Stadt, die in den letzten Jahren ihr Industrie- und Schmuddelimage abgestreift und sich zu einer vibrierenden Kulturmetropole gemausert hat (S. 288). In puncto Museen, großstädtischem Flair und kulinarischer Szene ist der Komparativ durchaus gerechtfertigt. St. Mungo's Cathedral mit der viktorianischen Nekropolis, die gründerzeitliche Merchant City sowie das Erbe von Charles Rennie Mackintosh sind allein eine Reise wert. Sehr zum Ärger der benachbarten Rivalin Edinburgh, auf die der herausfordernde Wahlspruch zielt, wurde Glasgow 1990 zur Kultur- und für 1999 zur Architekturhauptstadt Europas gekürt. Strahlt Edinburgh den Charme einer aristokratischen Schönen der georgianischen Zeit aus, die sich für bürgerliche Bewunderer diskret herausgeputzt hat, so zeigt Glasgow ihrem Besucher ein lautes, umtriebiges, viktorianisches Neureichengesicht: Lieb' mich, oder laß' es bleiben.

Charaktervoll, mit Ecken und Kanten, nüchtern, lebendig, eigentlich nirgendwo schön, ist Glasgow eine Stadt krasser baulicher und sozialer Gegensätze, eine Stadt der Überraschungen: viktorianische Protzbauten mit überbordendem Zierat neben tristen Betonblocks, anonyme Supermärkte neben Tante-Emma-Läden mit buntgestrichenen Fassaden, Designerschick neben dem Elend der hohen Arbeitslosigkeit. Da ragt inmitten eines öden Neubaugebiets wie ein alter Zahnstumpf ein einsames georgianisches Wohngebäude auf, in dem sich einer der traditionsreichsten Eßtempel der Stadt, die *Buttery*, verbirgt. Da zeugt zwischen hohen, würdigen Geschäftshäusern eine Abbruchschneise von Verwahrlosung und städteplanerischen Irrtümern – Kahlschlag, *Waste Land*.

Im westlichen Vorort Drumchapel etwa, einem jener vernachlässigten, heruntergekommenen *No-go-areas*, wurde unlängst die welthöchste Sterblichkeitsrate durch Herz-Kreislauf-Erkrankungen registriert. Arbeitslosenquoten von 80 % wie in Drumchapel zeugen von Hoffnungslosigkeit, Gewaltbereitschaft, Alkohol- und Drogenmißbrauch: Glasgow als ewiges Sanierungsgebiet, das hart am Erbe der praktisch seit Ende des Ersten Weltkriegs anhaltenden Wirtschaftsdepression zu knacken hat. Daneben die bedeutenden Museen, die kulturellen Aushängeschilder von internationalem Rang: Scottish Opera, BBC Scottish Symphony Orchestra, Royal Scottish National Orchestra und Scottish Ballet, die neue Konzerthalle, die breite Palette der Theaterwelt – das ist Glasgows Schaufassade. Ihre finstersten Hinterhöfe bekommt der Tourist nicht zu Gesicht.

Obwohl diese Großstadt die allsommerlichen Besucher besser verdaut als Edinburgh, lernt man die unverfälschte Atmosphäre und die nüchtern-freundlichen, allen Unbilden des Großstadtlebens mit einem deftigem Sarkasmus begegnenden *Glaswegians* am besten außerhalb der Saison kennen. Mein Tip: Eine Städtereise im Winter oder frühen Frühjahr, die einem zudem die nötige Muße gibt, sich ganz auf diese Stadt einzulassen. Wegen der beträchtlichen Entfernungen wird man oft das ausgezeichnete Verkehrsnetz benutzen: die charakteristischen, überaus abgasintensiven, orangefarbenen Doppeldeckerbusse, die Vorortzüge, die käferartigen, geräumigen schwarzen Austin Morris-Taxis und vor allem die niedrigen Wabenwagen der U-Bahn, eine der weltältesten, 1891 begonnen und nach durchgreifender Modernisierung 1979 durch die Queen wiedereröffnet.

Das Goldene Zeitalter Glasgows lag im 18. und 19. Jahrhundert. Um 1750 kontrollierten die mächtigen *Tobacco Lords* einen Großteil des britischen Handels mit den nordamerikanischen Kolonien, Sklavenhandel inbegriffen. Im People's Museum hängt das Familienporträt von John Glassford, eines sol-

Glasgow ▷

1 St. Mungo's Cathedral
2 Nekropolis
3 St. Mungo Museum
4 Provand's Lordship
5 Tolbooth Steeple
6 Barras (The Barrows)
7 People's Palace/People's Museum
8 Templeton's Factory
9 City Chambers
10 Merchants' House
11 Italian Shopping Centre
12 Royal Exchange/Gallery of Modern Art
13 St. Enoch-Einkaufszentrum
14 Princes Square Shopping Centre
15 Willow Tea Room
16 Glasgow School of Art
17 Tenement House
18 Mitchell Library
19 Dowanhill
20 Ashton Lane
21 Botanischer Garten/Kibble Palace
22 Universität/Gilmore Building/Hunterian Museum
23 Hunterian Art Gallery/Mackintosh-Haus
24 Kelvingrove Museum and Art Galleries
25 Transport Museum
26 Scotland Street Museum of Education
27 Burrell Collection
28 Pollok House
29 Tourist Information
30 Central Station
31 Queen Street Station
32 St. Enoch Travel Centre/Buchanan Busbahnhof
33 P.S. Waverley-Anlegestelle
34 Scottish Exhibition and Conference Centre S.E.C.C.
35 Citizen's Theatre
36 King's Theatre
37 Theatre Royal
38 Glasgow Royal Concert Hall
39 Tramway
40 Victoria Park/Fossil Grove
41 Queen's Cross Church
42 Art Lover's House

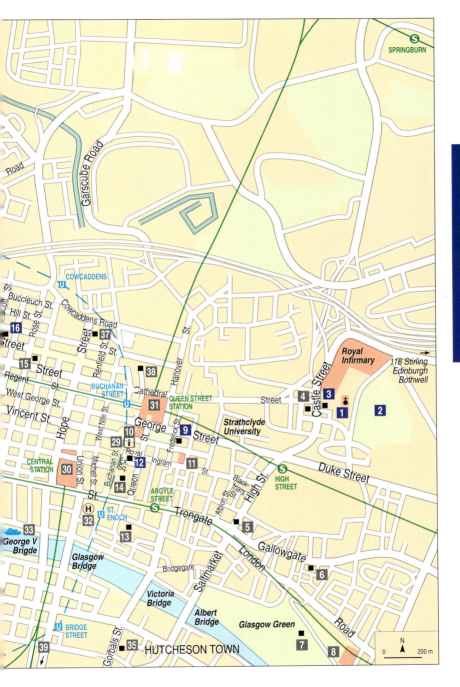

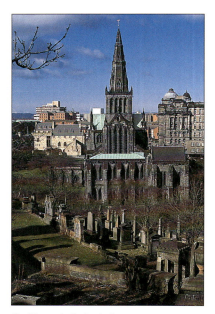

St. Mungo's Cathedral

chen stolzen Handelsherrn, auf dessen Hintergrund man den schwarzen Diener übermalte, als Sklaverei gegen Ende des 18. Jh. allmählich verpönt wurde. Die Leinenweberei blühte, immer mehr Menschen gerieten in den Bannkreis der Metropole. Das 19. Jh. war das Zeitalter des Stahls. Die Herzstücke der Produktion, Lokomotiven, Schiffe und Schiffsmaschinen, genossen Weltruhm. Glasgow avancierte zur zweiten Stadt des Empires nach London. In der viktorianischen *New Town* – den ordentlichen Wohnvierteln des Westends und den aufwendigen Repräsentationsbauten der *Merchant City* –, nahm das calvinistische Arbeitsethos der Mittelklasse städtebauliche Gestalt an.

Immer mehr ungelernte Arbeiter aus den Highlands und vor allem aus dem katholischen Irland drängten sich auf der Suche nach Arbeitsplätzen in den Slums des Molochs Glasgow. In der Clyde-Schwerindustrie waren fast ausschließlich Männer beschäftigt, Kinder und Frauen arbeiteten in den Kohleminen und Baumwollspinnereien von Lanarkshire – für noch billigere Löhne als die Männer. »Hab' 33 Jahre lang in den Eingeweiden der Erde geschuftet. Bin seit 23 Jahren verheiratet und habe neun Kinder, sechs leben, drei sind am Typhus gestorben vor'n paar Jahren; hatte zwei Totgeburten; kommt häufig vor bei den Frauen hier unten«, berichtet 1842 die 40jährige Kohlenträgerin Jane Peacock Watson der staatlichen Kontrollkommission. Lichtblick inmitten der Schinderei: *Soccer, der* Sport der Arbeiterklasse. 1872 wurde der protestantische Fußballverein Glasgow Rangers mit den Vereinsfarben blau-weiß-rot gegründet, 1887 von irischen Emigranten der katholische Club Celtic Glasgow mit den Farben grün-weiß. Die beiden Traditionsmannschaften und ihre Anhänger liefern sich auch heute noch erbitterte, beinah rituell gewordene Schlachten.

East End – das ›alte‹ Glasgow um die Kathedrale

Hat man die Beton- und Backsteinblocks der University of Strathclyde an der verkehrsreichen Cathedral Street hinter sich gelassen, fällt der Blick, eine jener staunenswerten Glasgower Überraschungsansichten, auf den spitz zulaufenden Vierungsturm der **St. Mungo's Cathedral** [1]. Das klotzomanische Hospital der Royal Glasgow Infirmary scheint das vom Smog geschwärzte gotische Gotteshaus förmlich beiseite zu drücken. Im 6. Jh. gründete der hl. Mungo alias Kentigern hier einen Vorgängerbau der heutigen, im 13. bis

15. Jh. entstandenen Kirche: die Keimzelle Glasgows. Bischof, Fisch und Ring des Stadtwappens erinnern noch heute an den Ursprung. Das gewaltige Langschiff, der düster-feierliche, nicht minder lange Chor, die mit Halbsäulenbündeln ummantelten Stützpfeiler und Fensterbögen sowie das hohe, offene Holzdach verleihen dem Gotteshaus ein einheitliches, rhythmisch gegliedertes Aussehen. In der schönen dunklen Unterstadt. Obelisken, keltische Kreuze, neoklassizistische Rundtempel, moosige Säulen und finstre Familiengrüfte künden von Geltungsdrang und eklektizistischem Geschmack des Glasgower Geldadels. Über einen barbusigen Engel schweift der Blick zu Hochhaustürmen, über Reihen grauer Grabsteine auf rauchende Fabrikschlote und bei gutem Wetter bis hin zu den fernen Berggipfeln um den Ben Lomond.

»Über einen barbusigen Engel schweift der Blick zu Hochhaustürmen...«

terkirche unter dem Chor befindet sich das Grab des heiligen Stadt- und Kirchengründers, einst ein vielbesuchtes Pilgerziel. Der lichte Blacader-Flügel, als Unterbau eines nie ausgeführten Querschiffs konzipiert, besitzt eine bemerkenswerte Vielzahl von skulptierten, farbigen, spätgotischen Schlußsteinen.

Die abgetretenen Grabsteine im Rasen vor der Kirche sind die Ouvertüre der faszinierenden **Nekropolis** 2 auf dem Hügel dahinter, eine viktorianische Gräbergroßstadt für die Toten der Groß-

Das preisgekrönte, innovative **St. Mungo Museum** 3 des Religiösen Lebens und der Religiösen Kunst widmet sich, einzigartig in der Welt, gleichberechtigt den sechs größten Religionsgemeinschaften. Neben Zen-Garten, tanzendem Shiva, australischem Traumreisenbild und nigerianischem Ahnenschrein bildet Dalís Gemälde »Christ of St. John of the Cross« den Höhepunkt der Ausstellung. Auf der anderen Straßenseite entging Glasgows ältestes Haus der Abbruchbirne, **Provand's Lord-**

ship 4 von 1471, das wahllos mit alten Möbeln vollgestopft wurde und nette Bilder aus den 20er Jahren zeigt.

Über die lärmige High Street gelangt man zum schlanken, vom Verkehr umbrandeten **Tolbooth Steeple** 5 aus dem 17. Jh., dem einzigen Überbleibsel des ehemaligen Rathauses, das bis zu Zeiten von Königin Victoria das Zentrum Glasgows markierte. Die kleinen, wenig feinen Geschäfte von Gallowgate stimmen auf die – schon wieder – sanierungsbedürftigen Neubaughettos und Sozialwohnungen im Osten der Stadt ein, Bridgeton, Dalmarnock, Shettleston. Wo einst Slums der Glasgower Gründerzeit durch ›moderne‹ Betonklötze ersetzt wurden, mühen sich heute Städteplaner und Anwohner, die verrottenden Bausünden der 60er zu beseitigen und der Vorstadttristesse neue Lebensqualität einzuhauchen: Das gesamte East End war und ist eins der weltgrößten Sanierungsgebiete, Glasgow Eastern Area Renewal Scheme, kurz GEAR genannt. Im **Barras** 6, Europas größtem überdachten Markt und mittlerweile eine Touristenattraktion, wird an Wochenenden verkauft, was billig oder bunt ist: Miederwaren, Elektrogeräte, CDs, Trödel, satinglänzende Taufkleider und Nippes. Hier weht, glaubt man den Touristikern, noch ein Hauch vom alten Glasgow, von Proletariersolidarität und hemdsärmeligem Galgenhumor. Der Eindruck, daß hier mehr oder weniger pittoreske Armut zur Besichtigung freigegeben wird, will jedoch nicht weichen.

In dem denkmalgeschmückten weiten **Glasgow Green** lohnt der Besuch des **People's Palace** 7. Der viktorianische Bau aus rotem Sandstein beherbergt das **People's Museum**, die liebevoll mit Puppen und zeitgenössischen Ausstellungsstücken nachgestellte Geschichte der Stadt und ihrer Menschen. Daran lehnt sich die luftige Glaskonstruktion eines hohen viktorianischen Gewächshauses aus Glas und Eisen, in dem ein beliebtes Café zwischen exotischen Pflanzen zum Verweilen einlädt. Das bunte Gebäude am Rande des Parks ist eine ehemalige **Teppichfabrik** 8, heute als Geschäftszentrum renoviert. Der reiche Fabrikant Templeton ließ die reich verzierte *Folly* 1889 nach dem Vorbild des Dogenpalasts in Venedig errichten.

Auf dem anderen Clyde-Ufer, wo sich heute die Wohnblocks von Hutcheson Town erheben, lag einst der berühmtberüchtigte Schandfleck Glasgows, die Gorbals. Jeff Torrington, selbst ein

Armes, reiches Glasgow: Einkaufen auf dem Trödelmarkt des Barras...

waschechtes Kind der Gorbals, hält in seinem melancholisch-sarkastischen Roman »Swing Hammer Swing!« den Abgesang auf das alte Glasgow, seine Slums, seine Arbeiterklasse, seinen Gemeinschaftssinn: Triumph der Abrißbirne. Der Autodidakt, oft mit Joyce verglichen, erhielt 1992 den Whitbread, Großbritanniens höchstdotierten Literaturpreis.

Mammon in Merchant City: das viktorianische Stadtzentrum

Der großzügige, mit Denkmälern gespickte **George Square** bildet das hektisch schlagende Herz der Stadt und den Höhepunkt viktorianischer Architektur in Glasgow. Sir Walter auf hoher Säule überragt zahlreiche andere schottische Größen wie Robert Burns und sogar Queen Victoria samt Prinzgemahl. Am Kopfende des Platzes brüstet sich stolz das gigantische, von einem Küppelchen- und Türmchenwald bekrönte Gebäudequadrat der **City Chambers** 9: »Glasgow's Miles Better«. Im Inneren untermauern Marmor und Mahagony des Prunkentrées und die Bankettkalle den unbescheidenen Anspruch. Der eklektizistische Prachtbau gegenüber ist **Merchants' House** 10, die heutige Handelskammer. Zwei Merkurstatuen grüßen vom postmodernen **Italian Shopping Centre** 11 gegenüber dem pseudoantiken Triumphbogen an der Seitenfront der City Chambers. Der römische Gott des Handels und der Diebe hat gut lachen in dem hochfeinen Konsumtempel mit offenem Innenhof, wo Restaurants und Nobelboutiquen von Armani bis Versace den Geldfluß anregen. In viktorianischen Zeiten auch baulich die zweite Stadt des Empire, sucht Glasgow heute den Anschluß an die Designer-Postmoderne. Ein millionenschweres Programm sieht u. a. die Eröffnung eines avantgardistischen Architektur- und Designzentrums im »Lighthouse« vor.

Wie in der Merchant City häufig anzutreffen, schließt ein prunkvolles Gebäude eine Vista ab: Die 1827 errichtete **Börse** 12 (Royal Exchange) bildet den grandiosen Blick- und Endpunkt der Ingram Street. Seit neuestem beherbergt das georgianische Gebäude mit der tempelähnlichen Front die **Gallery of Modern Art**. Auf vier den vier Elementen gewidmeten Etagen werden u. a. Niki de Saint Phalle, Peter Howson und John Bellany ausgestellt. Der empfeh-

... und im schnieken Konsumtempel des Princes Square Shopping Centre

Viktorianische Schwerelosigkeit aus Glas und Eisen: der Kibble Palace

lenswerte »Merchant City Trail« des Fremdenverkehrsamts führt Sie zu weiteren reich geschmückten ehemaligen Lagerhäusern und eklektizistischen Fassaden.

Zeitgenössische Kaufleute und ihre Kunden finden ihr Heil im nicht ganz so feinen **St. Enoch-Einkaufszentrum** 13, einem futuristisch anmutenden Mega-Einkaufsdschungel unter gläsernem Pyramidendach. Zahllose Bistro-Restaurants und eine beliebte Schlittschuhbahn liegen voll im Trend zum ganzheitlichen Konsumerlebnis. Kaufhäuser um Kaufhäuser säumen die Argyle und die Fußgängerzone der Buchanan Street. Gehobene Einkaufsträume befriedigt das im Neojugendstil gehaltene **Princes Square Shopping Centre** 14. Vier mit ansprechenden Boutiquen und Bistros besetzte Etagen türmen sich um einen Innenhof, von dessen Boden, tief, tief unten, die sanften Klänge eines Klaviers für entspannende Beschallung sorgen (S. Abb. S. 109).

Die Haupteinkaufsmeile und Fußgängerzone Sauchiehall Street, bevorzugter Standort der Straßenmusikanten, ist mit dem **Willow Tea Room** 15 (s. S. 113) ein Muß für jeden Mackintosh-Enthusiasten und abends das Zentrum des regen, jungen Nachtlebens. Sie führt uns aus der Mammonstadt hinaus zum hügeligen Stadtviertel Garnethill. Steile, schnurgerade Asphaltbreschen mit überraschenden Vistas, beispielsweise an der von Mackintosh errichteten **Glasgow School of Art** 16 (s. S. 112f.), lassen an die Straßen von San Francisco denken.

Inmitten eines Neubauviertels behauptet sich eine sandsteinrote viktorianische Häuserzeile und hierin das **Tenement House** 17. Die typische, komplett aus den ersten Jahrzehnten dieses Jahrhunderts erhaltene bürgerliche Mietwohnung wirkt wie ein Zeitsprung in die *good old days* der Großelterngeneration. Am oder besser über der Labyrinthschlucht Charing Cross, Glasgows

Straßen- und Autobahnknotenpunkt Nummer Eins, verspricht die kuppelüberwölbte **Mitchell Library** [18] Lesespaß oder einfach nur Augenschmaus im hohen, schmuckreichen viktorianischen Lesesaal mit den alten Holzpulten, in den ehrwürdigen Gängen und Loggien.

Museen, Museen – vom West End zum Pollok Country Park

In den hügeligen viktorianischen Wohngegenden des West End, in den Stadtvierteln **Dowanhill** [19] und Hillhead, läßt es sich ruhig und stilvoll wohnen. Schöne Spaziergänge führen von den sandsteinroten, hübsch geschwungenen Reihenhausvillen des Kensington Gate an den viktorianischen Erkern der Observatory Road entlang hinunter zu der von vielen Weinläden, Pubs und Cafés gesäumten Byres Road, der geschäftiggroßstädtischen Arterie des West End. Überraschung: Im pittoresken, kopfsteingepflasterten Hinterhof der **Ashton Lane** [20], ehemaligen Dienstbotenwohnungen und Ställen, ziehen mehrere Pubs/Restaurants wie der legendäre *Ubiquitous Chip* sowie ein Programmkino allabendlich die *Jeunesse dorée*, Studenten und ganz normale Kneipengänger an.

Wenige Schritte entfernt, an der von stattlichen Wohnhausreihen gesäumten breiten Great Western Road, sprießt eine Oase der Ruhe: der **Botanische Garten** [21]. Streifen Sie wie viele *Glaswegians* durch das hügelige Gelände am River Kelvin und bewundern Sie die exotische, üppige Pflanzenwelt der Gewächshäuser. Hier lohnt nicht nur der Besuch des berühmten viktorianischen **Kibble Palace**, unter dessen gedrungen-geschwungener, raumschiffähnlicher Kuppel ein feuchter Baumfarnwald wuchert, sondern auch der edwardianischen Gewächshausreihe dahinter.

Ein Prophet in Glasgow – Charles Rennie Mackintosh

Das vielleicht kostbarste Kulturerbe Glasgows sind die Hinterlassenschaften des Architekten, Designers und Zeichners Charles Rennie Mackintosh (1868–1928). Wer den verspielten, extravaganten Jugendstil kontinentaler Prägung kennt, wird erstaunt die kontrollierte, schlichte Linienführung Mackintoshs zu schätzen wissen. Mit Michelangelo hat ihn der zeitgenössische Stararchitekt Robert Venturi verglichen. Doch zu Mackintoshs Lebzeiten erfuhren der unprätentiöse Funktionalismus und das fundamental Neue seiner Kunst nie die verdiente Würdigung in der Heimat: Seine größten Erfolge feierte er in Turin, Moskau und Berlin. Die kompromißlose Persönlichkeit schreckte zudem viele Auftraggeber. Zurückgezogen, enttäuscht, nur noch als Maler tätig, verbrachte Schottlands wegweisender Architekt der Moderne seinen Lebensabend im südfranzösischen Coullioure.

Den schwülstigen, überbordenden spätviktorianischen Interieurs setzte Mackintosh ein Design entgegen, das maßgeblich von der schlichten Eleganz der japanischen Kunst beeinflußt war – Beschränkung, Nüchternheit, Harmonie und leerer Raum gegen den *horror vacui* des ausgehenden 19. Jh. Der bewußte Einsatz von Licht- und Schattenwirkung, an Rollbilder erinnernde Hängepaneele, gitterförmige Holz- und Schmiedearbeiten, farbig hinterlegtes Glas, die kleinen ›Dächer‹ über Fenstern und Türen sowie die überall wiederkehrenden Rosen- und Mosaiksteinchenmotive verweisen auf Japan. Seine Frau Margaret, deren Anteil an seinem Werk Mackintosh immer wieder betont hat, schuf für seine Innenräume Bildpaneele mit stilisierten Blumen und langgestreckten Frauenfiguren, die an Aubrey Beardsley erinnern.

Mackintosh ließ sich auch von heimischen Bautraditionen inspirieren: von den Tower Houses. Nichts lag ihm indes ferner als die zu seiner Zeit so moderne eklektizistische Nachahmung toter Baustile. Er entwarf ein Haus ›von innen heraus‹, nach den Bedürfnissen seiner Auftraggeber. Bei ihm spiegelt der Dekor die Funktion, anstatt dem Gebäude wie bei seinen damaligen Kollegen aufgesetzt zu werden. Mackintosh betrachtete ein Haus als organisches Ganzes, und er plante es minuziös, von den Grundmauern bis zum grauen Kaminkissen für die grauen Perserkater. Diese liebevoll-leidenschaftliche Durchgestaltung ist es, die heute noch gefangennimmt, wenn man die wunderschöne, absichtsvolle Märchenwelt der Mackintoshs betritt.

Mackintosh in Glasgow – Ein kleiner Rundgang

Mackintoshs Hauptwerk ist zweifellos die **Glasgow School of Art** 16, auch heute noch als Kunsthochschule in Betrieb. Wegen Geldmangel mußte alles schlicht und preiswert sein; 1897–99 begonnen, konnte der Westflügel erst zehn Jahre später gebaut werden. Von jeder Seite wirkt das streng funktionale, durch seine beinah düsteren Baumassen bestimmte Gebäude anders: die langgestreckte, geschickt asymmetrische nördliche Eingangsfront mit dem zentralen Turm für den Direktor, die an ein Tower House erinnernde Ostfassade, die geschlossene Südseite, die offene, glasdurchbrochene Westturmfassade. Die aufschlußreiche Führung, u. a. durch Bibliothek, Ateliers und Treppenhäuser, ist ein Muß. Zudem besitzt die Kunstschule eine schöne Sammlung von Mackintosh-Möbeln und -Zeichnungen.

Im Auftrag von Catherine Cranston, Temperenzlerin und erfolgreiche Geschäftsfrau, schuf Mackintosh eine Reihe phantasievoller *Tea Rooms*, die das Ziel hatten, die dem Alkohol ergebene Glasgower Arbeiterklasse zum Tee zu bekehren. Übrig blieb nur der 1903 entstandene **Willow Tea Room** 15 in der Sauchiehall Street, der ›Weidenallee‹, durchgängig mit dem Weidenmotiv gestylt. Hinter originalgetreu restaurierter Fassade speist man leider nicht mehr im Originalambiente, gleichwohl lohnt das Anstehen oder Vorbestellen für den kleinen, mit hochlehnigen Stühlen vollgestellten Teeraum in Rosa und Creme. Eine kostbare Sammlung von Mackintosh-Möbeln, u. a. den chinesischen Raum des Ingram Street Tea Rooms von 1911, zeigt die **Kelvingrove Art Gallery** (s. S. 114f.).

Das Tower House-ähnliche **Mackintosh House** in einem Flügel der **Hunterian Art Gallery** 23 ist eine authentische Rekonstruktion jenes Heims in Southpark Avenue No. 78, in dem das Ehepaar 1906–14 lebte. Die berühmten ›Weißen Räume‹, die dunklen Eßzimmerstühle mit den hohen Gitterlehnen, die Lampen, die an Ufos oder Wolkenkratzer denken lassen, oder das dramatische blau-weiße ›Vasarely-Gästezimmer‹ sind fast zu schön, um in ihnen zu wohnen.

23 km nordwestlich von Glasgow, in **Helensburgh,** lohnt das **Hill House** einen Besuch. 1903 übergab Mackintosh seinem Auftraggeber, dem Verleger Walter Blackie, das Haus mit den Worten: »Hier ist das Haus. Es ist keine italienische Villa, kein englisches Herrenhaus, kein Schweizer Chalet und kein schottisches Tower House. Es ist ein Wohnhaus.«

Weitere Mackintosh-Stätten in Glasgow sind **Scotland Street School** 26 von 1904–06 (s. S. 115); **Art Lover's House** 42, Bellahouston Park, nach Wettbewerbsentwürfen von 1901 gebaut; **Queen's Cross Church** 41, 870 Garscube Road No.870, von 1897 sowie die **Martyr's Public School**, Parson Street, von 1895.

Bibliothek, Glasgow School of Art

Die University Avenue führt passenderweise ins Universitätsviertel, ein disparates Gemisch aus heruntergekommenen Ecken, Studentenkneipen, neuen grauen Betonbauten und düster wirkenden, wild verstreuten viktorianischen Instituten, die auf die eine oder andere Weise vergangene Baustile beschwören. **Glasgow University** 22, die zweitälteste Hochschule Schottlands, wurde 1451 von Bischof William Turnbull gegründet. Auf dem höchsten Hügel von Hillhead erhebt sich ihr Hauptgebäude; das langgestreckte neogotische Gilmore Building, auf dem rittlings ein hoher Turm sitzt, ist eins der Wahrzeichen Glasgows. Man streift durch drückend wirkende Gänge, kreuzgangähnliche graue Säulenhallen. Hier zeigt das **Hunterian Museum** in einer bombastischen Halle mit Galerie seine ausgezeichnete Fossilienkollektion, römische Relikte, Münzen sowie völker- und naturkundliche Objekte. Alles ist ein Legat von William Hunter, einem der reichen Sammler-Mäzene Glasgows. Auf der gegenüberliegenden Straßenseite steht der Neubau der **Hunterian Art Gallery** 23, der neben dem Tower House-ähnlichen Mackintosh-Flügel (s. S. 113) eine hervorragende Gemäldesammlung beherbergt: Rembrandt, Rubens, die schottischen Porträtmaler Romney, Wilkie und Raeburn, William MacTaggart, Peploe, eine umfassende Schau der monochromen Frauenporträts des Amerikaners James MacNeill Whistler (1834–1903) sowie zeitgenössische schottische Künstler.

Durch den weitläufigen Kelvingrove Park, vom River Kelvin durchflossen und mit vielen Denkmälern geschmückt, geht es zum **Kelvingrove Museum** 24, einem fotogen rötlichen Bau der Jahrhundertwende, bekrönt von einer Neuschwanstein-Symphonie von Laternen und Kuppeln. Das Supermuseum überwältigt einen schon mit seiner repräsentativen Eingangshalle, die für Wechselausstellungen und Orgelkonzerte genutzt wird, an Sonntagen ein beliebtes Ziel für Glasgower Familien. (Wer den weltberühmten **Fossil Grove** 40 im Victoria Park, einen versteinerten Baumstumpfwald von Riesenschachtelhalmen, nicht in natura besuchen kann, findet hier wenigstens Abgüsse der einzigartigen Fossilien.) Neben Natur- und Völkerkunde, einer archäologischen Abteilung sowie einer Waffenkollektion faszinieren die Gemäldesäle im 1. Stock; sie zeigen zahlreiche alte und neue Meister, z. B. Rembrandt und Van Gogh. Besondere Aufmerksamkeit erfuhr auch hier die britisch-schottische Malerei, die mit Ramsay, Reynold, Raeburn, Wilkie, Romney und den Präraffaeliten vertreten ist, vor allem das Werk der Glasgow Boys und der Schottischen Koloristen. Verpassen Sie keinesfalls den Raum

Kelvingrove Museum und Stadtbus

Auf dem Weg zur **Burrell Collection** in Glasgows Süden verdient das **Scotland Street Museum of Education** 26 einen Besuch. Durch sittsam getrennte Eingänge betraten Jungen und Mädchen zu Anfang dieses Jahrhunderts die Schule im unverkennbaren Mackintosh-Design. Über Ausstellungs- und Aktivitätsräumen für Kinder locken im 2. Stock die original edwardianisch eingerichteten Schulräume, Garderoben und Eßsaal sowie das kleine, lebendige Schulmuseum. Erinnerungen an die eigene Schulzeit werden wach in den hölzernen, hörsaalähnlichen Bankreihen.

Folgende Bedingungen für die Schenkung seiner gigantischen **Kunstsammlung** 27 stellte Sir William Burrell seiner Heimatstadt im Jahre 1943: 16 Meilen weit weg von der verschmutzten Luft um die Börse müsse ein Museum in ländlicher Umgebung erbaut werden; in seinem Kern müßten die mit spätmittelalterlichen Wandvertäfelungen und Kunstschätzen ausgestatteten Haupträume seines Wohnsitzes Hutton Castle wiedererstehen. Erst 40 Jahre später waren die Bedingungen erfüllt. Inmitten des weitläufigen Pollok-Landschaftsparks birgt das geschmackvolle Museumsgebäude aus eleganten, schlichten Naturbaustoffen nun die in ihrer Fülle schier überwältigenden Früchte von Sir Burrells Sammlerleben: ägyptische, griechische und etruskische Kunstwerke, chinesisches Porzellan, persische Teppiche, ganze romanische Kirchenportale, flämische Gobelins und im Mezzanin Meistergemälde von Lucas Cranach, Degas, Manet u. a. Man braucht Zeit und Muße für diese titanische Weltkunstschau.

Nach einem erholsamen Parkspaziergang erreicht man das sehenswerte

»Glasgow 1900« mit Möbeln von Mackintosh und anderen Glasgower Jugendstilkünstlern sowie die schottische Galerie, in der vom Dudelsack bis zu Bonnie Prince Charlie alles versammelt ist, was die ›Nation ohne Staat‹ ausmacht.

Transportmuseen gelten häufig als langweilige Blechanhäufungen. Glasgows **Transport Museum** 25 ist die rühmliche Ausnahme. Neben den in den 50er Jahren ausgemusterten Doppeldecker-Straßenbahnen, die so typisch für das alte Glasgow waren, neben meist in Schottland gebauten alten Autos, Kutschen und Fahrrädern und einem riesigen Raum voller Modelle am Clyde vom Stapel gelaufener Schiffe wurde hier eine begehbare Straße aus den 30er Jahren nachgebaut. Im Kino sieht man die *Glasgow Trams* noch einmal rollen, modernste Waren schmücken die Schaufenster, und in der U-Bahn-Station herrscht ein höllischer Lärm.

Herrenhaus **Pollok House** 28, das sich über einem Golfkurs und einem formalen Garten erhebt. Das Heim eines weiteren Glasgower Mäzens, Sir William Stirling Maxwell, beherbergt hauptsächlich seine Sammlung alter spanischer Meister, die düsteren, vom frommen Eifer durchdrungenen Werke von El Greco oder Murillo und einige Werke Goyas. Sie wollen nur schlecht zum heiter beschwingten georgianischen Interieur passen – besonders schön Bibliothek und Treppenhaus. In der edwardianischen Küche im unveränderten Dienstbotenuntergeschoß aus derselben Zeit verspricht das bei den Glaswegians sehr beliebte Museumscafé Lunch- und Teefreuden.

Ausflug an den Loch Lomond und zu den Trossachs

Glasgow ist mit einer abwechslungsreichen, für Erholungssuchende wie maßgeschneiderten Umgebung gesegnet, z. B. mit den mittelhohen, wanderbaren Kilpatrick Hills und Campsie Fells. Sozusagen vor der Haustür liegen die Berg- und Seenlandschaft der Trossachs, berühmt gemacht von Sir Walter, und die ›Königin der schottischen Seen‹, **Loch Lomond**.

Vergnügungsboote starten rund um den größten aller Süßwasserseen Schottlands: von Balloch Pier am Südzipfel, von Tarbet am Westufer. Vom idyllischen Kieselstrand hinter dem kleinen Sporthafen **Balmaha** 1 (S. 272) am Ostufer fällt der Blick auf die Bergkette, die majestätisch über dem Nordwestufer aufragt. Die Highland-Linie verläuft auf der Höhe von Balmaha mitten durch den hier im Süden breiten, sanften und gegen Norden zu schmalen, schroffen See. Sie wird bezeichnet von einer Kette bewaldeter Inselchen wie dem Naturschutzgebiet Inchcailloch, der ›Insel der alten Frauen‹, so genannt nach einem alten Nonnenkloster.

Ein Sträßchen windet sich am Ufer hinter Balmaha entlang bis zum viel von Wanderern frequentierten **Rowardennan Hotel** 2 (S. 312) am Fuße des 974 m hohen Ben Lomond, der südlichste und einer der meistbestiegenen Munros; die Vielzahl der Wanderer stellt für den Lomond wie für alle anderen ›Lieblingsberge‹ der *Mountaineers* eine zunehmende Umweltgefährdung dar. Gegenüber des Hotels führt ein gut sichtbarer, grandiose Aussichten bietender steiler Pfad in etwa vier Stunden auf den Gipfel und wieder runter. Nicht nur der Berg, sondern auch die gesamten *bonnie, bonnie banks of Loch Lomond* müssen, vor allem an Sommerwochenenden, einem wahren Besucheransturm standhalten (s. a. S. 187).

Dasselbe gilt für die **Trossachs**. Sir Walter Scott hat das Gebiet um Loch Katrine mit seinem Roman »Rob Roy« sowie dem Versepos »The Lady of the Lake« bekannt, ja zu einem Muß jeder Schottlandreise gemacht. Der teils hier an Originalschauplätzen gedrehte Hollywood-Film von 1995 mit Liam Neeson in der Rolle des ›Robin Hood der Highlands‹ sorgte für weitere Furore. »Bösewicht oder Held?« fragt das Rob Roy-Besucherzentrum in Callanders neugotischer Kirche scheinheilig und vermarktet den einstigen Clanchef der MacGregors ohne Scham und Ende. Den »Stempel des Besonderen« vermißte Fontane an den Trossachs, der den Ausflug gleichwohl des von Scott gewobenen Mythos wegen nicht missen wollte. Auch der

Routenkarte Loch Lomond

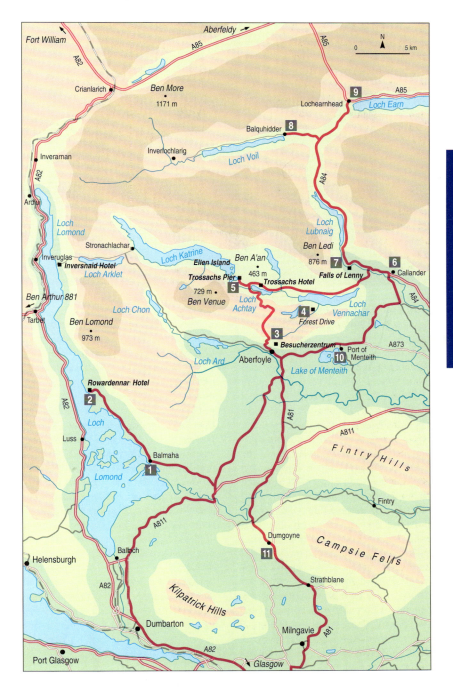

Die ›bonnie banks of Loch Lomond‹ in der Nähe von Balmaha

heutige Besucher tut gut daran, sich literarisch vorzubilden. Sonst entginge ihm, daß Ellen Island am Südostzipfel des Loch Katrine Wohnort und Versteck jener stolzen Highland-Tochter Ellen Douglas aus Scotts Poem war, die den Todfeind der hiesigen Clans Douglas und MacGregor, König James V., zwar nobel errettete, aber nicht erhörte.

Im wenig noblen Aberfoyle zweigt die B 829 ab, die am Ufer des schönen Loch Ard und des Loch Chon nach Stronachlachar am oberen Loch Katrine und weiter nach **Inversnaid** führt. Hier können Sie einen Blick auf den schmalen Nordzipfel des Loch Lomond und den markanten Ben Arthur am gegenüberliegenden Ufer riskieren, der knapp unter Munro-Höhe bleibt. Seinen Spitznamen *Cobbler*, ›Flickschuster‹, verdankt der schwer erklimmbare Hausberg der Glaswegians der Form seiner drei Gipfel.

Kurz hinter Aberfoyle informiert das **Besucherzentrum** des riesigen **Queen Elizabeth Forest Parks** 3 (S. 312), der sich bis an die Ufer des Loch Lomond erstreckt, über Natur, Schutzmaßnahmen und Wandermöglichkeiten. Noch ein wenig weiter auf der Serpentinenstraße nach Norden, am Duke's Pass mit seinem empfehlenswerten Aussichtspunkt, wird von Ostern bis Oktober der über 10 km lange **Forest Drive** 4 geöffnet; er bietet Park- und Picknickplätze, markierte Wanderwege und Abstand vom schlimmsten Rummel. Am Südzipfel des Loch Katrine gibt's kein Entrinnen mehr vor Reisebussen, Souvenirbuden, Ausflugshotellerie und der obligatorischen Bötchentour auf dem Dampfer »S.S. Sir Walter Scott«. »Was aber sind nun die Trossachs?« fragt Fontane und antwortet: »Sie sind ein Paß, eine Schlucht, ein Hohlweg, der sich an einem Flüßchen entlang zwischen den zwei Felsmassen des Ben A'an und Ben Venue hinzieht, die wie Wächter neben

Loch Achray in den Trossachs

dem Loch Katrine stehen und, ihre Häupter in seinem Wasser spiegelnd, ihre breiten Rücken bis zum Loch Achray hin zurückstrecken.« Ein netter Spaziergang auf asphaltierter Piste führt am Ufer entlang, und im März oder April, wenn die Gipfel über dem See noch weiß sind, hat man die **Trossachs** 5 fast für sich.

So viel Berg- und Seenschönheit macht satt und unbescheiden: Halbherzig nur vermag man den schönen kleinen Loch Achray mit dem reizenden neugotischen Schlößchen am Ufer zu würdigen, kaum den längeren, weniger spektakulären Loch Venachar. Der nur 463 m hohe Felsgipfel des Ben A'an, vom Parkplatz beim Trossachshotel am Loch Achray auf einem markierten Weg problemlos zu ersteigen, hieß ursprünglich Am Binnein und wurde nach Sir Walters Roman umbenannt – Sieg des Mythos über die Realität. In der Vorsaison ist die nette viktorianische Tourifalle

Callander 6 (S. 275), die ›Hauptstadt der Trossachs‹, fest in der Hand des *troisième âge*. Alle *Woollen Mills* des Landes scheinen sich hier ein Stelldichein zu geben. Schöne Spaziergänge (und Fahrstraßen) führen zu den dramatischen, treppenartigen Bracklinn Falls oberhalb des Orts und zu den **Falls of Leny** 7 – die eher Stromschnellen sind – an der A 84 nach Norden. Geht man hier vom Parkplatz nicht links hinunter zu den Wasserfällen, sondern rechts der Straße ein paar Meter durch Mooswald und Sumpf bergan, ist man meist allein in der würzigen Highland-Luft. Fontane hätte besser die Wanderstiefel geschnürt.

Wenn die Abendschatten einfallen, fahren die Fischer mit Bötchen auf den Loch Lubnaig, der langgezogen und schmal ist wie die meisten von den Gletschern in den Stein gepflügten Seen Schottlands. Auf dem stimmungsvollen Friedhof von **Balquhidder** 8 (S. 272)

Hübsche Tourifalle: Callander, die ›Kapitale‹ der Trossachs

liegt, die einzige greifbare Spur des Mythos, Rob Roy mit Familie begraben. Er starb friedlich im Bett. Noch die Grabinschrift ist trotzig: »MacGregor Despite Them.« Durch die Bäume schimmert silbern die Wasserfläche des Loch Voil. Niedrigere Berge rahmen das nahe Wassersportparadies des Loch Earn. Das kleine **Lochearnhead** 9, wie der Name verheißt, am Kopfende des Sees gelegen, scheint nur aus Stegen, Boot- und Wasserskiverleihen zu bestehen.

Strahlend weiße Nußschalen legen vom romantischen Pier von **Port of Menteith** 10 am gleichnamigen See ab, Schottlands einzigem *Lake* unter all den Lochs. So schippert man, wie weiland schon die kleine Maria Stuart, zur romanischen **Inchmahome Priory** (S. 295) auf einem bewaldeten Inselchen, heute nur noch beeindruckende Ruine. Auf dem Rückweg nach Glasgow bietet die noch ganz traditionelle, sehenswerte **Glengoyne Distillery** 11 (S. 293) an der A 81 bei Dumgoyne Gelegenheit zu Werksbesichtigung, Probeschluck und einem Blick auf den hohen Wasserfall vor dem Hintergrund der Campsie Fells.

»Doon the watter« – den Clyde hinunter nach Bute

Schon im letzten Jahrhundert gehörte eine Dampferfahrt das breite Clyde-Ästuar hinunter zu den Lieblingsausflügen der Glaswegians. Unser Ziel ist die schöne Insel **Bute** (S. 274), ihre ›Hauptstadt‹, die viktorianische Sommerfrische Rothesay mit ihrer Burg, und eines der großen Herrenhäuser Schottlands, Mount Stuart. In den Sommermonaten kreuzt die »P. S. Waverley«, einer der weltletzten Raddampfer, auf dem Clyde und dem sich nach Westen anschließenden, wunderschönen Labyrinth von Meerarmen und gebirgigen Inseln und Halbinseln. Sie legt am Anderston Quay in Glasgows teilweise saniertem Hafenviertel ab (S. 289). Weiter flußaufwärts führen die fünf großen Autobrücken und die hübsche Fußgängerhängebrücke über den Strom.

Am Clyde-Ufer von Port Glasgow bis Greenock steht, was von der einst küstenumfassenden Werftindustrie übrig blieb. Moderne Lager- und Fabrikhallen zeugen vom erfolgreichen Einstieg ins Zeitalter der Hochtechnologie. Von dem Holzsteg neben dem spätmittelalterlichen Tower House **Newark Castle** 1 (S. 306) in Port Glasgow ergibt sich ein phantastischer Blick auf das weite, blaue Meer. Am Horizont türmen sich die grandiosen Bergketten der Halbinsel von Cowall. Am Ufer versucht sich das keineswegs kleine Tower House gegen die erdrückende Werftkulisse zu behaupten. Auch von **Greenock** 2 und **Gourock** 3 legen Ausflugsboote ab, z. B. nach Dunoon, einem beliebten Ausflugsziel auf Cowall (S. 289).

Fächerartige, fast schwerelose Eisen- und Glaskonstruktionen in Pastell: Die entzückende, original erhaltene Bahnhofsanlage des kleinen **Wemyss Bay** 4 belegt, daß schon in viktorianischen Zeiten Sommerfrischler mit dem Zug von Glasgow und weiter mit der Fähre zum Seebademekka Rothesay auf der Insel Bute reisten (s. Abb. S. 124/25). Im charmanten **Rothesay** 5, dessen bunte Bauten sich um eine flache Bucht schmiegen, setzt die viktorianische Symphonie sich nahtlos in Pensionen, Laternen, Pavillons, Unterstellhäuschen fort. Schon wegen der einzigartigen viktorianischen (Herren-)Toiletten lohnt sich die halbstündige Überfahrt: Der feine Herr urinierte – und uriniert nach kostspieliger Restaurierung jetzt wieder – zwischen bunt gemusterten Kacheln

Routenkarte Ausflüge von Glasgow

und Kupferrohren in stilvolle Pissoirs aus Marmor und Email. Rothesay Castle aus dem 13. Jh. steht trutzig, wenn auch etwas derangiert mit vier massiven Rundtürmen auf einem grasbewachsenen Hügel inmitten eines Wassergrabens – idyllischer geht's kaum. Schlendern Sie durch den gemütlichen Ort, am Hafen und an der Strandpromenade entlang.

Wenige Kilometer südlich von Rothesay lockt das vor kurzem erstmalig für Besucher geöffnete Schloß von **Mount Stuart** 6, um die Jahrhundertwende vom 3. Marquess of Bute und seinem Architekten Robert Rowand Anderson errichtet. Das Neuschwanstein von Bute ist eine prachtvolle, vor Glas- und Deckenmalereien, neogotischem Zierat und kathedralartigen Spitzbogenstaffeln überquellende Folly, umgeben von ausgedehnten Gärten. Eine Lindenallee führt zum stillen Strand hinunter und überzeugt uns restlos, daß Bute eine der schönsten Inseln Schottlands ist.

Ausflug in den Südwesten bis nach New Lanark

Der Ausflug führt über Bothwell Castle und das georgianische Jagdschlößchen Chatelherault zu Robert Owens Musterbaumwollfabrik New Lanark.

Die beeindruckenden sandsteinroten Ruinen von **Bothwell Castle** 7 (S. 273) mit seinen Rundtürmen und den 5 m dicken Mauern erheben sich auf einem Felshügel über dem Clyde. Das vielumkämpfte Bollwerk ist Schottlands bedeutendste Burg aus dem 13. Jh. Einen stärkeren Kontrast zwischen der wehrhaften Festung und der georgianischen Leichtigkeit von **Chatelherault** 8 (S. 276) ließe sich kaum denken. Hinter der verspielten Schaufassade liegen einige stuckverzierte Herrschaftsräume und der fensterlose Dienstbotenflügel – der Blick von hier wäre auf Hundezwinger und Pferdeställe gefallen. Daß die Folly, die William Adam für den Herzog von Hamilton erbaute, spürbare Schlagseite hat – 1 m Gefälle auf etwa 50 m Länge – verdankt sie den Kohleminen unter ihr. Das aus Ruinen wiederaufgebaute Jagdschlößchen liegt inmitten des größten schottischen Bergbaugebiets des 19. Jh. – das dazugehörige Herrenhaus, einst das umfangreichste Schottlands, fiel ihm bereits zum Opfer. Von Chatelherault schweift der Blick über das Industriegebiet und die Hochhäuser von Motherwell. Wege führen durch den weiten Chatelherault Country Park, zu den Ruinen von Cadzow Castle und dem Rundtempeldenkmal für den 11. Herzog. Über allem schwebt ein Hauch

von Unwirklichkeit: die gefährdete Pracht vergangener Zeiten, umfangen vom sterbenskranken Industriekraken.

In einem tief eingeschnittenen, bewaldeten Tal des Clyde errichteten der Unternehmer David Dale (1739–1806) und sein Schwiegersohn Robert Owen (1771–1858) eine große Baumwollfabrik nebst der dazugehörigen Siedlung für 2500 Arbeiter und ihre Familien: **New Lanark** 9 (S. 306). Hier setzte der walisische Sozialreformer Owen seine Utopie von einer humanen Gesellschaft in die Tat um: Erwachsenenbildung, Schulen für die Kinder, menschliche Arbeitsbedingungen, gute Versorgung durch einen eigenen Laden, gesunde Wohnungen. Seinen Schwiegervater hatte angezogen, was Romantiker wie Turner und Wordsworth gemalt und bedichtet hatten: die Clyde Falls bzw. deren Wasserkraft. Ein 3 km langer Spaziergang flußaufwärts führt zu drei Wasserfällen. Den besten Eindruck von den langgestreckten, uniformen grauen Gebäudereihen der Arbeitersiedlung gewinnt man vom Aussichtspunkt kurz hinter dem Parkplatz – das Weltkulturerbe New Lanark ist autofreie Zone. Im Zuge einer größtenteils abgeschlossenen Renovierungs- und Revitalisierungskampagne wurden hier Künstlerateliers angesiedelt und die Wohnungen nach modernen Maßstäben renoviert. Damit einher ging eine touristische Aufwertung, die New Lanark zu so etwas wie dem Disneyland des Clyde gemacht hat. Die Gondeln des »Annie McLeod Experience« schaukeln Besucher durch die audiovisuell nachgestellte Welt des Robert Owen. Sehenswert sind der viktorianische Dorfladen und zwei Arbeiterwohnungen von 1820 und 1930.

Paisley 10 (S. 310), eine unschöne Industriestadt nah dem Glasgower Flughafen, lohnt den Besuch nur wegen seiner spätgotischen Abtei und des Museums, das die weltgrößte Sammlung an Paisley-Schals besitzt. Das Muster ist eine Raubkopie aus Kaschmir.

Wemyss Bay

Rund um Stirling

Im Herzen Schottlands, an der Nahtstelle zwischen Low- und Highlands liegt die schöne Renaissance- und Königsstadt Stirling. Von der fruchtbaren Ackerbau- und Industrieebene am Firth of Forth geht es nordwärts in die Ausläufer der Highlands, die alte Grafschaft Strathearn: zu den historischen Bauten von Dunblane, Doune und Drummond und zurück auf einen Wanderausflug zum Castle Campbell in den Ochil Hills.

Die strategische Bedeutung des hoch aus der Ebene ragenden Burgfelsens von Stirling, des ›Schlüssels zu Schottland‹, wird einem auf den ersten Blick klar und zudem von den zahlreichen Schlachten unterstrichen, die im Umkreis der ehemaligen Royal Burgh ausgefochten wurden: 1297 siegte William Wallace bei Stirling Bridge über die Engländer, am 23./24. Juni 1314 Robert the Bruce über Edward II. bei **Bannockburn**, der Entscheidungsschlacht der Unabhängigkeitskriege. In einer taktischen Meisterleistung besiegten seine 8000 Schotten das vielleicht 20 000 Kämpfer umfassende, aber disziplinlose englische Heer – die walisischen Bogenschützen sollen sturzbetrunken gewesen sein. Die Schotten erbeuteten Unsummen Geldes und Waffen, den gesamten 60 Meilen langen Troß des Verlierers sowie des gedemütigten Engländers Schild, Privatsiegel und Hofdichter, der sich genötigt sah, hinfort das Lob des großen Bruce zu singen. Das gewaltige **Besucherzentrum** 1 vor den Toren Stirlings mit seinen audiovisuellen Darbietungen und lebensgroßen Ritterfiguren lohnt einen Besuch und revidiert den Eindruck, die Schotten hätten immer nur gegen die Engländer verloren.

Ein Spaziergang durch die altertümlichen, idyllisch zur Burg ansteigenden Gassen **Stirlings** 2 (S. 317) führt zunächst ins alte Zentrum des königlichen Burgfleckens, die von vielen historischen Gemäuern gesäumte Broad Street mit Mercat Cross und Tolbooth. Die geschäftige Neustadt breitet sich am Fuße des Felsens aus. Das ehemalige **Gefängnis** an der pittoresken St. John Street wird zu einem Museum und Geschäftszentrum umgebaut. Weiter die kopfsteingepflasterte Straße hinauf zeigt **Auchinbowie's House** aus dem 17. Jh. mit seinem Treppengiebel und dem halbrund vorspringenden Treppenhausturm die typischen Bauformen der hiesigen Stadthäuser. In der spätgotischen **Church of the Holy Rude** (Heiligkreuzkirche) wurde James VI. am 26. Juli 1567 in aller Eile, drei Tage, nachdem seine Mutter Maria Stuart in Loch Leven zur Abdankung gezwungen worden war, zum König gekrönt. Man führte die Hände des Babys an die Krone, die man ihm natürlich nicht aufsetzen konnte. Die Statue des wohltätigen Handelsherrn John Cowane an der **Guildhall** soll in der Neujahrsnacht heruntersteigen und im Hof des Gildenhauses, des 1633 von ihm gestifteten Hospitals, tanzen. An den Ruinen des **Mars Wark** und **Argyll's Lodging**, zwei Adelspalästen aus der Renaissance, steigt man zur Esplanade vor den gerundeten Mauern der Burg.

Bevor man sich ins Getümmel alldort stürzt, schweift der Blick auf Holy Rude zurück über die Grabreihen des schönen, stillen Friedhofs. Der steinerne Bruce blickt gen Süden, nach Bannockburn (s. Abb. S. 32). Im Osten liegen in einem weiten Forth-Mäander Kirchturm

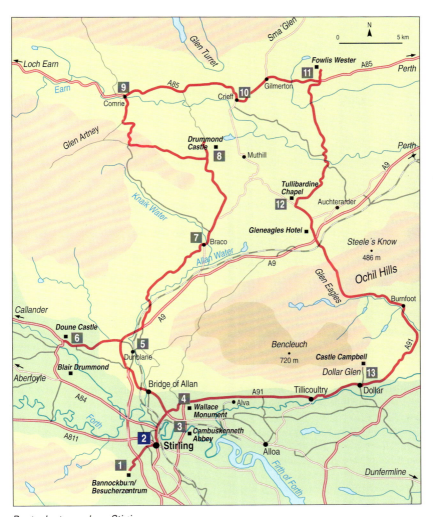

Routenkarte rund um Stirling

und Ruinen der 1147 von David I. gegründeten Augustinerabtei **Cambuskenneth** 3. Im Nordosten, vor der Kulisse der kargen Ochil Hills, reckt das **Wallace Monument** 4 aus dem 19. Jh. seine an den portugiesischen Platereskenstil und an St. Giles erinnernde Krone gen Himmel. Das Besucherzentrum dort erzählt die Geschichte des Nationalhelden William Wallace, Wegbereiter des großen Bruce, der nicht dessen Glück hatte: Er wurde besiegt und 1305 in London geviertailt. Mel Gibson spielt ihn in »Braveheart«.

Stirling Castle stammt größtenteils aus dem 15. Jh., den Königspalast ließen James IV. und V. im 16. Jh. aufführen. Durchschreiten Sie die wie Zwiebel-

Stirlings schöne Broad Street

häute um den Renaissancepalast liegenden Wälle und Befestigungsmauern, bewundern vom hübschen Queen Anne Garden aus den Renaissanceschmuck der Palastfassade, die königlichen Appartements mit den berühmten holzgeschnitzten Medaillons der Stirling-Köpfe. Im Regimentsmuseum der Argyll and Sutherland Highlanders auf der Burg wird die berühmte *Thin Red Line* verklärt, die standhafte Gefechtslinie dieses Regiments in den Schlachten um Indien.

Den stillen, friedlichen Kathedralbezirk und Friedhof von **Dunblane** 5 dominiert das schöne, sandsteingelbe gotische Gotteshaus mit seiner beeindruckenden Westfront und dem in den unteren Partien romanischen Turm. Beachtenswert ist die vollständige, fein ge-

arbeitete und mit Hunderten von Tieren, Monstren und Ranken geschmückte Holzausstattung im harmonischen Inneren: eichendunkle Stücke aus dem 15. Jh. sowie die helleren edwardianischen Bänke, Kanzel und Chorgestühl, gelungene Nachempfindungen von Sir Robert Lorimer. Am Rande des hübschen Örtchens erhebt sich eine der faszinierendsten Burgen Schottlands, **Doune Castle** 6 (S. 278) aus dem 14. Jh. Die mächtigen Wälle und Türme auf einem Hügel sind auf zwei Seiten wasserumschlossen. Am baumbestandenen Ufer des breiteren, unteren Flüßchens, des River Teith, lassen sich geruhsame Spaziergänge unternehmen.

Am nördlichen Ortsende von **Braco** 7, direkt hinter der neuen und der alten Brücke über den Knaik River, erstreckt sich das weite Grasareal des Ardoch Roman Fort, des letzten und nicht lange – 81 bis 90 n. Chr. – gehaltenen Vorpostens römischer Herrschaft nördlich des Antoninuswalls. Die Wall- und Grabensysteme im ungeschützten Norden und Osten sind beeindruckend. Man ist allein mit Wind und Gras und dem Gefühl von Vergänglichkeit. Ganz anders die üppigen, beliebten formalen Gärten um das Tower House **Drummond Castle** 8 (S. 278). Besonders schön ist das ganz in Rot und Gelb bepflanzte St. Andreaskreuz aus Buchsbäumen. Lohnenswerte Ausflüge führen weiter nordwärts zum Tartanmuseum von **Comrie** 9 (S. 276), in die Ferienmetropole **Crieff** 10 mit der kleinen Whiskydestillerie Glenturret (S. 293), angeblich die älteste Schottlands, durch das wilde Sma'Glen oder zum Piktenkreuz von **Fowlis Wester** 11. Kurz vor dem durch sein Golfhotel berühmten Auchterarder (S. 270) lohnt die spätmittelalterliche **Tullibardine Chapel** 12 einen Besuch. In ländlicher Umgebung, von hohen

Kiefernsolitären umstanden, strahlt das rötliche Kirchlein Frieden und Gelassenheit aus. Das Glen Eagles, wo die kargen Bergrücken dicht an die Straße herantreten, ist unser Einfallstor in die Ochil Hills. Um Auchterarder liegen einige von Schottlands berühmtesten und teuersten Country House Hotels, so das Golfermekka *Gleneagles* (S. 270). Gezähmt plätschert der Dollar zwischen den hübschen viktorianischen Häuschen des gleichnamigen Städtchens am Südfuß der Ochils gen Tal. Weiter bergan schäumt und gurgelt er temperamentvoll durch die dramatischen, mit Holzstegen überbrückten Felsklammen des **Dollar Glen** 13, das in der Obhut des National Trust steht. Etwa eine Stunde wandert man von Dollar, immer am Fluß entlang, durch das Tal des Flüßchens Burn of Care hinauf und das des Burn of Sorrow herab. Am Scheitelpunkt erheben sich in atemberaubender Lage die wehrhaften Ruinen von **Castle Campbell** (S. 276), einem Tower House des späten 15. Jh. Die feuchte Moos-, Farn- und Eichenwildnis ist mitnichten so traurig, wie die Flüßchen ›Leid‹ und ›Kummer‹ und der ›trübsinnige‹ frühere Name der Burg, Castle Gloom, es nahelegen. Zwischen **Tillicoultry** und **Alva** (S. 268) führt der Mill Trail zu einigen Wollfabriken mit Verkauf, die seit 150 Jahren typisch für die Gegend sind.

Fife: Golf und Fischerhäfen

Zwischen Firth of Forth im Süden und Firth of Tay im Norden schmiegen sich die Acker- und Weidehügel der Halbinsel Fife, des geschichtsträchtigen alten Piktenkönigreichs. Fife, eine der schönsten Ferienlandschaften Schottlands, bietet mit dem Renaissancepalast von Falkland und der historischen Bischofsstadt St. Andrews etwas für Kulturfans, aber auch für Wassersportler, Golfer und Liebhaber von exzellenten Fischrestaurants. Die pittoresken Fischernester des East Neuk finden ihren Höhepunkt im Urbild eines Hafens: Crail.

Mary was here. Nur eine Dreiviertel Stunde dauert der Ausflug zum Tower House auf dem **Loch Leven**-Eiland 1 (S. 303) insgesamt; das Boot setzt nach Bedarf von Kinross Pier über. Fast ein ganzes Jahr, vom 17. Juni 1567 bis zum 5. Mai 1568, sah sich Maria Stuart als Gefangene des Parlaments, konkret der Familie Douglas, auf das wenig luxuriöse Turmzimmer beschränkt; ihr Boot fuhr nur einmal, nachdem der junge William Douglas, heftig in die Unglückliche verliebt, den Schlüssel für die Hauptpforte der Festung in den See geworfen und alle potentiellen Verfolgerboote unbrauchbar gemacht hatte. Stoff für Legenden und Reliquien: Auch Sir Walter hatte, noch heute in Abbotsford House zu sehen, einen der echten Schlüssel. Der Atem der Geschichte auf der grünen Insel umweht, was von Schlössern und Burgen übrigzubleiben pflegt: dachlose Mauern, enge Stiegen, Kamine, Abortwinkel.

Mehr wäre auch von **Falkland Palace** 2 (S. 285) nicht mehr übrig, Lieblingsresidenz der Stuart-Könige und einer der schönsten Renaissancepaläste Großbritanniens, hätten nicht Stuart-Nachfahren, die Marquess of Bute, die von Cromwells Soldaten als Ruine zurückgelassenen Mauern seit Ende des

Routenkarte Fife

19. Jh. – der Aufbau dauert noch an – rekonstruiert und bewohnt. Hier tafelten in Schottlands ›Goldenem Zeitalter‹ James II. und seine Königin Maria von Geldern, hier spielte James IV. Schach, lauschte Maria Stuart den süßen Versen der Hofpoeten, hier starb gramgebeugt ihr Vater, James V. Unter den Wappen des von zwei massiven Rundtürmen flankierten Pförtnerhauses gelangt man in die verschwenderisch mit Stuart-Porträts, geschnitzten Renaissancehimmelbetten (den schönsten, die man in Schottland zu sehen bekommt), flämischen Gobelins und edwardianischem Wohnkomfort ausgestatteten Gemächer. Von den reizenden formalen Gärten fällt der Blick auf die mit Medaillons geschmückte Schokoladenseite des Südflügels und die dahinter aufragenden Heidehänge des Lomond Hill. Im ältesten Royal Tennis Court Großbritanniens, 1539 für James V. gebaut, spielen manchmal die jungen Palast-Wardens oder andere Mitglieder des Falkland Royal Tennis Club ein Match, wobei sie bereitwillig die komplizierten, vom heutigen Rasentennis abweichenden Regeln wie die *Chases* und die Einbeziehung der Dächer erklären. Traumhaft wie der Palast ist auch der kleine Burgflecken, dessen Uhren im 17. Jh. stehengeblieben zu sein scheinen.

Was zu Zeiten der Stuarts ein exklusives Amüsement war, ist heute im *Deerassic (!) Park* in der Nähe des Feinschmeckerzentrums **Cupar** 3 (S. 277) zum multimedialen Massenspektakel geworden – es geht um Hirschgehege und Falknereivorführungen im Scottish Deer Centre. (Im Scottish Centre for Falconry, in Maria Stuarts altem Jagdrevier bei Loch Leven, wo man sich Zucht- und Artenschutzprojekten von Falken, Adlern und anderen Raubvögeln widmet, geht es wesentlich seriöser zu.) Das idyllische Dörfchen **Ceres** 4 beherbergt das sehenswerte Heimatmuseum von Fife. **Kellie Castle** 5 (S. 299), ein Tower House aus dem 14.–16. Jh. auf T-förmigem Grundriß, ließen Sir Robert Lorimer, Schottlands Viollet-le-Duc, und sein Vater restaurieren. Beachtenswert sind die Stuckdecken aus dem 17. Jh., viktorianische Kinderzimmer und Küche sowie die schönen Gärten mit ihren alten Rosensorten.

Der dreieckige, von moderaten Felsklippen und gelben Sandstränden gesäumte Ostzipfel Fifes, der East Neuk (*neuk* = Ecke, Schlupfwinkel), ist die schönste Aneinanderreihung von Fischerhäfen in Schottland. Den Anfang macht das elegante **Elie** 6 (S. 285), dessen Sandstrand, beliebte Surfgründe und Hafen mit dem alten *Ship Inn* sich in eine geschützte Lagune schmiegen. **St.**

Monans 7 hat neben der üblichen Häuser- und Gassenenge um den Hafen in der Oberstadt eine sehenswerte Fischerkirche vorzuweisen, in der ein schönes Votivschiff von der Decke baumelt. **Pittenweem 8** ist noch ein echter Fischereihafen, während die Kutterbesitzer der anderen Örtchen nur noch auf lukrativen Hummer- und Krabbenfang gehen und zu Angelausflügen oder Hafenrundfahrten auslaufen. Die Zweiteilung der East Neuk-Häfen in ein Häuserknäuel um den Hafen und eine großzügiger angelegte Oberstadt mit den Repräsentationsbauten an der Hauptstraße läßt sich hier gut nachvollziehen. Sehen Sie sich St. Filian's Cave beim Hafen an, wo der schottische Missionar seine Askeseübungen abgehalten haben soll, und, sofern Sie Frühaufsteher sind, den morgendlichen Fischmarkt.

Die Möwen auf den Dachfirsten der Lagerschuppen stehen in Reih und Glied wie die bunten Häuser entlang des

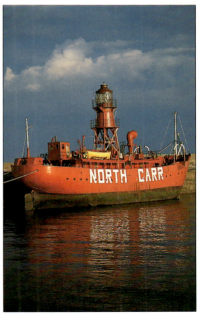

Heute ein Museum: das farbenprächtige North Carr Lightship in Anstruther

Hexenwahn in Schottland

»Du sollst keine Hexe am Leben lassen.«
(Exodus 22, 18)

Eine kalte Januarnacht im Jahre 1705 im stillen Fischerdorf Pittenweem an der Küste von Fife. Ein Mob aufgebrachter Dorfbewohner zerrt Janet Corphat aus ihrem Haus. Die junge Frau ist verletzt, blutet noch von der Folter. Der Pfarrer Patrick Cowper hat es sich nicht nehmen lassen, sie persönlich auszupeitschen. Mangels Beweisen hat man sie wieder freigelassen. Am Hafen bindet der Pöbel sie an eine Schiffstrosse und steinigt sie. Der endgültige Tod wird herbeigeführt, indem man schwere Steinbrocken auf ihre Brust legt. Um aber ganz sicher zu gehen, fährt schließlich ein Mann mit Pferd und Karren mehrmals über die Leiche. Hochwürden Cowper, der keinerlei Anstalten unternimmt, dem Lynchopfer beizustehen, verweigert sogar das christliche Begräbnis. Keiner der Mörder wird angeklagt. Denn in den Augen der frommen Pittenweemer war Janet Corphat eine Hexe.

Tausende von Frauen erlitten dasselbe Schicksal in der Zeit von 1563, als das bibelfeste schottische Parlament ein Gesetz gegen Hexerei verabschiedet hatte, bis 1727, als die letzte ›Hexe‹ Schottlands im friedlichen Küstenstädtchen Dornoch in einem Teerfaß verbrannt wurde. Viele Historiker haben den teils heute noch existierenden Aberglauben an Übernatürliches, an Gespenster, Wiedergänger oder Elfen, der tief in der schottischen Nationalpsyche verwurzelt ist, für dieses Phänomen des religiösen Massenwahns verantwortlich gemacht. Dabei beschränkte sich der Hexenwahn keineswegs auf das unwissende Volk, sondern trieb die kuriosesten Blüten unter Gelehrten, gebildeten Kirchenmännern und dem Adel.

Hafenbeckens von **Anstruther** 9 (S. 269). Bootsausflüge, vor allem gegen Abend zu empfehlen, führen u. a. zum Naturschutzgebiet der Isle of May. Die Boote »Fifie« und »Zulu« im Hafen gehören zum weißgestrichenen, preisgekrönten Scottish Fisheries Museum nebenan, das 1968 aus einer lokalen Initiative entstand und mittlerweile einen ganzen Komplex historischer Gebäude vom 16. bis 19. Jh. umfaßt. Schon die Queen und Queen Mom sahen sich huldvoll Tiefsee-Aquarium, originalgetreu rekonstruierte Stuben alter Fischerhäuser und Schiffsmodelle an. Das farbenfrohe North Carr Lightship, das einst als Feuerschiff vor dem gefährlichen Fife Ness-Kap als bemanntes Seezeichen schwamm, ankert heute als Museumsboot – das weltweit einzige seiner Art – im Hafen und lädt zu Besichtigung und Abendbrot an Bord. Im Dezember

In schwarze Ponies und Katzen sollen die Frauen sich verwandelt, Nachbarn und Ernten verhext, Tote beschworen haben. Vor allem aber sollen sie einen Pakt mit dem Teufel eingegangen sein. Der war und ist in Schottland sehr lebendig, wie viele Ortsnamen zeigen, die Teufelstreppe in Glencoe oder der Teufelsellbogen bei Braemar. Beinah liebevolle Spitznamen zeugen von einem vertraulichen Umgang mit dem Höllenfürsten: *Auld Harry* oder *Auld Clootie* in den Lowlands, *Muc Mhor Dhubh*, ›Großes Schwarzes Schwein‹, in den Highlands. Zum Verhängnis werden konnte einer weisen Frau, die die noch auf vorchristliche Zeiten zurückgehende ›weiße‹ Kräutermagie praktizierte, auch eine Krankenheilung. Die allgemeine Überzeugung einer Dorfgemeinschaft, nachbarliche Mißgunst und vor allem die von Beschuldigten unter der Folter mehr oder weniger wahllos hervorgestoßenen Selbstbezichtigungen reichten aus, um eine Hexe zu überführen. Die Beschuldigten gestanden, was ihnen Folterer und Richter in den Mund legten, was landesweit geläufiger Bestandteil des Hexen- und Gespensterglaubens war.

Aus dem katholischen Mittelalter Schottlands ist nicht eine einzige Hexenverbrennung überliefert. Erst mit der ›vernunftbetonten‹ Reformation setzte die Hexenhysterie ein. Der puritanische, sexualfeindliche Geist des schottischen Calvinismus richtete sich besonders gegen die suspekten Nachfahrinnen Evas, die zu neun Zehnteln die Opfer der Hexenverfolgungen stellten. Die enge gemeindliche Organisation der *Kirk* tat ihr Übriges: Gemeindeversammlung und Pfarrer mischten (und mischen sich teils noch heute) in die banalsten und intimsten Angelegenheiten der Gemeindemitglieder ein; Kirchenbriefkästen für Denunziationen und ein ausgeklügeltes Spionagenetz sollten Rechtgläubigkeit und Gehorsam erzwingen helfen; Kinder wurden angehalten, ihre Eltern zu bespitzeln. Deutlich fallen die ärgsten Phasen der Hexenverfolgung mit den Zeiten zusammen, wo der Presbyterianismus sich am fanatischsten gebärdete.

In Pittenweem jedenfalls hat Hochwürden Patrick Cowper die Aufforderung seiner Kirchenoberen, aktiv nach Hexen zu forschen, vorbildhaft befolgt. Die Akten belegen deutlich, daß er es war, der dem Ankläger, einem verwirrten Halbwüchsigen, den Kopf mit den abstrusen Einzelheiten eines anderen Hexenprozesses verdreht hatte.

Hexenwahn

1959 lockte sein SOS-Ruf die Männer der »Mona« in den Tod (s. S. 146).

Meist übersehen und auf den wenigsten Karten verzeichnet, hockt das winzige, ungeleckte **Cellardyke** 10 – nomen est omen – im ›Keller‹ unter den Klippen. Am kleinen Hafenpier knattert die Wäsche im Wind. **Crail** 11 (S. 276) ist überall schön: Den Marktplatz umstehen stattliche alte Häuser wie der Tolbooth von 1598 mit seinem hübschen Türmchen; die Wetterfahne in Form eines getrockneten Schellfischs erinnert an den einstigen Reichtum des Städtchens. Um das aus warmen braunen Bruchsteinen gemauerte Hafenrund drängen sich die Fischerhäuschen und kopfsteingepflasterten Gassen den Hang hinauf, Hummerreusen stapeln sich auf dem Kai, und neben einem Hummerbecken werden Fischbrötchen verkauft. Gehen Sie die von Cottages und Blumen gesäumte

Treppe – eine der schönsten in Schottland – an der südlichen Hafenseite hinauf. Ein etwa 5 km langer Weg führt nach einem kurzen Stück auf der Straße entlang der mal aus grünen Wiesenhängen, mal aus gestaffelten Felsplatten gebildeten Küste nach Anstruther. Auf halbem Weg erheben sich die bunten, zerklüfteten Cailpie Caves mit Höhlen und durchgespülten Spalten (s. Abb. S. 11). Am späten Nachmittag holen die Fischer ihre Hummerreusen aus dem Wasser, deren Gefangene man dann nach diesem geruhsamen, etwa einstündigen Spaziergang in Anstruthers exzellentem *Cellar Restaurant* mit um so größerem Appetit verspeisen kann.

Nach einer Fahrt entlang sanft zum Meer hin abfallender Felder mit vereinzelten Gehöften gelangt man ins Golfmekka **St. Andrews** 12 (S. 317), der hübschen, geruhsamen Universitätsstadt, die sich vortrefflich als Standquartier eignet. Die drei von Geschäften und alten Häusern gesäumten Hauptstraßen South, Market, North Street und die Strandpromenade The Scores mit ihren viktorianischen Reihenvillen gehen wie die vier Finger vom Handballen des Kathedralbezirks mit dem Daumen Abbey Street ab. Besonders eng, pittoresk und altertümlich sind sie und ihre Querverbindung, die kleine Castle Street, in Nähe des Handtellers.

Im 4. Jh. soll der griechische Mönch Regulus, vielleicht beschützt von den mitgeführten Reliquien des Apostels Andreas, einen Schiffbruch überlebt und den Grundstein zu dem gelegt haben, was später, vor allem im

Crail, die Perle des East Neuk

15./16. Jh., das mächtigste geistliche Zentrum Schottlands werden sollte: Sitz des Primas, dann Keimzelle der Reformation. Von der dem mönchischen Gründer geweihten Kirche **St. Rule (1)**, Anfang des 12. Jh. erbaut, steht nur noch der schlanke, hohe und seltsam anachronistische Turm, der an die sächsisch-südenglische Bauweise erinnert. Nach 151 schweißtreibenden Stufen erblickt man unter sich die beeindruckenden Reste der im normannisch-gotischen Übergangsstil errichteten **Kathedrale (2)** inmitten des Friedhofs, vor ihrer Zerstörung durch militante John Knox-Anhänger die größte Kirche Schottlands; nach Norden die Burg in exponierter Klippenlage, die Finger-Struktur der Stadt, den schönen Sandstrand und das Golfgrün. Sehen Sie sich das kleine Kathedralmuseum, vor allem den spätpiktischen Schrein – möglicherweise der Andreasreliquien – mit Szenen der Davidsgeschichte an, einem der qualitätvollsten Kunstwerke der ›dunklen‹ Jahrhunderte um 800.

Im hochmodernen Besucherzentrum der **Burg (3)** lassen Puppen, Schaubilder und Tonbänder die Stadtgeschichte lebendig werden. (Im Sommer tun überall im Ort aufgeführte, kurze Historienspiele ihr übriges.) Vor der Burg, einer Ruine des 16. Jh., ließ Kardinal David Beaton 1546 den Reformator George Wishart als Ketzer verbrennen. Persönliche wie Rachemotive verleiteten eine Gruppe protestantischer Adliger drei Monate nach Wisharts Tod, den Erzbischof zu ermorden, seine Leiche an der Burgfassade zur Schau zu stellen. Nachdem sie die Festung 14 Monate lang gehalten hatten, wurden die Rebellen gefangengenommen – John Knox, einer von ihnen, verbrachte das nächste Jahr als Galeerensträfling.

Im Straßenbild von St. Andrews vermögen sich die als konservative Yuppies verschrienen knapp 4000 Studenten, die noch zu vielen Gelegenheiten ihren traditionellen roten Talar tragen, gegen die allgegenwärtigen Golfer nicht zu behaupten; vor allem abends lassen die hochgeklappten Bürgersteige kein studentisches Flair aufkommen. Die 1410 von Bischof Henry Wardlaw gegründete Universität, die älteste Schottlands und nach Oxford und Cambridge die drittälteste der Insel, genießt aufgrund ihrer theologischen Fakultät landesweites Renommee. Im **St. Salvator's College (4)** wurde 1528 Patrick Hamilton als Ketzer verbrannt – ein Fanal für die Reformation in Schottland,

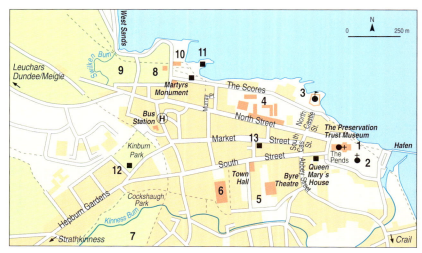

St. Andrews 1 St. Rule 2 Kathedrale 3 Burg/Besucherzentrum 4 St. Salvator´s College 5 St. Mary´s College 6 Madras College 7 Botanischer Garten 8 Royal and Ancient Golf Club 9 The Old Course 10 British Golf Museum 11 Sea Life Centre 12 St. Andrew´s Museum 13 Tourist Information

die an der hiesigen Uni ihre ›Brutstätte‹ hatte. Sehenswert neben St. Salvator's das ebenfalls teils spätgotische **St. Mary's College (5)**, beide während des Studienbetriebs zugänglich, oder auch das nachts so schön angeleuchtete **Madras College (6)** mit seiner Neo-Tudor-Fassade. Der moderne Campus und der sehenswerte **Botanische Garten (7)** liegen im Westen der Stadt.

Mißbilligend blicken mittelalte Männer von der Lounge des **Old Course Klubhauses (8)** auf jenes weltberühmte **18. Grün (9)**, auf dem jeder Golfbegeisterte einmal den Ball ins Loch gespielt haben muß; vor allem Japaner und Amerikaner sind zahlreich vertreten. Für das einmalige Panorama – Sanddünen und gelber Strand hinter dem hölzernen Caddie House – haben sie wenig Sinn. Golfausstatter wie der berühmte Jim Farmer am St. Mary's Place, Golfnippes in Bembelform und die Herren mit den Käppis und unmöglich karierten Hosen haben die Stadt fest im Griff. Laien und Golfbegeisterte haben etwas vom Besuch des **British Golf Museums (10)**, das mit den neuesten Audiovisions- und Computertechniken prunkt. Von der Entwicklung des Balls vom Federkern über Guttapercha, einer gummiartigen Natursubstanz, zum High-Tech-Ball mit einer an Vasarely-Bilder gemahnenden Oberfläche erfährt man hier alles über Golf. Das sehenswerte **Sea Life Centre (11)** mit seinen Großaquarien ist der schottischen Meereswelt gewidmet.

Im nahen **Leuchars** 13 (S. 301) lohnt die Pfarrkirche einen Besuch. Über der zierreichen normannischen Apsis erhebt sich ein achteckiger Glockenturm aus dem 17. Jh. Und Baron und Baroness of Earlshall laden zum Besuch ihrer 1546 errichteten Burg ein, die mit prächtigen Gärten und einer mit Wappen und Fabeltieren bemalten riesigen Renaissancedecke lockt.

Golf, Golfer, Golferinnen

Schon früh untersagten die Könige ihren Untertanen, was von staatstragenden Tugenden wie Bogenschießen und Beten abhielt: in Frankreich das Boule-, in Schottland das Golfspielen. 1457 zeigt das Verbot von James II. keinerlei Verständnis für diesen Sport, und er konnte wohl auch nicht wissen, daß an Schottlands Ostküste im späten Mittelalter von allen europäischen Golfvarianten diejenige geboren wurde, die den Grundzügen nach heute noch gespielt wird: Es geht, laienhaft ausgedrückt, darum, einen Ball mit Hilfe eines Stocks in ein Erdloch zu plazieren. Um die Mitte des 18. Jh. gaben sich die Ballbegeisterten dann – im Golfmuseum wird mit sprechenden Puppen eine spleenige Gentlemen-Wette dieser Zeit lebendig – Regeln und organisierten sich in Clubs.

Der Ruhm von **St. Andrews** stammt weniger daher, daß er einer der ältesten Clubs ist (der älteste ist die »Company of Edinburgh Golfers«), sondern daß hier 1764 die erste 18-Loch-Anlage entstand. Erst 1834 benannte sich die »Society of St. Andrews Golfers« mit königlicher Erlaubnis in »Royal and Ancient Golf Club« um. Der R & A wurde hinfort maßgeblich für das Regelwerk des weiß-grünen Sports und blieb es bis heute. Hier lebten legendär gewordene Spieler wie Vater (1821–1908) und Sohn (1851–75) Tom Morris. Letzterer, der auf dem hiesigen Kathedralfriedhof mit Schnauzbart, Golfschläger und Bommelbarrett auf seinem Grabstein verewigt ist, gewann viermal in Folge die *Open Championship*, das Turnier für die Profis, 1860 zum ersten Mal ausgetragen und von Willie Park dem Älteren,

Golferträume werden wahr: das 18. Loch des Old Course in St. Andrews

einer weiteren Golflegende, mit 174 Schlägen gewonnen.

1886 richtete man für die Herren, die »nie zum Verkauf Schläger oder Bälle hergestellt und nie Geld für Trainingsstunden oder in einem Open-Turnier genommen hatten«, die erste *Amateur Championship* aus. Wir lernen, daß die frühen Profis von ihrem Sport im engeren Sinn nicht leben konnten und sich als Platzwarte, Trainer und Ausrüstungshersteller verdingten. 1863 betrug das Preisgeld 10 £. Die 825 000 £ von 1990 nehmen sich da schon ganz anders aus.

Die erste Frau, die nachweislich das – damals noch hölzerne – Eisen schwang, war Maria Stuart, und da sie es nur zwei Tage nach dem gewaltsamen Tod ihres Gatten Darnley tat, tadelten die protestantischen Sittenwächter sie darob gar heftig. Nachdem sich 1867 der »Ladies' Golf Club« in St. Andrews gegründet hatte, wurden 1893 die ersten Damenmeisterschaften ausgerichtet, die Lady Margaret Scott für sich entschied. Die golfenden Damen kämpften zunächst mit den Tücken bauschiger Röcke im Küstenwind, bis Mabel Stringer das Miß-Higgins-Band erfand, ein um die Knie geschlungenes Gummi. Die exzentrische Gloria Venocrio, die immer mit kalkweiß geschminktem Gesicht spielte, war 1939 die erste, die in bis dato verpönten Hosen zum Bälleprügeln antrat. Als 1910 die bravouröse Cecil Leitch in einem Schaukampf Harold Hilton schlug, wurde dies als Argument im Kampf um das Frauenwahlrecht eingesetzt, worauf Golferinnen und Nicht-Golferinnen allerdings noch acht Jahre warten mußten.

Ein Ausflug ins Piktenland

Es geht ins Hinterland von Angus, durch die südlichen Ausläufer der Grampians: Vorgeschmack auf Bergeinsamkeit. Mit Meigle und Aberlemno besucht man einige der besten Piktensteine, mit Glamis und Edzell zwei sehenswerte Schlösser und Gärten. Ein Spaziergang zum White Caterthun-Hügelfort führt in erholsame Heideeinsamkeit. Zusätzlicher Vorteil: Für die anschließende Nordfahrt Richtung Aberdeen kann man dann die Küstenstraße wählen.

Das kleine **Museum** in der alten Schule von **Meigle** **1** (S. 304) ist ein Muß für jeden Piktenfan. Die 25 in hohem Relief gearbeiteten Steine, meist aus der christlich-piktischen Spätzeit, tragen auf einer Seite ein exquisit ornamentiertes Kreuz, in dessen Freiräume sich Fabeltiere zwängen, auf der anderen piktische Symbole, Jagd- oder Reiterszenen oder christliche Darstellungen wie David in der Löwengrube.

Eine Burg, wie sie im Buche und auf dem Programm eines jeden Schottlandreisenden steht, bewohnen noch heute Earl und Countess von Strathmore and Kinghorne: **Glamis Castle** **2** (S. 288). Das zentrale, mit Türmchen und Zinnen geschmückte L-förmige Tower House mit niedrigeren symmetrischen, von Rundtürmen abgeschlossenen Flügeln erhielt sein heutiges Aussehen im 17. Jh. und ist eins der prächtigsten Schlösser im schottischen Baronialstil. Unter den schönen Renaissancedecken und -kaminen, zwischen Stuart-Porträts, Porzellan- und Waffensammlungen erblickten die Königinmutter und ihre Tochter, Prinzessin Margaret, das Licht der Welt. Mit der untadligen, von James V. zu Unrecht verfolgten und als Hexe verbrannten Lady Glamis und mit Duncan, den Macbeth hier 1040 erschlagen haben soll, weist Glamis zwei hochrangige, einträgliche Gespenster vor. Die umtriebigen Schloßbesitzer führen darüber hinaus eine Gärtnerei, vermieten den aufwendigen Speisesaal für Familienfeiern und vertreiben das mit dem Schloßkonterfei geschmückte Mineralwasser Strathmore. Durch die prachtvollen *Grounds,* wo Hochlandrinder grasen, führt ein Naturlehrpfad, vorbei am intimen italienischen Garten. Im Weiler Glamis geben die Cottages des **Angus Folk Museum** (S. 288) einen Einblick ins bäuerliche Leben des 19. Jh. Von der netten, im Kern noch ganz altertümlichen Kleinstadt **Kirriemuir** 3 (S. 301), wo das Geburtshaus des Peter Pan-Vaters J. M. Barrie steht, sind die Wanderparadiese der Angus-Täler zu erreichen: die Flußtäler Isla, Prosen und Clova.

Aberlemno 4 darf sich drei der schönsten und berühmtesten Piktensteine rühmen (der vierte, an der Straße, ist unvollendet oder ein moderner Witz). In den frühen, aus dem 6./7. Jh. stammenden Class I-Stein an der Straße sind Schlange, Doppelscheibe und Z-Stab, Spiegel und Kamm eingekerbt. Auf der Rückseite des späten Kreuzsteins an der Straße tummeln sich unter zwei beherrschenden piktischen Symbolen berittene Jäger, Hunde und Hirsche. Der in hohem Relief gemeißelte Kreuzstein auf dem Friedhof schildert auf der Rückseite die bekannteste Kampfszene der Piktenkunst – handelt es sich um die im nahen Nechtansmere 685 geschlagene Schlacht? Sind die Ritter mit den ›Nasenhelmen‹ die dort von den Pikten geschlagenen Angeln aus Northumbria (s. Abb. S. 141)? Pickten die Raben auf die Leiche des unglücklicher Angelnkönigs Ecgfrith ein?

In den nach irischem Vorbild errichteten, über 30 m hohen Rundturm in der Kleinstadt **Brechin** 5 (S. 274) flüchteten sich um das Jahr 1000 die Mönche vor plündernden Wikingerhorden. Den hohen, schmalen Bogen des hoch angebrachten Eingangs ziert eine schlichte Kreuzigung. Auf einem der beiden Piktensteine in der im 19. Jh. restaurierten Kathedrale sitzen zwei Gestalten in Roben auf einer bankähnlichen Sitzgelegenheit – ein seltener Einblick ins Alltagsleben der Pikten. Die beiden eisenzeitlichen Hügelforts **Brown** und **White Caterthun** 6 bewachen die Hügelkuppen zu beiden Seiten eines Sträßchens nordwestlich von Brechin. Ein etwa 20minütiger Aufstieg auf die Steinwälle des besser erhaltenen ›Weißen Forts‹ belohnt mit weiten Blicken in die rostrote Heidelandschaft und mit absoluter, windumtoster Einsamkeit.

Glamis Castle

Das Rätsel der Pikten

Stolze Reiter mit schattenhaften Gesichtern ziehen auf einer wilden Jagd vorbei. Hirschähnliche Bestien mit spitzbärtigen Menschenhäuptern schlingen ihre in Tierköpfe auslaufenden Schwänze ineinander. Bullen, Adler, Wölfe, Eber, Hirsche, Forellen und das seepferdchenähnliche ›Piktenbiest‹ sind lebensecht und doch nur mit wenigen konzentrierten, fast modern anmutenden Linien in den Stein gemeißelt. Geheimnisvolle geometrische Zeichen provozieren bei Forschern wie Touristen die immer gleichen Fragen: Wer waren die Künstler, was bedeuten ihre Symbole?

Picti, die Bemalten oder Tätowierten, scheint der Kriegsname der Römer für ihre wilden, kampferprobten Feinde im Norden von Britannia gewesen zu sein. Der Römer Eumenius überliefert den Namen 297 n. Chr. erstmalig. Das Stammesgebiet dehnte sich nördlich der Forth-Clyde-Linie bis zu den Hebriden, Orkneys und Shetland aus; der Schwerpunkt lag im Osten, wo sich die meisten Bildsteine finden. Wenn der mächtige König Bridei während seiner Regierungszeit von 654 bis 684 auf das wieder in Gebrauch genommene eisenzeitliche Hügelfort von Castle Hill bei Abernethy stieg, schweifte sein Blick über das Herz der *Pictavia*, über Angus und das Tal des Tay, dessen Bewohner nun allmählich das Christentum anzunehmen begannen.

Die Könige – später, um 700, als die einzelnen Teilreiche sich zu einem Herrschaftsgebiet konsolidierten, der Hochkönig – waren eher Heerführer als Verwalter, Herren über eine zutiefst kriegerisch geprägte Gesellschaft. Die Nichtadligen verdienten sich ihren Lebensunterhalt als Bauern, Pferdezüchter, Fischer und Handwerker. Einzigartig in der Geschichte ist, daß die Vererbungslinien wahrscheinlich matrilinear verliefen, d. h. der Sohn der Schwester des Herrschers die Königswürde erbte, möglicherweise ein uraltes Relikt aus prähistorischen, mutterrechtlichen Zeiten. Die Pikten, vermutlich Nachkommen der eisenzeitlichen Stämme, sprachen wohl P-Keltisch, einen dem Bretonischen, nicht wie das schottische Gälisch dem Irischen verwandten Zweig der keltischen Sprachfamilie. Sie benutzten die Oghamschrift, wie der *Brandsbutt Stone* zeigt. Er steht zwischen Einfamilienhäusern in den Außenbezirken von Inverurie.

Um die Mitte des 9. Jh. nehmen die Pikten als eigenständiges Volk recht abrupt ihren Abgang von der Bühne der Geschichte. Manche Historiker sprechen von Völkermord, begangen von dem siegreichen schottischen König Kenneth mac Alpin, ein Völkermord, der zumindest die piktische Adels- und Kriegerkaste hinweggerafft haben soll. Andere Theorien denken an eine allmähliche Infiltration der Pictavia durch die Schotten von Dalriada.

Was blieb? Flurnamen, zum Beispiel die vielen schottischen Orte mit *Pit* (›Anteil‹, ›Bauernhof‹); die piktischen

Königslisten samt Regierungsdaten, überliefert in spätmittelalterlichen Klosterannalen; einige Silbergegenstände wie die massive, vielleicht die Königswürde symbolisierende Gliederkette, die im Royal Museum of Scotland in Edinburgh aufbewahrt wird. Und die schichtlichen Erbe endlich seinen angemessenen Stellenwert verschafft.

Die Wissenschaftler unterscheiden eine frühe, ab dem 6. Jh. im Gebiet um den Moray Firth auftretende *Class I*, grob oder unbehauene Steine, in die geometrische Symbole eingeritzt sind. Zur *Class II* gehören sorgfältig bearbeitete und geglättete Steine, deren Relief erhaben herausgemeißelte Symbole, Ornamente, Tier- und Menschendarstellungen aufweist. Die späte *Class III* (790–840) kennt keine Symbole, dafür aber um so mehr Reiter, vielleicht Verkörperungen der Königsmacht. Von den zeichenhaften 28 Symbolen und 20 Tierdarstellungen, die meist paarweise auftreten, sind die häufigsten der Halbmond mit dem V-förmigen Stab *(Crescent-and-V-rod)*, gefolgt von der Doppelscheibe mit dem Z-förmigen Stab *(Double-disc-and-Z-rod)*. Hammer, Zange, Spazierstock, ›Stimmgabel‹ oder die oft mit Frauen in Verbindung gebrachten Kamm und Spiegel mögen das verkörpert haben, als was sie uns erscheinen. Die symbolischen Bedeutungen der übrigen geometrischen Symbole, faszinierend in ihrer schlichten, eleganten Form, werden uns wohl immer ein Rätsel bleiben.

Die abgebildete Schlachtenszene (s. a. S. 139) des Piktensteins auf dem Friedhof von Aberlemno ist eigentlich die Rückseite; die Vorderseite zeigt ein Kreuz mit verschlungenen, northumbrisch inspirierten Mustern und Tieren

Piktensteine. Etwa zweihundert sind es, doch werden jedes Jahr bei Bodenausschachtungen, als Kehrseiten alter Türschwellen oder von Grabplatten neue entdeckt: Ein wahres Piktenfieber ist ausgebrochen, das diesem lange vernachlässigten und fast zerstörten ge-

Zu welchem Zweck wurden die Steine errichtet? Waren es Gedenk- oder Grabmale? Grenzzeichen, die das Territorium der Stämme markierten? Machtdemonstrationen, die den nahen Sitz eines Häuptlings oder die Stätte einer gewonnenen Schlacht anzeigten? Oder gar Heiratsurkunden in Stein, die Abstammungslinien, Eheschließungen zwischen den einzelnen Stämmen und Mitgiften ›veröffentlichen‹? Neben dem ästhetischen Genuß der Darstellungen ist es wohl dieser Ansporn zum Mitraten, der die Faszination der Piktensteine ausmacht.

Der Renaissancemensch Sir David Lindsay ließ um die Wende vom 16. zum 17. Jh. unter dem Tower House von **Edzell** 7 (S. 285) einen prachtvollen geometrischen Garten, einen Sommerpavillon und – welch Luxus! – ein Badehäuschen anlegen. Der Wahlspruch der Lindsays, »Dum spiro spero« (›solange ich atme, hoffe ich‹), ist in Form von gestutzten Buchsbaumhecken präsent. Reliefschmuck wie Medaillons der Kardinaltugenden, der Freien Künste und von

Routenkarte von Dundee nach Stonehaven

Stufenfassade des viktorianischen **Fasque** 8 (S. 286) verbrachte Queen Victorias Premier Sir John Gladstone seine Freizeit – seine Nachkommen führen mittlerweile wie so viele Edle Schottlands ein ›offenes‹ Haus. Über die landschaftlich schöne Paßstraße *Cairn o'Mounth Road,* die heutige B 974, zogen schon der geschlagene Macbeth, Armeen und Whiskyschmuggler von dem netten Weiler Fettercairn über die Berge ins Dee-Tal, nach Banchory.

Entlang der Ostküste von Dundee nach Stonehaven

An der flachen Badeküste führt die gut ausgebaute A 92 von der sehenswerten viktorianischen Industriemetropole Dundee über die Hafenstädtchen Broughty Ferry und Arbroath mit seiner Kathedrale nordwärts, durch Angus Richtung Aberdeen. Auf dem hohen, schroffen Felsen von Dunnottar Castle stehen wir an der Schwelle zu den Highlands.

Zu Unrecht wird die Großstadt **Dundee** 9 (S. 279), Schottlands Aschenputtel und viertgrößte Häuseransammlung, meist stiefmütterlich abgehandelt, lohnen doch ihre Museen, historischen Schiffe und die quirlige, ganz eigene Atmosphäre zwischen viktorianischer Nostalgie und zeitgenössischem Wirtschaftstrubel einen Besuch. Von Fife aus klettert der Blick über den Tay, den Hafen, die Schlote und Fabrikanlagen und das Häusermeer den Vulkankegel

Göttern zeugen von Sir Davids feinem Kunstsinn. Ein Wanderweg und ein kleines Sträßchen ziehen sich durch das Glen Esk, das sich zwischen einsamen Berghängen bis hin zu dem kleinen Loch Ree erstreckt. Hinter der imposanten

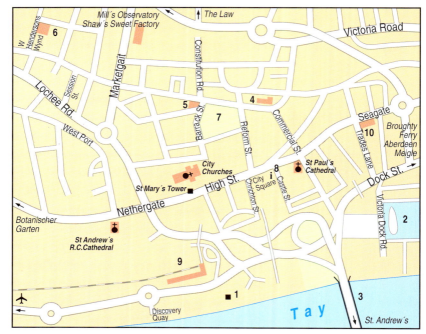

Dundee 1 »Discovery« 2 »HMS Unicorn« 3 Tay Bridge 4 McManus Galleries 5 Barrack Street Museum 6 Verdant Works 7 Howff Burial Ground 8 Tourist Information 9 Bahnhof 10 Seagate Busbahnhof

The Law hoch. Von dessen 174 m hohem, von einem Kriegerdenkmal bekrönten Gipfel schweift er in entgegengesetzter Richtung wieder hinab. In den »City Tripper«, den Stadtrundfahrtbus, der u. a. auch aufs Law fährt, kann man beliebig zu- und aussteigen.

Eine moderne **Autobrücke (3)** und eine Eisenbahnbrücke von 1887 stellen die Verbindung zu Fife über den etwa eineinhalb Kilometer breiten Firth of Tay her. Letztere ersetzte die am 28. Dezember 1879 zusammengestürzte Brücke, deren Stümpfe noch neben der augenscheinlich haltbareren Nachfolgerin aus dem Wasser ragen. Pfusch am Bau in Kombination mit einem Orkan verursachte diese die Gemüter aufwühlende Katastrophe, die den Glauben an die Allmacht der Technik nachhaltig erschütterte. »Tand, Tand/ Ist das Gebild von Menschenhand«, schließt Fontanes Ballade »Die Brück' am Tay« von 1880. Ans Ufer geschwemmte Briefpäckchen, eine Abteiltür, eine Zeitung erinnern neben anderen Dokumenten in den **McManus Galleries (4)** an die 75 Opfer, die mit dem Nachtzug aus Edinburgh in die Tiefe gerissen wurden. Die neogotischen McManus Galleries widmen sich darüber hinaus neben einigen Piktensteinen in der sehenswerten archäologischen Abteilung ganz der guten alten Zeit, als der berühmte Dreiklang von *Jute, Jam and Journalism* den Stolz Dundees ausmachte. In der Bildergale-

Die Museumsschiffe »Unicorn« und »Discovery«

Die meiste Aufmerksamkeit erhält die **»Discovery« (1)**, der 1901 in Dundee vom Stapel gelaufene Dreimaster, mit dem Kapitän Robert Falcon Scott seine Antarctisexpeditionen durchführte. 1912 erreichte er den Südpol, vier Wochen nach Amundsen, und kam auf dem Rückweg um. Schiff und großdimensioniertes Besucherzentrum zu der tragischen Geschichte sind im Hafen am Discovery Quay zu besichtigen.

Fast still ist es am nahen Victoria Dock auf der Fregatte **»HMS Unicorn« (2)**, 1824 gebaut und nie zum Einsatz gekommen. Aus diesem Grund besitzt sie keine Takelage, sondern das historische Holzdach, was ihr in einem oberflächlichen Vergleich mit der »Discovery« das Nachsehen läßt. Nehmen Sie sich viel Zeit für Großbritanniens ältestes noch schwimmendes Kriegsschiff, durch dessen Decks bis herunter zur Bilge gesprächige, freundliche alte Herren führen. Alles atmet den harten Geist der christlichen Seefahrt: die niedrigen Zimmermannsgänge, der Bleiraum im Bug, wo in der Schlacht die Frauen ›sicher gelagert‹ wurden, die vergleichsweise geräumige Kapitänskajüte, auf jedem königlich britischen Kriegsschiff mit schwarz-weiß gestrichenem Seehundfell ausgelegt, und die beengten Mannschaftsquartiere, wo die neunschwänzige Katze für mörderische Disziplin sorgte.

rie hängen jene Schinken, die in viktorianischen Zeiten gut- bis großbürgerliche Wohnzimmer schmückten, so auch »Dantes Traum« von Rossetti.

Schlendern Sie an den historistischen Protzbauten entlang, die sich im geschäftigen Zentrum um City Square, High und Commercial Street konzentrieren. Die Stadtmütter und -väter schätzen, schützen und restaurieren ihr viktorianisches Erbe und führen es als Galerien, Gewerbe- und Wohnkomplexe neuer Nutzung zu – seit jüngstem, denn Abrißkahlschlag und Betonwüsten sind im Stadtbild nicht zu übersehen. Bewundern Sie den original erhaltenen, 1868 gegründeten Tee- und Kolonialwarenladen *J. A. Braithwaite Ltd.* in der Castle Street oder nehmen ein Pint im altertümlichen *Old Bank Freehouse* in der Reform Street. Das **Barrack Street Museum (5)** zeigt neben Flora, Fauna und Geologie von Angus das berühmte Skelett jenes Tay-Wals, der 1883 unklugerweise in den Tay schwamm und auch noch das Pech hatte, von Schottlands schlechtestem Poeten, dem 1830 in Dundee geborenen William McGonagall, versmäßig verewigt zu werden. In den 1833 gegründeten **Verdant Works (6)** wird gerade eine typische Jutefabrik aus Dundees Goldenem Industriezeitalter als Touristenattraktion aufbereitet. Den **Howff Burial Ground (7)** schenkte Maria Stuart ihren Untertanen: zum Begräbnis und als Versammlungsort *(howff)* der Gilden. Heute flanieren und picknicken die Einheimischen zwischen den schönen alten Grabsteinen mit den Handwerkssymbolen, mitten im geschäftigen Trubel der Innenstadt. (Für den Ausflug ins Hinterland von Angus s. S. 138-143.)

An einem der 100 Roundabouts von Dundees Vorstadtwüste liegt das auf Z-förmigem Grundriß erbaute **Claypotts Castle** 10, ein Bürglein wie ein Puppenhaus, mit Zinnen, Türmchen und Fenstern in allen Größen. Seine Nachbarn, moderne Bungalows, haben auch keine wesentlich kleinere Grundfläche.

Im Hafen und Wassersportzentrum **Broughty Ferry** 11 (S. 274) mit seinen Pubs und Restaurants wird im nachts effektvoll angestrahlten Tower House aus dem 15. Jh. die Geschichte des Walfangs und die Ökologie der Tay-Mündung erklärt. Eine Plakette am Seenotrettungszentrum und ein Lied der irischen Folkgruppe Dubliners erinnern an die acht *gallant men* der »Mona«, die am 8. Dezember 1959 auf ein SOS des North Carr-Feuerschiffs hin ausfuhren und allesamt im Sturm umkamen. Die orangerote neue »Mona« schaukelt auf den ruhigen Wellen des Tay. Auf dem weiten Sandstrand von Carnoustie, ein bekanntes Golfzentrum, wurden die Leichen der Liveboat-Besatzung gespült.

Rund um den reizenden Hafen von **Arbroath** 12 (S. 269) kann man die geräucherte Schellfischspezialität des Örtchens, *Smokies* oder *Smoked Haddocks,* kaufen. Quer durch die unprätentiöse Marktstadt gelangt man zu den fotogenen, sandsteinroten romanischen Ruinen der von Wilhelm dem Löwen 1178 gegründeten Abtei. Zu einer Wei-

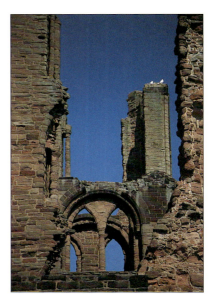

In der Abtei von Arbroath

hestätte des schottischen Nationalgefühls macht sie die im Jahre 1320 von den Prälaten des Landes unterzeichnete Solidaritätserklärung für Robert the Bruce, die berühmte Deklaration von Arbroath. Der Gentleman, der sich 1951 den *Stone of Destiny* aus Westminster ›ausgeborgt‹ hatte, wie Patrioten vor Ort es ausdrücken, gab ihn zurück, indem er ihn in Arbroath auf dem Hochaltar deponierte: Heute kandidiert Ian Hamilton für die SNP. Unter dem Dach eines bescheidenen Cottages in dem ansehnlichen, ruhigen Vorort **St. Vigeans** 13 finden Sie eine der sehenswertesten Piktensteinsammlungen des Landes mit qualitätvollen Tier- und Menschendarstellungen, etwa einem Herrn in kurzen Pumphosen und einem knienden Bogenschützen.

Westlich des von drei Seiten vom Wasser eingeschlossenen geschäftigen Markt- und Seebadeorts **Montrose** 14

(S. 305) mit seinen Golfplätzen, Sandstränden und den vielen Brücken steht das palladianische **House of Dun** 15 (S. 295) mit schönen Stuckarbeiten, 1730 nach Plänen William Adams errichtet. Wieder nordwärts gewandt, passiert man weite, rollende Felderlandschaften, zur Rechten die nun steilere Küste. Dies ist das Land des Schriftstellers Lewis Grassic Gibbon, dessen Romane, eine einzige Hommage auf Willen und Durchhaltekraft der hiesigen Crofter, in Howe of the Mearns spielen. In **Arbuthnot** 16 liegt der jung Gestorbene begraben. Der winzige Amphitheaterhafen von **Catterline** 17 ist ein Traum, vorausgesetzt, die Sonne scheint auf Mole und bunten Kieselstrand – und man hat ihn für sich allein. Joan Eardley (1921–63) hatte es die mal dramatische, mal entspannt mediterran wirkende Kulisse so angetan, daß sie sie über Jahre hinweg immer wieder malte.

Eine tiefe Schlucht, eine schroffe Felsnase im Meer, weißschäumende Brecher, felsenhart geschwungene Küstenlinie: Der strategische Wert von **Dunnottar Castle** 18 (S. 281) leuchtet auf den ersten, faszinierten Blick ein. Seit dem 14. Jh. hüteten hier die Keiths, Marschälle von Schottland, die Kronjuwelen. Cromwell bekam die Preziosen trotz erfolgreicher Belagerung 1651/52 nicht, denn man hatte sie zuvor aus der Feste geschmuggelt und in der nahen Kirche von Kinneff in Sicherheit gebracht. Für Zeffirellis »Hamlet« mit Mel Gibson und Glenn Close wurde 1990 die durch Cromwells Hand zerstörte Burg mit Pappmaché-Zinnen für kurze Zeit wieder vervollständigt. Nach einem steilen Anstieg spaziert der Besucher durch die disparaten, wie ein kleines Dorf wirkenden Gebäude, deren ältester Teil die Kapelle aus dem 13. Jh. und das mittelalterliche Tower House, deren schönster Waterton's Lodging um den blumenumwachsenen Teich ist. Möwenkolonien nisten in den senkrecht abfallenden Felsfassaden, Spaziergänge führen am Klippenkamm entlang, z. B. nach etwa 3 km auf die ›Hausklippe‹ von **Stonehaven** 19 (S. 319), von der sich ein schöner Blick auf den hübschen Hafen und Sandstrand des Freizeit- und Sportzentrums eröffnet. Im Westen, jenseits der Highland Boundary Fault, türmen sich die Grampians, beginnen die Highlands.

»Auf den ersten, faszinierten Blick«: Dunnottar Castle

Die Highlands

Aberdeen, die graue Ölstadt

»I'm from the Highlands. Where else?«
(Connor MacLeod vom Clan der MacLeod in »Highlander«)

Schottlands drittgrößte Stadt ist eine reiche, hektische Wirtschaftsmetropole mit einer der niedrigsten Arbeitslosenquoten Großbritanniens sowie Sinn und Geld für Kunst (S. 266). Das Öl, das vor Aberdeens Küste auf Bohrplattformen gefördert wird, machte aus dem alten Handels-, Hafen- und Schiffbauzentrum eine moderne Boom town, die britische Öl-Hauptstadt, die Off-shore-Kapitale für Ölfirmen und deren Zuliefererbetriebe. Noch heute besteht Aberdeen aus zwei völlig verschiedenen Städten: im Norden Old Aberdeen an der Don-Mündung, das sich aus einer Ansiedlung um die Kathedrale, und im Süden das moderne Aberdeen an der Dee-Mündung,

◁ Das Tal des Loch Broom bei Ullapool ist eines der schönsten Highland Glens

Aberdeen New Town 1 City Chambers 2 Mercat Cross 3 Provost Ross´s House 4 Marischal College 5 Provost Skene´s House 6 St. Nicholas Kirk 7 Art Gallery 8 Union Terrace Gardens 9 Tourist Information 10 Bahnhof/Busbahnhof 11 P&O Ferries 12 His Majesty´s Theatre 13 Music Hall 14 Arts Centre 15 Art Gallery/James Dunn´s House 16 Fish Market

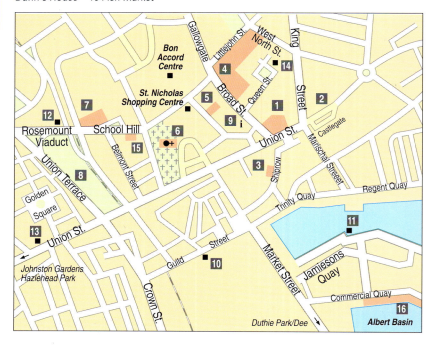

das sich aus einem Hafen um die einstige Königsburg entwickelte.

Die Granitstadt der Architekten Archibald Simpson und William Smith nahm 1801 ihren Anfang mit der Hauptgeschäftsstraße Union Street und der etwas ruhigeren, schöneren King Street: strenge, regelmäßige graue Fassaden, die die grüngelben Doppeldeckerbusse und ein unablässiger Autostrom in Abgaswolken hüllen – in ihrer Geschlossenheit eine späte Tochter georgianischer Stadtplanung. Das Zentrum bilden das viktorianische Rathaus der **City Chambers** 1 mit seinem markanten Uhrturm von 1615 und der Castlegate-Platz. Vor den Türmchen des Heilsarmeesitzes kündet das vom schottischen Einhorn bekrönte und mit Medaillons der Stuart-Monarchen geschmückte sechseckige **Mercat Cross** 2 vom Stolz der Royal Burgh im Jahre 1686.

In Aberdeens zweitältestem Haus, **Provost Ross's House** 3 von 1593, führt das Schiffahrtsmuseum von jener Zeit, als die schnellen Aberdeener Teeklipper die Weltmeere beherrschten, bis in die Gegenwart der küstennahen Ölförderung. Besuchen Sie von hier den betriebsamen Hafen. Über den Frachtpötten und Autofähren des Victoria Dock ragen fotogen die Türme von Aberdeens Skyline auf.

Marischal College 4 wurde 1593 von George Keith als protestantische Alternative zur Universität von Aberdeen gegründet. Das von Simpson entworfene riesige Carrée erhielt 1906 durch Marshall Mackenzie eine weiland heftig umstrittene Fassade, deren kantige neogotische Zitate auf der Schwelle zur Moderne verharren. Vor einem tristen Wolkenkratzer behauptet sich tapfer **Provost Skene's Haus** 5 von 1545, Aberdeens ältestes Gebäude. Schlendern Sie – kostenlos, wie in fast allen

Hochseetrawler im Hafen von Aberdeen

Museen der reichen Stadt – durch die größtenteils im Stil des 17. Jh. eingerichteten Räume und die Kapelle mit ihrer ungewöhnlichen, ›katholischen‹ bemalten Holzdecke. Auch die **St. Nicholas Kirk** 6, deren Johanneskapelle bezeichnenderweise zur ›Oil Industry Chapel‹ gemacht wurde, behauptet sich mehr schlecht als recht gegen die Umklammerung durch zeitgenössische Tempel, die irrgartengleichen Einkaufszentren St. Nicholas und Bon Accord (das Motto der Stadt heißt soviel wie ›gutes Einvernehmen‹).

Erholung vom Konsum bietet die sehenswerte **Art Gallery** 7 von 1835 mit ihrem Säulenatrium, die eine hervorragende Sammlung von Malerei und Plastik des 19./20. Jh. zeigt, u.a. Barbara Hepworth, Henry Moore, Ben Nicholson, den Aberdeener Präraffaeliten William Dyce (1806–64), William MacTaggart und die Macdonald-Stiftung von Selbstporträts britischer Künstler des 19. Jh.

Erholung bieten auch die **Union Terrace Gardens** 8, wo kunstvoll gepflanzte Blumen sich zum Stadtwappen fügen. Aberdeen ist berühmt für seine größtenteils außerhalb der Innenstadt grünenden Gärten: Duthie Park (s. S. 153); Victoria Park, Westburn Road, Aberdeens älteste Grüne Lunge, mit einem Irrgarten für Blinde; Johnston Gardens, Viewfield Road, mit Springbrunnen und Flüßchen; der riesige Hazlehead Park, Groats Road/Hazlehead Avenue, mit Irr- und Rosengarten, Minizoo und Piper Alpha-Denkmal (s. zu Piper Alpha S. 224).

Wie eine Perle in ihrer unansehnlichen Schale steckt Old Aberdeen, die Gelehrtenenklave, zwischen öden Vorstadtsiedlungen und verkehrsreichen Straßen. Die kopfsteingepflasterten Gassen High und Don Street und vor allem Chanonry scheinen in einer anderen, älteren Welt zu ruhen, gesäumt von Bruchsteinmauern, georgianischen Stadthäusern, Cottagereihen mit gepflegten Gärtchen, viktorianischen Pfarrhäusern und dem kleinen **Botanischen**

Aberdeen Old Town 1 Cruikshank / Botanischer Garten 2 King´s College 3 St. Machar´s Cathedral 4 Brig o' Balgownie

Garten von Cruikshank 1. Morgens hasten die Studenten über den Rasen vor **King's College** 2, 1495 von Bischof Elphinstone gegründet. Sein Bronzegrabmal von 1914 steht vor der Kapelle – den Ausmaßen nach eine ausgewachsene Kirche – mit ihrer kronenförmigen, der von St. Giles gleichenden Turmlaterne. Hinter der mit farbenprächtigen Wappen gezierten Langschiffwand verbirgt sich, einzigartig in Schottland, eine vollständig erhaltene spätmittelalterliche Kirchenausstattung: ein üppig geschnitztes Chorgestühl mit Baldachinen, Lettner, Kanzel, Lesepult; und überall lugt die schottische Distel hervor. 1995 wurde die Halbtausendjahrfeier der drittältesten schottischen Universität festlich begangen. Im sehenswerten Besucherzentrum beklagt ein spätmittelalterlicher Scholar die Mühen des Studierens.

Wenn abends die Katzen über den dicht mit Grabsteinen und Tischgräbern bepackten Friedhof von **St. Machar's** 3 streifen und die Glocken hoch oben in den Westtürmen sieben Uhr schlagen, fühlt man sich ins Mittelalter zurückversetzt. Die wehrhafte Westfront aus Sandstein ist ein Überbleibsel des Vorgängerbaus aus dem 14. Jh.; ihn ersetzte die mächtige Granitkathedrale des 15. Jh., die wir heute sehen. Die mit 48 dreireihig angeordneten Wappensteinen geschmückte, kassettierte Eichendecke von 1520 ist ein Manifest schottischen Nationalstolzes im ›europäischen Haus‹: In vorderster Reihe prangt neben den Wappen von Papst und Kaiser dasjenige des schottischen Königs, gefolgt von seinen Adligen. Abgeschlagen landet der englische König auf Platz vier der europäischen Monarchen, und unter den Wappen der europäischen Prälaten fehlen Trondheim und York wegen ihres geistlichen Supre-

Ginsterbüsche, Schafblöken, Bienensummen - pastorale Idylle an der Deeside

matieanspruchs auf die Orkneys bzw. Schottland.

Durch den weiten Seaton Park oder über die Don Street gelangt man nach etwa 2 km zur **Brig o'Balgownie** 4, deren stark restaurierter mittelalterlicher Bogen sich inmitten eines pittoresken Häuserensembles über den stillen Don schwingt. Schöne Spaziergänge führen durch seinen Uferdschungel.

Deeside – an Schottlands königlichem Fluß

Die sanfthügelige Agrarlandschaft am Unterlauf des Dee steigert sich zur Quelle in den Cairngorms hin allmählich zu heidebewachsenen, immer einsameren Bergregionen. Königin Victoria hat so oft und gerne an den *Beauty Spots* des Lachsstroms geseufzt, daß nun eine Touristenroute, der mit dem unverkennbaren königlichen Profil auf braunem Grund beschilderte »Victorian Heritage Trail«, durch die *Royal Deeside* führt. Noch heute verbringen die *Royals* in Balmoral ihre Herbstferien, nie fehlt die Königin beim *Braemar Gathering*, dem größten und bedeutendsten der vielen Hochlandspiele. Die romantischen Burgen von Drum, Crathes und Craigievar, allesamt in der liebevollen Obhut des National Trust, recken inmitten schöner Parks und Gärten ihre Türmchen gen Himmel – der Inbegriff des schottischen Baronialstils.

Der Riverside Drive von Aberdeen verläuft in Hafennähe, wo sich der Dee unterhalb des Albert Quay in die Nordsee ergießt, am schönen Flußufer. Zur Rechten erstreckt sich der sehenswerte Duthie Park mit seinen viktorianischen Brücken und Obelisken, dem größten Wintergarten Europas und dem duftenden Rosenhügel. Nach den adretten Wohnvororten Cults und Bieldside erreicht man **Drum Castle** 1 (S. 278), eines der ältesten durchgängig von derselben Familie (den Stuart-treuen Irvines) bewohnten Häuser. An den behäbigen, quadratischen Bergfried von 1286 wurde 1619 ein überaus wohnlich eingerichteter Renaissanceflügel gefügt. Robert the Bruces Meistersteinmetz mit dem anachronistisch anmutenden Namen Robert Cementarius soll den Turm wie auch die Brig o'Balgownie gebaut haben. Der Besuch des umfriedeten Rosengartens und des *Tea Room* verspricht südenglische Genüsse.

Crathes 2 (S. 276) und Craigievar: massive, rötlich-beige verputzte Tower House-Stümpfe, aus deren oberem Drittel Erkerchen, Türmchen, Zinnen sprießen wie aus einem gestutzten Platanenbaum. Die Burnetts of Leys ließen sich Crathes Ende des 16. Jh. mauern und mit den farbenfrohen bemalten Holzdecken ausschmücken: Erhobenen Schwerts stehen die Neun Recken nebeneinander, Cäsar einträchtig neben Josua, naiv wirkende Volkskunst in adliger Hütte. Von der komfortablen Halle im 1. Stock, wo das der Familie von Robert the Bruce verliehene Horn von Leys über dem Kamin prangt, schweift der Blick über die jeweils in einer Farbe gehaltenen formalen Gartenkompartimente mit 200 und mehr Jahre alten Eiben und Linden, eine der schönsten Anlagen in Schottland. Markierte Naturpfade durchziehen den ausgedehnten Park. Crathes ist ein Paradebeispiel für die emsige Rundumvermarktung durch die gemeinnützige Organisation des National Trust: Pflanzenverkauf, Restaurant und Laden dienen der Erhaltung von Schottlands historischem Erbe.

Banchory (S. 272), **Aboyne** (S. 268) und **Ballater** (S. 271), hübsche Kleinstädte aus dem 19. Jh., leben vom Tourismus. Die Bebauung ist, wie überall am Dee, durchgängig viktorianisch: dekoratives Steinmauerwerk, Erker, knorrige Baumstammportale, adrett gestrichene Holzverzierungen am Giebel. Vom blumenüberwucherten Cottage für

Routenkarte Deeside

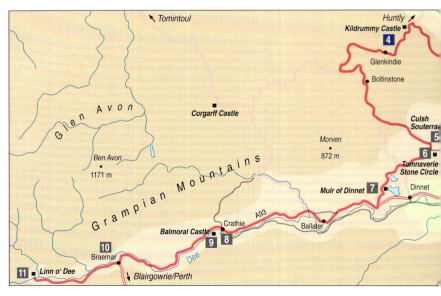

den naturverbundenen Schwärmer über die solide Bürgervilla zum zinnenbewehrten Mini-Balmoral für den Neureichen – die *Middle Class* wollte nahe ihrer Herrscherin schwärmen. Man hat das Gefühl, als habe sich der ganze Landstrich redlich gemüht, den königlichen Traum vom durch und durch Pittoresken Wirklichkeit werden zu lassen.

Ein Abstecher ins Hinterland führt zum vielleicht bekanntesten Dee-Castle, Höhepunkt und Archetyp des Baronialstils: **Craigievar** 3 (S. 276). Ein mehrfach gestufter Fries trennt die Wucherungen der Krone aus Türmchen und Zinnen vom Stamm, der wegen des L-förmigen Grundrisses eine stark gefurchte Rinde hat, wo der von Crathes aus einem glatten Holz ist. Phantastische Tierskulpturen blicken als Wasserspeier auf den Besucher hinab. William Forbes, dessen Spitznamen Danzig Willie auf den Ursprung seines Vermögens im Ostseehandel verweist, durfte bis zu

Inbegriff des Baronialstils: Craigievar

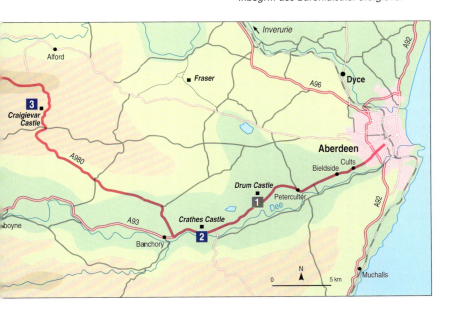

Kildrummy Castle Hotel

Nur wenige Betuchte werden ihren ganzen Urlaub in Schloßhotels verbringen können, aber sich zwei oder drei Tage im neogotischen Kildrummy Castle Hotel verwöhnen zu lassen, lohnt sicherlich. Genießen Sie den Blick auf die baumumstandene Burgruine, wenn die Sonne durch den Frühnebel dringt, verbringen einen geruhsamen sonnigen Lesenachmittag in den Castle Gardens. Oder Sie lassen sich ein Lunchpaket mit Lachs, Cheddar und Erdbeeren packen, denn Kildrummy liegt günstig für Exkursionen zu Whisky Trail (s. S. 164) oder Deeside, für Wanderungen, Reit- oder Angelausflüge in der Upper Donside, zu den Burgen von Huntly, Leith Hall oder Corgaff. Vor dem Abendessen nimmt man unter Highland-Gemälden einen Drink in der Bar oder auch in der holzgetäfelten Bibliothek, danach bei anregendem Small Talk einen Kaffee oder Malt vor dem Kamin im pastellfarbenen *Drawing Room*. Zum Frühstück gibt es ein ganzes Menü von der gerösteten Grapefruit bis zum in Milch gegarten Räucherfisch. Die Küche, eine der besten in ganz Schottland, zaubert Fasansuppen oder *Venison Gaerloch* (Hirschfilets mit süßer Sauce) auf den edlen Tisch. Unaufdringliche gute Geister umsorgen den Gast, ohne eine steife *Upper Class*-Atmosphäre aufkommen zu lassen.

Vom Schloßhotel gleitet der Blick über die Ruinen von Kildrummy Castle

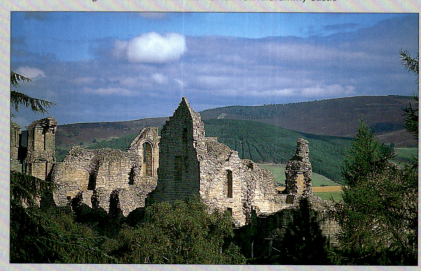

seinem Tod im Jahre 1627 die über fünf Etagen verteilten wohnlichen Gemächer mit Stuckdecken aus der Renaissance, die prachtvolle Halle mit Balustrade und Spielmannsgalerie sowie die Lange Galerie im 4. Stock als stolzer Eigentümer genießen - und den Blick von der Turmbrüstung über die schöne Landschaft schweifen lassen, die nun langsam dramatischer wird.

Die kleinen Straßen Richtung Kildrummy führen durch weite Täler, samtene Felderlandschaften, Schafweiden, die ersten Heidehänge. Beim Picknick zwischen Ginsterbüschen und Kaninchenbau ist nur das Blöken der Schafe und das Summen der Bienen zu hören, Stille ohne Verkehrslärm, ungewohnt für den Städter. **Kildrummy Castle** 4 (S. 300), die ›edelste Ruine Schottlands‹, wurde Ende des 13. Jh. nach dem Vorbild des französischen Château de Coucy von normannischen Baronen errichtet, danach mehrfach belagert, gehalten, gestürmt. Im tief eingekerbten Tal eines ehemaligen Steinbruchs, gleich unter der immer noch trutzigen Hälfte des Rundturms, wachsen die schön verwilderten Kildrummy Castle Gardens unter dem kühnen Bogen einer Brücke.

Am Dee hat man derweil nichts verpaßt, denn erst hinter Aboyne wird die Landschaft interessanter, weil gebirgiger – und die Strecke von Kildrummy über Glenkindie nach Dinnet gehört zu den schönsten im Dee-Tal. Licht braucht man für den Besuch der dunklen, unterirdischen Krümmung des vermutlich bronzezeitlichen **Culsh Souterrain** 5. Der Besuch des frühbronzezeitlichen **Tomnaverie Stone Circle** 6 lohnt wegen der schönen Aussicht und des für die Aberdeener Region typischen Steinkreises *(Recumbent Stone Circle)*: Inmitten eines Rings aus stehenden Steinen liegt immer ein umgekippter Monolith, flankiert von zwei stehenden Steinen. Wanderwege und Picknickplätze finden sich im **Muir of Dinnet** 7, einem Naturschutzgebiet mit Heide- und Birkenvegetation. Unten am Fluß schwingen sich weiße, viktorianische Hängebrücken über den in breitem Kieselbett rauschenden Dee, an dessen Ufern sich hervorragend picknicken läßt. Rostbraune Heidehänge wechseln mit aufgeforsteten Nadelwäldern.

In der kleinen Pfarrkirche von **Crathie** 8 (S. 277) weisen Büsten von Victoria und ihrem Prinzgemahl Albert darauf hin, daß wir auf königlichem Boden schreiten. Hier besucht die königliche Familie während ihrer Sommerferien den Gottesdienst. Auf dem stillen alten Friedhof unterhalb der Kirche steht der schlichte Grabstein von John Brown, Victorias »Königlichem Schottlanddiener«. Daß ›Mrs. Brown‹, wie respektlose Zeitgenossen witzelten, dem Alkohol zugetan war, den Leib- und Magendiener Brown ihr in Form von mit Whisky aufgepepptem Rotwein zuführte, weiß man längst, daß sie (und andere Königliche oder auch Winston Churchill) sich regelmäßig mit Kokain und Heroin versorgen ließen, wie Abrechnungen einer Apotheke nahe Balmoral beweisen, erst seit jüngstem.

Nur von Mai bis Juli ist die neobaroniale Türmchensymphonie von **Balmoral** 9 (S. 272) für Nicht-Königliche geöffnet. William Smith, einer der Väter des granitenen Aberdeen, entwarf das Schloß. Prinz Albert änderte eigenhändig die Entwürfe und bezog 1855 mit seiner Vic die königliche Sommerresidenz. Noch bevor Prinz Charles - wie alle Kinder Königin Elizabeths - im Jahre 1980 seine Flitterwochen hier verbrachte, veröffentlichte er, noch weitgehend unbeschwert, wie man annehmen darf, das schöne Märchen- und Kinderbuch »Der

Braemar, das schwergewichtige Sportfest im Kilt

Freudige Spannung herrscht rund um die Arena im kleinen Ort Braemar am Dee, denn Ihre Majestät wird erwartet. Und tatsächlich, gegen Mittag rollt sie im Rolls vor. Prinz Philipp trägt zünftig Kilt – den der königlichen Familie vorbehaltenen, von Victorias Prinzgemahl Albert entworfenen, graurot-schwarzen Balmoral Tartan – und farblich passende Wollstrümpfe. Seit die hochlandbegeisterte Victoria 1848 dem *Gathering* beiwohnte, ist königliche Präsenz in Braemar Tradition; seit 1866 trägt die Highland Society das *Royal* im Namen. Unter dem heidegeschmückten Pavillon wird Elizabeth II. begrüßt, um alsdann, immer ein freundliches Wort auf den Lippen, zur Preisübergabe an einige ausgewählte Sportler zu schreiten.

Die Festgesellschaft entwickelte sich aus einer 1816 gegründeten Braemarer Zimmermannsgenossenschaft, die Kranken-, Witwen- und Begräbnisgelder für ihre Mitglieder auslobte. Doch der Mythos will es, daß die Spiele mindestens ein Jahrtausend alt sind und einst den schottischen Herrschern zur Rekrutierung der flinksten und stärksten Kerls für ihre Heere dienten.

Unter den vielen Highland Gatherings, die den ganzen Sommer lang in Schottland abgehalten werden, ist Braemar die Königin. Bullige Mannsbilder, die *Heavyweights*, Muskel- und Fettmassen unten in den vorgeschriebenen Kilt, oben in zeitgenössische T-Shirts gezwängt, schleudern Gewichte *(Throwing the weight for distance)*, Steine aus schottischen Flußbetten *(Putting the stone)* oder Hämmer *(Throwing the Hammer)* möglichst weit oder ein schweres Eisengewicht mit Griff rückwärts über eine hohe Latte *(Throwing the weight over the bar)*. Die Königsdisziplin dieser Hochlandolympiade ist das Baumstammwerfen: *Tossing the Caber*. Männer wie Baumstämme schleudern den Braemar Caber, eine 6,02 m lange, 59,84 kg schwere, von ihren Ästen befreite schottische Kiefer – nicht weit, sondern schön. Idealerweise beschreibt das sperrige Sportgerät eine exakte Parabel, den sog. 12-Uhr-Wurf (wenn man den Stamm mit dem Stundenzeiger einer Uhr vergleicht). Daneben finden Tanz-, Weitsprung- und Laufwettbewerbe sowie Tauziehen statt, das *Tug-of-War*, immer mehrere Disziplinen auf einmal, was den Eindruck eines wohlorganisierten Chaos' hinterläßt.

Aber Braemar ist vor allem ein fröhliches, ungezwungenes Volksfest. Zahlreiche männliche Besucher tragen Kilt, vom Säugling bis zum Greis, zumindest aber ein überall feilgebotenes Heidesträußchen am Revers. Zwischen den Sportveranstaltungen marschieren *massed pipes and drums* geräuschvoll ums Rund, während neben der hölzernen Plattform ein einsamer Dudelsackpfeifer versucht, sich und den Tänzern, deren Füße den vorgeschriebenen

Stepprhythmus eines *Highland Fling* aufs Holz klöppeln, einen eigenen Takt zu blasen. Auf den Hügeln rund um die Arena, mit schönem Ausblick auf die Heideberge des Dee, wird gerastet und Picknick gehalten, ob ortsansässige Familien, deutsche Touristen oder die Wettbewerbshünen mit den dicken Armen und Beinen, oder ein Lager im Festzelt gestemmt.

Naturgemäß blüht auf einem solchen Spektakel mit durchschnittlich 17 000 Besuchern auch der Kommerz. Dafür sorgen schon die Werbestände der Sponsorfirmen entlang des Haupteingangs. Scott's Porage Oats ist das offizielle Müsli des Gatherings – wohl bekomm's. Das sonst so beschauliche Örtchen ist am ersten Samstag im September ein einziger Markt für Schottisches. Karierte Wolldecken, Bembel mit huldvoll lächelnden Royals und Luftballons im Tartanmuster werden in den Straßen verkauft. Per Lautsprecher erfahren wir, daß Sally MacBean aus Neuseeland mit vier Töchtern und neun Enkeln nach Braemar ins Land ihrer Väter gekommen ist. Im Zelt für Besucher aus Übersee erfährt Sally MacBean, daß ihr Clanwappen eine schildtragende Katze mit steil aufgerichtetem Schwanz ist.

Starke Männer legen sich vor den Heidehängen in Braemar mächtig in die Seile

alte Mann von Lochnagar«. Der Gipfel des majestätischen Munros ist am oberen Dee von überall zu sehen; von Ballater führt ein Sträßchen in die Einsamkeit des Glen Muick zu seinen Füßen. Victoria und Albert mundete der Whisky der nahen Breggs-Destillerie 1848 so vorzüglich, daß er ein königliches Gütesiegel erhielt: *Test the Royal Lochnagar* im dortigen Besucherzentrum.

Am Eingang des netten **Braemar** 10 (S. 273), durch das der Callater, ein Zufluß des Dee, fotogen plätschert, thront Braemar Castle. Das L-förmige Tower House von 1628, dessen Dreivierteltürmchen wie aufgesetzte Feuerwerksraketen wirken, kann gegen die anderen Dee-Burgen nur schlecht bestehen. Wenige Kilometer weiter endet die Straße am **Linn o'Dee** 11, wo der junge Fluß sich schäumend seinen Durchlaß durch die Felsen erzwungen hat, ein berühmter, königlich geprüfter Beauty Spot.

Wer die herbe, unwirtliche Bergwelt der Cairngorms anders als per pedes kennenlernen oder südwärts, etwa nach Pitlochry oder Perth, möchte, nimmt hinter Braemars schön gelegenem Golfplatz die für Fahrradsportler geeignete A93. Besonders grandios ist die baum- und gehöftlose Moorödnis hinter Schottlands größtem Skizentrum, **Glenshee**

Königliches Balmoral Castle

Vom Dee nach Inverness

Was der Küstenebene im Norden der Grampians an landschaftlichem Reiz abgeht, macht sie mit Sehenswürdigkeiten wie Elgin Cathedral, einer Fülle von Burgen – Fraser, Cawdor, Brodie – und Piktensteinen und den netten Fischerörtchen der Nordküste wett. Geistige Genüsse verspricht die weltberühmte Whiskystraße. Inverness, Hauptstadt der Highlands, ist das schöne, von weiteren Sehenswürdigkeiten wie dem Schlachtfeld von Culloden und dem georgianischen Fort George umgebene Ziel dieser Route.

Castle Fraser 1 (S. 276) ist das Chamäleon unter den Dee-Schlössern: Von jeder Seite sieht es anders aus. Von der langen, baumgesäumten Zufahrt blickt man, eine bühnenreife Inszenierung, in den 1636 beendeten Innenhof, umgeben vom 1575 begonnenen Hauptflügel und zwei niedrigeren Wirtschaftsflügeln. Von der Parkseite, im Schatten majestätischer Baumveteranen, bewundert man das Z-förmige Tower House des Hauptflügels mit dem dicken Rundturm und dem überbordenden Zinnen- und Turmschmuck. Das ehemalige Heim der Frasers, von außen die stattlichste der Dee-Burgen, kann in puncto Innenräume und formale Gärten nicht gegen Crathes oder Craigievar bestehen.

Rund um die Kleinstadt Inverurie führt eine prähistorische Entdeckungstour zu den *Recumbent Stone Circles* (s. Tomnaverie S. 157) von **East Auquhorthies** 2 und **Loanhead of Daviot** 3. Auf dem romantischen Friedhof an der

(S. 293), wo ein Sessellift von Großbritanniens höchstem Hauptstraßenpaß auf den Cairnwell schaukelt. Die Straße selbst ist eine schwarze Buckelpiste. Auch an der A 939, die sich hinter Ballater nach Norden ins Whiskyland windet, sorgen Markierungspfähle am Rand dafür, daß die Paßstraße im winterlichen Schnee nicht verlorengeht. Raubvögel kreisen um die sanft ansteigenden, melancholischen Gipfel, schmale Steinbrücken führen über sprudelnde Bergbäche. Und in manchen Tälern, so hinter Craig bei Kildrummy, reihen sich auch die grauen, dachlosen Giebel aufgegebener Bauernhöfe wie an der Schnur.

Routenkarte vom Dee nach Inverness

B 993 am südlichen Ortsende von Inverurie stehen zwei Class I-Piktensteine, u. a. mit einem schönen eingeritzten Pferd. Der berühmte piktische **Maiden Stone** 4 mit einem ›Elefanten‹ sowie Spiegel und Kamm hat den Beinamen Jungfrauenstein, weil er in Wahrheit die auf der Flucht vor dem liebestollen Teufel versteinerte schöne Drumdurno ist.

Grampian ist so reich an Schlössern und Burgen, daß das Tourist Board einen »Castle Trail« angelegt hat. Besuchen Sie die 1675 von Sir Alexander Seton angelegten **Pitmedden Gardens** 5 (S. 312) mit ihren akkurat gestutzten Buchsbaumhecken und vor allem in Juli und August farbenprächtig blühenden Pflanzen, die zu den schönsten formalen Gärten Schottlands zählen. Vorbei an der beeindruckenden Ruine des **Tolquhon Castle** 6 (S. 320) mit seinem massiven quadratischen Turm und dem von zwei Rundtürmen flankierten Torhaus gelangt man nach **Haddo House** 7 (S. 294), dem elegantesten Herrensitz der Region. William Adam entwarf 1731 den georgianischen Prachtbau, der so englisch anmutet wie sein weiter Landschaftspark. Wie anders, wie schottisch wirkt da **Fyvie Castle** 8 (S. 288), ein

Hauptwerk des Baronialstils, mit seiner imposanten Drei-Turm-Fassade. Fünf Türme zählt das Haus insgesamt, benannt nach den fünf Familien, die es ihr eigen nannten. Besichtigen Sie Schottlands schönste Wendeltreppe sowie Stuckdecken und Holzverschalungen aus dem 17. Jh., die edwardianische Einrichtung, die Gemäldesammlung mit ihren berühmten Raeburn-Porträts, und spazieren Sie durch den Park am Ufer des Fyvie Loch entlang.

Abwechslung vom Burgenmarathon bieten die noch sehr ursprünglichen Fischerorte an der Küste. Die Häuserzeile von **Pennan** 9 und das gemütliche Hotel samt Pub, wo Bill Forsyth 1983 den Kultfilm »Local Hero« drehte, dukken sich bescheiden unter die Felsklippen. Die alte rote Telefonzelle, wo der alsbald von Schottland bekehrte Burt Lancaster seine Gespräche führte, steht unter Denkmalschutz - die einzige in Großbritannien. Auch die weißen Fischerhäuschen von **Crovie** 10, wo es unter den Klippen besonders eng wird, und **Gardenstown** 11 wenden ihre schmalen Giebel dem Meer zu.

Größer, aktiver sind der Fischerort Macduff und **Banff** 12 (S. 272), das im

Eng wird's unter den Klippen für das versteckte Fischerdörfchen Crovie

18. Jh. zu einer beliebten Sommerfrische der Oberschicht wurde und noch mit zahlreichen eleganten georgianischen Häusern prunkt, vor allem an High und Low Street. Die Kreuzigung auf dem Mercat Cross in der Low Street stammt aus dem 16. Jh., eine der wenigen ›papistischen Götzenstatuen‹, die die Eiferer der Reformation nicht zerschlugen. **Duff House,** imposant, klassizistisch, unvollendet, schien das Schicksal zur ewigen Baustelle verdammt zu haben. Der Architekt William Adam und der Auftraggeber William Duff gingen wegen der enormen Kosten vor Gericht. Adam gewann - und Duff zog aus Ärger und Trotz nie ein. Die üppigen Stuckdecken und georgianischen Suiten sind nach langer Renovierung nun für die Öffentlichkeit zugänglich.

Schön flanieren läßt sich durch enge Gassen zwischen renovierten alten Häusern und vor allem an den beiden Häfen von **Portsoy** 13; der eine, aus vertikalen Bruchsteinplatten gemauert, stammt noch aus dem 17. Jh. Am Hafen steht die Marmorfabrik – der begehrte Portsoy Marble schmückte einst Europas Paläste, z. B. Versailles. Zu den pittoresken, blumengeschmückten Häuschen des kleinen **Fordyce** 14 paßt die Miniaturburg, ein nicht minder pittoreskes Tower House aus rosa getöntem Bruchsteinmauerwerk. Auf dem alten Friedhof liegt unter einem Flamboyant-Grabmal die Effigie eines Ritters in Rüstung. **Cullen** ist berühmt für seine Räucherfischsuppe, den Cullen Skink, sowie für den weiten Sandstrand.

Im Hinterland warten die Destillerien und Besucherzentren von Schottlands ›Goldenem Dreieck‹ auf Besichtigung und – kostenlose – Probe eines *wee dram,* Scots für ›kleiner Whiskydrink‹. Zum »Whisky Trail« gehören acht: **Tamnavulin** 17 (S. 319), **Glenlivet** 18 und **Glenfarclas** 19 (beide S. 293), **Tamdhu** 20 (S. 319), **Cardhu** 21 (S. 293), Glen Grant, Strathisla und Glenfiddich. Die vielleicht schönste und eine der ältesten

Destillerien ist die 1786 gegründete von **Strathisla** in **Keith** [15] (S. 319; s. Abb. S. 167). Das Ensemble aus Zwillingspagodentürmen – das Signet des »Whisky Trail« –, Wasserrad und kleinen Bruchsteinhäusern hat jede Menge *Old World*-Charme. **Glenfiddich** (S. 293) am Ortsrand von Dufftown vorzustellen, den unangefochtenen Marktführer, erübrigt sich. In aller Länder Sprachen durch die Anlage geführt, wird der Besucher von Maischeduft und Firmenideologie durchdrungen, die sich geschickt des Highland- und Familienbetriebsmythos' bedient. Ganz in der Nähe lohnt die pittoreske Ruine des **Balvenie Castle** aus dem 13. Jh. eine Stippvisite. **Dufftown** [16] (S. 278), die Hauptstadt des Malt, wurde 1817 planmäßig angelegt. Im Zentrum des Straßenkreuzes steht der Uhrturm aus dem 17. Jh., in dem Touristeninformation und Heimatmuseum untergekommen sind. Über den gleichförmigen Häuserreihen liegt die grau-schimmelige Whiskypatina.

In einsamen Tälern nördlich von Tomintoul, durch die das reine, für die Destillation so wichtige Quellwasser plätschert, liegen Tamnavulin und Glenlivet. Tamdhu am Spey lockt mit einem Visitor Centre (S. 319) in einem viktorianischen Bahnhof und den Saladin Maltings, wo die Gerste selbst gemälzt wird – die anderen Destillerien haben die Malzherstellung ganz oder teilweise außer Haus gegeben. In der **Speyside Cooperage** in **Craigellachie** [22] (S. 317) erfährt der Besucher, wie Whiskyfässer hergestellt wurden. Von fünf Destillerien in der Whiskystadt **Rothes** [23] öffnet nur **Glen Grant** (S. 293), der zweitgrößte Produzent, seine gediegenen Pforten.

Auch in **Elgin** [24] (S. 285) gibt es so manche Destillerie, doch kommt man wegen der **Kathedralenruine** aus dem 13. Jh. her. Der berüchtigte Schlächter und Schänder Alexander Stuart, ein Bastard König Roberts I. und besser als ›Wolf von Badenoch‹ bekannt, legte die gotische Kreuzbasilika, die ›Leuchte des Nordens‹, 1390 in Schutt und Asche. So stehen hier die wuchtige Westturmanlage, dort der majestätische Chor mit seiner Lanzettfenstersymphonie, hier eine Seitenschiffwand mit leeren Fensterhöhlen, dort zwei noch mit Maßwerk gefüllte Fensterbögen recht disparat, doch schön herum. Ein Piktenstein mit einer Jagdszene und den vier Evangelisten und das oktogonale Kapitelhaus vervollständigen die Ruinenelegie. Sehen Sie sich im preisgekrönten **Naturkunde-** und **Archäologiemuseum** der Stadt die Fossilien und zwei der sechs noch existierenden *Burghead Bulls* an, stilisierte und doch wunderbar lebensechte piktische Bullendarstellungen.

An der Küste lockt das Fischerstädtchen **Lossiemouth** mit einem Sandstrand und empfehlenswerten Folkmusikabenden in der *Beach Bar*. In dem von dem deutschen Pädagogen Kurt Hahn (1886-1974) als ›British Salem School‹ gegründeten Internat von **Gordonstoun** erhielten u. a. die Prinzen Charles (»Es ist die Hölle«) und Andrew ihre strenge, ganz auf die Herausbildung von Gemeinschafts- und Verantwortungsgefühl gerichtete Erziehung. Von dem großen piktischen Fort in **Burghead** [25], wo die Burghead Bulls – vielleicht eine ins Meer geworfene Opfergabe – gefunden wurden, blieb nur der Brunnen übrig. Zwanzig Steinstufen führen in eine finstre, aus dem Fels gehauene quadratische Kammer mit dem Brunnenbecken.

Am Ende des kilometerlangen Sandstrands der Burghead Bay liegt das Wassersportzentrum **Findhorn** [26] (S. 286). Zwischen Jachtclub und RAF-Hangars, in seltsamer Gemeinsamkeit mit einem

Wasser des Lebens: Whisky

Tropische Hitze und ein atemberaubender Geruch nach Gülle mit Maggi herrschen in der Halle mit den 159 000 l fassenden Eichenfässern der Destillerie Glenfiddich (S. 293). Was so riecht, ist die Maische in den riesigen *Mash Tuns*, wo das getrocknete Malz, zu Malzschrot *(Grist)* gemahlen, mit heißem Wasser versetzt wird, so daß sich die Stärke des Getreides in Zucker verwandelt. Die so entstandene süße Würze, *Wort*, kommt in andere Riesenbottiche, die *Washbacks*, wo durch Zusetzung von Hefe der Gärungsprozeß eingeleitet wird, an dessen Ende ein lebendiger, brodelnd weißer Bakterienschaum aus den Bottichen hochzukriechen scheint.

Bevor es dazu kommt, muß jedoch, die unabdingbare Voraussetzung für einen schottischen Whisky, die Gerste gemälzt werden. Da viele Brauer das heute nicht mehr selbst machen, wechseln wir zur Highland Park Distillery (S. 309) auf den Orkneys, auf deren schöner, von Säulen getragener Mälztenne, den *Floor Maltings*, die in Wasser eingeweichte Gerste zum Keimen ausgebreitet und in regelmäßigen Abständen gewendet wird. Was bis 1959 per Hand und Schaufel geschah und noch ab und zu für Besucher geschieht, erledigt heute eine Wendemaschine. In soliden, gußeisernen Öfen brennen die im nahen Torfstich gewonnenen *Peat-Soden*. Ihr charakteristischer, würzigmilder Duft zieht durch den durchlässigen Boden der *Kilns*, der unter jenen typischen Pagodendächern angesiedelten Darren, trocknet und aromatisiert die gekeimte Gerste: Voilà, das Malz.

Maischen und Gärung wie zu Anfang beschrieben, muß die bierähnliche, schwach alkoholhaltige braune *Wash*-Brühe nun gebrannt werden. Zweimal läuft der präsumptive Whisky durch dickbauchige Kupferbirnen, die Destillierkolben *(Pot Stills)*, die oben in unproportional mickrige Stummelärmchen auslaufen. Nur der mittlere Teil eines Destillationslaufs zwischen Vorlauf *(Foreshot)* und Nachlauf *(Feints)*, der durchsichtige Branntwein, kommt zur Reifung in die Eichenfässer, wo er länger als drei Jahre gelagert wird, eine bräunliche Farbe annimmt und seine Schärfe verliert. Durch Verdunstung, den ›Anteil der Engel‹, setzt sich auf allen Gebäuden der Umgebung der charakteristische dunkelgraue Schimmelbelag ab, ein sonst nur noch beim ähnlich kostbaren Champagner auftretendes Phänomen. Nie werden alle Fässer eines Jahrgangs in einem Lagerhaus aufbewahrt, denn der Verlust einer ganzen Jahresproduktion wäre verheerend für das Endprodukt: Das, anders als beim Wein, idealerweise bei einer Marke immer gleichschmeckende ›Lebenswasser‹ (von gälisch *uisce beatha*) wird durch Mischung verschiedener Jahrgänge erreicht.

Die drögen chemischen Prozesse und handwerklichen Fakten sollten nicht darüber hinwegtäuschen, daß das Whiskybrennen eine Wissenschaft, eine

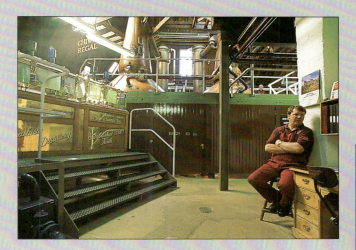

In Strathisla wird nicht nur ein feiner Malt gebrannt; die Destilleriegebäude gehören auch zu den ansehnlichsten in Schottland

Kunst, ja eine Philosophie ist, deren Eigenheiten von jeder Destillerie als kostbare Geheimnisse gehütet werden. Hier spielt eine Rolle, welches (echt schottische) Quellwasser, welcher (echt schottische) Torf genommen wird, welche Form die Pot Stills haben, wie erfahren der Brennmeister beim Trennen des wertvollen Mittelteils ist, ob Sherry- oder Bourbonfässer verwendet werden, wie lange und in welcher (echt schottischen) Luft der Goldfusel reift.

Single Malt darf sich das Erzeugnis aus einer einzigen Brennerei nennen. 95 % der Produktion gehen indes als Verschnitt vor allem in die USA, in den *Blended Whisky* wie Johnnie Walker, der nur teilweise aus Gerste, sondern größtenteils aus anderem Getreide gebrannt wird. Der Malt in den phantasievoll gestalteten Flaschen der jeweiligen Destillerie, etwa 120 in ganz Schottland, kann geschlossen bis in alle Ewigkeit, geöffnet nicht länger als ein halbes Jahr aufbewahrt werden und wird nie mit Eis, sondern höchstens mit einem Schuß Wasser genossen. Ob Sie nach einigem Probieren wie die *Nosing*-Kenner der Scotch Malt Whisky Society bald Aromen von Vanille oder Rosenwasser herausschmecken werden, mag bezweifelt werden, doch sollte man sich wenigstens durch einen Teil der oft nur im Lande zu erstehenden Malts probieren. Die in Deutschland gängigen Marken schneiden dabei meistens am schlechtesten ab.

Fromme mittelalterliche Mönche sollen das Rezept des Urwhiskys aus dem keltischen Nachbarland Irland herübergebracht haben. Da ein nachgeborener Ordensbruder namens John Cor 1494 eine schriftliche Lebenswasserbestellung aufgab, durfte Schottland vor kurzem eine rauschende 500-Jahr-Feier abhalten. Die Legende will es, daß einst jeder Highland-Bauer seinen eigenen Whisky brannte: Die staatlichen Brennverbote im 17. und 18. Jh. erfüllten die freiheits- und branntweinliebenden Schotten daher mit zusätzlichem Haß auf die englischen Spielverderber. Drei Berufe, auch dies ein schöner Mythos, entstanden: Steuereintreiber, Schwarzbrenner und Schmuggler. Und vom Mythos lebt die Malt Whisky-Industrie auch im Zeitalter des gehobenen Genießers.

Brodie Castle

Besuchen Sie **Brodie** 29 (S. 274). Wegen des am Eingang der Zufahrt aufgestellten Rodney Stone, einem der schönsten Piktensteine des Landes, den ein Leichengräber namens Ratte *(Rotteney)* gefunden haben soll. Wegen des weiten Parks mit den Naturlehrpfaden und Wildbeobachtungsposten oder den gelben Osterglockenteppichen im Frühjahr. Wegen der Möbel- und Gemäldesammlung, die viele alte Holländer, Ramsay, MacTaggart und Dufy umfaßt, wegen der einzigartigen eichengeschnitzten Eßsaaldecke aus dem 17. Jh.

Brodie ist neben Traquair wohl das persönlichste, wohnlichste der schottischen Herrenhäuser: die Ecke mit Gärtnerutensilien in der holzgetäfelten Bibliothek, die phantasievollen Spazierstöcke – einer mit Katzenkopfknauf – und Jagdgerätschaften in einem Winkel unter der Treppe, die viktorianischen Kinderzimmer unterm Dach, in denen Struwwelpeterbuch und Puppen nur für einen Augenblick beiseitegelegt zu sein scheinen, der sehr gemütliche *Tea Room*. In der Eingangshalle begrüßt manchmal der Hausherr, dem man sein Patriarchenalter gar nicht ansieht, im Kilt seine Gäste. Der Brodie of Brodie, der einzige Land- und Schloßbesitzer in Schottland ohne Adelstitel, wohnt noch hier, obwohl sein Haus nun dem National Trust und den fremden Besuchern gehört.

Campingplatz, bietet die Findhorn Community Besuchern oder Kurzzeitgästen ganz anders geartete Genüsse: Töpferei- und Webwerkstätten, umweltfreundliche Wohn-, Gartenbau- und Energieobjekte und Seminare. Die 1962 von Peter Caddy und Dorothy Maclean gegründete New Age-Gemeinschaft, die Privateigentum nur in geringem Maße kennt und in Wohnwagen und Holzhäuschen wohnt, führt ein spirituelles Leben im Einklang mit Gott und der Natur, und tatsächlich scheinen hier nicht nur die Menschen glücklich zu sein, sondern auch die Kohlköpfe ohne Kunstdünger zu Rekordgrößen zu wachsen. Die flache, freundliche Gegend am Moray Firth scheint ein fruchtbarer Nährboden für spirituelle Lebensalternativen zu sein. 1948 zogen benediktinische Mönche in das 1230 gegründete, nach der Reformation verfallene Kloster von **Pluscarden** 27 (S. 312). Sie bauten (und bauen) die Konventgebäude wieder auf. Pluscarden ist das einzige noch von Mönchen bewohnte mittelalterliche Kloster in Großbritannien. Gäste können die Gärten und Imkerei in dem stillen, bewaldeten Tal genießen, an den Gottesdiensten teilnehmen, sich zum Meditieren zurückziehen, Männer die Mahlzeiten mit den Brüdern einnehmen.

Szenenwechsel: Von kriegerischem Gemetzel kündet Sueno's Stone in **Forres** 28 (S. 286). Dichtgepackte, fast geometrisch-abstrakt wirkende Figurengruppen reiten in die Schlacht, hauen einander mit dem Schwert auf den Kopf, werden enthauptet. Ist hier die Vernichtung der Pikten durch Kenneth mac Alpin in Stein gemeißelt? Oder ein 966 in der Nähe erfochtener Sieg der Männer von Moray über den schottischen König Dubh, der nach der Schlacht tot unter der Brücke von Kinloss lag? Der abgeschlagene, eingerahmte Kopf im zweiten Paneel von unten unterhalb einer bogenähnlichen Konstruktion scheint für letzteres zu sprechen. Noch vor wenigen Jahren schutzlos dem Steinfraß an einem Roundabout im Osten Forres' ausgesetzt, wird der hohe, im 10. Jh. entstandene Stein mit einem Kreuz auf der Rückseite nun endlich von einem Glashaus geschützt. Die Dallas Dhu-Destillerie im Ort besteht aus sehenswerten alten Gebäuden um die Jahrhundertwende, ist jedoch seit 1983 geschlossen und somit leider ein malz- und maischeloses Museum.

Nairn (S. 306) ist ein kinderfreundlicher Seebadeort mit Stränden, Sportmöglichkeiten und e nem berühmten Strandgolfplatz. In die 1748 errichtete Artilleriefestung **Fort George** 30 kamen die früheren ›Besucher‹, die in aller Regel zum Dienst gepreßten Soldaten, nicht freiwillig. Trotz schöner Lage an einer Landzunge des Moray Firth zeigt die georgianische Architektur sich und die Gesellschaft, die sie repräsentiert, hier von ihrer Kehrseite: der schwerelose Gleichklang der Wohnbauten ist in der Kaserne zum uniformen Drill geworden. In einer engen Stube sitzt Private Anderson, gemeiner Soldat aus dem Jahre 1780. Er wohnt hier mit Kameraden und Frau; Privatsphäre bietet ein Lumpenvorhang vor dem Bett, die Ein-Mann-Ration muß er sich mit seiner Frau teilen, und draußen vor der Festung lauern die Jakobiten-Highlander.

In Forres traf Shakespeares Macbeth die Hexen, die ihm den Titel eines Thans von Cawdor versprachen, in **Cawdor Castle** 31 (S. 276) erschlug er Duncan, und hier leben heute seine Nachfahren, die Campbells von Cawdor, nicht schlecht von diesen Legenden. Die Burg aus dem 14. und 17. Jh. birgt hinter ihrer ansehnlichen Fassade im Baronialstil neben den üblichen prunkvoll eingerichteten Räumlichkeiten eine Dalí-Zeichnung zu Macbeth, eine Charles Adams-Zeichnung (der Vater der Adams-Familie) zu Edgar Allan Poe sowie eine niederregende moderne und eine ebensolche viktorianische Küche. Vom üppig blühenden Cottagegarten schlüpft man durch die Mauerpforte in einen würzig duftenden Flußufer-Urwald, wo Baum-Greise starre Astarme emporrecken und

Im üppigen Garten von Cawdor Castle

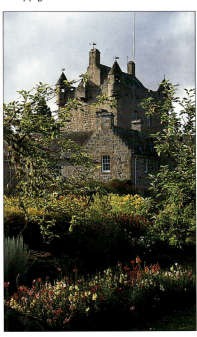

gegen die phosphorgrünen Hexenhaarflechten kämpfen.

Finster und beeindruckend sind die **Clava Cairns** 32, drei nun offene steinzeitliche Grabhügel, umstanden von wohl späteren, bronzezeitlichen Steinkreisen. Alexander Thom, der Papst der astronomischen Ausdeutung prähistorischer Denkmäler, fand heraus, daß die Grabkammer des mittleren Cairns zu ihrer Erbauungszeit exakt auf den Mittwinter-Sonnenuntergang ausgerichtet war. Eine Dudelsackklage dringt aus dem strohgedeckten Leanach-Cottage auf dem Schlachtfeld von **Culloden** 33 (S. 277), dem öden flachen Drummossie Moor, wo 1746 nach 40minütiger Schlacht die jakobitischen Hoffnungen und Hunderte Gefallene begraben wurden. Bonnie Prince Charlie entkam, die Krieger liegen unter Monolithen mit den Namen der einzelnen Clans in Massengräbern. Ein Besucherzentrum klärt über Taktik und politische Nachwirkung des Gemetzels auf. Auch der Blick von der A 96 auf den silbrig schimmernden Moray Firth mit der Silhouette von Inverness und der Bergkette dahinter kann da nicht mehr aufmuntern.

Inverness 34 (S. 296), eine schön und strategisch günstig gelegene, angenehme, durch und durch viktorianische Stadt, erlebte durch Telfords Kaledonischen Kanal und die Eisenbahnlinie im 19. Jh. ihre Blütezeit. In der blitzblanken, blumengeschmückten Kapitale der Highlands sitzen nicht nur zahlreiche Kiltausstatter und die letzten Burgerbuden vor dem Norden, sondern auch das *Highlands and Islands Development Board,* Verwaltungen und Industriebetriebe. Starten Sie Ihren Spaziergang von den empfehlenswerten Pensionen und Hotels der Ness Bank und steigen Sie zur neogotischen, unglaublich rosafarbenen **Burg** hoch, auf deren Vorplatz

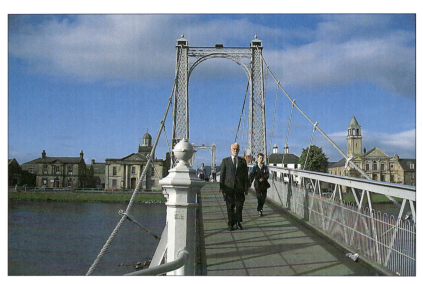

Inverness: Federnden Schritts gelangt man über die Geird Bridge

Flora MacDonald die Hand und ihr Hund die Pfote hebt. Das **Museum** zeigt neben vier Class I-Piktensteinen und jakobitischen Reliquien Exponate zur Archäologie, Technik und Kultur des Hochlands. Die Fußgängerzone um High und Academy Street, besonders schön die viktorianische Markthallenpassage, ist das Einkaufsmekka der dünn besiedelten nördlichen Highlands. Das **Abertarrf House** aus dem 16. Jh., jetzt Sitz des National Trust für die Highlands, ist eines der wenigen alten Gebäude der Stadt.

Am schönsten ist Inverness am Ufer des Ness, der so tut, als sei er ein richtiger Fluß. Wenn in Abend- und Morgendämmerung grüngekleidete Männer in der Flußmitte ihre Angeln auswerfen, wird die Täuschung offenbar: Das Wasser reicht ihnen gerade einmal zur Wade. Zahlreiche spitze Kirchtürme und das opulente *Funeral Home* erheben sich rund um die leuchtend weiße Fußgängerhängebrücke, die 1886 erbaute **Geird Bridge,** die unter jedem Schritt höllisch federt. In dem georgianischen **Balvein House** auf dem anderen Ufer werden gälische Musikabende abgehalten. Man flaniert weiter und an der majestätischen **St. Andrew's Cathedral** vorbei: Was wie eine Kathedrale der französischen Hochgotik am Ufer des Ness aussieht, ist eine neogotische Kopie von 1866-69. Über eine zweite viktorianische *Suspension Bridge* gelangt man zum Ausgangspunkt zurück. Morgens, wenn die Berber auf der Suche nach einem Frühstück aus den gepflegten Parks kommen, sieht man, daß nicht alles in Inverness eitler Hochlandglanz ist. Am **Carnac Point** in South Kessock, unterhalb der 1982 eröffneten Kessock Bridge auf ihren Streichholzpfeilern, kann man bei Flut mit ein bißchen Glück Delphine springen sehen. Auf alle Fälle hat man von der ruhigen Mole mit »Free Scotland«-Graffitis einen schönen Blick auf den Moray Firth.

Autobahn in die Highlands – von Perth nach Inverness

Die gut ausgebaute A 9 von Perth nach Inverness ist die Haupteinfallstraße in die nördlichen Highlands. Wir machen Abstecher zum alten Krönungsort der schottischen Könige, Scone Palace, nach Blair Castle und zu zwei der schönsten Hochlandseen, den Lochs Tay und Tummel; besuchen den Wildlife Park von Kincraig und die Adler am Loch Gartan, steigen Schottlands höchstem Gebirgsmassiv, den Cairngorms, aufs Dach und schlagen einen möglichst weiten Bogen um das Touristenzentrum Pitlochry.

»**Perth** 1 (S. 310) ist alt und hat eine schöne Lage am Tay«, bemerkt Fontane nicht eben enthusiastisch; zu Recht, auch wenn wir nicht so weit gehen wollen, den Gebäuden dieser Durchschnittsstadt »charakterlose Dürftigkeit« zu unterstellen. Schön ist der Blick von der **Perth Bridge** auf den North Inch Park und die georgianischen Häuserzüge des konvex geschwungenen Atholl Crescent und der geraden Rose Terrace und Barossa Place. Das Tower House **Balhousie Castle** im Park beherbergt das Militärmuseum des Black Watch-Re-

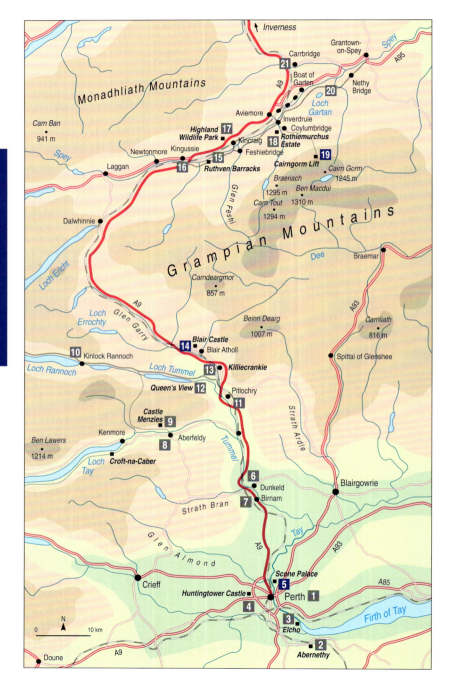

gimentes, 1739 zur ›Befriedung‹ der Highlands gegründet; den Namen verdankt es seinem dunklen Tartan. Das **Stadtmuseum** kurz vor der lebhaften, netten Einkaufsmeile Mill Street zeigt eine erfrischend eklektizistische Sammlung von Möbeln, Fotografien und Gemälden. Walter Scott machte das älteste Haus der Stadt oder besser dessen ehemalige Bewohnerin berühmt: »The Fair Maid of Perth«, Catherine Glover, die im 14. Jh. einem König einen Korb gab, um einen Schmied zu heiraten. Im Haus der Schönen verkauft heute ein schöner Laden geschmackvolles Kunsthandwerk aus ganz Schottland.

Ausflüge führen zum irischen Rundturm von **Abernethy** 2 aus dem 11. Jh. oder zu den lohnenden Tower Houses **Elcho** 3 und **Huntingtower Castle** 4 aus dem 15./16. Jh. Unabdingbar ist ein Besuch im **Scone Palace** 5, seit 400 Jahren Heim der Grafen von Mansfield. Vom 9. Jh. bis 1651 wurden auf dem Moot Hill im Park die schottischen Könige gesalbt und inthronisiert, in späteren Jahrhunderten gekrönt. Das stattliche, schlichte, efeuumrankte Schloß im Stil des Gothic Revival (1802) umschließt prunkvollste Repräsentationsräume mit kostbaren Ziergegenständen aus Porzellan, Pappmaché – die bekannte Vernis Martin-Sammlung – und Elfenbein. Das wußten auch die Kunsträuber, die auf ihren wohlorganisierten Raubzügen durch verschiedene schottische Herrensitze im Sommer 1994 Kunstobjekte im Millionenwert stahlen. Das Sicherheitsrisiko, das zahlende Besucher mit sich bringen, nehmen die meisten britischen Schloßbesitzer weniger aus hochländischer Gastfreundschaft denn wegen der Verminderung der horrenden Erbschaftssteuer auf sich, die gewährt wird, wenn sie an mindestens 28 Tagen pro Jahr die privaten Kunstschätze der Öffentlichkeit zugänglich machen. Man setzt sich also auf die Kopie des schottischen Krönungssteins auf dem Moot Hill (s. Abb. S. 175), wandert durch den weiten Park und das Pinetum mit den Douglas-Fichten, kauft Lady Mansfields köstliche Chutneys - oder mietet sich die Königliche Galerie für ein Festmahl mit anschließendem privaten *Highland Game*. Das kommt dann etwas teurer.

Auch das kleine **Dunkeld** 6 (S. 280) darf sich einer schönen Lage am ruhig und breit dahinströmenden Tay rühmen, dazu einer gotischen Kathedralruine am friedlichen grünen Ufer, in deren intaktem Chor der gottlose Wolf von Badenoch ganz christlich unter seiner Grabfigur im Ritterpanzer ruht. Besuchen Sie auch das kleine Kapitelhausmuseum mit piktischem Apostelstein und einer irischen Mönchsglocke aus dem 9. Jh. Reizende Little Houses aus dem 17. Jh., wie in Culross vom National Trust gerettet und herausgeputzt, säumen das lang sich zur Kathedrale hinziehende Dreieck von High und Cathedral Street. Dem Trust gehört auch das nahe Wander- und Waldgebiet der Hermitage mit den viktorianischen Follies der Ossianshöhle und der namengebenden Einsiedelei über den Wasserfällen von Braan. Das nahe **Birnam** 7 erlangte durch Shakespeare Berühmtheit, der Malcolm Canmore durch eine waldschänderische Kriegslist über Macbeth obsiegen läßt: Er tarnt seine Krieger mit Reisen des Birnam Wood und führt sie zum Sieg gen Dunsinane.

Das viktorianische **Aberfeldy** 8 (S. 268) mit seinen Villen-B & B's verführt zum Bleiben. Der Tay, still, wie sein gälischer Name *(tatha)* es verheißt, strömt

Routenkarte von Perth nach Inverness

Mutmaßungen über den Stein des Schicksals

Wir schreiben das Jahr 843. Kenneth mac Alpin macht sich zum Herrscher und Scone beziehungsweise den Moot Hill zum traditionellen Inthronisationsort der schottischen Könige. Ob der Hügel vor dem heutigen Palast tatsächlich aufgehäuft wurde, indem die Adligen in ihren Stiefeln Erde ihrer Heimat mitbrachten, ist ungewiß, aber eine schöne, symbolträchtige Geschichte. Kenneth läßt sich auf einem vermutlich von der Westküste stammenden grünschwarzen Felsblock, oben eingebuchtet und mit zwei Griffen versehen, zum König salben. Ob der magisch-rituelle Brocken Stammvater Jakobs Schlummerkissen, ein heidnischer Altar oder der Pikten Königsstein war, wird auf immerdar im Dunkel der Geschichte verborgen bleiben.

Als der englische König Edward I. 1296 Schottland zu annektieren versucht, fordert er vom Abt des Moot Hill-Klosters den traditionsreichen Stein, auf dem die schottischen Könige ›gemacht‹ werden, denn er steht unter starkem Legitimationsdruck. Auf dem überreichten Klumpen, der heute noch in Londons Westminsterabtei unter dem Krönungsstuhl liegt, werden hinfort alle englischen Herrscher gekrönt. Nur ist er aus rötlichem Sandstein, wie er in der Gegend von Scone vorkommt, und entspricht auch sonst nicht der alten Beschreibung. Edward scheint bald mit seiner Spolie nicht mehr zufrieden gewesen zu sein: Ohne Angabe

am Black Watch-Denkmal, unter der fünfbogigen, obeliskenbewehrten General Wade-Brücke und am geruhsamen Golfplatz entlang. Nahebei kann man durch die verschachtelten, recht leeren Hallen und Kammern des **Castle Menzies** 9 streichen, ein Tower House auf Z-Plan aus dem 16. Jh. Der Clan Menzies (sprich Mengis) restauriert das streckenweise noch marode Gemäuer sukzessive. Das Sma' Glen im Süden und das Glen Lyon im Westen, zwei schroffe, einzigartige Täler, sind von Aberfeldy zu erreichen und auf einsamen Wanderwegen zu erkunden.

Das planmäßig erbaute Musterdorf **Kenmore** 10 (S. 299) besteht lediglich aus einem pittoresken viktorianischen Marktplatz: weiße Häuschen, schwarze Holzzierden, weiße Staketenzäune, Postamt mit integriertem *General Store*, wie man es oft in solch kleinen Orten findet. Das bei Golfern – der nahe Taymouth Golf Course lockt –, Jägersleuten und Anglern beliebte *Kenmore Hotel*, das manche für den ältesten Gasthof Schottlands halten, kann ein originales Burns-Gedicht über dem Kamin vorweisen. Lang, schmal, zweifach geknickt, windet sich der Loch Tay durch die Berge. Sein

von Gründen läßt er ein Jahr später das Kloster auseinandernehmen, bis auf den letzten Stein, und den Abt in einem Londoner Verlies vermodern. Hat der national gesinnte Obermönch den ›Hammer der Schotten‹ hinters Licht geführt und ihm in aller Eile irgendeinen Stein aus Scone angedreht? Hat Edward den Schwindel bemerkt und keine gute Miene zum schottischen Spiel gemacht?

Jahrhunderte und Dynastien gehen ins Land. Wir schreiben das Jahr 1818. Bei Bauarbeiten in der verfallenen Burg Dunsinane (die einst Macbeth gehörte, der auf Sconer Boden sein Lebensblut vergossen haben soll) bricht der Boden ein. Im finstren Kellergewölbe findet sich ein Stein – man ahnt, von welcher Gestalt. Die schottischen Entdecker, stramm britisch mittlerweile, schicken ihn nach London. König George III. ist seit acht Jahren geisteskrank, die Hannoveraner sind unbeliebter als Prinz Charles heute. In einer solchen Situation könnten höchst instabile und für die deutsche Dynastie unerfreuliche Zustände eintreten, würde publik, daß alle Georgs auf dem falschen Fels gekrönt

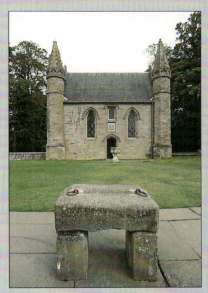

Kopie des Stone of Destiny in Scone

wurden. Der richtige (?) Stein wird also nie wieder gesehen, der falsche (?) endgültig zum Symbol schottischen Königtums, und den Hannoveranern fällt kein Stein aus der Krone.

Nordufer überragt das majestätische Ben Lawers-Massiv, von dessen sieben Gipfeln sechs Munros und also bei Wanderern begehrt sind. Ein Besucherzentrum auf drittel Höhe klärt über Wege, Vegetation und Geologie auf. Am Südufer kurz hinter Kenmore verspricht Schottlands größtes Wassersportzentrum **Croft-na-Caber** exzellente Windsurfreviere, Flußrafting auf dem Tay, Wasserski, Kanu, Kajak u. v. m.

Pitlochry [11] (S. 311) ist vielleicht Schottlands Fremdenfalle No. 1: überlaufen, aber mit einer ausgezeichneten touristischen Infrastruktur. Wer Sehenswertes sucht, darf die Aneinanderreihung von Woollen Mills und Souvenirläden getrost umfahren. Die Lachse auf der vielbestaunten Betonleiter neben der Stauseemauer springen ohnehin nur im Juni/Juli. Schottlands angeblich kleinste Destillerie, das putzige, weißrote Edradour in den Hügeln über Pitlochry, ist in dieser Nachbarschaft natürlich kein Geheimtip mehr. Dasselbe gilt für **Queen's View** [12]: Königin Victoria und Prinzgemahl Albert genossen 1866 den heute ausgeschilderten Blick auf den baumgesäumten, lieblichen Loch Tummel. Der größere Loch Rannoch geht im Westen in die schier endlose, platte Torf-, Seen- und Moorödnis des Rannoch Moor über (s. S. 187).

Am Paß von **Killicrankie** 13 (S. 300) gewannen die Stuart-Anhänger unter John Graham of Claverhouse, Viscount Dundee, 1689 eine Schlacht gegen die Regierungstruppen Wilhelms von Oranien. Der vielbesungene Draufgänger Bonnie Dundee starb den Heldentod auf dem Schlachtfeld, ein unterlegener Rotrock rettete sich mit einem – heute ausgeschilderten – Fünfeinhalbmetersatz, *The Leap*, vor seinen jakobitischen Gegnern; natürlich gibt es ein kleines Besucherzentrum. Die bewaldete Schlucht des River Garry – Killicrankie bedeutet ›Wald der schimmernden Bäume‹ – und das anschließende Gebiet des Linn of Tummel, des ›Wasserfall des Tummels‹, bieten erholsame, vom National Trust gepflegte Wanderwege und Naturlehrpfade.

Blair Castle 14 (S. 273), so darf man annehmen, bekommt jeder Schottlandreisende zu sehen. In dem weiß verputzten, zinnen- und zimmerreichen Schloß im schottischen Baronialstil, an dem vom 15. bis ins 19. Jh. gebaut wurde, wohnte der kürzlich verstorbene Herzog von Atholl. Er hatte viele Ahnen, viele Waffen und eine eigene Armee, letzteres als einziger britischer Magnat. Die Privattruppe paradiert zwar nur am letzten Sonntag im Mai, doch zweimal täglich bläst ein malerisch gekleideter *Atholl Highlander* vor der großzügigen Erkerfront von Blair Castle auf dem Dudelsack. Der Herzog war Vorsitzender der Whisky-Promotion-Kompanie »The Keepers of the Quaich«; die riesige silberne Trinkschale, die auch Ronald Reagan anläßlich seiner 1991 erfolgten Aufnahme in die illustre Gesellschaft stemmte, prunkt in einem der repräsentativen Rokokoräume unter Stuckdek-

Im Mai paradiert die Privatarmee des Herzogs von Atholl vor Blair Castle

ken. Ebenso der von der tödlichen Kugel durchlöcherte Brustpanzer (und Helm) des nahebei verstorbenen ›hübschen‹ Dundee, der in Blair Atholl vor der Schlacht sein Quartier aufgeschlagen hatte. Inmitten der eher ermüdenden Waffenfülle stößt man auf das Kuriosum einer Schreckschußpistole gegen Suffragetten.

Es folgt der rauhste, engste Abschnitt der Highland-Autobahn, die kahlen, menschenleeren Heide- und Felskuppen der Grampian Mountains, jener »große Friedhof«, dessen unwirtliche, wolkenverhangene Verlassenheit schon Fontane das Grausen lehrte. Dann öffnet sich allmählich das Tal des Spey. Romantische Ruinen auf einer Burgkuppe: Diesmal keine Burg, sondern die **Ruth-**

ven **Barracks** 15, die Kasernen jener Rotröcke, die nach der jakobitischen Erhebung von 1715 die Botmäßigkeit der Hochländer erzwingen sollten. Das **Highland Folk Museum** in **Kingussie** 16 (S. 300) zeigt vor allem Landwirtschaftsgeschichtliches wie ein fensterloses Black House (s. S. 236). Im Sommer wird Schaugesponnen, -gebacken und -geschmiedet.

Im nur mit dem Auto zu durchfahrenden Safariteil des **Highland Wildlife Park Kincraig** 17 (S. 300) grasen Przewalski-Pferde, Bisons, Hirsche, Mufflons und die majestätischen Hochlandrinder mit ihren seidigen Zotteln. Wildkatzen, Polarfüchse, Braunbär, Luchse, Otter, Schottisches Moorhuhn und viele andere einst oder immer noch hier heimische Tiere leben im zu Fuß zu durchwandernden Gehegeteil: Nichts für sehr zartbesaitete Gemüter, wenn hungrige Wolfkiefer in nächster Nähe blutige Kaninchenknochen zermalmen. Dreimal wöchentlich zeigen Hütehunde und Schäfer bei den *Sheep Dog Trials* ihr Können. Der großzügige Freilandzoo

Hungrig: Wolf im Wildpark von Kincraig

liegt inmitten einer weiten Hanglandschaft mit Blick auf die Cairngorms.

Das **Rothiemurchus Estate** 18 an den Füßen des Massivs bietet nicht nur Gelegenheit zu Wanderungen inmitten des alten kaledonischen Kiefernwalds, sondern auch zu Falknerei, Tontaubenschießen, Angeln und dem Besuch der Rothirschherde. Vom Ferienzentrum Aviemore (S. 271) – häßliche Hochhäuser vor grandioser Bergkulisse – windet sich die Straße zum **Cairngorm-Massiv** hoch, wo Großbritanniens zweit- bis fünftgrößte Gipfel thronen. Zieht euch warm an: Zwei **Sessellifte** 19 schaukeln einen bei gutem Wetter zum Café auf dem Ptarmigan, dem höchstgelegenen Großbritanniens, das Gästen ein diesbezügliches Zertifikat ausstellt; man überwindet nicht nur die Baumgrenze, sondern sieht auch den Schaden, den die Pisten von Schottlands größtem Skigebiet am Nordhang der Cairngorms angerichtet haben. Ein gut viertelstündiger, steiler Felsaufstieg bringt einen auf den Gipfel des Cairn Gorm auf 1245 m ü. d. M. Nach Süden schweift der Blick auf die noch höheren, lange Zeit im Jahr schneebedeckten Munros Ben Macdui (1310 m), auf dem das Gespenst Fearlas Mor umgeht, Cairn Toul (1293 m), der mit seinem Zwillingsgipfel als der Schönling der Cairngorms gilt, und Braeriach (1295 m). Keine Straße stört das wilde Bergwandererparadies, das wegen des roten Granitgesteins früher *Monadh Ruadh*, ›rote Berge‹, hieß. Das Wetter wendet sich blitzschnell: Wo vor Minuten noch der Blick über die sonnenbeschienene Gipfeleinsamkeit schweifte, sieht man bald in Regen und Nebel kaum die Hand vor Augen.

Über Boat of Gartan erreicht man den schöngelegenen **Loch Gartan** 20. Hier und im angrenzenden Naturschutzgebiet kann man durch den Mischwald aus

Kiefern, Birken und Heide wandern und auf ausgeschilderten Pfaden von April bis Mitte August die wenigen Fischadlerpärchen beobachten, die hier wieder heimisch gemacht wurden. In dem kleinen **Carrbridge** 21 (S. 275) mit seinen viktorianischen Häuschen und B & B's schwingt sich der einsame Bogen einer alten Steinbrücke über den Dulnain. Im Landmark Visitor Centre am Ortsrand geben Filme und Ausstellung einen Einblick in die Kultur und Natur des Hochlands. Der *Highway to the Highlands* führt nun weiter nach Nordwesten, die Berge treten zurück und senken sich bis zur Ebene von Inverness (s. S. 170f.).

Der Norden: von Inverness bis Ullapool

Einmal rund um Schottlands menschenleeren, kargen Norden mit seiner grandiosen, unberührten Natur: Klippen, Berge, Moore. Dunrobin Castle und die Steinzeitgräber Grey Cairns of Camster gehören zum Besten des schottischen Kulturerbes, doch die Route führt Reisende mit Entdeckermentalität auch zu weniger bekannten, lohnenswerten Sehenswürdigkeiten.

Inverness liegt hinter uns, im Süden (s. S. 170f.). Vor den Bergketten von Easter Ross gönnt sich die Natur mit der flachen Halbinsel Black Isle, von Beauly, Moray und Cromarty Firth beinahe vom Festland getrennt, noch einmal eine Pause. Ackerland und Sandstrände umschließen den zentralen bewaldeten Höhenrücken. Die spätmittelalterliche Kathedralruine von **Fortrose** 1 liegt in beschaulicher Umgebung, von der schmalen Landzunge Chanonry Point blickt man über den Moray Firth zu Fort George hinüber. Im **Groam House Museum** im nahen **Rosemarkie** 2 (S. 312) kann man einen schönen Class II-Piktenstein bewundern und auf einer rekonstruierten piktischen Harfe spielen.

Im Cromarty Firth reihen sich die Bohrinseln wie auf einer Perlschnur. Fährt man in Alness von der A 9 ab am Ufer lang nach Invergordon, kommt man den sechs- oder mehrbeinigen Stahlungetümen mit der kalten Ästhetik aus Stahl und Rost am nächsten. Wo die Küstenstraße das Ende des tief ins Land schneidenden Dornoch Firth erreicht, auf der Brücke von Bonar Bridge, ergibt sich ein schöner Blick auf den Cnoc a' Choire im Landesinneren. Von Juni bis August kann man in den Falls of Shin zwischen Bonar Bridge und Lairg die Lachse springen sehen und ganzjährig in Schottlands schönster Jugendherberge, dem edwardianischen **Carbisdale Castle** 3 (S. 275), fürstlich übernachten. Von Lairg führen teilweise einspurige Straßen nach Norden, Nordwesten und Westen (A 836, 838, 839/37) – Natur, Einsamkeit, Stein und Moor.

Das aus warmgelbem Sandstein erbaute kleine **Dornoch** 4 (S. 278) ist ein Traum, vor allem auf dem stillen Friedhof um die gotische Kreuzkathedrale mit den leuchtenden Glasfenstern und den grotesken Wasserspeiern. Von Golspie, das aus einer einzigen langen Hauptstraße zu bestehen scheint, sieht man die 35 m hohe Statue des Ersten Herzogs von Sutherland auf dem Ben Bhraggie aufragen. Seine Untertanen – die wenigen, die nach seinen Vertreibungen noch übrig blieben – haßten, hassen ihn inbrünstig. Er stehe so exponiert auf dem Berg, damit der Blitz möglichst oft in ihn einschlage, heißt es noch heute, wenn auch augenzwinkernd.

Des Menschenschinders Nachfahr Lord Strathnaver wohnt im neugotischen **Dunrobin Castle** 5 (S. 281), einer Burg wie aus einem Märchen- oder einem Zeichentrickfilm. Schöner als die von Sir Robert Lorimer im edwardianischen Stil eingerichteten Prunksäle ist der Blick von der Terrasse übers Meer und die formalen Gärten, wo die Buchsbäume sich bemühen, exakt tropfenförmig zu wachsen. Im kleinen Museum im georgianischen Gartenhaus umfängt einen der mocrige Mief zahlloser von den Hoheiten einst zur Strecke gebrachter ausgestopfter Tiere. Der Besuch lohnt jedoch wegen der exzellenten Sammlung von Piktensteinen, auf denen man einen spitzbärtigen Angreifer mit Axt, Lachse, einen Hund sowie meist Spiegel und Kamm erkennt. Auch die Hochlanddolche sind einen Blick wert. Wenig später lädt der eisenzeitliche **Carn Liath-Broch** 6 an der Küste zu einem Picknick in seinem Trockenmauerrund ein.

Die Berge von Sutherland treten nun immer näher an die Küste heran, zwängen den bewohnten, kultivierten Uferstreifen immer enger ein. Die Äcker reichen bis ans Meer, die Klippen werden steiler, hier und da kleine Crofter-Weiler, Golfplätze mit Blick aufs weite Meer. **Helmsdale** 7 (S. 294) versucht mit seinem netten Hafen und dem empfehlenswerten **Timespan Heritage Centre** etwas vom durchreisenden Besucherstrom festzuhalten; hier wird die Geschichte der Highlands über Wikingereinfälle und Clearances bis hin zur Erdölförderung lebendig. Im Tea Room des kleinen Landwirtschaftsmuseums von **Lhaidhay Croft** 8 verkauft man, was das Land hergibt: Steine, von örtlichen Künstlern bemalt. Hinter Dunbeath wird das Land wieder flacher. Das größte Deckenmoor Großbritanniens breitet sich über das Landesinnere von Caithness, der alten piktischen ›Grafschaft der Katze‹. Wasser- und Moorvögel brüten hier geschützt von April bis Juli, Raubvögel, Rotwild, Otter und sogar Wildkatzen fühlen sich wohl.

Caithness ist besonders reich an prähistorischen Denkmälern. Ein lohnenswerter, markierter Heidespaziergang von 10 Minuten führt zum an die 6000 Jahre alten **Cairn o'Get** 9, einem nun offenen Gemeinschaftsgrab. Die steinzeitlichen **Grey Cairns of Camster** 10 erreicht man nach 8 km auf einer winzigen Straße, die durch eine typische Moorfläche, unterbrochen von einzelnen Crofts, führt. Man kann in die Grabkammern des Rundcairns und des mit an die 70 m wirklich langen Langcairns kriechen. Beim Örtchen Whaligoe mit seiner malerischen, scheinbar endlosen Steintreppe liegt **Hill o'Many Stones** 11, ein flacher Hügel mit 22 fast parallelen, leicht aufgefächerten Reihen kleiner Steine. Thom hält die rätselhaften Minimegalithen für ein steinzeitliches Instrument zur Mondbeobachtung.

Die wenig anheimelnde Hafenstadt Wick (S. 321) war im 19. Jh. die Metropole des Heringsfangs, der *Silver Darlings* des Volkslieds. In **John o'Groats** 12 (S. 298) an der Nordküste ist Schottland angeblich zu Ende: Das letzte Haus und das Letzte-Haus-Museum, die letzte Toilette, der letzte Andenkenladen werden annonciert, dabei sieht man von hier bei klarem Wetter die Südküsten der Orkneys über den bei Schiffern gefürchteten Pentland Firth schimmern. Doch die Orkneys und Shetland gehö-

Routenkarte Norden

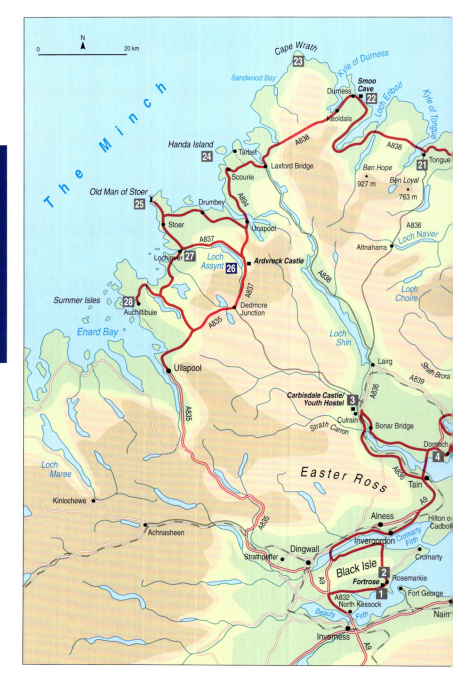

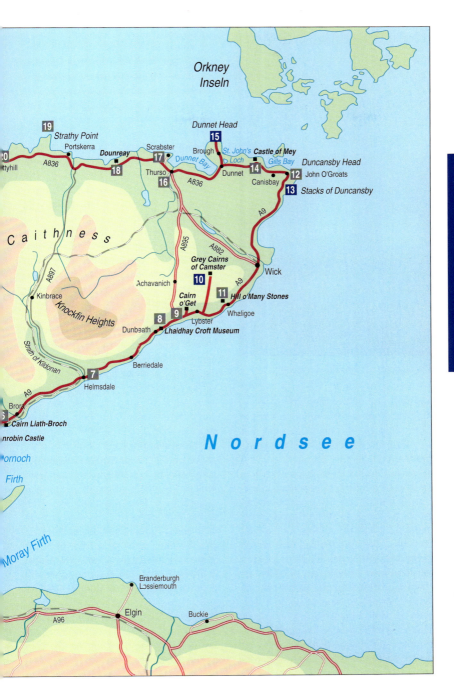

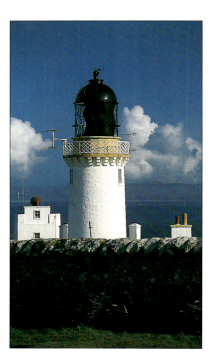

Der Leuchtturm von Dunnet Head

ren ihres skandinavischen Erbes wegen für manch einen Festländer schon gar nicht mehr zu Schottland. Warum hier so vieles achteckig ist? Die Legende erzählt vom Holländer Jan de Groot, der seine acht Brüder an einem achteckigen Tisch in einem achteckigen Haus bewirtete, um tödlichen Streit um Vortrittsrechte zu vermeiden (sein Grabstein befindet sich in der nahen Kirche von Canisbay). Der Versöhnungskünstler initiierte gegen Ende des 15. Jh. den ersten regelmäßigen Fährdienst zu den Orkneys, und heute starten die Fußgängerfähren dorthin zu Tagestrips oder Bötchen zu den Vogelkolonien der Duncansby Stacks und der Seehundkolonie auf dem nun unbewohnten Stroma.

Eine der schönsten Klippenwanderungen in Schottland macht man am 2 km östlich gelegenen Duncansby Head. Schafe weiden auf dem federnden Grasboden. Der Weg führt am Tua Dagdhai vorbei, einem beeindruckenden Geo mit senkrecht abfallenden Felswänden: Wie mit der Axt des obersten keltischen Gottes Dagda hat sich hier das Meer ins Land geschnitten. Hier, an der ›Seevogelstadt‹ Duncansby und am Dunnet Head liegen drei der besten Vogelbeobachtungsposten von Schottland. Die Brandung der Nordsee hat die flammenähnlichen **Stacks of Duncansby** [13] im Süden des Kaps aus dem roten Sandstein der Felsküste geschält – eine faszinierende Klippenszenerie. In der kleinen Gills Bay 4 km westlich von John o'Groats tummelt, aalt und sonnt sich fast immer eine größere Seehundkolonie. Das **Castle of Mey** [14] ist der Sommersitz der Königinmutter. In seiner Restaurierung fand sie 1952 nach dem Tod ihres Mannes, König Georges VI., Trost. Nur die Gärten sind an wenigen Tagen des Jahres zu besichtigen.

Der nördlichste Punkt des Festlands ist indes nicht John o'Groats, sondern die noch fast unberührte Halbinsel **Dunnet Head** [15] (S. 281), deren Bewohner mit *Knitwear Shops*, ein wenig Kunstgewerbe und B & B ihr karges Einkommen aufzubessern versuchen. Hinter den Weilern Dunnet und Brough – an dessen malerischem Pier mit zwei kleineren *Stacks* man oft auch Seehunde ausmachen kann – geht das Weideland in eine von flachen, dunklen Lochs und Lochans (›kleine Lochs‹) gefleckte Moorlandschaft über. Ein Fußweg führt von dem stämmigen, strahlend weißen Leuchtturm von 1832 auf einen Hügel. Bei gutem Wetter sieht man nicht nur die Orkneys, sondern überblickt die gesamte Nordküste bis Cape Wrath. Vom dünengesäumten Sandstrand der weiten Dunnet Bay, ein Naturschutzgebiet mit reichem Pflanzenleben, ginge man am liebsten gar nicht mehr weg.

Thurso 16 (S. 319), die letzte stadtähnliche Siedlung im Norden, zeichnet sich nicht durch Sehenswürdigkeiten (allenfalls das Heimatmuseum und die beiden Class II-Piktensteine in der *Town Hall*), sondern durch eine freundliche, ruhige Atmosphäre aus. Großbritanniens nördlichster Hafen **Scrabster** 17 (S. 313), der wikingische ›Krabbenort‹, expandiert aufgrund der Nähe zu den Fischfanggründen und der Ölförderung in der Nordsee. Hier legen die Autofähren zu den Orkneys ab: Die im 19. Jh. gegründete Reederei P & O, Pentland and Oriental, beherrscht den Fährverkehr zwischen den nördlichen Inseln. Hier entließ, bevor sie aus finanziellen Gründen verkauft wurde, die königliche Jacht »Britannia« jeden August die Royals zu ihrem traditionellen Schottlandurlaub.

Auf den Arbeitsmarkt von Caithness hatte die schrittweise, aus Kostengründen erfolgte Abschaltung des Prototype Fast Reactor von **Dounreay** 18 (S. 278) zu Beginn der 90er verheerende Auswirkungen. Seit 1959 war der Versuchsreaktor in Betrieb, eine britische Version des ›Schnellen Brüters‹. Widerstand kam fast ausschließlich von Nicht-Ortsansässigen, die Schaffung alternativer Arbeitsplätze wurde vernachlässigt. Heute wird Dounreay nur noch zu Forschungszwecken oder etwa zur Lagerung von Brennstäben aus der Hanauer Plutoniumfabrik genutzt. Die unschöne Anlage, eine grellweiße Riesenkugel, umgeben von flachen Gebäuden, besitzt ein Informationszentrum, das auch Führungen anbietet.

Die rauhe Nordküste mit ihren tiefeingeschnittenen Meeresbuchten und dem fast menschenleeren Hinterland wird von der hinter Portskerra nur noch einspurigen A 836/838 erschlossen. Ein gut zehnminütiger Spaziergang führt zur aussichtsreichen Landzunge **Strathy Point** 19. In **Bettyhill** 20 (S. 273) an der schönen Torrisdale Bay führt das liebevoll in der alten Tarr Church eingerichtete kleine Strathnaver Museum in die Geschichte der Clearances und des einst Caithness beherrschenden Clan MacKay

In den Klippen von Schottlands Nordküste brütet nicht nur diese Möwe

ein und zeigt einen Piktenstein. Der Ort – benannt nach der Gattin des bestgehaßten Sutherland-Herzogs – entstand als Crofter-Siedlung während der Clearances. Über dem hübschen **Tongue** 21 am Ufer des fjordähnlichen Kyle of Tongue stehen die Ruinen einer MacKay-Festung, im Hinterland wird der erhabene Ben Hope (927 m) sichtbar.

Fulminante Blicke ergeben sich um und auf den Loch Eriboll, und wenig später gelangt man zur **Smoo Cave** 22 vor Durness (S. 281). Ein Bächlein hat die 70 m lange, teils begehbare Kammer mit ihrer gigantischen Öffnung geschaffen. Zum Besuch der zwei dahinterliegenden Höhlen erkundige man sich bei der Touristeninformation an der Höhle oder im kleinen Durness, das weitgehend vom Tourismus lebt. Wer die 150 m hohen Klippen des **Cape Wrath** 23 und das verlassene, für Abenteuerferien und Bergwandern geeignete Hinterland erkunden will, setzt von Keoldale mit einer Fähre über den Kyle of Durness und wird auf der anderen Seite von einem Kleinbus zu Schottlands nordwestlichstem Punkt gebracht.

Wer sich von Durness wieder südwärts wendet und über die Örtchen Scourie und Unapool Richtung Ullapool fährt, gelangt in einsamste, unwegsamste Natur: kleine Seen, Moor, weite Buchten, Sandstrände. In Tarbet Beach nördlich von Scourie (S. 313) setzen im Sommer Bötchen zum 15 Minuten entfernten **Handa Island** 24 über, einem berühmten Vogelschutzgebiet. Von der schönen Küstenstraße B 869 von Drumbeg nach Lochinver zweigt man hinter dem Dorf Stoer zum Stoer Point-Leuchtturm ab; von hier sind erholsame Küstenspaziergänge zur roten Sandstein-Felsnadel des **Old Man of Stoer** 25 im Atlantik möglich. Erst am vielgepriesenen **Loch Assynt** 26 wird es wieder belebter. An seinem Nordostufer stehen die Ruinen von **Ardvreck Castle**, einer Feste der MacLeods aus dem 16. Jh. Der winzige Fischerort **Lochinver** 27 (S. 303) kommt einem nach der Einöde des Nordens schon fast wie ein Touristenzentrum vor. Dramatische Akzente setzt die winzige, teils an der Küste, teils durch wilde Hochlandszenerie verlaufende Straße von Lochinver zum Crofter-Dorf **Auchiltibuie** 28 (S. 270). Dort bewundert man Feigen und Orangen im solarbetriebenen Hydroponicum, dem ›Garten der Zukunft‹.

Der Westen: Fort William und Wester Ross

Die A 82, Haupteinfallroute ins westliche Hochland, führt am Westufer des Loch Lomond nach Norden, durch die grandiose Berglandschaft von Glencoe, der Stätte von Schottlands berüchtigtstem Massaker, nach Fort William. Dies ist der touristische Ausgangspunkt für Exkursionen zum Monstersee Loch Ness und auf eine der schönsten Straßen des Landes, die *Road to the Isles* über das Glenfinnan Monument nach Mallaig. Durch das einsame Wester Ross mit seinen großartigen, unberührten Bergen und Mooren und den tief ins Land ragenden ›Fjorden‹ fahren wir nordwärts ins hübsche Ullapool. Die Bergwanderparadiese von Kintail und Torridon, bezau-

Routenkarte Westen

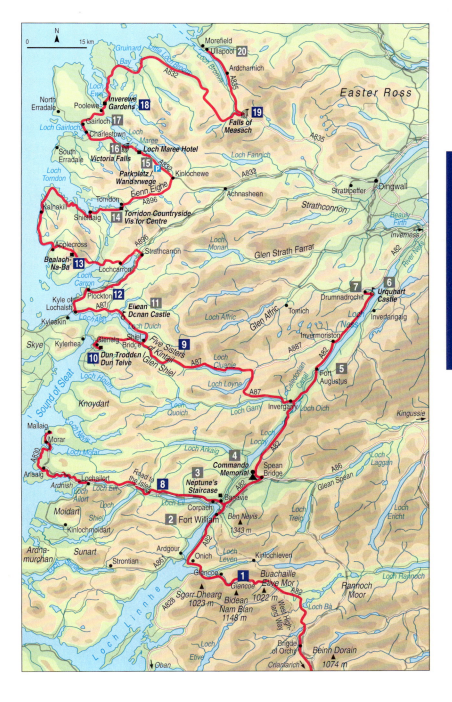

Schottlands Schicksalstal: Glencoe

bernde Orte wie Plockton oder Gairloch, Sehenswürdigkeiten wie die Glenelg Brochs und Eilean Donan Castle liegen am Wege.

Das denkmalgeschützte kleine **Luss** am Loch Lomond (s. a. S. 116) ist fast zu pittoresk, um wahr zu sein: die adretten Cottagereihen mit blühenden Gärten, Strand und Pier, an denen die zahllosen Besucher picknicken und Wassersport treiben, das kleine Kirchlein mit dem stillen Friedhof. Überall am nördlichen Zipfel des Loch Lomond, um den sich die Berge nun wieder eng zusammenschließen, findet man erholsame, schattige Plätzchen an den ›bonnie banks‹. Oder Whisky vom Faß und bekiltete Barmänner im *Drover's Inn* in Inverarnan, einem berühmt-berüchtigten, sehr schottischen Pub im gleichnamigen Hotel (bis hierher s. Karte S. 117).

Hinter dem Verkehrsknotenpunkt **Crianlarich** umgeben einen karge, öde Hochlandberge, darunter viele Munros wie Ben More oder Beinn Dòrain. Im Tal Strath Fillan wird die Straße von zwei Eisenbahnlinien und den Wanderern, die ameisengleich den *West Highland Way* bevölkern, begleitet. Hinter **Rannoch Moor**, einem gottverlassenen, unwirtlichen Hochmoor mit Myriaden von Tümpeln, mehren sich die Drei-Sterne-Aussichten. Als Grenzwächter zwischen Glencoe und dem in den gleichnamigen Loch bei Oban einmündenden Glen Etive erhebt sich der pyramidenförmige, 1022 m hohe Buachaille Etive Mor, eine felsige Herausforderung für jeden Kletterer.

Noch näher, noch bedrohlicher treten die grünen Hänge und Gipfel von Schottlands berühmtestem Tal, dem **Glencoe** 1 (S. 292), an die Straße, so die Bergschwestern Three Sisters zur

Loch Lomond

Linken, die drei Gipfel des Bidean nam Bian. In dem kleinen **Besucherzentrum** des National Trust sollte man sich den sachlichen Videofilm zu dem Massaker im ›Tal der Tränen‹ ansehen. Weil Maclan, Clanoberhaupt der MacDonalds von Glencoe und wie die meisten Highlander Jakobit, den Treueid auf Wilhelm von Oranien mit ein paar Tagen Verspätung geleistet hatte, schickte ihm John Dalrymple, des Königs schottenhassender Schottland-Minister, eine Strafexpedition unter Robert Campbell von Glenlyon auf den Hals. In den Morgenstunden des 13. Februar 1692 ließ dieser etwa 40 Clanmitglieder, Männer, Frauen, Kinder, über die Klinge springen. Nicht der Mord löste in den an Blutvergießen gewöhnten Highlands die gewaltige Empörung aus, sondern die Tatsache, daß Campbell zuvor zwei Wochen scheinheilig die Gastfreundschaft der MacDonalds genossen hatte. Die grausige Erinnerung ist heute im Verein mit der grandiosen, von Wanderern geschätzten Bergeinsamkeit ein touristischer Pluspunkt für die Region.

In dem besuchenswerten Heimatmuseum im Dorf Glencoe hat man mit liebevoller, etwas zielloser Sammelleidenschaft jakobitische Reliquien, Haushalts- und Landwirtschaftsgeräte aus der guten alten Zeit und jede Menge Krimskrams zusammengetragen. Das schlanke Kreuz am Ortsrand, ein Mahnmal für die erschlagenen MacDonalds, ließ eine reiche amerikanische Clanangehörige 1883 errichten. Die schöne Straße um den **Loch Leven** ins kleine Kinlochleven haben deutsche Kriegsgefangene des Ersten Weltkriegs zum Dank für die Gastfreundschaft gebaut, die ihnen hier zuteil geworden war. Manche kamen noch bis 1939 zum Urlaub, erzählt der Warden des Museums, selbst ein Veteran aus dem Zweiten Weltkrieg.

Fort William 2 (S. 286) im Schatten des Ben Nevis ist mit seiner guten Infrastruktur unbestritten das touristische Zentrum der Highlands, die ›letzte Stadt vor dem Westen‹. Wenn durch die Fußgängerzone der High Street Pommesdüfte ziehen, die Dudelsäcke in den Festsälen der Hotels jaulen und einen die Plüschhaggis aus den Schaufenstern ansehen, freut man sich auf den stadtlosen Westen. Am schönsten ist das Südende der Stadt mit seinen viktorianischen Villen und Pensionen am Hang, von wo der Blick über den **Loch Linnhe** auf die einsamen Berghänge gegenüber schweift. Die »Souter's Lass« vom *Crannog Restaurant* am Pier läuft mehrmals täglich zu Bootstouren aus, auf denen man Seehunde und Austernfischer sichten kann. Am nördlichen Ortsausgang stehen die Ruinen des mittelalterlichen **Inverlochry Castle**.

Der geniale Ingenieur Thomas Telford errichtete 1803–22 den **Caledonian Canal**. Mit 29 Schleusen verbindet er die Seen des Great Glen von Fort William bis Inverness miteinander und schafft so eine Schiffsverbindung zwischen Atlantik und Nordsee. Der spektakulärsten Anlage des Kanals, den acht Schleusen in Banavie, verliehen die Arbeiter den schönen Spitznamen **Neptune's Staircase** 3. Immer gibt es Zuschauer, wenn Trawler oder Jachten von Schleuse zu Schleuse gehoben und gesenkt werden. Im Hintergrund ragt der **Ben Nevis** auf. Die Touristenroute führt in etwa sechs anstrengenden Stunden von Achintee auf den mit 1347 m höchsten Berg Großbritanniens und wieder herunter. Doch Vorsicht: Die jähen Temperaturschwankungen und Nebelbänke können vor allem im Frühjahr gefährlich werden. Allein 1994 kamen 40 Wanderer in den schottischen Gebirgen um, 12 davon am vielbestiegenen Ben Nevis! 15 km laufen die Teilnehmer des alljährlich am ersten Samstag im September abgehaltenen Ben Nevis Race bergrauf, bergrunter; der Rekord steht bei eineinhalb Stunden. Wer es weniger anstrengend liebt, gewinnt vom **Commando Memorial** 4 oberhalb des Wandererörtchens Spean Bridge einen schönen Blick auf den oft nebelverhangenen Ben. Das heroische Denkmal ehrt die Gefallenen des Zweiten Weltkriegs; am Nevis trainierten einst Elitesoldaten für den Ernstfall.

Im betriebsamen **Fort Augustus** 5 (S. 286) am Südende des Loch Ness gibt es eine allzeit umlagerte Vier-Schleusen-Anlage, Bootsfahrten für die Monstersuche, einen Wolladen in einer Wellblechkirche, Plastik-Nessies an der Tankstelle – und eine stille Oase, die Benediktinerabtei am Seeufer. Die Mönche vermieten schlichte, sehr beliebte preiswerte Zimmer, führen einen Tea Room und zeigen eine preisgekrönte Ausstellung zur Geschichte der Highlands und des Orts – wie Fort William entstand Fort Augustus als Militärstützpunkt für die Unterwerfung der Highlands im 18. Jh. Die winzige B 862/852 am Ostufer des friedlichen, nicht allzu spektakulären Loch Ness bietet die schöneren Ausblicke, doch am Westufer (s. Abb. S. 13) liegen die rötlichen Ruinen von **Urquhart Castle** 6 (S. 320) in phantastischer Lage auf einer in den See ragenden Landzunge – hier wurde das Monster am häufigsten gesichtet (s. Abb. S. 192). Wenig später verheißt die wohltuend sachliche **Official Loch Ness Monster Exhibition** in **Drumnadrochit** 7 (S. 278) Aufklärung des Monsterrätsels. Auf einem Teich daneben dreht sich eine lebensgroße (?) Nessie-Skulptur, und für die Kleinen gibt es *Monster Ice Cream*. Einsamkeit findet man nach diesem Höhepunkt des Tourismus in Schottland auf dem Rückweg nach Fort William: am düsteren Loch Arkaig.

Immer von Schaulustigen umlagert ist die Schleusenanlage in Fort Augustus

My God, it's the Monster!

Wenn man Adomnans Bericht über eine Begegnung des hl. Columban mit einem Seeungeheuer in Loch Ness im Jahre des Herrn 565 einmal außer acht läßt, schlug die Geburtsstunde von ›Nessie‹ am 2. Mai 1933, als Alex Campbell mit seinem Leitartikel im »Inverness Courier« die moderne *Quest* einläutete. Mehrere tausend Menschen haben seitdem Sichtungen gehabt und zu Protokoll gegeben, darunter so achtbare Zeitgenossen wie Polizisten, Rechtsanwälte, mehrere Brüder des Benediktinerklosters in Fort Augustus oder Dr. Richard Synge, der Nobelpreisträger für Chemie des Jahres 1952. Viele von ihnen beharrten auf dem Gesehenen trotz der nicht unbeträchtlichen Gefahr, sich damit der Lächerlichkeit auszusetzen. Verrottende Baumstümpfe, ein deutsches Flugzeug aus dem Ersten Weltkrieg, Boote, Wasserspiegelungen, Wellen oder gar Venusmenschen-Ufos sollen sie gesehen haben, so die mehr oder weniger rationalen Erklärungsversuche.

Joseph Goebbels schrieb 1940 in der »Hamburger Illustrierte«, Nessie sei als Betrugsmanöver der britischen Tourismusindustrie entlarvt. Als Lockruf des schottischen Fremdenverkehrswesens, Massenhysterie und Medienwirbel aus der Saure-Gurken-Zeit, der *Silly Season*, hört man das Phänomen oft bezeichnet. Und in der Tat verdient die Tourismusindustrie rund um den See nicht schlecht an Nessie. So kann man schon immer mit Ausflugsbötchen von Inverness, Fort Augustus und neuerdings von Drumnadrochit für mehrere hundert Pfund mit einem U-Boot auf Seeungeheuer-Jagd gehen. Traum der Amateur-Großwildjäger: einmal ein solches Foto wie Hugh Gray oder der ›Surgeon‹ Colonel Wilson schießen, die einen schlangengleichen Hals oder verschwommene Objekte im Wasser zeigen. Daß sich das Drei-Höcker-Foto von Lachlan Stuart aus dem Jahre 1951 im nachhinein als Jux erwies, hergestellt aus mit Persenning bezogenen Heuballen, spricht nicht gegen die Existenz von Nessie – nur für die enorme Popularität des ›Rätsels von Loch Ness‹.

Eine große schottische Whiskyfirma lobte 1971 1 Mio. £ für Nessies Ergreifung aus; sie hat es so ernst genommen, immerhin eine Versicherung bei Lloyds abzuschließen. Bis 1972 gab es ein ernsthaftes *Loch Ness Investigation Bureau*, und 1975 wurde im Londoner Parlament sogar ein Experten-Hearing abgehalten. Mit festinstallierten Kameras, Froschmännern, Netzen, U-Booten und Sonardetektoren wurde Jagd auf Nessie gemacht. Dr. Robert Rines gelang 1972 mit einer Unterwasserkamera jenes berühmte ›Flossen-Foto‹, welches zusammen mit den Sonarortungen großer Objekte aus demselben Jahr den stärksten wissenschaftlichen Anhaltspunkt für die Existenz eines unbekannten Tiers in den Tiefen von Loch Ness darstellt. Auch die *Operation Deepscan*, eine Kette von Booten, die den See von oben nach unten mit Sonaren abkämmten, lieferte 1987 ›unerklärte Sonarkontakte‹: Etwas, das größer als ein Hai und kleiner als ein Wal war, schwamm unter ihrem Bug.

Wie sähe Nessie aus? Sie wäre graubraun-schwarz, zwischen 5 und 9 m lang, hätte einen langen, schlanken Hals mit einem winzigen, schlangengleichen Kopf, einen mächtigen Körper und ebensolchen Schwanz und vier rautenförmige Flossen. Sie könnte während der letzten Eiszeit, vor etwa 10 000 Jahren, als der Loch Ness noch Verbindung zum Meer hatte, von dort hereingeschwommen und nach Verlust der Seeverbindung darin gefangen worden sein. Nessie wäre natürlich nicht allein, sondern eigentlich eine Herde von Nessies. Ernähren würden die Wasserlebewesen sich von den ausreichenden Vorkommen von Aalen, Forellen und Lachsen, die im See zu stattlicher Größe heranwachsen. Befürworter der Nessie-Theorie führen zudem an, daß die trüben, torfigen Wasser des Sees Unterwasser-Sichtungen erschweren und die Tiere ausgesprochen scheu seien. Kadaver wären nie angespült worden, weil ›der See seine Toten nie hergibt‹ – in dem kalten, tiefen Wasser sinkt alles zu Boden und verwest spurlos.

Was könnte vor 10 000 Jahren in den Loch geschwommen sein? Die wenigen Zoologen wie Denys W. Tucker, die sich unvoreingenommen mit der Möglichkeit der Existenz einer Nessie auseinandergesetzt haben, plädieren für einen *Crytocleidus*, einen Fischfresser aus der Familie der Plesiosaurier. Der ist aber seit 70 Mio. Jahren ausgestorben. Das glaube nur die Forschung, halten die Nessie-Gläubigen dagegen und verweisen auf den Quastenflosser: Das ›lebende Fossil‹, einen Fisch aus dem Devon, hielt die Wissenschaft für seit Millionen Jahren ausgestorben, bis 1952 eine Kolonie vor den Komoren entdeckt wurde. Auch er hat, wie Nessie, in einem eng umgrenzten Raum die schier unglaubliche Zeitspanne überlebt. Möglich wär's also, wenn auch unwahrscheinlich. Seit 1975 hat das mögliche Tier einen wissenschaftlichen Namen: *Nessiteras rhombopterix*, das ›Wunder des Ness mit der rautenförmigen Flosse‹.

Von Urquhart Castle wurde Nessie am häufigsten gesichtet

Am Ende von Schottlands vielleicht berühmtester Panoramastraße, der **Road to the Isles** 8, legt die Fähre nach Skye ab. Von Fort William geht es an der Schleusenanlage von Corpach und dem recht flachen Loch Eil vorbei zum **Glenfinnan Monument** (S. 293; s. Abb. S. 41). Von seiner Spitze, auf einer steilen Wendel im Innern des Turms zu erreichen, eröffnet sich ein gewaltiger Blick über den Loch Shiel. Zu Füßen des Denkmals wachsen die Wappenpflanzen der Stuart-treuen Clans und die weiße Rose der Stuarts, denn hier hatte Bonnie Prince Charlie 1745 seine Standarte aufgestellt und die Clans zu den Waffen gerufen. Auf dem Monument steht jedoch nicht das hübsche Karlchen, sondern ein anonymer Highlander im Kilt. Das obligatorische Besucherzentrum gibt weiteren historischen Aufschluß. Einen noch besseren Blick haben die Fahrgäste der **West Highland Line**, deren Gleise die ganze Strecke bis Mallaig begleiten, vom Viadukt oberhalb von Glenfinnan – eine empfehlenswerte Fahrt von Fort William.

Nun beginnt der schönste Streckenabschnitt. Auf den unteren Hängen bewaldete Berge säumen den schmalen **Loch Eilt**, den Archetyp eines Hochlandsees: kiefernbestandene Inselchen im Süden, ein einsames, weiß getünchtes *Lodge*. Wer verlassene, wilde Berglandschaften liebt, dem sei von Lochailort eine Tour durch die Berge von Sunart, Moidart und Ardnamurchan empfohlen – **Ardnamurchan Point** ist der westlichste Punkt des britischen ›Festlands‹. Hinter Lochailort windet sich die Single Track Road durch einen feuchten, moosbewachsenen Eichen-, Birken- und Rhododendronwald nach **Arisaig** (S. 269) mit seinem altmodischen Hotel. Ein Geisterhund soll in Vollmondnächten den schönen Sandstrand entlangjagen, auf der vergeblichen Suche nach seinem Herrn. Kleine, runde Buchten, Felsschären, Dünen, silbrig glitzernder Sand – über mehrere Kilometer ziehen sich von

Airsaig bis Morar die **Silver Sands of Morar** hin, vielleicht die schönsten und am leichtesten zugänglichen, wenn auch nicht die einsamsten Strände des Landes. In dem unprätentiösen, sympathischen Fähr- und Fischerhafen **Mallaig** (S. 304) treffen sich alljährlich im Juni Hunderte von Schiffern zu einer beliebten Regatta mit Volksfestcharakter. Die Erlöse gehen an die vielen arbeitslosen Kollegen.

Calmac fährt von hier zu den *Small Isles*: zur größten der ›Kleinen Inseln‹, **Rhum** (S. 312), ein gebirgiges Naturschutzgebiet mit dem neogotischen Luxushotel Kinloch Castle; zum touristisch am weitesten entwickelten **Eigg**, beherrscht vom An Sgurr-Berg; zum fruchtbaren **Canna**, Eigentum des National Trust, und zum winzigen **Muck**, was gälisch ›Seeschwein‹ bedeutet, und die Tümmler der Gallanach Bay meint.

Fröhliche Regatta in Mallaig

Von Invergarry am Loch Oich, einem der Seen des Great Glen, führt eine Panoramastraße durch grandiose Hochmoorszenerie nordwestwärts ins herbe Wester Ross. Am Loch Garry spielt oft ein *Piper* seine ergreifenden Melodien (s. Abb. S. 9). Die **Five Sisters of Kintail** 9 im V-förmigen Glen Shiel sind eine vielbestiegene Fünfer-Berggruppe mit zwei Munros. Von der grandiosen Single Track Road, die sich von Shiel Bridge Richtung Glenelg windet, hat man den besten Ausblick auf die steil über dem auf Meeresniveau liegenden Loch Duich aufragenden Gipfel. Auf die *Passing Places* ausweichen heißt es, wenn einem eine Fahrzeugladung der privaten Glenelg-Kylerhea-Fähre entgegenkommt, eine von allen Ortsansässigen gern genutzte, schnelle Verbindung nach Skye, dessen Berge über dem Sund zum Greifen nahe scheinen. Im schmalen, schönen Tal Glean Beag stehen unter Lindenbäumen zwei der besterhaltenen Brochs Schottlands, **Dun Trodden** und **Dun Telve** 10, wenige hundert Meter voneinander entfernt.

Über die lange, vielbogige Brücke, die **Eilean Donan Castle** 11 (S. 285) mit dem vollen Parkplatz auf dem Festland verbindet, ritt Christopher Lambert mit Kilt und fliegender Mähne in Russell Mulcahys Kultfilm »Highlander« von 1986. Wenn Sie sich Mythos und Illusion erhalten wollen, bewundern Sie das im 20. Jh. wiederaufgebaute, von innen wenig bedeutende Tower House der MacRaes und seine perfekte Lage – Hochlandsee vor Hochlandbergen – nur von außen (s. Abb. Umschlagvorderseite). Eine andere, umstrittene Brücke, ein Jahrhundertbauwerk, verbindet seit 1995 **Kyle of Lochalsh** über 500 m Meer mit Kyleakin auf Skye. Die zahlreichen Kritiker, zu denen z. B. die Gruppe Runrig (s. S. 251) zählt, bemängeln die unzulängliche Projektausschreibung, das unschöne Aussehen und vor allem den für die *Locals* unzumutbaren Brückenzoll, den höchsten in Europa.

Das kleine **Plockton** 12 (S. 311) ist ein idyllischer Ort zum Bleiben. Das fanden auch so viele englische Zugezogene, daß Plockton den Spitznamen ›New Sussex‹ erhielt. Geschmackvoll eingerichtete Cottages an der schönen Strandpromenade und auf der felsigen, in die sanfte Bucht ragenden Halbinsel zeugen davon. An der Seafront kann man sich zu »Seal Trips« einschiffen. Ein paar hundert Meter im Hinterland liegt der liebevoll renovierte viktorianische Bahnhof. Von hier geht man am Fußballfeld der High School und am Flugplatz vorbei, dann einen unasphaltierten Fahrweg nach links, der bald schlechter wird und zum Coral Beach hinunterführt, der mit knirschendem, weiß gewaschenen ›Korallensand‹ bedeckt ist. Den friedlichen Abendspaziergang krönt man mit einem Abendessen im einzigartigen *Off Rails Restaurant* im Bahnhof.

Lochcarron am gleichnamigen Sea Loch ist ein perfektes Beispiel für ein Crofter-Dorf des Westens: Eine lange Kette weiß getünchter, einstöckiger Cottages mit bunt bemalten Erkern säumt die Küstenstraße. Hinter Lochcarron windet sich Schottlands höchstgelegene Fahrstraße nach Applecross; auf halsbrecherischen Serpentinen geht es durch eine öde, gebirgige Mondlandschaft mit phantastischen Ausblicken bis nach Skye, besonders am **Bealach-Na-Ba** 13 Viewpoint. **Applecross** (S. 269) selbst ist ein ruhiger kleiner Ort mit einem weiten, rötlichen Sandstrand.

Daß das **Torridon-Massiv** ein Mekka für ernsthafte Bergwanderer ist, erkennt man schon an der Hütte für den *Ranger Service* im **Countryside Visitor Centre** 14 (S. 320) und dem Zeltplatz am Fuße des gigantischen Liathach, der viel höher wirkt als seine tatsächlichen 1054 m. Die weißen Häuser des Örtchens Torridon scheint er förmlich zu erdrücken. Eine Single Track Road führt um den Beinn Eighe zum Wandererörtchen Kinlochewe und weiter zu einem Parkplatz am schönen **Loch Maree**, von wo zwei markierte **Wanderwege** 15 mit wundervollen Ausblicken in das Naturschutzgebiet des Beinn Eighe gehen: der 4–5 Stunden dauernde, anstrengende »Mountain Trail« und der eine Dreiviertel Stunde dauernde »Woodland Trail« durch lichten Bergwald aus Birken und den seltenen *Scots Pine*, mit Unterholz aus Waldbeeren, Heide und dicken Moospolstern. Ein Kiefernstumpf steht hier, der 1745, als Prince Charlie seine Ansprüche auf Schottland anmeldete, ein Sämling war. Hinter dem beliebten *Loch Maree Hotel* (S. 304) führt ein kurzer Gang zur bemoosten Klamm der **Victoria Falls** 16, über deren Wassern schon die alte Vic seufzte.

Das angenehme Crofter-Dorf **Gairloch** 17 (S. 288) besitzt ein sehenswertes Heimatmuseum mit einer kleinen archäologischen Abteilung, einem nachgestellten Crofter-Raum und der Lichtanlage eines Leuchtturms. Vom weiten Sandstrand unterhalb des alten Friedhofs kurz vor dem Ort sieht man hoch in die Dünen, wo die Golfer auf einem von Schottlands schönsten Parcours ihre verschlagenen Bälle suchen. Die **Inverewe Gardens** 18 (S. 296) bei Poolewe gelten zu Recht als die schönsten Gärten Schottlands. Ein eineinhalbstündiger Rundgang führt durch den entzückenden *Walled Garden* mit blühenden Stauden und Gemüsen aus dem Cottage-Garten, durch farbenprächtige Rhododendronalleen, die vor allem während der Blütezeit in Mai und Juni beeindrucken. An mehreren Stellen kann man den Garten verlassen und zum Strand des Loch Ewe hinuntergehen.

Die runde Gruinard Bay ist mit Inselchen und Fischfarmen gesprenkelt. Durch eine einsame, schöne Moorlandschaft gelangt man zur Corrieshalloch Gorge mit den 45 m hohen **Falls of Measach** [19]. Von einer gehörig schwingenden Brücke, auf der immer nur sechs Personen gleichzeitig stehen dürfen, fotogenen Hintergrund des Fischereihafens mit Seelenverkäufern aus Osteuropa oder Kuttern aus Cuxhaven, wo täglich Tonnen von Fisch angelandet, in Kühllastwagen verfrachtet oder auf Fabrikschiffe gehievt werden (s. Abb. S. 5 oben und S. 20). *Sitting on the docks of the bay* wird hier nie langweilig. Schön

Ullapool: »Eine adrette Reihe weißgetünchter, zweistöckiger Cottages...«

stürzt der Blick in die unglaublich steile Klamm, die vor etwa 10 000 Jahren von abfließendem Gletscherwasser in den Fels gekerbt wurde. Kurz danach ergeben sich phantastische Blicke auf das von sanften Berghängen eingefaßte Tal am Kopfende des Loch Broom (s. Abb. S. 148/49), eines der schönsten Hochlandseen, und später vom Ostufer aus den langgestreckten Loch entlang in Richtung Ullapool.

An **Ullapool** [20] (S. 320), dem Fährhafen für die Äußeren Hebriden, kommt kein Tourist in den nördlichen Highlands vorbei. Eine adrette Reihe weißgetünchter, zweistöckiger Cottages bildet den sind auch die ruhigen, sich hinter der geschäftigen Hafenfront den Hang hinaufziehenden Sträßchen mit ihren bunten, bescheidenen Cottages. Von dem romantischen kleinen Friedhof am südlichen Ortseingang hat man einen phantastischen Blick auf den Loch und die dahinter aufragenden Berge. Im Hafen bieten mehrere Unternehmen Bootsfahrten zu den Summer Isles an, die sich bei gutem Wetter lohnen; mit viel Glück soll man Seehunde und seltenere Wasservögel als Möwen sichten können.

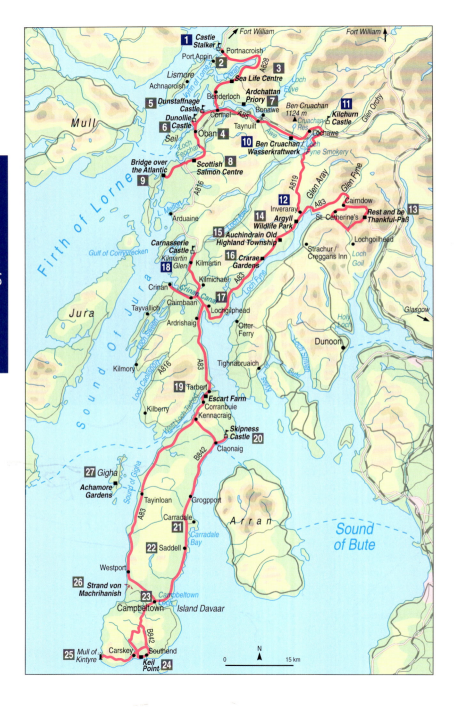

Port Appin

In dem winzigen Fischerdorf 2 (S. 312) mit den geschmackvoll renovierten viktorianischen Villen – eine ist ein empfehlenswertes Guest House – und gemütlichen Cottages kann man einen magischen Abend verbringen. Mit Blick auf die Berge der schönen Insel Lismore – vom Pier legt die Fähre dorthin ab – sitzt man im *Pier Hotel* und läßt sich heiße Austern mit Mournay-Sauce, Jakobsmuscheln in Knoblauchbutter und das göttliche Nachtischbuffet munden. Musik tönt im Hintergrund, und der Boß und Vater des jungen Küchenteams bringt die (noch) lebenden Hummer vom Fischerboot rein. Auf dem kleinen **Lismore** führen zahlreiche Wanderungen in die verlassenen Hügel und an den Klippen entlang - eine Insel für Reisende mit Entdeckermentalität.

Argyll – die südwestlichen Highlands

Argyll, die Heimat des Clans Campbell, hat grandiose Berg- und Küstenlandschaften, einige der schönsten Lochs wie Etive, Awe und Fyne und einige der schönsten Burgen Schottlands wie Stalker oder Kilchurn zu bieten. Von den Ferienzentren Oban, Inveraray und Tarbert erkundet man das Land, z. B. das friedliche Kilmartin Valley oder den Crinan Canal. Mit den fruchtbaren, sanften Hügeln der Halbinsel Kintyre klingt Schottland still und unspektakulär aus.

Vor grandioser Bergkulisse thront **Castle Stalker** 1 (S. 276) auf einem Inselchen im Loch Linnhe – das gälische *stalcair* bedeutet Jäger. Das Tower House der Stewarts of Appin aus dem 14. Jh. ist der Inbegriff unzugänglicher, herb-schöner Hochlandromantik. Nicht nur Kinder werden sich an den dem natürlichen Lebensraum nachempfundenen Aquarien des **Sea Life Centre** 3 nördlich von Oban freuen, in denen kleine Haie, Lachse, Seeanemonen, Hummer und alles, was vor Schottlands Küsten kreucht und schwimmt, zu sehen ist. Haben Sie schon einmal die mit Widerhaken besetzte Schleifpapierhaut eines Rochens gestreichelt? Hier können Sie es nachholen.

Mit dem 7000 Einwohner zählenden Touristenzentrum **Oban** 4 (S. 306) betritt man nach langer Zeit wieder städtischen Boden. Die schönsten Blicke reichen vom geschäftigen Fischerei- und Fährhafen den Hang hoch zu MacCaig's Tower, Folly und Arbeitsbeschaffungsmaßnahme eines Obaner Bankiers am Ende des letzten Jahrhunderts, und vom ›Turm‹, der leeren Hülle einer Kolosseumskopie mit Spitzbögen, hinab über den Sund auf die Berge von Mull. An die Riviera erinnern die steilen Gäßchen und Treppen unterhalb des Tower, die

Routenkarte Südwesten

Castle Stalker thront vor grandioser Bergkulisse im Loch Linnhe

viktorianischen Villen mit Palmen in den Gärten. Ansonsten ist Oban eher schäbig und vor allem um den Hafen eine rechte Touristenfalle. Liebhaber einsamer, vom Tourismus fast unberührter Inseln und weiter Sandstrände setzen von Oban mit den Calmac-Fähren zum stillen **Colonsay** über, nach **Coll** mit dem trutzigen Breachacha Castle oder zum flachen, baumlosen **Tiree**, Schottlands Windsurferzentrum. Weitere Fähren verbinden Oban mit Mull (s. S. 254), Lismore, Barra und South Uist.

Lohnenswerte Ausflüge führen in die nähere Umgebung, der erste zu **Dunstaffnage Castle** 5 auf einer Landzunge im Loch Etive. Ein massiver Mauerring des 13. Jh. umschließt einen Wohnturm aus dem 17. Jh., in dem Flora MacDonald kurzfristig gefangengehalten wurde. Zu Füßen der MacDougall-Burg dümpeln friedlich die Boote der Marina. Auch die efeuüberwachsenen Ruinen von **Dunollie Castle** 6 gehören zu einer ehemaligen MacDougall-Burg aus dem 13. Jh. Direkt vor den Toren von Oban hat man von hier einen phantastischen Blick auf Mull und die vorgelagerte Insel Kerrera. Die Ruinen und skulptierten Grabsteine der mittelalterlichen **Ardchattan Priory** 7 bilden mit dem ›angebauten‹ Herrenhaus – eines der ältesten bewohnten Häuser Schottlands –, den erholsamen Gärten, einer Farm und einem gemütlichen kleinen Café ein besinnliches Ensemble an den schönen, hier noch relativ flachen Ufern des **Loch Etive**. Er zieht sich noch weit in nordöstlicher Richtung in immer höhere Hochlandberge hinein. Von Taynuilt am gegenüberliegenden Ufer werden Kreuzfahrten auf Schottlands ›reizendstem‹ Loch veranstaltet.

Südlich von Oban erzählt das **Scottish Salmon Centre** 8 am kleinen Loch Feochan in einer Mischung aus Information und Werbeschau die Geschichte des schottischen Lachses. In den Fischfarmen draußen im See versuchen die gemästeten Fische vergebens, in die Freiheit zu springen. Die vielleicht meistfotografierte Brücke Schottlands, die 1791 gebaute **Bridge over the Atlantic** 9, verbindet in einem hohen Dreieckbogen die kleine Insel Seil mit dem Festland. Im Frühsommer ist das

Oban: über dem Hafen MacCaig's Tower

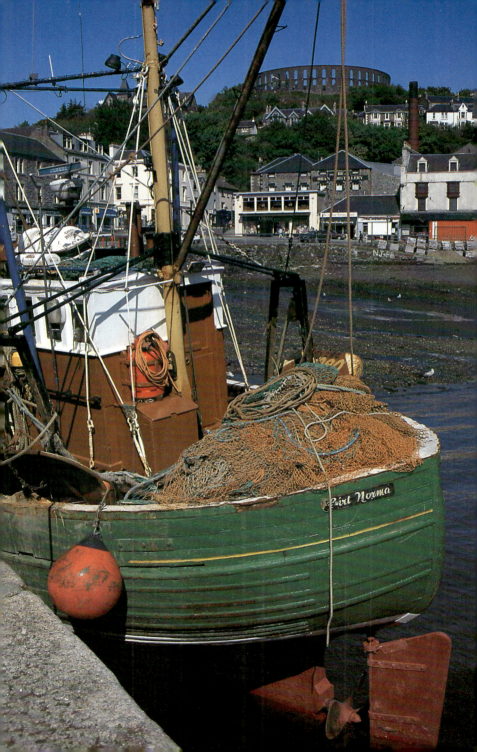

graue Gemäuer über und über mit lila blühenden alpinen Pflanzen bedeckt: *Erinus alpinus*. Im alten, verräucherten *Tigh-an-Truish Inn* gegenüber wechselten 1745 aufständische Jakobiten ihre Hosen gegen den verbotenen Kilt.

Auf dem Weg nach Inveraray sollte man in den ›hohlen Berg‹ **Ben Cruachan** 10 (S. 273) einfahren. Das ehrgeizige technische Wunderding, 1965 von der Queen eingeweiht, ist ein Speicherwasserkraftwerk, das Wasser aus einem Stausee über Turbinen in den Loch Awe stürzen läßt und mit Hilfe dieser Turbinen, die auch in umgekehrter Richtung einzusetzen sind, wieder in den Stausee hochpumpt. In der in den Berg gehauenen Maschinenhalle, wo der 37 m hohe Londoner Tower problemlos Platz fände, hat man 305 m soliden Felsgesteins über sich – nichts für Klaustrophobiker. Mehr von diesen preiswerten Kraftwerken, die von der Stromleistung her eine Stadt wie Edinburgh versorgen können, würden Atomkraft in Schottland überflüssig machen. Am Kopf des langen, langen Loch Awe – in der Tat Schottlands längster –, wo dieser in einem Riedsumpf verlandet, stehen die vortrefflich erhaltenen Ruinen des spätmittelalterlichen **Kilchurn Castle** 11, eine Festung der Breadalbane Campbells. Weite Blicke reichen landeinwärts zu den wilden Bergen der Glens Strae, Orchy und Lochy, bekrönt vom Ben Lui.

Pittoresk reihen sich die vom (besteigbaren) Glockenturm überragten, glänzend weiß und schwarz gestrichenen georgianischen Häuser von **Inveraray** 12 (S. 295) am Ufer des Loch Fyne. Passend zum Schloß ließ der Herzog von Argyll um 1750 das *Plantation Village* anlegen, nachdem er das alte Dorf hatte abreißen lassen. Der Dreimaster »Arctic Penguin« am Pier beherbergt in seinem schlanken Rumpf die Ausstellung »Maritime Experience«, audiovisuell und zum Anfassen und Ausprobieren. Ein ähnliches Konzept liegt dem sehenswerten ›lebenden‹ Gefängnismuseum des Inveraray Jail zugrunde: Der Besucher kann die Hängematten der Gefangenen

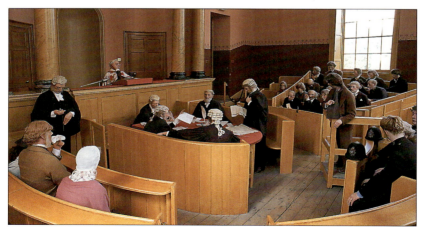

Die Gerichtsverhandlung im Gefängnismuseum von Inveraray findet kein Ende

ausprobieren, wird von der Gefängnismutter in einen Gitterverschlag gesperrt und über die Anstaltsregeln belehrt. Die original eingerichteter Gebäudetrakte des alten und neuen Gefängnisses aus dem 19. Jh., eine informative Ausstellung zur Strafgeschichte und ein nachgestellter Prozeß im großen Gerichtssaal sind die Hauptattraktionen. Der Stammsitz der Herzöge von Argyll, ein prächtiger Gebäudeklotz mit runden Ecktürmen und zentralem Turm, wurde Mitte des 18. Jh. im Stil des Gothic Revival errichtet. Das Märchenschloß besitzt ein nicht minder prächtiges, französisch anmutendes Interieur. Unter den vielen Familienfotos vermissen wir jenes pikante der Herzogin Margaret, Gattin des 11. Duke, Gesellschafts- und Skandalkönigin der Nachkriegsära, das sie nur mit einer Perlenkette bekleidet in flagranti zeigt. Der Vater des jetzigen Herzogs ließ sich daraufhin scheiden. Die Herzöge sind auch Clanchefs, Träger des Titels MacCailein Mor, des ›großen Campbell‹: Als das Obergeschoß des Schlosses 1975 abbrannte, erbrachte eine Spendensammlung von Clanangehörigen aus der ganzen Welt die nötigen Millionen für den Wiederaufbau.

Vorbei an der *Loch Fyne Smokery* und Bar, für deren Räucherfisch die Kunden meilenweit fahren, kommt man zum immer sturmumtosten **Rest and Be Thankful-Paß** 13 mit seinem großartigen Panoramablick auf den Ben Arthur (s. S. 118). Die Straße wurde 1748 vom 24. Regiment Lord Ancrum gebaut, und einst stand die Aufforderung zu Ruhe und Dankbarkeit auf einem Stein, den auch die völlig durchnäßten Reisenden Dr. Johnson und Boswell mißmutig lasen. Die B 828/839 führt durch den aufgeforsteten Argyll Forest Park und das wilde Hell's Glen an den Loch Fyne zurück. Am Westufer des Lochs besucht man den **Argyll Wildlife Park** 14 (S. 269), der einem die schottische Tierwelt näherbringt, und das sehenswerte **Auchindrain Old Highland Township** 15 (S. 270), wo ein komplettes, originales Dorf zum Heimatmuseum umfunktioniert wurde. Durch die für ihre Rhododendren im Mai und die alten Bäume berühmten **Crarae Gardens** 16 (S. 276) führen markierte Wege.

Crinan (S. 277) mit seinem hübschen rot-weißen Leuchtturmstumpen und der Marina an der letzten, der 15. Schleuse des **Crinan Canal** 17 ist ein winziger, wunderschöner Ort zum Bleiben und Erkunden des nahen Kilmartin Glen. Auf dem Treidelpfad entlang des Kanals, der Ende des 18. Jh. als Alternative zur gefährlichen Umseglung des Mull of Kintyre von Ardrishaig nach Crinan gebaut wurde, spaziert man in einer guten Stunde von Crinan nach Cairnbaan mit seinen hübschen Cottagereihen entlang weiterer Schleusen. Die Gegend besitzt einen so unverfälschten Old World-Charme, daß hier die beliebte BBC-Fernsehserie »Para Handy« um den Skipper des Clyde-Kutters »Vital Spark« gedreht wurde.

Radfahren und Wandern ist gleichermaßen angesagt. Im Mhoine Mhor-Naturschutzgebiet sind Stege durch ein Moor angelegt, in dem man Wollgras und Sonnentau entdecken kann. Ein kurzer, steiler Anstieg bringt einen aufs windumtoste, geschichtsträchtige **Dunadd Fort**, die mit Felswällen gesicherte Hügelfestung der Könige von Dalriada um das Jahr 500. Der Fußabdruck unterhalb der Spitze, dem Platz des Königspalasts, spielte wohl eine Rolle in den Inaugurationsriten der Dark Ages. Auf dem verwunschenen Friedhof der **Kilmichael Glassary** sucht man die skulptierten spätmittelalterlichen, halb im Boden versunkenen Grabsteine.

Ein Traum für jeden Skipper - an der letzten Schleuse von Crinan

Auf einem umfriedeten Fels wenige Meter die Straße hinauf befindet sich eine seltene Ansammlung von prähistorischen Näpfchen- und Ringmarkierungen. Ihr Zweck bleibt, wie bei so vielen prähistorischen Denkmälern, rätselhaft.

Wie Perlen auf einer Schnur reihen sich nicht weniger als fünf stein- und bronzezeitliche Cairns im stillen, grünen **Kilmartin Glen** 18, ein einzigartiger linearer Friedhof aus der Vorzeit. Zahlreiche *Standing Stones* in der friedlichen Agrarlandschaft und der Steinkreis von Templewood vervollständigen dieses prähistorische Denkmalensemble, einst eine bedeutende Kultstätte. In der Kirche des Örtchens Kilmartin, in einem kleinen Anbau daneben und auf dem Friedhof, von dem der Blick ins Tal gleitet, kann man hervorragende Reliefsteine bewundern: Kreuze und Grabplatten, darunter die Portalloch Stones aus dem 14./15. Jh. (s. Abb. S. 51). Das schön gelegene **Carnasserie Castle** (S. 275) ließ sich John Carswell, *Bishop of the Isles*, im 16. Jh. als ein Mittelding zwischen bequemem Renaissancepalast und mittelalterlicher Festung bauen. Er übersetzte John Knox' Katechismus ins Gälische.

Gäbe es die 2 km schmale Landenge zwischen West Loch Tarbert und Loch Fyne nicht, wäre Kintyre eine weitere Hebrideninsel geworden. Das kleine **Tarbert** 19 (S. 319) ist ein entzückender, aktiver Fischerhafen, umrundet von bunten Häuschen, bekrönt von den efeuüberwachsenen Ruinen einer Burg von Robert the Bruce; es hat wie mehrere Orte in Schottland den Isthmus oder, wörtlich, das ›Herübertragen der Schiffe‹ im gälischen Namen: *Tairbeart*. Der norwegische König Magnus Barfuß praktizierte es 1098, Bruce tat es ihm nach. Hier sollte man seine Zelte aufschlagen: für eine Umrundung der Kintyre-Halbinsel oder vor einer Schiffstour von den Calmac-Fähranlegern Claonaig (S. 276) nach Arran oder von Kennacraig (S. 299) zu den Hafenorten Port Ellen und Port Askaig auf Islay.

Nach einem Abstecher zur Ruine des beeindruckenden **Skipness Castle** [20] nimmt man die kurvenreiche Single Track Road entlang der hier vom Tourismus fast unberührten, wild romantischen Ostküste von Kintyre: kleine Farmen, Küstenweiden, Ausblicke über den Sund auf die Berge von Arran. In Grogport stellt eine organische Gerberei Schottlands angeblich beste Schaffelle her. Der freundliche Ferienort **Carradale** [21] (S. 275) hat einen fotogenen kleinen Hafen und an der gleichnamigen südlich gelegenen Bucht einen riesigen Sandstrand. Im Rücken des Strandes erstreckt sich ein romantisches Naturschutzgebiet aus Rhododendron, Heide und Sumpf. Von der Abtei von **Saddell** [22] blieben fast nur die qualitätvollen, spätmittelalterlichen Reliefgrabsteine mit spitzhelmigen Kriegern, Galeeren, Speeren und Jagdszenen übrig. Der Sandstrand unterhalb des Saddell Tower Houses ist nur einer der vielen Flecken auf Kintyre, wo man in paradiesischer Stille baden oder picknicken kann.

Campbeltown [23] (S. 275), dessen See sich ein bekanntes Volkslied voller Whisky wünscht, schmiegt sich um eine weite Bucht, in der Davaar Island und sein Leuchtturm aufragen. Falls Ihnen der Sinn nach Kino steht, sollten Sie das denkmalgeschützte Jugendstil-Lichtspielhaus an Campeltowns Hafenpromenade besuchen. Hier im Süden liegen große, reiche Gehöfte inmitten ganz unhochländischer satter Rinderweiden und Kornfelder. Eine an Ausblicken reiche Küstenstraße führt zum kleinen Friedhof am **Keil Point** [24] mit einigen halbversunkenen Reliefgrabsteinen und eineinhalb Fußabdrücken (auf einer Felsplattform am oberen Ende der Treppe hinter der mittelalterlichen Kapellenruine); der hl. Columban soll sie hinterlassen haben, als er erstmalig schottischen Boden betrat.

Die ganze Zeit haben wir es schon im Ohr, Paul McCartneys eingängiges »Mull of Kintyre«. Eine waghalsige Paßstraße windet sich durch den felsigen Südwestzipfel des **Mull of Kintyre** [25] zu einem Parkplatz hoch, von wo es eine Meile zu Fuß zu dem grandios über einer 100 m hohen Klippe stehenden Leuchtturm geht. Das Kap ist ein notorischer Wolkenfänger: Es kommt vor, daß eine undurchdringliche Nebelfront auf dem Mull hockt, während die restliche Halbinsel unter blauestem Himmel in der Hitze stöhnt. 1994 kam hier in solchem Nebel bei einem Hubschrauberabsturz die gesamte Führungselite der britischen Antiterroreinheiten ums Leben. **6 km** zieht sich der endlose, von hohen Dünen gesäumte Strand von **Machrihanish** [26] dahin, ein kleiner Ferienort, der auch für seinen Küstengolfplatz berühmt ist. Die ausgebaute A 83 verläuft entlang der eher langweiligen Westküste, zwischen grünen Hügeln und Wohnwagenkolonien, am Horizont die dunstverhangenen Paps of Jura. In 20 Minuten setzt die Fähre von Tayinloan auf die flache, langgestreckte Insel **Gigha** [27] (S. 288) mit den schönen, für ihre Rhododendren berühmten **Achamore Gardens** über, die man am besten mit einem am Postamt gemieteten Rad erkundet. Auf der wundervollen georgianischen *Escart Farm*, wo man stilvoll-rustikal übernachten kann, stehen fünf gigantische Megalithen im Hinterhof – seit Urzeiten bestelltes Bauernland.

Over the Sea to Islay and Jura

Islay (S. 297), Whisky-Insel: Hier werden in pittoresken Destillerien wie **Laphroaig** 1, **Lagavulin** 2 (romantisch am Strand neben Burgruinen gelegen), **Bunnahabhainn** 3 oder **Bowmore** 4 (mit einem öffentlichen Schwimmbad in einem alten Lagerhaus), traditionell *peaty*, d. h. würzigtorfig schmeckende Islay-Malts hergestellt. Kulturelle Höhepunkte der lohnenswerten, nicht stark besuchten Insel sind die einzigartige georgianische Rundkirche des netten Plantation Village von Bowmore, das **Kildalton Cross** 5 aus dem 8. Jh., vielleicht Schottlands schönstes keltisches Kreuz, sowie das Museum of Islay Life im hübschen Hafenort **Port Charlotte** 6 unterhalb der Bergkette der Rhinns of Islay. In der unvergleichlichen, einsamen Küstenlandschaft des Nordwestens besucht man weite Sandstrände wie Saligo und Machir Bay, die verlassenen Kirchlein von **Kilchoman** 7 und **Kilnave** 8 und ab Oktober den Loch Gruinart mit den hier überwinternden Wildgänsen. Vom **American Monument** 9 auf der wilden, als Vogelparadies bekannten Oa-Halbinsel hat man einen phantastischen Blick.

Von Port Askaig setzt man in wenigen Minuten nach Feolin Ferry auf Jura (S. 298) über, der gebirgigeren, noch einsameren, noch wilderen Nachbarinsel, an deren Nordspitze George Orwell an der bedrückenden Zukunftsvision »1984« arbeitete. Die einzige Straße führt unterhalb der herben, abweisen-

Von Port Askaig schweift der Blick über den Sound of Islay zu den Paps of Jura

Karte Islay und Jura

den Paps of Jura nordwärts. Besuchen Sie den Hauptort **Craighouse** 10 mit dem einzigen Pub und Hotel der Insel, die von markierten Spazierwegen durchzogenen Gärten von **Jura House** 11, die **Lowlandman's Bay** 12 bei Knockrome mit ihrer Seehundkolonie oder die schönen Friedhöfe von **Killchianaig** 13 und **Keils** 14, auf denen die 128 Jahre alt geworcene Mairi Fibeach bzw. ihr noch 52 Jahre älterer Vater liegen – zwei Gläschen Whisky täglich und eine Whisky-Abreibung für jeden Neugeborenen sollen Gründe solcher Langlebigkeit sein.

Zwischen dem Nordende von Jura und Scarba liegt das Naturphänomen **Corryvrecken Whirlpool**. Die strudelnden Wasser der Meerenge, von der Royal Navy als unschiffbar eingestuft, sind das Grab so manchen Schiffs. Ein Marsch -15 km von Ardlussa hinter Killchianaig auf einem unwegsamen Track nach Kinuachdrach Harbour und von dort noch etwa 3 km - bringt einen zum Aussichtspunkt Craignish Point.

Die Inseln

DIE NÖRDLICHEN INSELN

Orkney

»There is a perpetual mystery and excitement in living on the seashore, which is in part a return to childhood and in part because for all of us the sea's edge remains the edge of the unknown.«
(Gavin Maxwell: »Ring of Bright Water«)

Die aus 67 Inseln bestehenden Orkneys (S. 308) – 20 davon sind bewohnt – liegen 10 km oder zwei Fährstunden vom schottischen Festland entfernt zwischen Atlantik und Nordsee. Die Route führt über die Hauptinsel (Mainland, Burray, South Ronaldsay) zu den herausragenden prähistorischen Denkmälern wie Maes Howe, Brodgar und Skara Brae, aber auch zu weniger berühmten, mit schönen Spaziergängen zu erreichenden Megalithmonumenten, in die gemütliche Inselmetropole Kirkwall mit der normannischen Kathedrale und die hübsche Hafenstadt Stromness. Nehmen Sie sich die drei Tage für einen Orkney-Abstecher auf Ihrer Schottlandreise – es lohnt.

Die Fähre von Scrabster fährt dicht an den roten Sandsteinklippen von Hoy entlang, mit 347 m Großbritanniens höchste Steilklippen, deren berühmteste Formation, die verwitterte Felsnadel des **Old Man of Hoy**, weniger einem alten Mann als einem indianischen Totempfahl zu gleichen scheint. Vom Schiff aus sieht man auch gut die Kehrseite der Klippen, die grünen, von einem Gletschertal durchzogenen Berge von Hoy. Das Vorspiel trügt, denn die übrigen Orkneys sind flach oder sanft hügelig, eine labyrinthische Ansammlung von grünen, baumlosen Walfischrücken im schimmernden Wasser, zwischen Buchten, Binnenseen, Sunden, Meeresarmen.

Der Shetländer sei ein Fischer mit einem Stück Land, heißt es, der Orkneyaner aber ein Bauer mit einem Boot (s. Abb. S. 5 unten). Schon in der Steinzeit bestellten die Menschen hier die relativ fruchtbaren Äcker, züchteten Vieh, und bis heute hat sich am Bauerngesicht der Orkneys nicht viel geändert. Eine Klimaverschlechterung zwischen 1250 und 600 v. Chr. beendete die beinah paradiesischen Zustände der Steinzeit, führte zu Nahrungsknappheit, Krieg und den Verteidigungsbauten der Brochs. Nach den Pikten, die der Insel ihren Namen gaben – *orc* heißt ›Eber‹ – besiedelten die Wikinger ab dem 8. Jh. Orkney und Shetland. Ihr *Orkneyjar* bedeutet ›Insel der Seehunde‹. Die »Orkneyinga Saga« (um 1200) kündet von den großen Jarls wie Thorfinn Schädelspalter, Einar Trokkenmund oder Rognvald Kali, unter denen die Inseln eine Blütezeit erlebten; nominell gehörten sie zum Königreich Dänemark/Norwegen. Jarl Magnus, der immer, wenn ihn die Lust nach seiner angetrauten Gemahlin überkam, ins kalte Wasser sprang und so zehn Jahre lang keusch blieb, wurde bald nach seiner Ermordung durch den bösen Verwandten Jark Hakon heiliggesprochen.

Ab der Mitte des 13. Jh. gewannen die schottischen Könige an Einfluß, ein allmählicher Prozeß, der mit der Verpfändung der Inselgruppen im Jahre 1468/69 endete. Theoretisch könnten die Skandinavier die Inseln wieder einlösen, und

Am Pier des Fischerorts Stein auf Skye

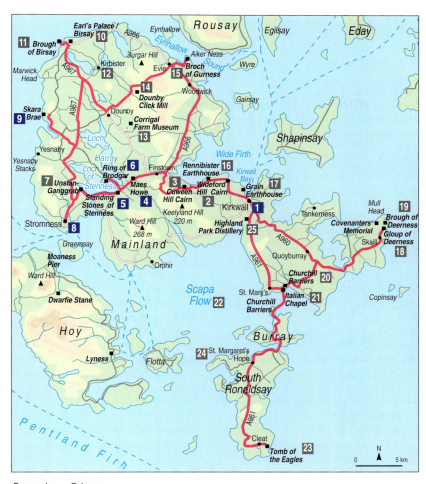

Routenkarte Orkneys

als die Orkneyaner und Shetländer 1986 die »Erklärung von Wyre« gegen eine Wiederaufbereitungsanlage in Dounreay (s. S. 183) aufsetzten, richteten sie diese bezeichnenderweise an die Herrscher von Norweger und Dänemark. Sprache, Kultur und politisches Bewußtsein sind, besonders auf Shetland, stark skandinavisch geprägt, ein Sonderstatus innerhalb Schottlands, der partikularistische Tendenzen hervorbringt und stärkt: vergessene Subnationen Europas. Mit eigenen Regionalverwaltungen für die beiden Archipele ist seit 1975 ein erster Schritt in Richtung größerer Eigenständigkeit getan.

Die schottischen Earls – Maria Stuarts Bothwell war der erste Herzog von Orkney – beuteten ihre Untertanen im Gegensatz zu den skandinavischen Jarls rücksichtslos aus, wobei sich vor allem die Stuart-Earls, illegitime Abkömmlinge

James' V., und hier besonders der bauwütige Tyrann Patrick hervortaten. 1615 wurde er wegen Hochverrats in Edinburgh hingerichtet. Hanseatische Kaufleute hatten schon im 16. Jh. den Fischreichtum der Archipele erkannt, die Hudson Bay Company benutzte sie als Brückenkopf für ihre Unternehmungen in Nordamerika, und im 19. Jh. setzte dann der große Boom der Heringsfischerei ein. Die Weltkriege, während derer Zehntausende von Soldaten auf beiden Inselgruppen stationiert waren, haben ihre Spuren hinterlassen. Eindringlich schildert George Mackay Brown, der große alte Mann der schottischen Literatur, wie das Dorf Greenvoe von ›Black Star‹, einem unterirdischen Militärprojekt, verschlungen wird. Tatsächlich existieren auf Hoy noch heute unterirdische Bunker und Tanks aus dem Zweiten Weltkrieg.

Haupteinnahmequelle der Bewohner von Orkney ist, wie schon in der Steinzeit, die Landwirtschaft: Rinder- und Schafzucht, Getreideanbau, z. B. von Bere, einer alten schottischen Gerstenart, betrieben auf 1200 großteils noch familiengeführten Farmen. Daneben tragen Fischerei und Fischzucht, ein sanfter Tourismus und vor allem das Öl zur Inselökonomie bei. Blutigrot oder pastellrosa malen die Abfackelanlagen des Ölstützpunkts auf der Insel Flotta allabendlich den Himmel über Orkney an. Hier werden 15 % der britischen Ölförderung, über 300 000 Barrels täglich, gereinigt und bis zur Verschiffung gelagert, nachdem das Öl zwei Tage lang durch Pipelines von den 200 km entfernten Ölfeldern der Nordsee herbeigeflossen ist. Die Rolle der Elf-Gesellschaft als größter privater Arbeitgeber und Sponsor ist nicht zu unterschätzen.

Die Inseln scheinen Kulturschaffende magisch anzuziehen. So lebt über den Klippen von Hoy der Komponist Sir Peter Maxwell Davies, kurz PMD, gemeinsam mit George Mackay Brown Begründer des St. Magnus Festivals im Juni, das nach Edinburgh zum zweitwichtigsten Musik- und Theaterfest Schottlands geworden ist. Im Mai lockt das in und um Stromness stattfindende Folkmusik-, im September das Science Festival nationale und internationale Berühmtheiten herbei. Der Maler Stanley Cursiter, die Schriftsteller Eric Linklater und Edwin Muir sowie der junge Dramatiker Duncan McLean leb(t)en und arbeite(te)n hier.

Die alte Bischofsstadt **Kirkwall** 1 (S. 308) – das nordische *Kirkjuvagr* bedeutet ›Kirchbucht‹ – mit ihren 7400 Einwohnern eignet sich perfekt als Standquartier. Der Hauptstraßenzug Victoria, Broad, Albert und Bridge Street ist mit großen Steinplatten gepflastert, kleinere Steinplatten decken auch die meist grauen, aus Repräsentationsgründen mit dem Giebel zur Straße stehenden Häuser, die wie betonverputzt aussehen. Schmale, romantische Gäßchen wie The Strynd oder Fraser's Close zweigen davon ab. Die jugendlichen Autofetischisten, die abends Rennen in der Pseudo-Fußgängerzone der Innenstadt veranstalten, passen da gottlob nicht durch.

In warmem, mit Beige abgesetztem Sandsteinrot strahlt die romanische **St. Magnus Cathedral** mit dem Grün ihres friedlichen Kirchhofs um die Wette. Mächtige gemauerte Rundpfeiler trennen die Schiffe der 1137 von Jarl Rognvald Kali Kolsson als Grabkirche für seinen Onkel Magnus gegründeten Kreuzbasilika. Die Skelette der beiden später heiliggesprochenen Herrscher wurden in der Neuzeit in Chorpfeilern entdeckt, und der Schädel des Magnus wies wirklich jene Axtverletzung auf, von der die

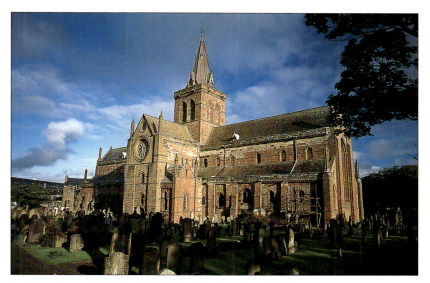
Inmitten eines zauberhaften Friedhofs erhebt sich Kirkwall Cathedral

Orkneyinga Saga berichtet. Das in sanftes Licht getauchte Kircheninnere mit dem normannischen Dekor – ineinandergestellte Bögen, Zickzackfriese und dicke, runde Zierleisten – wirkt wuchtig, warm und wunderschön (s. Abb. S. 50). Die vielen Grabsteine aus dem 17./18. Jh. zeigen vor allem Frauen mit wallenden Haaren und Totenköpfe.

Den beeindruckenden gelblichen Renaissancebau des **Earl's Palace** mit seinen bauchigen Erkern ließ sich der berüchtigte Earl Patrick zu Beginn des 17. Jh. von seinen ausgepreßten Untertanen in Fronarbeit errichten. Einen farbenfrohen Kontrast bildet der rötliche Sandstein des wesentlich schlechter erhaltenen **Bishop's Palace** gegenüber. Vom Turm der größtenteils aus dem 16. Jh. stammenden Ruine hat man einen schönen Blick auf die Kathedrale. Hier verlief die Grenze zwischen den Doonies, den Männern des Königs, und den Uppies, den Männern der Kirche. Vom Mittelalter bis heute finden Weihnachten und Neujahr zwischen diesen beiden Mannschaften die *Kirkwall Ba Games* statt: Ein kleiner Lederball muß an ein für beide Mannschaften verschiedenes Ziel befördert werden. Bilder des regellosen Raufspiels kann man sich im **Tankerness House Museum** gegenüber der würdigen Westfront der Kathedrale ansehen, das im ehemaligen Stadtpalais der Baikies von Tankerness aus dem 16. Jh. untergebracht ist. Das sehenswerte historische Museum bietet anhand von Nadeln, Broschen, Kämmen, Spielsteinen und Tonwaren einen lebendigen Einblick in das Alltagsleben der Orkneyaner von der Stein- bis in die Wikingerzeit. Eine besondere Attraktion bildet das wikingische Schiffsbegräbnis, 1991 auf Sanday gefunden.

Haben die Schmuckgegenstände und die robusten *Orkney Chairs* mit ihren strohgeflochtenen Lehnen Ihre Lust auf einen Einkaufsbummel geweckt? In zahlreichen Juwelier- und Kunsthandwerkerläden, z. B. in der Ola Gorie-Galerie direkt neben dem Museum, kann man Strick- und Töpferwaren, mehr oder weniger frei den prähistorischen Mustern nachempfundenen Silberschmuck – ein Renner ist der kleine Drache aus Maes Howe – und eben auch die in Varianten für Herren, Damen und Kinder hergestellten Stühle erwerben. Ein schöner Abendspaziergang führt in den Hafen, vorbei an Fähren zu den nördlichen Inseln, für Angel- oder Tauchausflüge zu heuernden Schiffen und Fischkuttern zum Eishaus auf der Mole. An einem linden Sommerabend brechen sich die Lichter im Wasser, formen einen zweiten, gespiegelten Hafen im Wasser.

Die erste, **nördliche Route** führt rund um West Mainland, die größte Landmasse der Orkneys. Ein von der Straße ausgeschilderter, etwa 20minütiger, abfallender Weg über federndes, nasses Moorland – zurück wird es relativ steil – führt unterhalb der Kuppe des **Wideford Hill** 2 (S. 309) zum gleichnamigen Cairn, einem Gemeinschafts-Kammergrab von ca. 3000 v. Chr. Hier wie in allen Denkmälern der Inseln kann man, von Historic Scotland mit Taschenlampen und Infotafeln versorgt, auf mehr oder weniger sportliche Art (hier eine Eisenleiter, oft ein niedriger Kriechgang) ins Grabinnere gelangen. Den schönen Blick auf das Patchwork aus Feldern, Weiden, Wasserflächen und Gehöften, zusammengehalten durch die Nähte der Trockensteinmauern, werden schon die steinzeitlichen Erbauer genossen haben. In der Grabkammer des ähnlichen, zeitgleichen, aber leichter zugänglichen **Cuween Hill Cairn** 3 fand man neben Knochen von acht Menschen 24 Hundeschädel.

Gegenüber der frisch renovierten Tormiston Mill mit ihrem Restaurant, wo man auch die Eintrittskarten erhält, erhebt sich der mächtigste Grabhügel der Orkneys, einer der bedeutendsten Megalithgräber der Welt: **Maes Howe** 4 (S. 309). Beeindruckend die riesigen Steinplatten, die den 11 m langen Gang

Seit der Steinzeit sind die Orkneys Bauernland

Der Ring of Brodgar ist einer der gewaltigsten Steinkreise der Welt

bilden, so nahtlos ineinander gefugt, daß man keine Messerklinge dazwischen treiben kann. Die große, hohe zentrale Grabkammer mit drei hakenförmigen Seitennischen wird von einem makellosen, ohne Mörtel geschichteten, sog. falschen Gewölbe überkuppelt. Am Mittwintertag, dem kürzesten Tag des Jahres, fällt ein Sonnenstrahl durch den Gang direkt in die Grabkammer. Gruselig fanden es die 16 wikingischen Männer und eine Frau (Hjilf, die Köchin), die, von der Orkneyinga Saga bezeugt, hier im 12. Jh. überwinterten. Zwei der hartgesottenen Kämpen wurden wahnsinnig. Die anderen vertrieben sich die Zeit mit Graffitis, so daß Maes Howe heute die größte steingeritzte Runensammlung aller Zeiten aufweist. Was man so ritzte? »Ingibjorg ist eine schöne Witwe«, »Nur Hakon hat etwas von dem Schatz abbekommen«, »Ich bin der beste Runenritzer«. Ein Schatz wurde nie gefunden.

Das stille, flache Terrain zwischen dem Frischwasser des Loch of Harray und dem Brackwasser des Loch of Stenness (berühmt bei Anglern für seine braunen Wildforellen) muß um die Mitte des 3. Jt. v. Chr. das politische und kultische Zentrum der Insel gewesen sein, denn hier findet sich eine unvergleichliche Fülle bedeutender megalithischer Denkmäler. Hoch ragen die drei flachen, mehr als doppelmannshohen Steinplatten der **Standing Stones of Stenness** 5 auf, Überbleibsel eines Steinkreises, und der 5,5 m hohe einsame **Watch Stone** auf der Landbrücke zwischen dem Stenness-Kreis und dem **Ring of Brodgar** 6, dem jüngsten der drei großen Monumente. Von dessen ursprünglich 60 Monolithen stehen noch 21 große Felszähne im fast 110 m durchmessenden Kreis, von Erdwall und Graben umschlossen. Acht Männern kann es mit Hilfe einer Holzrampe gelingen, einen Monolithen aufzurichten, wie jüngste Experimente erwiesen haben. Wie verloren stehen die rätselhaften Steine in dem flachen Heide- und Seegebiet. Der Megalithfan wird sich nun noch das **Unstan-Ganggrab** 7 mit seiner langen, von Steinplatten wie Pferde-

Leben und Sterben in der Steinzeit

»Vor viertausend Jahren brachten die Menschen von Orkney ihre großen verstorbenen Führer in diese Festung des Todes und begruben sie in einer der drei Nischen und versiegelten sodann die Öffnung mit einem riesigen Felsblock. Dann tauchten die Jäger und Bauern wieder auf ans Licht.«
(George Mackay Brown: »The Sun's Net. A Winter Tale«)

Das Paradies lag auf den Orkneys, im 4. und 3. Jt. v. Chr. Ein milderes Klima als heute erlaubte den jungsteinzeitlichen Bauern den Anbau von Gerste und Weizen. Die neolithische Speisekarte läßt einem noch heute das Wasser im Mund zusammenlaufen: domestizierte Rinder, Schweine, Schafe und Ziegen, wilder Hirsch, Wildente, Tölpel, Möwe, Wal, Seehund, Kabeljau, Muscheln, Austern, Krabben, Wildfrüchte, -kräuter und -pflanzen, Nüsse.

Die Häuser waren mit durchschnittlich 36 m² für eine Familie recht geräumig. Aus den vor Ort im Überfluß vorhandenen Steinplatten ließen sich komfortable Möbel fertigen, z. B. eine ›Anrichte‹, auf der vielleicht der eintretende Gast die Kostbarkeiten der Familie aufgestellt sah, etwa Tonschalen oder besonders schön gefertigte Feuerstein- oder Knochenwerkzeuge. Der harte Stein, der allein überdauert hat, wurde natürlich mit leicht vergänglichen Materialien gepolstert: Felle dienten als Teppiche und Decken, Farnkraut als Matratzenfüllung, Walfischknochen als Dachbalken, Grassoden als Dachziegel. Sogar eine Art von Toilette scheint es gegeben zu haben, wie Abflußkanäle in Skara Brae nahelegen.

Vor unseren Augen entsteht das Bild einer satten, friedlichen Bauerngemeinschaft, in der trotz konformer Überlieferungen, die sich etwa an den gleichen Grundrissen der Häuser ablesen lassen, Platz für eine gewisse Privatsphäre blieb, für Muße und Kunst. So wurden würfelähnliche Gegenstände gefunden, abstrakte Ritzdekorationen, Ockerfarbe, polierte Jadeknöpfe, prächtig verzierte Kultäxte oder Ketten, Anhänger und Nadeln aus Knochen. Man schätzt, daß die Männer nicht mehr als zwei Tage pro Woche für ihren Lebensunterhalt arbeiten mußten, die Frauen, die durchschnittlich jünger starben, vermutlich mehr. Abgekaute Zähne lassen darauf schließen, daß sie Felle und Pelze weich kauten. Vertiefungen an ihren Schädeln zeigen, daß sie ständig Lasten, vielleicht Kinder, mit Hilfe eines Tragbandes auf dem Rücken trugen. Waffen fand man keine.

Jede dieser vielleicht 20 Familien zählenden Sippen errichtete sich ein Gemeinschaftsgrab: Prestigeobjekt, Symbol des Zusammenhalts und des Besitzanspruchs auf ein bestimmtes Ackerland, Stätte der Kultausübung. 76 sind auf den Orkneys bekannt, entweder Kammergräber wie Maes Howe mit Nischen um eine zentrale Kammer oder Ganggräber wie Unstan mit einer langen, durch Steinplatten unterteilten Grabkammer.

Die Toten wurden vor der Beisetzung im Grab entfleischt – ähnlich wie auf den parsischen ›Türmen des Schweigens‹. Sodann wurden unter Beachtung uns unbekannter Tabus bestimmte Knochen, Schädel, große Arm- und Beinknochen, nie jedoch ganze Skelette, zusammen mit verbrannten Tonscherben, kleinen Grabbeigaben und Tierknochen in dem Grab gestapelt. Die den Gebeinen der Ahnen beigegebenen Tierknochen – Seeadler in Isbister, Hunde in Cuween, Singvögel und Kormorane in anderen Gräbern – lassen sich als die jeweiligen Totemtiere der einzelnen Gemeinschaften interpretieren.

Die Menschen waren nur geringfügig kleiner als wir – durchschnittlich 1,64 m die Frauen, 1,74 m die Männer –, muskulös, und sie litten an Verschleißerscheinungen wie Arthritis und Rheuma. Die Kindersterblichkeit war hoch, und es scheint, als habe man bestimmte Säuglinge getötet. Die Leute wurden nicht besonders alt, über 50 war keiner der Toten im Isbister Cairn. Und keines der Gebeine ließ auf irgendeine Form der Gewaltanwendung schließen.

Um die Mitte des 3. Jt. v. Chr. scheinen ›moderne‹ Ideen dem alten egalitären Ideal, der Balance von Gemeinschaft und Individuum, den langsamen Todesstoß versetzt zu haben. Einzelbegräbnisse in kleinen Steinkisten, die endgültige und absichtliche Versiegelung des Isbister Cairns, die Aufgabe des Dorfes von Skara Brae, dessen Bewohner wohl hinfort in verstreuten Einzelgehöften lebten und arbeiteten: All das deutet auf einen neuen ›Individualismus‹.

Gleichzeitig entstanden jedoch die Steinkreise von Brodgar und Stenness, die gewaltige gemeinschaftliche Anstrengungen erforderten. Dies läßt darauf schließen, daß die Sippenstruktur durch eine umfassendere, regionale Gesellschaftsordnung abgelöst, der frühere Partikularismus durch einen gewissen Zentralismus ersetzt wurde. Zum mächtigsten Stamm hatten sich um 2500 v. Chr. die Erbauer von Maes Howe gemausert, deren Führer wohl so etwas wie ein Häuptling aller lokalen Gruppen war. Etwa 200 000 Arbeitsstunden, nicht möglich ohne Mithilfe der Unterstämme, wird der Bau verschlungen haben, Höhepunkt und Schwanengesang der Gemeinschaftsgrabkultur. War die neue Herrschaftsform am Übergang von der Stein- zur Bronzezeit so vereinnahmend, daß die Menschen dann wenigstens alleine wohnen und auch ihr Grab mit niemandem teilen wollten?

Schöner wohnen in der Steinzeit: Auf der aus Steinplatten gebauten ›Anrichte‹ in Skara Brae wurden vielleicht die Tonwaren des Hauses zur Schau gestellt

boxen unterteilten Kammer an der Spitze einer kleinen Landzunge im Loch of Stenness ansehen. Runen und eine kleine Vogelritzzeichnung zeigen, daß auch hier die Wikinger waren.

Stromness 8 (S. 308), die lange graue Stadt am Meer, ist das Hamnavoe in den Werken George Mackay Browns, der auch in dem norwegisch anmutenden 2100-Seelen-Ort wohnt. Stromness' große Zeit kam im 18./19. Jh.: als Brückenkopf der Hudson Bay Company und als Zentrum der Heringsfischerei und -verarbeitung. 5000 Menschen strömten in der Heringssaison in den Ort, Fischer und Frauen, die in Hütten am Stadtrand hausten und die Heringe ausnahmen und verpackten. Die denkmalgeschützte Stadtanlage ist die besterhaltene auf den Orkneys – eine lange Front Road am Hafen, von der schmale Gassen und Stiegen den Hang hinauf zur Back Road führen, an der Front Road ins Meer hinausgebaute Häuschen mit Speicher, Helling und Pier. In einem solchen typischen, dem Meer und seinen Schätzen zugewandten grauen Gebäude zeigt heute der **Pier Arts Centre** die formschönen Skulpturen der Barbara Hepworth, Gemälde ihres Mannes Ben Ni-

cholson, Werke Eduardo Paolozzis und andere zeitgenössische Kunst. Durch die Drehtür des viktorianischen *Stromness Hotel* könnten noch heute die britischen Offiziere und Soldaten des hier einst stationierten Heereskommandos marschieren, so wenig scheint sich seit dem Zweiten Weltkrieg verändert zu haben. Schlendern Sie an den Häusern mit ihren steinernen Meerblickterrassen vorbei, an Bötchen im Hintergarten, Quergassen mit gerundeten Nischenecken wie Khyber Pass und Puffer's Close und dem pittoresken Ensemble des Melvin Place. Je weiter nach Süden man geht, desto weniger touristisch, desto charmanter werden die grauen Häuschen mit den bunten Fenster- und Türrahmen. Im altmodischen **Stromness Museum** (S. 309) stehen ausgestopfte Tiere neben Erinnerungsstücken an den Heringsboom, den Polarforscher John Rae (1813–93) und die Bergung der deutschen Flotte in Scapa Flow. Gegenüber

Typisch für die Orkneys sind die schönen alten Farmschilder

Die P&O- Fähren laufen Stromness an

dem Login's Well liegt die ehemalige *Login's Inn*, eine übel beleumundete Spelunke.

Ein kurzer Strandspaziergang entlang der Westküste bringt einen zur Hauptsehenswürdigkeit der Insel, dem besterhaltenen Steinzeitdorf Nordeuropas, **Skara Brae** 9 (S. 309). Die von 3100 bis 2500 v. Chr. bewohnten, in wärmespendende Kompostwälle gebetteten und noch größtenteils eingerichteten Steinhäuser, die aus zwei Siedlungsphasen stammen, lagen jahrtausendelang unter einer schützenden Sanddüne begraben, bis der große Sturm von 1850 sie freilegte. Heute glaubt man nicht mehr, daß die Bewohner ihr Dorf nach einem verheerenden Sandsturm verließen; vielmehr werden sie es freiwillig und über einen längeren Zeitraum hinweg aufgegeben haben (s. S. 215 und Abb. S. 215). Im besterhaltenen, mit einem Glasdach geschützten Haus Nr. 7 bestaunt man den zentralen Herd, an der Stirnseite die regalähnliche ›Anrichte‹, an den Seiten die Kistenbetten und die kleinen Vorratsnischen in der Wand. Alles besteht aus Stein, vor allem jenen leicht splitternden Platten, die überall entlang der Orkney-Küsten vorrätig waren und sind. Die Gänge bzw. ›Straßen‹ des Dorfs waren, wie die runden Häuser selbst, einst überdacht – dunkel, rauchig, warm, heimelig muß es hier einmal gewesen sein.

In Birsay-Dorf stehen die Ruinen eines weiteren, allerdings weniger gut erhaltenen **Renaissancepalastes** 10, den Earl Patrick seinen Untertanen abpreßte. Etwa zwei Stunden vor und nach dem Fluthöchststand ist der **Brough of Birsay** 11 am Nordwestkap von Mainland eine Insel. Die für alle Inselbewohner so wichtigen Flutkalender werden in der Inselwochenzeitung »The Orcadian« (11 000 Exemplare für knapp 20 000 Einwohner!) veröffentlicht und im Tourist Office ausgehängt. Über einen schmalen Damm gelangt man auf den atemberaubenden, grünbewachsenen Felsschild, auf dem niedrige Langhausgrundmauern von der Wikingersiedlung des 8.–12. Jh. und dem einstigen Bischofs- und Earlssitz der Inseln künden. Davor muß es hier eine blühende piktische Siedlung gegeben haben, wie der schöne Piktenstein mit den drei Kriegern beweist – ein Abguß befindet sich auf dem Brough, das Original im Royal Museum of Scotland in Edinburgh.

Bis 1962 war die stattliche alte Farm von **Kirbister** 12 (S. 309) noch bewohnt. Dann wurde das älteste authentisch erhaltene *Firehouse* der Orkneys zum Museum. Es hat einen Rauchabzug im Dach, ein Neuk- oder Nischenbett aus Steinplatten, als wär's in Skara Brae. Hier wie in dem jüngeren **Corrigal**

Im Corrigal Farm Museum

Farm Museum 13 qualmt täglich ein Torffeuer. Die Darre besteht aus einem falschen Gewölbe wie in Maes Howe, Kuhstallabtrennungen und Regale sind aus den bekannten Orkney-Steinplatten. Dörrfleisch und Stockfische hängen im Kaminrauch, inseltypische Schafe, z. B. die einzigartigen seetangfressenden Ronaldsays, Hühner, Enten und Hunde stromern auf dem Gelände herum, alles wirkt lebendig, bewohnt. Selbst eingefleischte Hasser landwirtschaftlicher Museen werden sich hier bekehren lassen.

Idyllisch inmitten von feuchten Wiesen liegt, jederzeit offen, ein grasbedecktes Steinhäuschen: die **Dounby Click Mill** 14. Der alte, aus Skandinavien stammende Mühlentyp funktioniert mit einem horizontal laufenden Wasserrad. Die Straße windet sich durch bergige Heide- und Moorödnis, vorbei an Torfstichkanten und den experimentellen Windrädern des Burgar Hill, um sich dann mit weiten Ausblicken auf die Berge von Rousay zu dem sanft abfallenden Ackerbaustreifen am Eynhallow Sound zu senken. Eine abenteuerliche Schlaglochpiste an schönen Stränden entlang führt zur Halbinsel Aiker Ness und dem **Broch of Gurness** 15 (S. 309). Um den exzellent erhaltenen zentralen Broch drängt sich ein eisenzeitliches Dorf, das Ganze umschlossen von konzentrischen halbrunden Erdwällen und Gräben. Stühle, Vorratskammern, Kochkisten aus Steinplatten wie gehabt – seit der Steinzeit hat sich wenig geändert. Ein kleeblattförmiges Piktenhaus wurde etwas abseits wiederaufgebaut. In dem kleinen Museum kann man wie die einstigen Bewohner mit einer Handmühle Gerste mahlen.

Auf dem Rückweg der Nordtour steigt man noch einmal in die Unterwelt. Die *Earthhouses* von **Rennibister** 16 und **Grain** 17, letzteres im Gewerbegürtel Kirkwalls gelegen, stammen aus dem 1. Jt. v. Chr. Wozu die mit Trockenmauerwerk und stämmigen, pilzähnlichen Stützsäulen in die Erde gebauten Räume dienten, bleibt ungewiß: Fluchthöhle, Grab, Wohnstätte, Viehstall oder Vorratslager?

Die **Südroute** führt uns zunächst am Flughafen vorbei über East Mainland, eine nur wenig von Touristen besuchte, flache Agrarlandschaft wie am Ende der Welt. Ein 25 m tiefes Loch, vom Meer subversiv ins Land getrieben, klafft urplötzlich mitten in den grünen Küstenwiesen hinter Skaill auf: der **Gloup of Deerness** 18. An den wie ein Schichtkuchen ins Meer wachsenden Felsklippen entlang, von denen man Kormorane und mit Glück auch Seehunde beobachten kann, kommt man zum **Brough of Deerness** [19], einer schroff aufragenden, auf einem steilen Felsdamm zu erreichenden kleinen Fels(halb)insel. Die Archäologen wissen nicht, ob die wenigen Grundmauern und die winzige Kirche an diesem windgepeitschten Ort zu einem eisenzeitlichen Hügelfort, einer irisch-keltischen oder einer wikingischen Mönchssiedlung gehörten. Der einsame Spaziergang hierher dauert insgesamt eine Stunde und kann vom Brough zu den rötlichen Klippen des Mull Head im Norden fortgesetzt werden.

Nachdem die Versenkung der »Royal Oak« durch ein deutsches U-Boot im Jahre 1939 die Verwundbarkeit der britischen Kriegsflotte in Scapa Flow bewiesen hatte, ließ Winston Churchill durch italienische Kriegsgefangene die **Churchill Barriers** [20] aufführen, vier aus Betonquadern aufgeschichtete Dämme, die heute Mainland, die winzigen Eilande Lamb und Glims Holm sowie Burray und South Ronaldsay verbinden. Die Tristesse des Kriegsgefangenendaseins versuchten die Baumeister unter der Leitung von Domenico Chiocchetti durch den Bau der **Italian Chapel** [21] auf Lamb Holm zu mildern. Aus einer Nissenhütte und anderen Militärmaterialien entstand das anrührende Kirchlein, mediterraner Madonnenkitsch im rauhen Norden.

Aus dem Wasser neben den Churchill Barriers, neben den allgegenwärtigen Lachszuchtfarmen, ragen verrostete Wracks – durch sie, eine provisorische, unzureichende Sperre, schlüpfte das deutsche U-Boot. Nach Westen, in der annähernd runden Bucht von **Scapa Flow** [22] zwischen Hoy, Mainland und Burray/South Ronaldsay, ruhen auf dem Meeresgrund noch immer einige nicht geborgene Schlachtschiffe der kaiserlichen Kriegsmarine – »Europe's best dive«, werben die Touristiker. Konteradmiral Ludwig von Reuter dachte am 21. Juni 1919 weniger an zukünftige Taucher als an die Ehre seines Kaisers, als er den Befehl zur Selbstversenkung der internierten deutschen Hochseeflotte gab. Die erbosten Briten erschossen auf den weißbeflaggten Rettungsbooten neun deutsche Matrosen, die letzten Toten des Ersten Weltkriegs. Was sich im nachhinein als Mißverständnis herausstellte – Reuter hatte die Nachricht von der Verlängerung des Waffenstillstands nicht rechtzeitig erhalten –, verschaffte den Inselbewohnern Arbeitsplätze, denn die mittlerweile muschelverkrusteten Giganten der Meere wurden bis auf sieben Kreuzer des enormen Schrottwerts we-

Aus einer Nissenhütte: Italian Chapel

Isbister – das Grab der Adler

Möchten Sie einmal den Schädel eines vor fünf Jahrtausenden gestorbenen Mannes in Händen halten? Ein neolithisches Messer? In dem Privatmuseum auf der Isbister Farm am Südzipfel von South Ronaldsay können Sie es. Ronald Simison, Farmbesitzer und archäologischer Entdecker, seine Frau Morgan und seine Tochter erklären kenntnisreich und individuell die Geheimnisse ihrer schon so lange kultivierten Scholle. Ronald Simison steht meist am *Little Burnt Mound*, in dessen fast 1000 l fassendem Steinbecken bronzezeitliche Jäger ihre Beute mit Hilfe im Feuer erhitzter Steine garten.

Mit seinen aufschlußreichen Erklärungen versehen, geht man die 1000 m zum steinzeitlichen **Tomb of the Eagles** 23 oder *Isbister Chambered Tomb*. Um 3150–2950 v. Chr. baute sich die hiesige, vielleicht 25 bis 50 Individuen umfassende bäuerliche Sippe ihr Gemeinschaftsgrab in atemberaubender Lage über den Felsklippen. Die in der Grabkammer gefundenen Adlerknochen gaben ihm seinen Namen. Auf fürsorglich bereitgestellten Knieschonern – in der Farm gibt's Gummistiefel für den Wetternotfall – rutscht man in die von Steinplatten unterteilte längliche Grabkammer. Man muß sich schon zwei Stunden Zeit nehmen für diesen einzigartigen Besuch, damit man auch mit Morgan Simison in aller Ruhe über die Lebenserwartung ihrer steinzeitlichen Vorfahren diskutieren kann.

---

gen von einer Privatfirma mit Preßluft gehoben.

St. Margaret's Hope 24 (S. 308) mit seinen tristen grauen Häusern scheint seines Namens zu spotten: 1290 soll hier Margaret, die »Maid of Norway«, nach beschwerlicher Seereise an Land gegangen und gestorben sein. Mit dem Tod dieser Tochter des norwegischen Königs Erik II. und der schottischen Prinzessin Margaret starb die Malcolm-Dynastie aus, begannen die Nachfolge- und Unabhängigkeitskriege gegen England und der Aufstieg von Robert the Bruce. Kinder spielen auch die Hauptrolle beim alljährlich im August veranstalteten *Boys' Ploughing Match*, bei dem sich die Mädchen als Pferde verkleiden und die Jungen mit einem Minipflug ein Stück Sand pflügen – uralte, auf heidnische Fruchtbarkeitskulte zurückgehende Folklore.

Vor dem Abendessen empfiehlt sich eine Besichtigung der **Highland Park Distillery** 25 (S. 309; s. a. S. 166) vor den Toren Kirkwalls. Mit der Malztenne, dem Torffeuerofen, den Pagodentürmen und den vom Schimmel geschwärzten Lagerhäusern ist sie eine der schönsten und dezidiert die nördlichste der schottischen Destillerien. Die ›Nagetierkontrollbeamten‹, der rote Barley und der schwarze Malt, sorgen auf gut Kätzisch dafür, daß die Mäuse nicht auf der Tenne tanzen.

Shetland

Etwa 100 Inseln – auf 18 davon wohnen die etwa 23 000 Shetländer – stemmen sich gegen die rauhen Wellen von Atlantik und Nordsee, etwa gleiche 350 km entfernt von Aberdeen, dem norwegischen Bergen und den Faröern (S. 313). Zentrum des Archipels mit knapp 8000 Einwohnern und unser Basislager ist die alte Hafenstadt Lerwick. Unsere Route führt durch die langgestreckte Hauptinsel Mainland, in den Süden zu der bedeutenden prähistorischen und Wikingersiedlung Jarlshof, nach Norden zu einsamen Stätten und grandiosen Landschaften am Ende der (schottischen) Welt. Schon wegen der beiden Brochs von Clickhimin und vor allem Mousa lohnt sich ein zwei- oder dreitägiger Abstecher vom Festland oder von den Orkneys.

Die rauhe, baum- und strauchlose, vielerorts noch fast unberührte Insel ist ein Paradies für Wassersportler, See- und Meeresangler, Racler, Wanderer und Naturliebhaber. Seehunde, Shetlandponies und vor allem Seevögel können Sie beobachten: Ein Bootsausflug von Lerwick (S. 314) führt um die 180 m hohen Felsklippen der Insel **Noss**, einem Naturschutzgebiet, wo Zehntausende von Möwen, Papageitauchern und Eissturmvögeln in einer wahren Kakophonie nisten.

Die achtstündige Überfahrt mit der P & O-Fähre von Stromness nach Lerwick ist bei Sonnenschein schöner als eine Mittelmeerkreuzfahrt. Auf halbem Weg ragen die steilen Klippen der **Fair Isle** aus dem Wasser auf, der ›schönen Insel‹, einem Eldorado für Vogelkundler (man kann auf der dortigen ornithologischen Station übernachten) und eingefleischte Individualisten. Schon wenn das Schiff den fingerähnlichen grünen Südzipfel Mainlands, Sumburgh Head, umkurvt, sieht man, daß Shetland gebirgiger, schroffer ist als die Orkneys. Wo dort rundliche, kompakte Formen vorherrschten, scheint auf Shetland alles langgestreckt und gerade zu sein: die Inseln, die Bergketten und Täler, die tief ins Land schneidenden, fjordähnlichen *Voes*, die länglichen Bauernhäuser, die des Öles wegen gut ausgebauten Straßen, ja sogar die Zirrhuswolken, die sich an dem Landschild fangen.

Stärker noch als auf den Orkneys, deren Geschichte ansonsten der von Shetland vergleichbar ist, macht sich der skandinavische Einfluß bemerkbar.

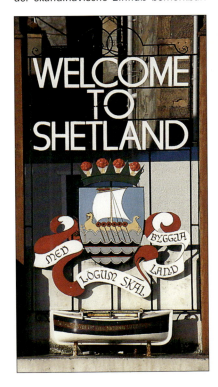

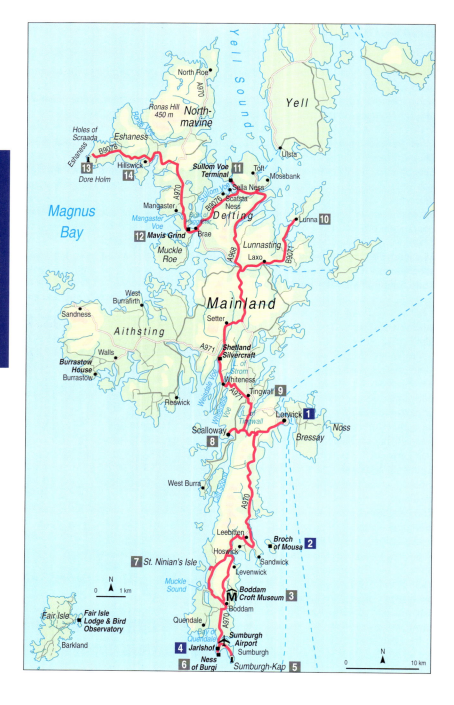

Die bunten Holzhäuser, die nordisch anmutende Fjordlandschaft, der harte Klang von Ortsnamen wie Quarff, Kjurk Hul, Scarfi Taing oder des shetländischen Schottisch lassen spüren, daß hier Großbritannien zu Ende geht, Skandinavien beginnt: Ultima Thule. Von etwa 800 bis 1469, als Christian I. von Norwegen und Dänemark Shetland als Mitgift seiner Tochter Margaret für die Heirat mit James III. von Schottland verpfändete, dauerte die skandinavische Herrschaft, die etwa 10 000 Worte im Sprachschatz der Shetländer hinterließ, vor allem auf den Gebieten Ackerbau, Wetter sowie Pflanzen- und Tiernamen. 50 000 nordische Ortsnamen kommen dazu, z. B. *Ay* (Insel), *Bister* (Farm), *Fell* (Hügel), *Grind* (Tor), *Holm* (kleine Insel), *How* (Erdhügel), *Kirk* (Kirche), *Lax* (Lachs), *Noup* (Kap), *Setter* (Farm), *Voe* (Meeresarm), *Wick* (Bucht). Bis etwa 1770 wurde auf dem Archipel noch ein Dialekt des Altnordischer gesprochen.

Beim Mittwinterfest *Up Helly Aa* mit Umzug, Fackelträgern und verkleideten Wikingern wird am Ende ein nachgebautes Langschiff verbrannt. Spätviktorianischer Vandalismus, behaupten Forscherinnen, die sich an dem strikten Frauenverbot dieses farbenprächtigen Spektakels stießen und herausfanden, daß die ›altnordische Tradition‹ erst 1880 geschaffen wurde. Und überhaupt: Welcher Wikinger hätte freiwillig sein Langschiff verbrannt? Die Shetländer sind ein widerstandsfähiger, ja sturer Menschenschlag mit einem starken Gemeinschaftsgefühl, geprägt und geschliffen von ihrer harten Umwelt. Ihre Seele sei in Ölzeug eingewickelt, sagte Winston Churchill bei seinem Shetland-Besuch im Zweiten Weltkrieg.

Routenkarte Shetland

Abends ist das graue **Lerwick** 1 (S. 313), die altnordische ›Schlammbucht‹, wie ausgestorben. Die Jugendlichen, die nicht in der kargen *Nook Bar* ein Bier trinken, lungern in ihren Autos am Hafen oder am hübschen Häuserensemble des **Market Cross** herum, die gesetzteren Semester bevorzugen die nicht weniger triste Bar des *Grand Hotel*. Tagsüber, wenn die steingepflasterte Hauptstraße der Fußgängerzone von kaufwilligen Einheimischen, Touristen und fremden Ölarbeitern überquillt, ist Lerwick eine ganz andere Stadt. Von der am Hafen verlaufenden Front Road zweigen, ähnlich wie in Stromness und Kirkwall, steile, schmale Gassen und Treppen den Hügel hinan ab, gesäumt von alten Häusern, aber auch von gelungenen Neubauten im lokalen Baustil. Vom georgianischen **Fort Charlotte** auf halber Höhe bietet sich ein schöner Blick auf den Hafen. Oben, an der Back Road, befindet sich das Verwaltungszentrum des Ortes. Im **Rathaus**, einem neogotischen Schlößchen, kann man die große Halle mit Holzdecke und bunten Glasfenstern aus dem 19. Jh. zur shetländischen Geschichte besichtigen. Das **Shetland-Museum** nahebei, im Stock über der Stadtbücherei untergebracht, zeigt neben einer originellen Kloschüsselsammlung heimatgeschichtliche Exponate, beispielsweise von der *Home Front* im Zweiten Weltkrieg, eine Kopie des St. Ninian-Hortes, prähistorische Ausgrabungsfunde, etwa vom Jarlshof, und alte Strickwaren.

Die erste Erwähnung von Shetland-Strickerzeugnissen stammt aus dem 18. Jh. und bezieht sich auf die Fair Isle, wo das geometrische, in Streifen angeordnete Design erfunden wurde, so das berühmte OXO-Muster. Der Prince of Wales, der spätere Edward VIII., machte es salonfähig, als er beim Golfen in St.

Öl

Nachdem 1964 die ersten Bohrungen in der schottischen Nordsee stattgefunden hatten und 1975 das erste Öl angelandet wurde, hat sich Großbritannien zu einem der größten Ölexporteure der Welt entwickelt. Ein merklicher Wirtschaftsaufschwung und die Schaffung von Zehntausenden neuer Arbeitsplätze waren die Folge, vor allem in den Hauptanlandepunkten des Öls, in Aberdeen, am Hound Point im Firth of Forth, in Flotta auf den Orkneys und Sullom Voe auf Shetland. Schottlands Reserven an fossilen Brennstoffen in der Nordsee haben jedoch nach einhelliger Expertenmeinung ihren Zenit überschritten. Schon vor der Jahrtausendwende rechnet man mit einem langsamen Rückgang der Förderung, die in den besten Zeiten, den 80er Jahren, bei 2,59 Mio. Barrel täglich lag. Ölfelder vor der schottischen Westküste, die ein Drittel der gesamten schottischen Ölreserven ausmachen, sollen dann an die Stelle der Nordseefelder treten.

Die der Ölwirtschaft innewohnenden Gefahren für Mensch und Umwelt symbolisieren zwei weltweit bekannte Namen: Piper Alpha und Braer. Das Explosionsunglück auf der Bohrinsel Piper Alpha im Jahre 1988 kostete 167 Menschen das Leben. Mangelhafte Sicherheitsvorkehrungen der Betreibergesellschaft waren die Ursache. Auf der Nachfolgerplattform Piper Bravo soll alles besser gemacht werden. Kritiker, z. B. aus der Gewerkschaft, sehen das anders und halten neue Unglücke für möglich. Das Medienereignis Brent Spar im Jahre 1995 weist auf ein weiteres Problem hin, das der Entsorgung: Viele der über 400 Bohrplattformen aus den 70er Jahren werden in den nächsten Jahren schrottreif.

In 145 m Tiefe sind die Fundamente von Piper Bravo am Meeresboden verankert, 23 m hoch erhebt sich die ›Stadt auf Stelzen‹ über die oft rauhen Wellen, aus mehr als 3 km Tiefe holen die Bohrgestänge das Rohöl. 180 qualifizierte, für den Notfall geschulte Arbeiter, darunter auch Frauen, halten sich auf dem High-Tech-Pfahlbau auf. Auf harte, gut bezahlte zwei Wochen Arbeit folgen zwei Wochen Landurlaub. »Don't let's have any bloody accidents here«, fordern wohlmeinende Schilder.

Ein ›verfluchter Unfall‹ ereignete sich am 5. Januar 1993 auf Shetland, als der einer New Yorker Reederei gehörende Öltanker Braer auf den Klippen von Garth's Ness (s. S. 229) auseinanderbrach. 84 700 t Rohöl flossen ins Meer oder verteilten sich als dünner Sprühfilm über die Insel. Dem griechischen Kapitän Gelis sei »gröbliche Pflichtverletzung« vorzuwerfen, hieß es im Untersuchungsbericht des britischen Verkehrsministeriums. Er nahm aus Gründen der Zeitersparnis nicht die sichere Nordroute, sondern die als stürmisch und tückisch bekannte Meerenge zwischen Shetland und Fair Isle – so wie Tausende anderer Tanker vor und nach dem Unglück, die diese Abkürzung zum Ölterminal Sullom Voe bevorzugen (s. S. 231). Hinzu kamen Koordinationsschwierigkeiten innerhalb der für Niedrigstlöhne angeheuerten philippinischen Crew, technische Mängel und der schlechte Allgemeinzustand des alten, unter liberianischer Flagge fahrenden Tankers sowie lückenhafte Sicherheitsbestimmungen des internationalen Seerechts – weit verbreitete Mängel der ›Welt-Schrott-Armada‹. Die Katastrophe sei vorprogrammiert gewesen und könne sich jederzeit wiederholen, mahnen Umweltschützer wie der shetländische Schriftsteller Jonathan Wills. Die noch einmal glimpflich verlaufene Havarie des russischen Fischfabrikschiffs »Pionersk« im November 1994 beweist dies – der Ölfilm, der das Meer bedeckte, war ›nur‹ 3 km breit.

1993 aber verendeten nach Schätzungen an die 5000 Seevögel wie Alken, Steintaucher, Trottellummen und Sturmtaucher qualvoll, wenn sie wie gewohnt im Sturzflug ins Meer, nun eine stinkende Ölbrühe, eintauchten. Die Strände waren von Vogelkadavern mit schwarzbraun verklebtem Gefieder übersät. Seehunde und Otter erfroren, da der Ölfilm ihr Fell verklebte und so den lebensnotwendigen Wärmeschutz zerstörte. Die große Eiderentenkolonie in der benachbarten Bucht von Virkie wurde zur Hälfte ausgerottet. Beim Gefiederputzen gelangt das giftige Öl in den Verdauungstrakt und führt Monate später zum Tod durch Magengeschwüre. Da das Öl und die großzügig von Flugzeugen versprühten Dispergenzien zur Auflösung des Ölteppichs sich auch im Plankton ablagern, ist die gesamte Nahrungskette noch auf Jahre vergiftet.

Das Unglück hatte auch katastrophale Auswirkungen auf die Spitze der Nahrungskette, die Menschen, die sich auf Shetland traditionell von den Schätzen des Meeres und des Landes nähren. Die Schafe mußten wegen der ölverschmutzten Weiden in den Stall gebracht werden; bei ungünstigeren Wetterbedingungen hätte ganz Süd-Mainland evakuiert werden müssen, da der Öldunst zu Lungenschäden führt. Alle Lachsfarmen in der 50-km-Gefahrenzone um den Havaristen mußten vernichtet werden. Die Muschelfischerei ist für mindestens zehn Jahre weitgehend lahmgelegt, denn das Gift lagert sich über längere Zeiträume in Schalen- und Krustentieren ab. Trotz Ausgleichszahlungen wurden viele Fischer arbeitslos.

Die Shetland-Inseln hatten noch einmal Glück im Unglück. Der Sturm, der die Bergungsarbeiten behinderte, sorgte auch für eine schnelle Verquirlung des Öls, das zerstäubt aufs offene Meer getrieben wurde und so weniger Schaden als erwartet anrichtete. Als die Touristen im nächsten Frühjahr anrückten, war von der Ölpest kaum noch etwas zu sehen.

Im Hafen von Lerwick gibt es immer etwas zu sehen

Andrews einen Fair Isle-Pullover trug. In Lerwicker Geschäften wie *Jamieson's* oder in kleinen Privatläden auf der ganzen Insel kann man Wollsachen kaufen, die das Signet der 1983 gegründeten Handelsgenossenschaft schützt: aus der Wolle der zahllosen Shetland-Schafe hergestellt, mit traditionellen geometrischen Mustern und in Farben, die von der Natur der Shetlands inspiriert sind.

Ein Spaziergang führt zum geschäftigen **Hafen**, zu Victoria Pier und Jachthafen, wo die für Angelausflüge zu charternden Kutter liegen. An der Commercial Street südlich des *Queen's Hotel* liegen die alten, grauen **Lodberries**, einst Lagerhäuser und Geschäfte, heute Wohnhäuser, die ihren Giebel zum Meer wenden und gemauerte Helling und Pier ins Wasser strecken. In winzigen Badebuchten zwischen den Steinhäusern plätschern die Wellen, liegen bunte Holzbötchen auf dem Sand, stromern Katzen entlang – ein verzauberter Ort. Shetlands wirtschaftliche Potenz zeigt sich heute in den modernen Stadtrandsiedlungen, die sich dem Ölboom verdanken. Zwischen Bungalows und Freizeitzentrum scheint der **Clickhimin Loch** fast zu ersticken. Auf einer Landzunge im See liegt einer der besterhaltenen Brochs Schottlands, dessen trutzige Mauern bis zu 5 m hoch stehen. Ein annähernd rechteckiges *Blockhouse,* ein nur auf Shetland anzutreffender Wehrbau, bewacht den Eingang der eisenzeitlichen Siedlung (s. Abb. S. 49).

Im großen modernen Hafen und Gewerbegebiet im Norden der Stadt steht ein aus dem 17./18. Jh. stammendes hanseatisches Handelshaus, die **Böd of Gimista** (S. 315). Das Geburtshaus des Kaufmanns Arthur Anderson, der mit dem Engländer Brodie Wilcox 1837 die Pentland and Oriental-Reederei gründete, ist heute ein Museum. Ganz in der

Mousa – ein Broch und viele Seehunde

Auf Mousa ausgeladen, hat man gut zwei Stunden Zeit für eine Rundwanderung durch die stille, einsame Natur. Das abweisende, nahtlos gefugte Trockenmauerwerk des **Broch of Mousa** 2, des besterhaltenen Schottlands, wirkt von außen wie ein prähistorischer Kühlturm. Um die Zeitenwende erbaut, steht er noch bis zu seiner ursprünglichen Höhe von 13,3 m auf einem Durchmesser von 15 m. Auf Mausezahn-Stiegen klettert man im hohlen Innern der dunklen, dicken Wände auf die Spitze. Zwei wikingische Liebespaare, in Egils und Orkneyinga Saga bezeugt, brachten hier ihre sündige Haut in Sicherheit.

Verhalten Sie sich vor- und rücksichtig in diesem Naturschutzgebiet, wo Wildkatzen, Otter und Igel leben, eine Vielzahl von Vögeln wie Seeschwalben, Krähenscharben, Papageitaucher, wo der scheue Blaue Sturmvogel, Großbritanniens kleinster Seevogel, brütet. Nach der Küstenwanderung zum Broch biegt man östlich ins Inselinnere ab, denn an der seichten Meeresbucht des West Pool tummelt sich meist eine wohl hundertköpfige Seehundkolonie. Wer sich behutsam dem Ufer nähert, hört bald ihr Schnaufen und Prusten, ihr zwischen Wolf und Kleinkind angesiedeltes Heulen ganz nah, sieht ihre glänzenden Köpfe mit den starren Schnurrhaaren und den sanften braunen Augen wie U-Boot-Periskope einen nach dem anderen aus dem Wasser auftauchen. Auch auf den Uferfelsen, an denen Mr. Jamieson zum Abschluß meist entlangfährt, aalen sich die schönen Tiere.

Der bedeutende Jarlshof-Komplex verdankt seinen Namen Sir Walter Scott

Nähe legen die zeitgenössischen P & O-Fähren an und ab. Vor den Öltanks noch weiter nördlich ankern, wie überall vor der Küste, die gefährlich verrosteten, grauen ›Klondijkers‹, uniform und aufgereiht wie Perlen an einer Schnur. Die aus Osteuropa stammenden schwimmenden Fabriken folgen den Fischschwärmen von Nordatlantik und Nordsee. Während der Heringssaison im September legen die hiesigen Fischerboote an den Seelenverkäufern an und laden ihre Fracht aus, die direkt an Bord verarbeitet wird – ›Fischrausch‹ auf Shetländisch.

Unsere **Südtour** bringt uns zunächst zum hübschen Pier in Leebitton bei Sandwick, wo bei gutem Wetter eine offene, gischtspritzende Nußschale zur Insel Mousa vor Sandwick ablegt (s. Abb. S. 54). Im Sommer macht Mr. Tom Jamieson mehrere Überfahrten, im September nur noch eine täglich. Im strohgedeckten **Boddam Croft Museum** 3 (S. 315) tritt man in ein aus den beiden Zimmern *bottom end* und *bed end* bestehendes altes Farmhaus, in dem würzig duftendes Torffeuer prasselt. Die Museumswärterin hat ihren zentralgeheizten Bungalow in Lerwick verlassen, um hier nahebei wieder ein Cottage mit *Peat*-Kamin zu bewohnen. Mitten in idyllischen Wiesen liegt eine kleine Mühle hinter dem Bauernhaus.

Wenn die Hubschrauber und Propellermaschinen Sumburgh anfliegen, den Versorgungsflughafen für die Ölplattformen im Norden, scheinen sie die Bergkämme des Sumburgh Head fast zu rasieren. Das Ende der Rollbahn überquert eine Autostraße – eine Ampelanlage warnt vor kreuzenden Flugzeugen. Im meist nur kurz anhaltenden Kerosingestank und Lärm des Airports liegt **Jarlshof** 4 (S. 315; Sir Walter Scott war Namensgeber), einer der bedeutendsten archäologischen Komplexe Schottlands, wie Skara Brae lange Zeit unter Sand verschüttet. Grundmauern zeugen

Dieses für Shetland typische Gehöft steht auf dem südlichen Mainland

von bronzezeitlichen Häusern des 2. Jt. v. Chr., wikingische Langhäuser und das Tower House der Stuart-Earls aus dem 17. Jh. von fortgesetzter Besiedlung. Die spektakulärsten Reste sind die eisenzeitlichen *Wheelhouses* aus dem 2./3. Jh. v. Chr., runde, wegen der Unterteilungen im Innern an Wagenräder erinnernde Wohnhäuser (s. Abb. links).

Die kleinen, dickfelligen und langmähnigen Shetlandponies der nahen Sumburgh Farm grasen um Jarlshof. Knapp 20 Gestüte züchten auf Shetland die zähen, wetterfesten Arbeits- und Reittiere, die zwischen 71 und 107 cm Risthöhe haben und laut Zuchtstammbuch »draußen gefohlt werden, draußen leben und draußen sterben«. Noch heute grasen sie teils auf dem *Scattald*, dem uneingezäunten Gemeinschaftsland, wie sie das wohl – eine Darstellung auf dem piktischen Bressay Stone legt es nahe – schon in vornormannischen Zeiten taten. Eine kleine Piste führt zum **Sumburgh-Kap** 5 mit dem strahlend weißen Leuchtturm, Shetlands erstem (1821), und der dortigen Papageitaucherkolonie. Am Strand entlang wandert man von Jarlshof, um die schöne dünenbewehrte Sandbucht herum, zum südwestlich gelegenen **Ness of Burgi** 6, einem eisenzeitlichen Hügelfort auf einer Felszunge im Meer. An den Klippen hinter der Sandbucht von Quendale, an Garth's Ness, lief 1993 die »Braer« auf Grund (s. S. 224f.). *Calamity Bay* nennen die Einheimischen die Bucht seitdem.

In Boddam verlassen wir die fast schnurgerade Öl-Autobahn A 970/A 968, die Sumburgh im Süden mit Sullom Voe im Norden verbindet. Kleine Single Track Roads führen durch die einsame, bäuerlich geprägte Küstenlandschaft. Die heute unbewohnte grüne Schafweide der **St. Ninian's Isle** 7 lädt zu windigen, stillen Spaziergängen ein. 1958 entdeckte ein Junge in den verfallenen Kirchenruinen den um 800 gefertigten silbernen St. Ninian's-Hort. Ein

Naturwunder ist die 800 m lange, uhrglasförmige Tombolo-Sandverbindung zwischen Mainland und der ›unechten‹ Insel: Von beiden Seiten hat hier das Meer auf eine Kiesunterlage eine mehr als einen Meter dicke Muschelsandschicht angeschwemmt.

Am Beginn der **Nordtour** besuchen wir das verschlafene **Scalloway** 8 (S. 313), die einstige Haupt- und heute zweitgrößte Stadt Shetlands. Es hat eine beeindruckende Burgruine (wieder ein Renaissancebau des Tyrannen Patrick Stuart), ein Heimatmuseum, das u. a. über die zweite Phase des Shetland Bus (s. S. 231) informiert, einen Jacht- und einen Fischereihafen, große Fischverarbeitungshallen, den postmodernen Bau des North Atlantic Fisheries College – und die Woollen Mill mit großer Strickwarenauswahl. ›Bucht der Hütten‹ bedeutet der altnordische Name, denn in Scalloway logierten die shetländischen Wikinger, um am langgestreckten Loch of Tingwall wenig weiter nördlich das Allting zu besuchen, die gesetzgebende Versammlung der rechtsfähigen Männer.

Vom Friedhof der schlichten Tingwall Church von 1790 sieht man den stillen, geschichtsträchtigen Ort. Im gruslingen Grabgewölbe scheinen gemeißelte Hände und Herzen auf den alten Laird-Grabsteinen der Auferstehung zu harren. Im Landwirtschaftsmuseum von **Tingwall** 9 (S. 315) geht einem an sommerlichen Folkloreabenden der Rhythmus der oft von ganzen Orchestern gespielten shetländischen *Fiddle music* in Blut und Bein. Bevor im frühen 18. Jh. die moderne Violine von holländischen Fischern aus Italien nach Shetland gebracht wurde, spielte man hier auf der primitiveren *Gue*. Die Shetländer lieben Tanz und Fiddlemusik seit alters her – Tom Anderson hat die alte Tradition mit der Gründung der Shetland Fiddlers' Society 1960 erfolgreich wiederbelebt.

Scalloway, die alte Inselmetropole, ist ein bedeutender Fischereihafen

Durch heidebewachsene, von den Torfstichkanten geäderte Hügel verläuft die Straße nach Norden, vorbei an zahlreichen Juwelierläden. Stahlblau schimmern die langgestreckten Wasserflächen des Whiteness Voe zur Linken, des bei Seeforellenanglern beliebten Loch of Strom zur Rechten, des grandiosen Weisdale Voe. Um das Herrenhaus von Setter wächst eine kleine Schonung – die einzigen Bäume der Graslandschaft Shetlands. Skuas zerfleischen ein Marderaas auf dem winzigen Sträßchen, das zur langen Halbinsel von **Lunna** 10 führt, einem atmosphärereichen, leicht melancholischen Flecken. In Pferchen sondern die Bauern das Schlachtvieh aus, das am nächsten Markttag verkauft werden soll. Sie treiben die Schafe auch schon mal mit dem Kleinlaster über die Straße, und der Hütehund sitzt auf dem Beifahrersitz. Die hübsche, strahlend weiße Lunna Kirk mit ihren lackierten hölzernen Säulen und dem Gestühl für die Kirchenältesten liegt in grandioser Einsamkeit neben Ruinen. Sie ist das älteste noch benutzte Gotteshaus des Archipels. Stolz thront Lunna House, das Herrenhaus der Hunters, auf einem nahen Hügel. Von hier operierte zu Beginn des Zweiten Weltkriegs, bevor er nach Scalloway ›umzog‹, der *Shetland Bus* (norwegisch für ›größeres Schiff‹), eine Widerstandsorganisation, welche Flüchtlinge von der norwegischen Küste hierher und Waffen und Sabotagegerät auf den Kontinent schaffte.

Sullom Voe 11, Europas größtes Ölterminal, versteckt sich vornehm hinter einer Landzunge. Von der Straße sieht man nur ein paar Tanks und Anlegepiers, eine Abfackelflamme, den Zuliefererhafen von Sella Ness und den Flughafen Scatsta Ness. »Vorsicht: Otter kreuzen«, mahnen Schilder an der Zufahrtstraße zum Terminal. Solche Pflichtübungen in Umweltschutz können nicht darüber hinwegtäuschen, daß der gigantische Ölhafen trotz aller Sicherheitsvorkehrungen auch gigantische Gefahren für die Umwelt birgt. Den schönsten Blick auf den Ölkraken hat man auf der Höhe von Mangaster nach Norden ins Voe hinein.

Noch vor Mangaster passiert man **Mavis Grind** 12, die enggeschnürte Taille der Insel, kaum mehr als straßenbreit. Rechts die Wellen der Nordsee, links die des Atlantik, der wie ein Binnensee wirkt – einer der schönsten Ausblicke Shetlands.

Die Landschaft wird zunehmend gebirgiger, mooriger, beinah menschenleer. Hoch erhebt sich der markante rosa Kegel des Ronas Hill vom Meer bis zu seinem von einem neolithischen Kammergrab bekrönten Gipfel, mit 450 m der höchste Shetlands. Das Ronas Voe säumen unzugängliche Klippen aus rotem Sandstein, die Küste von **Eshaness** 13 Basaltfelsen, vom unterspülten Felsbogen des Dore Holm bis zu den tief ins Land getriebenen Holes of Scraada; ein Parkplatz mit Infotafeln am Leuchtturm lädt zu Küstenspaziergängen ein. *World's End*-Atmosphäre herrscht aber auch schon vorher auf der Northmavine-Halbinsel, in **Hillswick** 14, wo die Straße sich hinter dem netten Smithy-Gehöft im Nirgendwo verliert. Eine letzte Bastion der Zivilisation ist das innen wie außen holzverschalte *St. Magnus Bay Hotel* (S. 314), in Norwegen für die Glasgower Weltausstellung 1896 vorgefertigt; hier bekommt man einen schmackhaften Mittagsimbiß und eine herbe Ladung Tristesse. Der Pub *Da Böd* (S. 314), der älteste der Insel, schenkt seit dem 17. Jh. Bier aus – eine *Böd* war eine Niederlassung der Hanse, die auch hier, am Ende der Welt, lukrativen Handel zu treiben verstand.

DIE HEBRIDEN

Bollwerke gegen die Brecher des Atlantik, nasse Regenfänger für die vielen Tiefausläufer aus dem Westen, schützt das aus unzähligen kleinen und großen Inseln bestehende Archipel der Hebriden Schottlands Westküste: die **Äußeren Hebriden,** bestehend aus Lewis und Harris, North und South Uist, Benbecula und Barra, sowie die **Inneren Hebriden,** die größten von Süd nach Nord Arran, Bute, Islay, Jura, Mull, Tiree, Coll, Rhum und Skye.

Hav bred ey, ›Inseln am Rand des Meers‹, nannten sie die Wikinger, zu deren Königreich Man sie gehörten. Die vielen Ortsnamen auf *-ay* (Insel) oder *-bost* (von Nordisch *bólstadr,* Gehöft) zeugen noch von der wikingischen Vergangenheit. 1156 vertrieb der strahlende Held der Hebriden, der keltowikingische Kriegsherr Somerled Mac Gille Bride, die Nordmänner, bevor er 1164 im Kampf gegen den schottischen König fiel. Von ihm stammten die MacDonalds Lords of the Isles ab, deren Quasi-Königreich von Islay bis Lewis reichte. Die *Rí Innse Gall* waren Schutzherren und Mäzene einer urkonservativen, in sich abgeschlossenen gälischen Gesellschaft und hochentwickelten Kultur. 1493 bereitete der Stuart-König James IV. nach langen Kämpfen der gälischen Eigenständigkeit ein gewaltsames Ende.

Auf den Hebriden wird noch – und wieder – Gälisch gesprochen; Dudelsack- oder Gälischkurse bringen jungen Leuten die Sprache und Kultur ihrer Vorfahren nahe. Trotzdem wandern immer mehr Menschen wegen der hohen Arbeitslosigkeit aus. Die Gebliebenen nähren sich bescheiden von Fischerei und Fischfarmen, Crofting und in zunehmendem Maße vom Tourismus, denn die intakten Insellandschaften sind ein Paradies für Vogelliebhaber, Fahrradfahrer, Wanderer und Freunde ruhiger Naturferien.

Die Äußeren Hebriden – auf Lewis und Harris

Die Äußeren Hebriden oder *Western Isles* liegen 50–100 km vor dem Festland im Atlantik: im Norden die Hauptinsel Lewis und Harris (S. 301); dann die langgestreckten, durch schmale Landzungen und Straßendämme miteinander verbundenen, einsamen Eilande **North Uist**, **Benbecula** und **South Uist** mit ihren zahlreichen megalithischen Denkmälern wie dem beeindruckenden Ganggrab-Cairn Barpa Langass, mit mittelalterlichen Kirchenruinen, dem Vogelschutzgebiet Balranald und den Militärstützpunkten der RAF; das kleine **Eriskay**, wo 1941 die »SS Politician« samt Whiskyladung Schiffbruch erlitt – Vorlage für Compton Mackenzies launigen, 1948 von Alexander Mackendrick verfilmten Roman »Whisky Galore«; das magische **Barra** im Süden mit schönen Stränden und dem mittelalterlichen Kisimul Castle. Die von Nord nach Süd etwa 200 km lange Inselkette besteht hauptsächlich aus grauem Lewis-Gneis, einem der ältesten Gesteine der Welt, das vor etwa 1500 Mio. Jahren entstand.

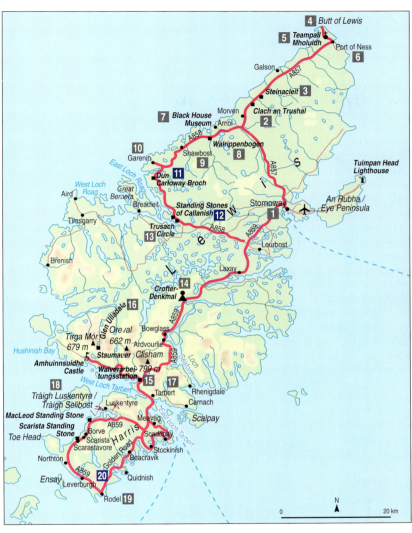

Routenkarte Lewis und Harris

An die 30 000 Menschen leben auf einem Dutzend der zahlreichen Inseln und Schären (Schiffsverbindungen s. S. 302).

Die erste Route führt von der Inselhauptstadt Stornoway durch Lewis, zu den typischen *Black Houses* und den so zahlreichen prähistorischen Stätten: Höhepunkt sind die Standing Stones of Callanish und der Dun Carloway Broch. Eine Talwanderung entführt uns zum einsamen Naturwunder des Glen Ulladale in den Bergen von Harris. Harris wartet mit gigantischen Sandstränden an der Westküste, der reich mit Reliefs geschmückten Kirche von Rodel und der grandios zerklüfteten Ostküste auf, welche uns die Golden Road mit den Läden der Harris Tweed-Weber erschließt.

Dreieinhalb Stunden stampft die Fähre von Caledonian MacBrayne, der für die westlichen Inseln zuständigen Fährgesellschaft, von Ullapool nach Stornoway (S. 320). Wie alle Schiffe von Calmac trägt sie am Schornstein bekennerisch den roten Jakobitenlöwen auf gelbem Grund. Für einen Sonntag kann man die Überfahrt nicht buchen, denn die calvinistische Bevölkerung von Lewis und Harris ehrt den Tag des Herrn mit eiserner Strenge: Bibelstudium und Messe in einer der scheunenähnlichen, absolut schmucklosen Kirchen, ansonsten aber ruhen alle Geschäfte. Auf Uist und Barra herrscht das katholische Bekenntnis vor, und so fahren hier die Fähren auch sonntags.

Knapp 6000 Einwohner zählt die unprätentiöse, geschäftige Inselmetropole **Stornoway** 1 (S. 301); das beste Standquartier für die Western Isles. Auf der Rückseite des häßlichen See- und Fährhafens, in einer geschützten kleinen Bucht, ankert die Fischfangflotte von Lewis. Schöne Spaziergänge und einen ebensolchen Blick auf die bunten, dickbauchigen Kutter bietet der Park unterhalb des neogotischen Lewis Castle, heute ein College, über eine Brücke hinter dem Fischerhafen zu erreichen. Das Heimatmuseum **Museum Nan Eilean**, und die wechselnden Ausstellungen der **An Lanntair-Galerie** im neugotischen Rathaus lohnen einen Besuch.

Die **erste Route** führt zunächst zum nördlichsten Punkt der Insel, dem Butt of Lewis. Das Landesinnere des weitgehend flachen Lewis ist eine nur von Schafen bewohnte, von zahllosen Tümpeln, Sümpfen, Lochs und Flüßchen bewässerte Mooreinöde. Entlang der Straßen reihen sich die Einzelhöfe und Crofter-Streusiedlungen mit den durchgehend grau verputzten, bescheidenen Häuschen, den bunt gestrichenen Wellblechschuppen und dem obligatorischen Torfstapel vor der Tür – kostenlo-

Die Hebriden sind berühmt für ihre weiten Strände, hier bei Port of Ness

In den Ruinen der inseltypischen Black Houses grasen die ›Gewinner‹: Schafe

ses, im Frühjahr im Schweiße des Angesichts mit dem Torfspaten, dem *taraisgear*, gestochenes Heizmaterial, das die Insel im Überfluß bereit hält. 15 000 Torfstücke verfeuert ein Vier-Personen-Haushalt im Durchschnitt – 1000 schafft ein guter Mann pro Tag, doch meist arbeiten alle Nachbarn zusammen. Die vielen verlassenen Häuser zeigen, daß nicht alle den harten Überlebenskampf hier bestehen konnten.

5,7 m hoch und ein wenig schief ragt der flechtenbewachsene **Clach an Trushal** 2, der größte Standing Stone der Inseln, über einer an einen Schrottplatz gemahnenden Farm auf. Die steinzeitliche **Steinacleit-Stätte** 3 – ein in sich zusammengefallener Grabhügel und eine große Setzung aus winzigen Steinen – erreicht man nach einem kleinen Spaziergang über eine friedliche Schafweide. Der stille Charme der Landschaft und die frische Seeluft verleihen den archäologischen Denkmälern auf den Hebriden einen besonderen Reiz.

Den atmosphärereichen Leuchtturm des **Butt of Lewis** 4 errichteten David und Thomas Stevenson aus der Familie des berühmten Schriftstellers – wie so viele Leuchttürme in Schottland. Man wandert vorsichtig an den schroffen Klippen aus Lewis-Gneis entlang, die aussehen, als seien sie von einem Riesen zusammengeknüllt und ins Meer geworfen worden, beobachtet im Frühling die brütenden Möwen – zum Greifen nahe und doch durch einen gischtsprühenden Abgrund vom ›Festland‹ getrennt –, und wenn man Glück hat, Seehunde und Austernfischer. Die wiederaufgebaute, aus einem einzigen Raum bestehende **Steinkirche des hl. Molua** 5, gälisch *Teampall Mholuidh*, stammt aus dem 16. Jh. und gehört heute der Episkopalkirche: Teppichboden auf den Kniebänken gibt es in den Gebetshallen der strengen Free Kirk nicht. Im kleinen **Port of Ness** 6 betreiben Kate und Anthony Barber eine gelungene Kombination aus Café/Restau-

Dun Carloway Broch: Weit schweift der Blick über die kargen Hochmoore

rant mit schmackhafter Hausmannskost, schlichtem B & B und kleinem Craft Shop: *Harbour View* (S. 302). Hinter dem winzigen Hafen erstreckt sich ein weitläufiger Sandstrand, dessen dicht an dicht mit Schnecken, Muscheln, Algen und Seepocken besiedelte Felsen bei Ebbe trocken fallen (s. Abb. S. 234).

In der Crofter-Gemeinde **Arnol** stehen neben den neuen Häusern, wie häufig auf der Insel, noch die teils als Schuppen genutzten Ruinen der alten Black Houses mit den zur besseren Windableitung gerundeten Ecken. Der Begriff, gälisch *tigh dubh,* geht wohl nicht auf den ›geschwärzten‹ Innenraum zurück, sondern entstand um 1850, um diese alte Bauweise gegen die neuen, verputzten ›weißen‹ Häuser abzusetzen. Die No. 42, gegen 1875 erbaut und bis 1964 bewohnt, ist als **Museum** 7 (S. 303) eingerichtet: ein einziger langer Wohnraum, der *aig an teine* (›am Feuer‹), der nahtlos in den Stall übergeht, wodurch die Viehwärme optimal genutzt wurde; düstere Nischenbetten und spärliche Einrichtung, ein einziges kleines Fenster, ein mit Schnüren und Steinen festgezurrtes Strohdach über einer Holzkonstruktion. Die Wände bestehen aus zwei mit Torf und Erde gefüllten Steinhüllen. Da diese Hebriden-spezifische Hausform keinen Kamin besitzt – so wurden Insekten abgehalten, Holz und Stroh konserviert, Fleisch und Fisch unter der Decke gedörrt –, sind Qualm und Rauchgeruch atemberaubend. Auch heute brennt immer ein Torffeuer in der zentralen Herdstelle, dem *cagailt.* Hier versammelten sich abends die Nachbarn zum *ceilidh,* tauschten Neuigkeiten aus, erzählten Geschichten, sangen – Augenzeugenberichte aus der guten alten Zeit loben sehnsüchtig den engen sozialen Zusammenhalt der Crofter, Spaß und Geselligkeit.

Ein Stückchen weiter südlich wölbt sich ein gigantischer **Walrippenbogen** 8 als

Gartentor an der A 858. Das **Heimatmuseum** (S. 303) in der alten Schule von **Shawbost** 9 zeigt vor einer Schülerinitiative in den 70er Jahren zusammengetragene, verblichene Gegenstände des Inselalltags vor 100 Jahren. **Garenin** 10 liegt wunderschön in einem grünen Tal über einer kleinen Meeresbucht. Einige der alten Black Houses dienen als Jugendherberge und werden vom *Gatliff Trust* sukzessive wiederaufgebaut. In anderen, verfallenen Schwarzen Häusern grasen, Symbol der Clearances, die Schafe, aus dem Dorf dringt das emsige Klackern der Webstühle, und im Tal kann man noch gut die schmalen langen Feldstreifen des alten Runrig-Feldsystems erkennen – man fühlt sich auf magische Weise in die Vergangenheit zurückversetzt (s. Abb. S. 235). Bis zu 9 m hoch stehen die Mauern des **Dun Carloway Broch** 11, eins der besterhaltenen Exemplare dieses eisenzeitlichen Typus von Fluchtburgen. Der traumhafte Blick reicht über die Lochs Roag und die öde, steinige Hochmoorlandschaft des gebirgigeren Westzipfels von Lewis.

Wo reiche steinzeitliche Sippen sich vor 5000 Jahren eine Kultstätte von gewaltigen Ausmaßen errichteten, ist das Land flacher, sanfter, wie es die Megalithiker weltweit liebten. Mehr als 20 untereinander sichtbare Steinkreise und Standing Stones machten die Archäologen im Halbinsel- und Wasserlabyrinth um **Callanish** 12 aus. Bewußt haben die Erbauer die Wirkung der Landschaft in die Kultstätte miteinbezogen, bewußt haben sie die Steinreihen auf die Position des Mondes bei Winter- und Sommersonnenwende sowie Tagundnachtgleiche ausgerichtet. Die Hauptanlage in Form eines keltischen Kreuzes, Callanish I, sucht ihresgleichen: Von dem Kreis aus doppelmannshohen Steinen mit einem 4,7 m hohen zentralen Monolithen und einem kleinen bronzezeitlichen Ganggrab führen eine lange, doppelte Steinallee nach Norden und drei

Waren die Standing Stones of Callanish der Sonnentempel der Hyperboreer?

kürzere, einfache Reihen nach Osten, Westen und Süden. Quarzadern, vielleicht Symbole eines Sonnenkults, durchziehen den grauen Lewis-Gneis. War dies der große Sonnentempel der geheimnisvollen Hyperboreer, den Herodot erwähnt?

In dem *Black House Café* (S. 302) direkt nebenan kann man auch Harris Tweed kaufen. Das neue Besucherzentrum wurde mit Gespür für die Magie des Orts außer Sichtweite gebaut. Vom kleineren, immer noch beachtenswerten **Trusach Circle** 13 oder von **Callanish III** an der Straße hat man einen guten Blick auf die spitzen Steinzähnchen des etwas höher liegenden Hauptkreises. Die ganze Insel ist übersät mit prähistorischen Zeugnissen – es macht Spaß, die teilweise schlecht oder gar nicht ausgeschilderten uralten Steine zu erwandern.

Die A 859 führt uns südwärts zu der **Talwanderung ins Glen Ulladale**. Kurz hinter dem Kopfende des langgezogenen Loch Erisort erinnert rechts der Straße ein **Denkmal** 14 an die Crofter, die sich 1887 – vergeblich – dagegen wehrten, daß die Landbesitzerin, Lady Metheson, eine riesige Rotwildjagd dort einrichten wollte, wo die von ihrem Vater im Zuge der Clearances enteigneten Höfe der Rebellen lagen. Kurz vor der unsichtbaren Grenze zu Harris wird es gebirgiger. Phantastische Weitblicke auf den Seaforth Loch ergeben sich. Das kleine Dorf Rhenigidale an seinem Ufer hat erst vor wenigen Jahren einen Straßenanschluß erhalten.

Wir zweigen auf die abenteuerliche Single Track Road B 887 ab und kommen an den Überresten einer alten **Walverarbeitungsstation** 15 vorbei; markant ist vor allem der Backsteinschornstein. Vor dem neogotischen, nicht zu besichtigenden Amhuinnsuidhe Castle – weiter würde es zum schönen Sandstrand der **Hushinish Bay** gehen – zweigt ein Sträßchen rechts ab. Man parkt vor einem Gatter, steigt auf asphaltiertem Sträßchen bis zu dem kleinen Kraftwerk am ersten See und weiter neben einer Wasserpipeline bis zum

Typisches Gehöft auf Harris

Staudamm des zweiten Sees, den man auf deutlich sichtbarem Weg rechts umrundet. Wasserfälle und Bächlein rauschen zu Tal. Um den dritten See geht es links herum, und wenig später steht man staunend über dem weiten, grandiosen **Glen Ulladale** 16. Bis hierher sind es etwa 2 Stunden oder 11 km. Über den hohen Talkamm steigt man hinunter und wandert nach Gusto auf gut sichtbarem Pfad durch das von Flüßchen und See durchzogene Tal. Selbst die Schafe sind hier selten oder tot. So stark ist der Eindruck von Verlassenheit, daß man sich nicht wundern würde, Dinosaurierherden über den feuchten Talgrund stampfen zu sehen. Wahrscheinlicher sind Sichtungen von Adlern und Rotwild.

Vom kleinen **Tarbert** 17 (S. 301), Hauptort von Harris und Fährhafen für Lochmaddy auf North Uist und Uig auf Skye, führt die **dritte Hebriden-Tour** rund

um das gebirgige Süd-Harris. Die Westküste ist eine Kette weiter, von hohen Dünenkämmen gesäumter Sandstrände und türkisblauen Wasserflächen: die Côte d'Azur der Hebriden. Eine landschaftliche Besonderheit der schottischen Westküste läßt sich hier besonders gut beobachten: der *Machair*, ein wasserdurchzogener, fruchtbarer Streifen Weideland aus angewehtem Muschelsand hinter dem Strand, im Frühjahr ein bunter Teppich aus blühenden Salzmarschblumen. Die von einem langen Dünenfinger getrennten Riesenstrände **Tràigh Luskentyre** und **Tràigh Seilebost** 18 (*tràigh* = Strand) laden zu einsamen Spaziergängen auf pastellfarbenem Muschelsand ein. Vorbei am MacLeod Standing Stone auf einer Schafweide, dem unscheinbaren *Scarista House* (S. 303), dem besten Country House Hotel der Insel, und dem Gezeitenstrand Tràigh Scarasta gelangt man nach Leverburgh, dem Hafen für Fähren nach Berneray und North Uist (S. 302).

Die kreuzförmige St. Clement's Church in **Rodel** 19, Mitte des 16. Jh. errichtet, ist das bedeutendste Gotteshaus der Äußeren Hebriden. Hoch erhebt sich ihr mächtiger, quadratischer Turm über einem stillen Friedhof. Drei breitschultrige, stämmige MacLeods, die einstigen Inselherren, ruhen in Kettenhemd und Spitzhelm, aus glitzerndem schwarzen Stein gehauen, auf ihren Tumben. Über dem prächtigsten Grabdenkmal, dem des Kirchengründers Alexander MacLeod, wölbt sich ein Bogen aus qualitätvollen Reliefs, z. B. eine Jagdszene, eine Galeere und eine Burg, vielleicht Dunvegan Castle auf Skye. Auch außen am Turm befinden sich Reliefs, so an der Südseite eine Frau, die ihr Baby stillt und dem Betrachter ihre Genitalien zeigt – die alte keltische Darstellung der fruchtbaren *sheela na gigs* sollte Böses bannen. Die Aussicht von den Klippen oberhalb des Piers fällt auf eine Hebriden-typische Felsküste und Bucht. Einheimische und Touristen frequentieren den seit Jahrzehnten unveränderten, mit Resopaltischen möblierten Pub am Ende der Welt. Daß es hier einmal ein Hotel gab, verrät nur noch ein verblichener Schriftzug auf der Hauswand. 1995 erteilten die Einwohner von Harris einem Steinbruchobjekt an der Südspitze der Insel eine deutliche Abfuhr: Die Zerstörung der Natur wog in ihren Augen schwerer als die versprochenen Arbeitsplätze, die diese abgelegene Region so dringend benötigt.

Die Farben der Hebriden: Tweed

Das monotone Klicken der Webstühle, das aus Wohnwagen oder Wellblechschuppen dringt, ist ein Geräusch, das man auf Lewis und Harris beinah an jeder Ecke hört. Meist alte Leute fertigen, vermehrt an den rauhen Wintertagen, jenen berühmten Stoff, dessen gedämpfte Farben von der wilden Landschaft inspiriert sind: steingrau, moosgrün, heidelila, stechginstergelb, meerblau. Zwischen 15 und 20 m schafft ein Weber pro Tag, für den Meter zahlt man etwa 6 £ beim Erzeuger. Echt ist nur der aus der Wolle von Hebriden-Schafen hergestellte und früher mit Pflanzenfarben eingefärbte Harris Tweed mit der *Orb Mark*, das Zeichen einer von einem Malteserkreuz bekrönten Erdkugel, die sich die Harris Tweed Association bei ihrer Gründung 1907 zulegte.

Das Markenzeichen stammt aus dem Wappen der Hebriden-Landbesitzerin Gräfin von Dunmore, die um die Mitte des 19. Jh., als Schottisches bei Hofe in Mode kam, den Tweed bei den Gentlemen-Jägern Englands salonfähig machte. Ihre Untertanen hatten den wasser- und windabweisenden wärmenden Stoff als Arbeitskleidung genutzt. 1920 führte der Wohltäter der Hebriden, Lord Leverhulme, den Hattersley-Webstuhl ein. Für die heutigen Bedürfnisse jedoch arbeiten die alten Webstühle zu langsam, zu laut, und sie produzieren zu schmale Stoffbahnen, die die modernen Laserschneidemaschinen der Textilindustrie nicht verwerten können. Eine kräftige Finanzspritze täte not, um neue Webstühle anzuschaffen, die traditionsreiche Heimindustrie zu retten und wieder junge Leute an den *Loom* zu locken.

Der Löwenanteil des von etwa 500 Heimwebern produzierten Tweeds – größte Fabrik und Hauptvermarkter auf Harris ist Kenneth Mackenzie – geht an Hersteller klassischer Bekleidung in den USA, Australien, Europa und Japan. Doch auch avantgardistische Couturiers wie Koji Tatsuno oder Vivienne Westwood schätzen und verarbeiten ihn. Der Trend geht zu leichterem, farbenfrohem Tweed mit Fischgrät- oder getüpfelten Mustern. »Aus Harris Tweed«, sagt Vivienne Westwood, »kann man kein schlechtes Jackett machen.«

Den krönenden Abschluß eines Hebriden-Aufenthalts bildet die Fahrt über die einspurige **Golden Road** [20] entlang der felsigen, schroffen Ostküste, eine Mondlandschaft mit wie hingeworfenen Felsbrocken aus grauem Lewis-Gneis. Die wenigen Crofter, die hier noch ausharren, und die zugezogenen Einsamkeitsfanatiker aus Deutschland oder Südengland wohnen in bunten kleinen Häusern meist am Meer (s. Abb. S. 7 und 8). In Cottages oder Wohnwagen an der Golden Road, konzentriert am Straßenabschnitt südlich von Tarbert, kann man den berühmten Harris Tweed direkt vom Erzeuger kaufen.

Skye: die neblige Schöne

Ein großer Hummer, den Schwanz dicht am Festland von Lochalsh, die Scheren der Trotternish und Waternish/Duirinish-Halbinseln nach den Western Isles ausgestreckt – das ist Skye, ›die Geflügelte‹, die größte, am leichtesten erreichbare und wohl schönste Hebriden-Insel (S. 315). Die Felsmassive des Quiraing und der Cuillins, die Klippen der Duirinish-Halbinsel und der sanfte

Routenkarte Skye

Im Quiraing

Heldin der Highlands – Flora MacDonald

Ein gutaussehender Jüngling in Hochlandtracht wartet in einem Bauernhaus nahe Milton auf der Insel South Uist. Wir schreiben den 20. Juni 1746. Der junge Mann ist Charles Edward Stuart, der Thronprätendent, der nach der verlorenen Schlacht von Culloden fünf Monate abenteuerlicher Flucht vor den Häschern Georges II. hinter sich hat. 30 000 £, ein Vermögen, sind auf seinen Kopf ausgesetzt. Da betritt eine junge Frau die Bühne, die 24jährige Flora MacDonald, eine Verwandte des Clanoberhaupts, des Mac-Donald von Clanranald. Auf Bitten ihrer jakobitischen Verwandten erklärt sie sich bereit, *Bonnie Prince Charlie*, verkleidet als ihre Dienstmagd Betty Burke, in einem Boot nach Skye zu bringen, von wo er nach Frankreich fliehen kann. Das Husarenstück gelingt, obwohl die Hebriden vor englischen Soldaten wimmeln und der Prinz mit 1,85 m eine auffallend große Dienstmagd abgibt.

Ein Stoff für Balladen, auch wenn Flora und Charlie schon am 1. Juli wieder Abschied nehmen. Keine tragische Liebesgeschichte, sondern eine Mär von Highland-Tapferkeit, Galanterie und Hilfsbereitschaft, erstaunlicherweise eine Mär mit Happy-End. Obwohl Flora bald danach verhaftet und für einige Monate ins Gefängnis gesteckt wird, avanciert sie im sensationshungrigen, romantischen London bald zu einem gesellschaftlichen Ereignis, genießt sogar Besuche und Respekt des Thronfolgers und wird schließlich 1747 amnestiert.

Flora, die uns von den zeitgenössischen Porträts mit freundlich-bestimmtem, etwas herbem Gesicht ansieht, ist keine Friederike Brion; sie eignet sich nicht für die Rolle der tragisch Verlasse-

Süden, der ›Garten von Skye‹, begründen ihren landschaftlichen Reiz. Folkmuseen, das Dudelsackzentrum in Borreraig, Dunvegan Castle und der Mac-Donald Clansitz in Armadale setzen die kulturellen Akzente.

Skye ist die einzige Hebriden-Insel mit wachsender Bevölkerung. Dafür sorgen die von den Einheimischen nicht gerade liebevoll *White Settlers* genannten Zugezogenen aus den Lowlands oder England: Althippies, ausgestiegene Yuppi-Börsianer oder Geschäftsleute, die Skyes touristische Infrastruktur durch geschmackvolle Hotels, Restaurants oder Kunstgewerbeläden verbessern halfen. Nach einem Gesetz aus dem Jahre 1976 durften Crofter ihr Haus frei verkaufen. Reiche ›weiße Siedler‹ erwarben sie. Junge Skye-Familien konnten sich die schnell steigenden Preise für ein Haus nicht mehr leisten. Viele Einheimische machten ihr *Two-up-two-down* (zwei Zimmer oben, zwei unten, das

nen. Die tüchtige, bei ihren Mitmenschen sehr beliebte Frau schließt 1750 eine glückliche, in der Folgezeit mit sieben Kindern gesegnete Ehe mit ihrem Verwandten Allan MacDonald. Sie wandert nach Kanada aus, kehrt 1779 von der Nova in die alte Scotia zurück, wo sie 1790 hochgeachtet stirbt. Als Leichentuch wählt sie das Bettlaken, in dem der Prinz auf seiner Flucht geschlafen hat, eine seltsam anmutende Intimität im Tode.

Der Prinz, der ihr beim Abschied mit hoh(l)en Worten die erwiesene Freundlichkeit zu vergelten versprach, wenn er dereinst auf Englands Thron säße, hat sich nie mehr gemeldet. Gegen Lebensende gar nicht mehr hübsch, wie ein Bild in der National Portrait Gallery in Edinburgh zeigt, endete er in Suff und Tristesse, indem er abwechselnd seine Frau, seine Mätresse und seine uneheliche Tochter prügelte.

Dr. Johnson, der auf seiner Hebridenreise mit Boswell am 12. September 1773 der immer noch berühmten Flora MacDonald einen Besuch abstattete und in jenem Bett übernachtete, das auch der exilierte Thronanwärter einst benutzt hatte, meinte belustigt, ihm seien darin keine ehrgeizigen Gedanken

Abschied am 1. Juli 1746 in Portree auf der Insel Skye: Im 19. Jh. wurde die Begegnung zwischen Bonnie Prince Charlie und Flora MacDonald gerne romantisiert

gekommen. Sein Ausspruch über die Heroine der Highlands ist, wie so viel des ›englischen Goethe‹, zum Zitat geworden und schmückt noch heute ihren Grabstein in Kilmuir auf der Insel Skye: »Ihr Name wird in der Geschichte erwähnt werden, und zwar mit Ehren, wenn Mut und Treue Tugenden sind.«

klassische Crofter-Haus) zu Geld und hausen nun in den zahlreichen Wohnwagen. Die in den 70er Jahren drohende Gefahr, die Insel könne ein nur im Sommer bewohnter Ferienhaus-Friedhof mit englischen Pensionären werden, ist indes gebannt. Die neuen englischen Einwanderer sind hartnäckig: Sie bleiben das ganze Jahr über.

Die *Misty Isle,* wie die Einheimischen sie nennen, ist für ihre Regenschauer, Nebelbänke und das unwirkliche, milchig-strahlende Licht berühmt (s. Abb. S. 206/7): Wenn die tiefhängenden Wolken sich etwas heben und der erste Sonnenstrahl auf die von hübschen bunten Cottages gesäumte Hafenfront von **Portree** 1 (S. 315) fällt, auf die vielen Bötchen, die auf dem stahlgrauen Meer dümpeln, wollen wir das gern glauben. Das quirlige *Port na Righ,* ›Hafen des Königs‹ genannt wegen eines Besuchs James' V. im Jahre 1540, ist die Inselhauptstadt und ein annehmbares Stand-

quartier. Wer sich einen Überblick über Skye und seine Geschichte verschaffen will, wird das auf modernste Museumstechnik setzende **Skye Heritage Centre** (S. 317) besuchen.

Die **erste Route** führt um die schlanke Trotternish-Halbinsel. Vorbei am Fährhafen **Uig** 2, den die grünen Hügel einer Bucht rahmen wie ein Amphitheater, kommen wir zum **Folkmuseum** 3 (S. 317) von Kilmuir, dessen Häuser einen lebendigen Eindruck vom harten Crofter-Leben von einstmals vermitteln. Darüber ruht, unter gleißend weißen, neuen Steinen und inmitten sanfter Schafweiden, die Highland-Heroine Flora MacDonald. Das alte Grabdenkmal, das ihr Sohn 1832 errichten ließ, rissen Andenkenjäger Steinchen um Steinchen ab. Auch von der MacDonald-Feste **Duntulm Castle** 4 blieb nicht viel übrig, doch der Ausblick ist famos. Nur nächtens trifft man den Spukgeist jenes Babys an, das seine unachtsame Amme von den Klippen fallen ließ. Im gemütlichen **Flodigarry Country House Hotel** 5 (S. 316) läßt es sich gut leben, z. B. in den stilvoll renovierten Flora MacDonald Cottages, einst das Heim der Familie; die Zimmer sind nach ihren Kindern benannt. Nach einem schmackhaften, informellen Abendessen im viktorianischen Wintergarten besucht man den eisenzeitlichen Broch in den Gärten und spaziert an der schönen, flachen Küste entlang.

Hinter dem Crofter-Dorf Staffin (S. 316) mit seinem erholsamen Strand windet sich ein Sträßchen zum **Quiraing-Massiv** 6 empor, das man zuvor schon von allen Seiten bewundern durfte. Vom Parkplatz einige hundert

HInter den Mealt Falls sieht man die Basaltformationen des Kilt Rock

Meter hinter dem Friedhof geht es auf ebenem, vielbenutztem und daher matschigem, erodiertem Pfad zu den steil aufragenden Basaltzacken mit den sprechenden Namen ›Nadel‹ und ›Gefängnis‹ und zum flachen ›Tisch‹ dazwischen, wo einst das Vieh versteckt wurde. Hier kann man problemlos und nach Herzenslust auf gut sichtbaren Pfaden herumklettern, arktische Pflanzen, wilde Orchideen und mit Glück Goldadler entdecken. Eineinhalb Stunden dauert das Minimalprogramm, das Ihnen phantastische Blicke auf steile grüne Hänge, die bräunlich schimmernden Trotternish-Berge, Lochs und das Meer verspricht, Begegnungen mit scheuen Schafen und kontaktfreudigen deutschen Wanderern inbegriffen.

Ein beinahe unglaublicher Anblick: Gischtsprühend stürzen die **Mealt Falls** 7 über den Klippenrand 40 m tief auf den Strand; die halbrunde Basaltsäulenformation nördlich davon ist der Kilt Rock, der seinen Namen der angeblichen Ähnlichkeit mit den Falten in Schottlands berühmtestem Kleidungsstück verdankt. An dieser Küste fand man einen Dinosaurierfußabdruck und Schottlands ersten Dinosaurierknochen. An den **Lealt Falls** 8 und ihrer beeindruckenden, tief ins Land schneidenden Schlucht vorbei gelangt man unter die düstere schwarze Felsfassade des Storr-Massivs mit der 49 m hohen, scheinbar gefährlich schiefen Felsnadel des **Old Man of Storr** 9. Eine Verschiebung der unteren Sedimentschichten ließ vor Millionen Jahren die Basaltdecke aufbrechen und die spektakulären Felsnadeln von Storr und Quiraing absplittern. Auf einem sehr morastigen Waldpfad steigt man vom Parkplatz an der A 855

Im grandiosen Quiraing-Massiv wandert man im Sommer nie allein

Trotternish

247

Die schroffen, einsamen Cuillins sind nichts für Freizeitwanderer

durch eine Sitkafichtenpflanzung zum Fuße des Old Man. Zum Meer hinunter führt eine endlose Treppe an dem Wasserkraftwerk zum Strand, der für seine Fossilien berühmt ist.

Der **zweite Ausflug** führt an den Fuß der Cuillins in Zentral-Skye und über die westlichen Halbinseln von Duirinish und Waternish zurück nach Portree. **Sligachan Bridge** mit seinem Hotel und seinem Campingplatz ist ein Basislager der Bergsteiger, die sich der Herausforderung der **Cuillins** 10 stellen. Von hier schaut man über eine alte Brücke, die nutzlos und verloren neben der neuen steht, in das weite Hochlandtal Glen Sligachan. Zur Linken erheben sich die hohen Roten Cuillins, zur Linken die noch höheren, schrofferen, basaltenen Schwarzen Cuillins mit dem Gipfelprimus Sgurr Alasdair (993 m) oder dem ›unbezwingbaren Felszacken‹ Sgurr Dearg (978 m; s. a. S. 17). Einen unmittelbaren, näheren Blick auf die Cuillins gewinnt man vom Bergsteigerdorf Glenbrittle mit seinem schönen Strand. Am Ufer des sanften Loch Harport öffnet Skyes einzige Destillerie, **Talisker** 11 (S. 317), ihre Pforten.

Eine abwechslungsreiche Küstenstraße bringt uns zum liebevoll von Privathand eingerichteten **Colbost Croft Museum** 12 (S. 317) mit seinen *taigh dubh*-Häusern und einer alten illegalen Whisky-Destille. Kritisch bekommt man hier erläutert, wie die Free Presbyterian Church in puritanischem Eifer die gälische Alltagskultur zerschlug, indem sie die traditionellen Festrituale – Besäuf-

nisse, Musik und Schlägereien – verbot, und wie sie sich bis heute gegen jegliche Entwicklung und vor allem gegen neue Pubs stemmt. Ein verträumtes grünes Tal, gesprenkelt mit den weißgestrichenen Cottages von 147 Crofter-Parzellen – das ist **Glendale**, die einzige Crofter-Gemeinde in den Highlands, deren Land zur Gänze den Kleinbauern selbst gehört (s. Abb. S. 252/53). Ihre Ahnen erreichten das mit den berüchtigten Crofter-Aufständen von 1890. In jüngster Zeit verkauften jedoch viele ihre Häuser an englische ›weiße Siedler‹, so daß Glendale heute den Spitznamen *Little England* trägt. Am Ende der Duirinish-Halbinsel, am Point Neist, stürzen Wasserfälle aus den grandiosen Klippen, bieten sich weite Ausblicke übers Meer. Der alte **Leuchtturm** 13 über bizarr gefalteten Basaltsäulen erfordert einen insgesamt 40minütigen, zurück sehr steilen Gang.

In **Borreraig** 14 (S. 316), fast am Ende des Sträßchens zu den schroffen Klippen von Dunvegan Head, lag bis ins 18. Jh. die *Piping School* der MacCrimmons, der erblichen Dudelsackspieler des Clanchefs der MacLeods. Jeden Juni zieht eine Piper-Prozession mit dem Clanchef zu dem Memorialcairn mit schönem Ausblick auf den Loch Dunvegan. Dudelsackschule und -museum in dem winzigen Crofter-Dorf halten die alten Traditionen aufrecht. Auf dem kleinen Friedhof von Kilmuir bei Dunvegan liegen MacCrimmon-Musiker und MacLeod-Clanchefs begraben.

Winzige Bote tuckern vom Steg in den Gärten unterhalb des wehrhaften,

Vom Dudelsack zum Rock

Ein Mann im Kilt steht auf einem Plateau über dem Loch Garry und entlockt seiner *Bagpipe* klagende, weithin hallende Laute, die den Zuhörern durch Mark und Bein gehen. Seine Augen sind geschlossen, Schweiß perlt auf seiner Stirn von der körperlichen Anstrengung: Abwechselnd preßt er mit dem Ellbogen Luft aus dem aus Tierhaut gefertigten und mit Tartanstoff überzogenen Sack, dem *piob mor*, in die drei über seine Schulter stehenden Bordunpfeifen oder Brummer – eine Tenor- und zwei Baßpfeifen aus afrikanischem Hartholz –, oder bläst durch das Mundstück; mit beiden Händen wird die blockflötenähnliche Spielpfeife betätigt. Im Hintergrund Hochlandberge, die dunstig blauen Wasser des Hochlandlochs. Den Zuhörern stehen Tränen in den Augen. Das ist Schottland (s.Abb.. S. 9).

Die Herkunft des schottischen Nationalinstruments ist Gegenstand leidenschaftlicher Kontroversen. Haben schon römische Soldaten eine sacklose Pfeifenvorstufe auf dem Hadrianswall gespielt? Haben mittelalterliche Fahrensleute oder Kreuzfahrer die Sackpfeife aus dem Nahen Osten in den hohen Norden gebracht? Wie dem auch sei, wegen der beträchtlichen und nicht zu drosselnden Lautstärke kann man einen Dudelsack nur draußen richtig spielen und genießen. Seine kriegstaugliche Lautstärke war es, die ihn ab etwa dem 15. Jh. zum Lieblingsinstrument der gälischen Clanführer machte: Der wilde, mächtige Klang ließ die Feinde in der Schlacht erzittern und verzagen. Die Dudelsäcke, die 1314 in Bannockburn gespielt wurden, hatten allerdings nur eine Bordunpfeife; die zweite wurde im 16., die dritte erst im 18. Jh. hinzugefügt, um den Klang noch mächtiger zu machen. Bei allen festlichen Angelegenheiten spielten die erblichen Pipers der Clanchefs: die ›kleine Musik‹, *ceol beag*, bestehend aus Märschen und Tänzen, und die ›große Musik‹, *ceol mor* oder *piobaireachd*, eine feierliche, zunehmend komplizierte Variation eines Grundthemas, des *urlar.*

Nach der jakobitischen Erhebung von 1745 verboten die Engländer das ›Kriegsinstrument‹ Dudelsack. Retter der Bagpipe wurde neben den ausgewanderten Schotten in der Diaspora ironischerweise die britische Armee: Den im 18. Jh. aufgestellten schottischen Regimentern erlaubte man ihre Pipers. Eine *Pipe Band* besteht aus mindestens fünf Trommlern und sechs Dudelsackspielern, doch sind die meisten Formationen, deren Bekanntschaft der heutige Tourist auf Highland Games, bei Festivals oder vor den Adelssitzen macht, wesentlich umfangreicher. Sie werden von einem *Pipe Major* angeführt, dem in den Regimentern die Aufgabe obliegt, die Offiziere in der Kunst des Hochlandtanzes zu unterweisen.

Eine ›zivilere‹, volkstümliche Bühne für gälisch-schottische Volksmusik boten und bieten, heute vor allem auf den gälischsprachigen Inseln, die *Cei-*

lidhs. Die ›Besuche‹, so die wörtliche Übersetzung, sind ursprünglich nachbarliche Treffen am Abend, auf denen Geschichten erzählt, gesungen, getanzt, auf Fiddle oder Clarsach-Harfe gespielt wurde, neben dem Dudelsack die beiden wichtigsten schottischen Instrumente. Heute erfreuen sich auch kommerziellere, organisierte Ceilidhs großer Beliebtheit – die Bandbreite reicht vom Megakonzert bis zur informellen Session, bei der jeder mitmusizieren darf. Im Zuge einer gälischen Renaissance, die in den 60er Jahren einsetzte, bringen Radio- und Fernsehsendungen, große Folkfestivals wie die von Edinburgh oder Inverness und kleinere wie das von Brodick auf Arran, Wettbewerbe wie das an wechselnden Orten abgehaltene National Mod, Clubs, Gesellschaften und Schulprogramme die gälische Folkmusik einem breiteren Publikum nahe.

Obwohl die Vermarktung im Vergleich zu Irland noch in den Kinderschuhen steckt, scheinen die 90er Jahre das Boomjahrzehnt des schottischen Folk zu werden. Komponisten wie James MacMillan, Fiddler wie Aly Bain, Ian Anderson, der Querflötenmagier der Rockgruppe Jethro Tull, das Harfnerinnenduo Sileas, Catherine-Ann MacPhee, die gälische Sängerin aus Barra, oder Folk-Rock-Gruppen wie Ceolbeg, Mac-Talla oder Ossian feierten und feiern nationale wie internationale Triumphe. Puristen, die die traditionelle Musik unverfälscht erhalten sehen wollen, und Modernisten, die durch eine innovative Weiterentwicklung und Einbeziehung von Rockelementen vor allem junge Menschen gewinnen wollen, liefern sich teils erbitterte ideologische Schlachten.

Marktführer und Vorreiter der letzteren Richtung ist unangefochten die Gruppe Runrig, die mit ihrer Version von »Loch Lomond« und vor allem mit der ›Rocknationalhymne‹ »Alba« (gälisch für Schottland) die emotionale Wirkung der Popmusik nutzt, um auf die Probleme ihres Landes aufmerksam zu machen und die Jugend für die gälische Sprache und Kultur zu begeistern. Ihr charismatischer, mittlerweile auch in Deutschland bekannter Leadsänger ist Donnie Munro, ehemaliger Rektor der Edinburgher Uni.

Der Pipe Band im vollen Wichs marschiert der fotogene Pipe Major voraus

grauen **Dunvegan Castle** 15 (S. 317) zu den nahen, garantiert besetzten Seehundfelsen. Die behäbigen Meeressäuger starren gutmütig zurück, so daß man unsicher wird, wer hier wen besichtigt (s. Abb. S. 2 unten).

Im Schloß blicken würdige Clanoberhäupter, u. a. Dame Flora, die 28. Chefin, auf die zahlreichen Besucher aus Übersee und die immer mit einer blutigen Anekdote verbundenen Erbstücke herab: jakobitische Reliquien, Clandevotionalien und die siegbringende *Fairy Flag*, ein zerschlissenes syrisches Gewebe aus dem 7. Jh. Im August lädt der MacLeod zum Dudelsackwettbewerb um den *Silver Chanter* auf die Stammburg, eine moderne Kopie des Mundstücks, das eine Feenkönigin dem nicht nur musikalisch begabten ersten MacCrimmon geschenkt haben soll. Vorbei an der **Fairy Bridge** 16 – hier entschwand besagter MacCrimmon dudelsackpfeifend ins Feenreich – gelangen wir zum einsamen **Waternish Point-Kap** 17. Im Fischerdörfchen Stein beschließt man die Tour mit einer Hummerplatte im *Lochbay Restaurant* (S. 316) und einem magischen Sonnenuntergang an dem verwunschenen Pier (s. Abb. S.206/7).

Zuletzt also in den **Süden**. Von Sconser legen die Fähren zur stillen, landschaft-

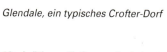
Glendale, ein typisches Crofter-Dorf

10minütiger Fußmarsch bringt einen zum Beobachtungshäuschen oberhalb des **Otterreservats.** Mit sehr viel Glück und einem guten Fernrohr sichtet man die scheuen, frei lebenden und doch rundum versorgten Meeressäuger.

Die Station des gälischen Fernsehsenders Abu-tele in Duisdale und das Sabhal Mor College in Ostaig weisen darauf hin, daß **Sleat** (S. 316), die Halbinsel im äußersten Süden, das Zentrum der gälischen Renaissance auf Skye ist. An klaren Tagen lohnt ein Abstecher über Tarskavaig, die Ruinen von **Dunsgaith Castle** 21, der ältesten Burg Skyes, und Ord, der weite Blicke auf die Cuillins eröffnet. Zu Recht trägt Sleat mit seinen feuchten Wäldern, den lila blühenden Rhododendronwällen und den prächtigen Gärten von Armadale Castle den Namen eines *Garden of Skye*. Viele Quadratmeilen dieses ›Gartens‹ gehören mittlerweile wieder den MacDonalds, die altes Clanland durch einen Trust aufkaufen. Im Museum of the Isles neben dem verfallenen Schloß werden die MacDonalds mit modernster audiovisueller Technik als die wahren Champions der gälischen Kultur im Kampf gegen ein anglisiertes Schottland gepriesen. Zum **Clan Donald Visitor Centre** 22 (S. 316) gehören darüber hinaus Ahnenforschungszentrum, exquisite Ferienappartements, ein riesiger Waldpark und die an eine mittelalterliche Sängerhalle gemahnende Cafeteria in den ehemaligen Ställen. Am Pier kurz dahinter verlassen wir Skye mit der Fähre nach Mallaig, nicht ohne zuvor in den Andenkenläden wie dem geschmackvollen *Ragamuffin Craft Shop* gestöbert zu haben.

lich reizvollen Insel Raasay ab. Das **Luib Folk Museum** 18 (S. 317), ein weiteres nach Torfrauch duftendes, dunkles altes Bauernhausmuseum zeichnet Prinz Charlies Fluchtroute über die Hebriden minuziös nach. In Broadford zweigt eine kleine Straße nach **Elgol** 19 am Kap der Strathaird-Halbinsel ab – über den Loch Scavaig gleitet der klassische Cuillins-Blick, und Bötchen bringen einen im Sommer zum romantisch düsteren Gletschersee Loch Coruisk, den schon Scott bedichtete und Turner malte. Vor Kyleakin, wo die Ruinen von Castle Moil auf die neue Brücke blicken, zweigt eine Single Track Road durch reizvolles, ödes Moorland nach **Kylerhea** 20 ab. Ein

Mull mit Iona und Staffa

Mull (S. 305) ist selbst im Regen schön, und den gibt es auf dem statistisch nassesten Punkt der britischen Inseln nicht zu knapp. Besuchen Sie Torosay Castle mit seinen üppigen Gärten, das trutzige Duart Castle und das bunte Fischerdörfchen Tobermory, die menschenleeren Moore und Strände des Nordens und die grandiosen Berge im Süden. Über Mull erreicht man zwei *Musts* eines jeden Schottlandbesuchs: Iona, Kloster des hl. Columban, die alte Grablege der schottischen Könige, und die einzigartigen Basaltstaketen des Naturwunders Staffa.

Wer mit der 10-Uhr-Fähre von Oban in Craignure landet, sieht vor lauter Reisebussen die Insel nicht mehr. Der Rummel verläuft sich aber bald. Eine Schmalspureisenbahn dampft von Craignure zum 1856 im schottischen Neobaronialstil errichteten **Torosay Castle** 1 (S. 306). Die berühmte Statuenallee, ein italienischer Terrassengarten und ein japanischer Garten sind die Highlights der sehenswerten, sanft zum Meer abfallenden Parkanlagen. Die *Mull eavers*, deren ohrenbetäubenden mechanischen Dobby-Webstuhl man besichtigen kann, verkaufen preiswerte

Routenkarte Mull, Iona und Staffa

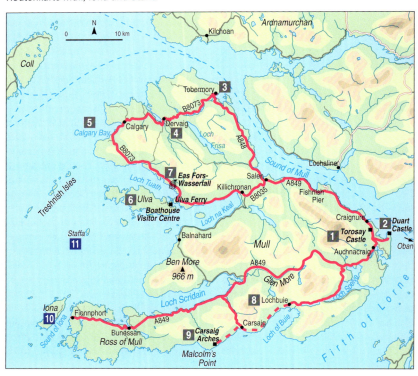

Schals und Decken in Schloßnähe. Schon vom Terrassengarten aus sieht man **Duart Castle** 2 (S. 305), die mittelalterliche, 1911 wiederaufgebaute Clanfeste der MacLeans, auf einer strategisch günstigen Landzunge liegen.

Am schönen Sound of Mull entlang verläuft die Küstenstraße zur Inselhauptstadt **Tobermory** 3. Grellbunte, vielfotografierte zweistöckige Häuser säumen den Hafen. Am Pier landen die Fischer täglich ihren Krabbenfang an. Die einspurige Paßstraße windet sich durch verlassene Moorlandschaft nordwärts, vorbei an Lochs, auf denen Gänse dümpeln und Angler auch bei Regen ihrer Leidenschaft frönen. Das hübsche Dörfchen **Dervaig** 4, an einer Schärenküste mit Strand und Machair gelegen, besitzt Großbritanniens kleinstes Theater und mit dem Heritage Centre des Old Byre ein sehenswertes Heimatmuseum. Die Dioramen von Nick Hesketh entführen den Besucher auf eine Zeitreise durch Mulls Geschichte im Miniaturformat.

Der Sandstrand von **Calgary** 5 liegt in einer weiten, geschützten Bucht, umgeben von den für Mull und den ganzen Südwesten so typischen feuchten, moosbewachsenen Eichenwäldern. Über die Klippen am Loch Tuath schaut man auf die nicht mehr besiedelte Insel **Ulva** 6, die ein eigenes, von Ulva Ferry mit dem Boot zu erreichendes Besucherzentrum (S. 306) hat, in dem die »Ulva Story« erzählt wird. Von Ulva Ferry fahren im Sommer auch Boote zum Vogelparadies der Treshnish Isles. Unter einer Brücke schäumt der **Eas Fors-Wasserfall** 7, von knorrigen Eichenstämmen flankiert, in drei Stufen ins Meer. Ein Ort, an dem man sich an Gavin Maxwells paradiesisches, einsiedlerisches Otterheim Camusfeàrna erinnert fühlt – »Ring of Bright Water« spielt in dieser Gegend von Mull.

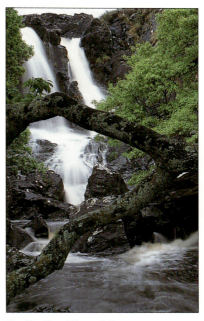

Der Eas Fors-Wasserfall

Die Strecke Craignure–Fionnphort durch die menschenleere Berglandschaft Süd-Mulls lernt man auch kennen, wenn man in Oban die kombinierte Bus/Fährexkursion nach Iona und Staffa gebucht hat. Stille, schöne Küstenlandschaften kann man auf Abstechern nach **Lochbuie** 8 mit seinem Steinkreis oder nach Carsaig entdecken. Vom dortigen Pier führen Küstenwanderungen in beide Richtungen, z. B. zu den 9 km entfernten **Carsaig Arches** 9, grandiosen Felsbögen im Meer. Die ›Hauptstraße‹, auch sie eine Single Track Road, führt durch die grüngrauen, mächtigen Hänge des Glen More mit seinen sanften Lochs, eines der schönsten Hochlandtäler Schottlands. Neben den Gipfeln von Skye der einzige Insel-Munro, thront der abweisende, kahle Ben More über dem Tal, 966 m hoch. Im Glen

Blick in Fingal's Cave auf Staffa

More wurde der Thriller »Die Nadel« gedreht, und die Einheimischen erzählen noch heute augenzwinkernd, wie Donald Sutherland allabendlich sturzbetrunken von Craignure mit dem Jeep ins Filmdorf zurückgeschafft werden mußte. Ältere Legenden berichten vom Spuk des kopflosen Reiters, der immer ein Desaster für die MacLeans ankündigt.

Vom geschäftigen Fährhafen Fionnphort, dessen Küstenfelsen in dem traumhaften, als Baustoff begehrten rosa Granit der Gegend schimmern, gleitet eine Calmac-Fähre über den schmalen Sund zur Insel **Iona** 10 (S. 297) mit ihrem hübschen Hafen. Die 130 Köpfe starke Inselgemeinschaft verkraftet die Busladungen von Tagesbesuchern erstaunlich gut, läßt sich ihren geruhsamen, freundlichen Rhythmus nicht beeinträchtigen. Im Jahre 563 gründete der irische Heilige Columban hier sein Männerkloster – weibliche Wesen, auch von der Spezies Schaf oder Rind, waren strikt verbannt. Von dieser frühen Hüttensiedlung blieb nichts erhalten außer dem Tòrr an Aba, dem Felsen vor der Kathedrale, wo des Heiligen Klause stand. Um 1200 gründete Reginald, Sohn von Somerled, auf Iona eine Benediktinerabtei und ein Augustinerinnenkloster, dessen schöne romanische Ruinen man sich auf dem Weg vom Hafen zur Abtei ansehen sollte. Die 1938 von Reverend George MacLeod gegründete ökumenische Iona Community baute die verfallene Ruinenanlage des Männerklosters wieder auf. Die vorwiegend jungen Leute der an Taizé erinnernden Gemeinschaft leben für einige Wochen in der Abtei – nur Verheiratete bekommen Doppelzimmer –, meditieren, beten und stellen ihre Arbeit kostenlos der Gemeinschaft zur Verfügung, indem sie z. B. in dem einfachen *Community Café* gegenüber der Abtei helfen.

Ein Rundgang führt durch die Abteigebäude: vorbei an den großen keltischen Schaukreuzen des St. Martin's und einer Replik des St. John's Cross aus dem 8. Jh., zum St. Columba's Shrine aus dem 9./10. Jh., dem ältesten Gebäude; zu der exquisiten Sammlung frühchristlicher Grabsteine des 6.–12. Jh. im Infirmary Museum, die z. B. den

Stein zeigt, der dem Heiligen als Kopfkissen gedient haben soll, sowie die spätmittelalterlichen Effigien der gerüsteten MacInnon-Clanchefs; durch den ebenfalls mit spätmittelalterlichen Grabsteinen geschmückten Kreuzgang und in die großartige Kathedrale mit ihren Grabsteinen und Skulpturen, ein Ort der Kontemplation, der stillen Sammlung. Über die ›Straße der Toten‹, vorbei an der romanischen St. Oran's Chapel, wurden die toten Könige Schottlands von Kenneth mac Alpin bis ins 11. Jh. zu ihrer Grablege getragen, dem *Reilig Odhrain*. Hier harrten unter anderen Königen und Clanchefs Duncan und Macbeth der Auferstehung, den Gebeinen des Heiligen und seiner Fürbitte nahe. Kein individuelles Grab, kein Denkmal ist mehr auszumachen von »Colme-kill, dem heil'gen Beinhaus seiner Ahnen« (Shakespeare, »Macbeth«).

Ebenfalls von Fionnphort tuckern die Ausflugsboote nach **Staffa** 11 (Fahrten nach Staffa s. S. 305), an dessen kleinem Betonpier sie jedoch nur bei gutem Wetter anlegen. Auf rutschigen Basaltsäulen schlittert man zur 70 m langen, 20 m hohen Gigantenhöhle **Fingal's Cave**. Wie Orgelpfeifen stehen die erstarrten Lavapfeiler – Staffa ist altnordisch und bedeutet ›Säulen‹. Das andere Ende dieses geologischen Phänomens, das der Riese Fingal geschaffen haben soll, bildet der Giant's Causeway in Nordirland. Die schwappenden Wellen tief unten in der Höhle produzieren einen dumpfen, dunklen Ton, dem die ›melodiöse Insel‹ ihren gälischen Namen verdankt. Mag sein, daß diese Wassermusik den vor Ort seekranken Felix Mendelssohn-Bartholdy zu seiner Hebriden-Ouvertüre inspirierte. In vertikalen, horizontalen Lagen, schräg oder gewunden, schließen sich die Basaltformationen wie riesige schwarze Gewandfalten um das kleine Felseiland. Ein zehnminütiger Spaziergang auf das Inseldach führt zu einer lebhaften Papageitaucherkolonie (s. Abb. S. 18). Dort schnäbeln und brüten die plumpen, entzückenden Vögel ohne Angst vor den Besuchern.

Ferieninsel Arran

Gleichsam vor den Toren Glasgows gelegen, erfreuen sich die Seebadeorte von Arran (S. 269) mit ihrem verschlissenen Brighton-Charme großer Beliebtheit als Naherholungsgebiet. Doch die landschaftlich schöne Insel, durch die Highland Boundary Fault in einen gebirgigen Hochland-Norden und einen flacheren Lowland-Süden geteilt, hat mit Brodick Castle und den Steinkreisen von Machrie Moor auch kulturell Interessantes zu bieten. Wir fahren von Brodick aus einmal drumherum.

Der Fährhafen und Badeort **Brodick** 1 mit seinen Hotels und Pensionen, die alle schon bessere Tage erlebt haben, ist die unbestrittene Inselmetropole. Schön schmiegen sich die Häuser um eine halbrunde, bergumstandene Bucht. Über klickende Jachtmasten wandert der Blick zum fotogenen, rötlichen **Brodick Castle** 2 (S. 270), ein im 19. Jh. im Neobaronialstil erweitertes Tower House. Die erstaunliche Kunstsammlung zeigt, daß die Herzöge von Hamilton nicht nur exquisite Renaissancekabinette, das übliche Porzellan und die üblichen Ahnenporträts, sondern vor allem schwitzende Pferde und Boxer liebten. Von den Gärten mit ihrer bunten Rhododendronpracht hat man schöne Ausblicke auf die Bucht. Der Besuch des konventionellen **Isle of Arran Heritage Museum** in weiß-roten Cottages ist nur überzeugten Heimatmuseumsfans anzuraten.

Die Küstenstraße A 841 Richtung Norden verheißt schöne Hochblicke auf die Berge Nord-Arrans. Die adretten Cottages des kleinen Orts Corrie werden von der felsigen Doppelspitze des **Goatfell** übertürmt, mit 874 m Arrans höchster Gipfel, von Brodick oder High Corrie aus zu ersteigen. Austernfischer picken auf den rötlichen Sandsteinfelsen der Küste. In **Lochranza** 3 (S. 270) an der Nordspitze fahren die Fähren nach Claonaig ab. Heimelig wirkende Häuschen, die neue Destillerie und eine Tower House-Ruine aus dem 16. Jh. liegen verstreut um den verschlafenen Hafen.

Von der westlichen Küstenstraße bieten sich immer wieder phantastische Blicke über den Kilbrannan-Sund auf die grünen Höhenrücken von Kintyre. Inmitten der rötlichen Megalithen des **Au-

*Routenkarte
Arran*

chagallon **Stone Circle** 4 oberhalb eines Golfplatzes liegt ein kleiner bronzezeitlicher Cairn. Wenig später gelangt man nach halbstündigem Fußmarsch auf einem Farmtrack, vorbei an weiteren megalithischen Zeugnissen, zu den insgesamt sechs Steinkreisen auf der windumtosten Hochebene von **Machrie Moor** 5. Den Hintergrund schmückt eine einsame, abweisende Bergkette.

Der seltene Doppelkreis, runde, niedrige Granitblöcke oder hohe, flache Sandsteinplatten mit phantastischen Erosionsmustern sind die bedeutenden Überbleibsel eines prosperierenden jungsteinzeitlichen Kultzentrums.

Das kleine Lagg duckt sich geschützt vom allgegenwärtigen Wind in eine Talmulde. Das weiß-schwarze Gasthaus, eine beliebte Rast für die vielen Fahrrad-

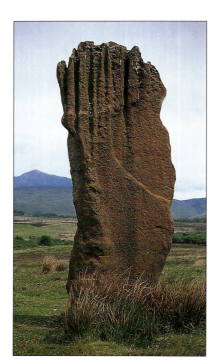

Die megalithischen Denkmäler von Machrie Moor suchen ihresgleichen

fahrer, das gepflegte Bowling Green, die adretten Häuschen und die Brücke bilden das beinah archetypische Ensemble eines schottischen Weilers. Ein Spaziergang zwischen Weißdornhecken bringt einen zu den freiliegenden Resten eines neolithischen Gemeinschaftsgrabs, dem **Torrylin Cairn** 6. In der nahen **Torrylin Creamery** 7 (S. 270) kann man zusehen, wie der berühmte Arran-Käse hergestellt wird, und ihn natürlich kaufen. Kinder kommen im Kuschelzoo der **South Bank Farm** 8 auf ihre Kosten.

Grüne, zum Meer abfallende Weiden und sanfte Klippen charakterisieren die Südküste. Über den spärlichen Ruinen von **Kildonan Castle** 9 ragen im Meer der Leuchtturm von Pladda Island und der Zuckerhutkegel der Ailsa Craig weit draußen im Meer auf. An der Ashdale-Brücke im großen Badeort Whiting Bay führt ein ausgeschilderter, steiler Treppenpfad zu den **Giants' Graves** 10, einem weiteren neolithischen Grab mit weiten Ausblicken über die Bucht. Ebenfalls von der Brücke gelangt man auf einer insgesamt zweistündigen Wanderung durch das schöne **Glenashdale Burn** 11 zu den gleichnamigen Wasserfällen an dessen Ende. Kurz vor dem ziemlich heruntergekommenen Badeort Lamlash schimmert der weiße Leuchtturm von Holy Island am Fuße eines abweisenden Berghangs. Bevor die Fähre einen nach Ardrossan aufs Festland zurückbringt, wird man mit einem Abschiedspanorama der schönen Brodick Bay belohnt (s.Abb. S.262).

Der schöne Traum vom Landleben - die Welt der Rosamunde Pilcher

Vor den Toren der Großstadt Dundee, in der schottischen Heide, lebt die Bestsellerautorin Rosamunde Pilcher, Jahrgang 1924, in einem geräumigen Mittelklassehaus mit parkähnlichem Garten. Familienporträts, Chintzkissen, Antiquitäten, renovierungsbedürftige Tapeten, der golfspielende Ehemann Graham, der aus einer der Dundeer Jute-Dynastien stammt, die alte Schreibmaschine, auf der inmitten von Küche und dem Geschrei von vier Kindern die vielverkauften Romane zur Welt kamen: Es scheint, als sei die zurückhaltende alte Dame mit dem grauen Haar und dem wettergegerbten Hochlandgesicht eine Figur aus ihrer eigenen literarischen Welt.

Überraschend und spät setzte der Erfolg ein; schon vor dem Roman »September«, der in Schottland spielt, hat sie 40 Jahre lang fleißig geschrieben. Frau Pilcher verdankt ihren Erfolg sicherlich mehr dem beschworenen Ambiente als den recht biederen Fabeln selbst, in denen junge Frauen unwesentlich ältere Männer heiraten, alte Frauen als weise Patriarchinnen über ihre Familien herrschen und Andersartiges mit einer seltsam anmutenden Unerbittlichkeit ausgegrenzt, ausgemerzt wird. Wer, und hier ist vor allem an notorische Schottlandliebhaber zu denken, würde nicht gern auf ein Landhaus im Baronialstil eingeladen, schlürfte den Whisky am prasselnden Kamin inmitten holzgetäfelter, edler Bodenständigkeit, streckte und reckte sich im pfirsichfarbenen Laura Ashley-Himmelbett und schösse am nächsten Morgen im stilvoll zerknitterten Barbour Coat sein Moorhuhn?

In Pilchers Romanen lockt das Urbild eines Schottland, wie reisewillige Fremde es sich vorstellen. Vielleicht ist das gerade deshalb so, weil die aus Cornwall gebürtige Tochter eines Kolonialbeamten, die 1946 in Britanniens hohen Norden heiratete, sich nach eigenem Bekunden immer noch ein wenig als Außenseiterin fühlt.

Doch Pilchers Erfolg verdankt sich nicht reinen Äußerlichkeiten, sondern vielmehr der Art und Weise, wie diese um ihre Botschaft gewickelt sind. »Dick gestopfte Erzählkissen« und eine »Scheune der Daseinsbejahung« haben Literaturkritiker in ihren Romanen ausgemacht. Denn Hand in Hand mit dem *Country Style* und der schlicht, aber einfühlsam beschriebenen schottischen Landschaft gehen die ›inneren‹, altmodischen, bei gestreßten Stadtmenschen neuerdings wieder in Mode kommenden Werte der *upper middle class*: familiärer Zusammenhalt, die ungrüblerische Macher-Mentalität der starken Frauenfiguren, Anständigkeit. Bei Pilcher kommt es vor, daß junge Frauen als Jungfrau in die Ehe gehen.

Sehenswürdigkeiten	Bahn
Camping	Einkaufen
Unterkunft	Information
Veranstaltungen	Pubs
Pkw	Restaurants
Aktivitäten	Schiffe
Aktivitäten	Bus

Serviceteil

Serviceteil

So nutzen Sie den Serviceteil richtig

▼ Das erste Kapitel, **Adressen und Tips von Ort zu Ort**, listet die im Reiseteil beschriebenen Orte in alphabetischer Reihenfolge auf. Zu jedem Ort finden Sie hier Empfehlungen für Unterkünfte und Restaurants sowie Hinweise zu den Öffnungszeiten von Museen und anderen Sehenswürdigkeiten, zu Festen, Unterhaltungsangeboten etc. Piktogramme helfen Ihnen bei der raschen Orientierung.

▼ Die **Reiseinformationen von A bis Z** bieten von A wie ›Anreise‹ bis Z wie ›Zeit‹ eine Fülle an nützlichen Hinweisen – Antworten auf Fragen, die sich vor und während der Reise stellen.

Bitte schreiben Sie uns, wenn sich etwas geändert hat!
Alle in diesem Buch enthaltenen Angaben wurden von der Autorin nach bestem Wissen erstellt und von ihr und dem Verlag mit größtmöglicher Sorgfalt überprüft. Gleichwohl sind – wie wir im Sinne des Produkthaftungsrechts betonen müssen – inhaltliche Fehler nicht vollständig auszuschließen. Daher erfolgen die Angaben ohne jegliche Verpflichtung oder Garantie des Verlages oder der Autorin. Beide übernehmen keinerlei Verantwortung und Haftung für etwaige inhaltliche Unstimmigkeiten. Wir bitten daher um Verständnis und werden Korrekturhinweise gerne aufgreifen:
DuMont Buchverlag, Mittelstraße 12–14, 50672 Köln.

Inhalt

Adressen und Tips von Ort zu Ort
(in alphabetischer Reihenfolge) . . 266

Reiseinformationen von A bis Z
   Anreise 322
   Auskunft. 323
   Behinderte. 323
   Diplomatische Vertretungen
     im Land 323
   Einreise- und 323
     Zollbestimmungen
   Essen und Trinken 324
   Feiertage 326
   Geld und Banken 326
   Gesundheit 326
   Kino 327
   Lesetips 327
   Maße 328
   Mehrwertsteuerrückerstattung 328
   Notruf 328
   Öffnungszeiten 328
   Reisen im Lande 328
   Souvenirs 329
   Sport 329
   Strom 331
   Telefon 331
   Touristeninformation 331
   Unterkunft. 331
     Hotels 332
     B&B und Guest Houses. . . 332
     Jugendherbergen 332
     Selbstversorger 332
     Camping 332
   Zeit 332

Kleines Glossar
   Scots - Deutsch 333
   Ortsnamen und
     Ortsnamenelemente 336

Register 339

Abbildungsnachweis 356

Adressen und Tips von Ort zu Ort

Allgemeines

Die Zahl hinter den Orten ist die Ortsnetzkennzahl ohne 0.
Unterkunft: Unter **A** sind Hotels aufgeführt; eine Übernachtung mit Frühstück im Doppelzimmer pro Person kostet über 35 £ (»Luxus« über 65 £). Unter **B** stehen preiswerte Hotels, Guest Houses und luxuriöse/historische B&B für 20–35 £. Unter **C** preiswerte Guest Houses und B&B bis 20 £. »Preiswert« oder »luxuriös« gibt die untere oder obere Marge innerhalb der jeweiligen Kategorie an.
Restaurants: Unter Kategorie **A** zahlt man für ein Drei-Gang-Abendessen mit Getränk über 25 £ pro Person, unter **B** unter 25 £.
Standardöffnungszeiten in Schottland sind April–September Mo–Sa 9.30–18, So 14–18, Oktober–März Mo–Sa 9.30–16, So 14–16 Uhr. Megalithische Denkmäler sind jederzeit frei zugänglich. Ausnahmen sind vermerkt.

Abbotsford House (Melrose)

Mitte März–Oktober Mo–Sa 10, So 14–17 Uhr.

Aberdeen

Vorwahl: ✆ 12 24

Tourist Information: Broad Street, ✆ 63 27 27.

Flugzeug: International Airport, Dyce, 11 km nordwestlich an A 96, ✆ 72 23 31. Nächste Bahnstation Dyce Station, Busverbindung. Bus Nr. 27 etwa alle 40 Min. zur Guild Street im Zentrum. Flüge aus Amsterdam, Skandinavien, Großbritannien: innerschottisch zu Orkney, Shetland, Western Isles etc.

Bahn: Hauptknotenpunkt für Züge aus ganz Schottland. Hauptbahnhof Guild Street; Zugauskunft ✆ 59 42 22.

Bus: Grampian Transport, 395 King Street, ✆ 63 70 47 (grüngelbe Busse); *City Wide – City Ride* Tikket für unbegrenztes Fahren. Zahlen im Bus, die meisten Stadtbusse geben kein Wechselgeld, also passende Münzen bereithalten. Hauptbusbahnhof Guild Street, Busauskunft ✆ 21 22 66.

Autovermietung: Arnold Clark, Girdleness Road, ✆ 24 88 42.

Schiff: P&O Ferries, Jamieson's Quay, ✆ 57 26 15; Autofähren nach Lerwick (Shetland, 14 Std.), Kabinen, Restaurant an Bord; Mo–Fr 18 Uhr; »St. Sunniva« fährt im Sommer einmal wöchentlich um 12 Uhr via Orkneys (bis Lerwick 20 Std.); Fähren nach den Faröern.

Unterkunft: A: *Ardoe House Hotel*, Blairs, South Deeside Road, ✆ 86 73 55, Fax 86 12 83, 5 km westlich an B 9077 (Luxus samt Restaurant in ehemaligem neobaronialen Granitlandhaus eines Seifenfabrikanten); *Atholl Hotel*, 54 King's Gate, ✆ 32 35 05, Fax 32 15 55 (Granithaus in der Stadt).

B: Zahlreiche billigere Hotels/Guest Houses, in denen die über 20 000 Ölplattformarbeiter wohnen, liegen in der Gegend um die Crown Street. *Brentwood Hotel*, 101 Crown Street, ✆ 59 54 40, Fax 57 15 93 (freundliches Granitreihenhaus, Brasserie); *Craighaar Hotel*, Waterton Road, Bucksburn, ✆ 71 22 75, Fax 71 63 62 (in ruhiger Wohngegend, neu eingerichtet, Zimmer 25–90 £, Restaurant); *Craiglynn Hotel*, 36 Fonthill Road, ✆/Fax 58 40 50 (vikt. Granitvilla, Restaurant).
C: *Royal Crown Guest House*, 111 Crown Street, ✆ 58 64 61 (vikt. Haus, zentral); Mrs. Davidson, 101 Don Street, ✆ 48 60 11; Mr. & Mrs. Marshall, Manorville, 252 Great Western Road, ✆ 59 41 90.
Hostel: *Aberdeen Youth Hostel*, 8 Queen's Road, ✆ 64 69 88, Grade 1 (Granitgebäude im Zentrum).

Restaurants: A: *The Courtyard on the Lane*, 1 Alford Lane, ✆ 21 37 95 (unten preiswertes Bistro, oben teures Restaurant des Jahres 1994); *Faradays*, 2 Kirk Brae, Cults, 8 km an A 93, ✆ 86 96 66 (in alter Pumpenstation, holzgetäfelt mit Galerie – kurios-schick); *Silver Darlings*, Pocra Quay, North Pier, ✆ 57 62 29 (Hafenatmosphäre, eins von Schottlands renommiertesten Fischrestaurants).
B: *Ashvale Fish and Chips Restaurant and Take Away*, 44–48 Great Western Road (eine Institution, sehr preiswert); *The Lemon Tree*, 5 West North Street, ✆ 64 22 30 (oben Theater, unten Café/Bistro); *Owlies Brasserie*, Littlejohn Street, ✆ 64 92 67 (Brasserie, Besitzer des Silver Darlings); *Pierre Victoire*, 3 Golden Square, ✆ 64 03 40 (französisch); *Poldino's*, 7 Little Belmont Street, ✆ 64 77 77 (Lieblingsitaliener der Aberdeener).

Pubs: *Blue Lamp*, 121/123 Gallowgate (urig, Studenten); *Café Ici*, 150 Union Street (quirlige Café/Bar); *Cameron's Inn*, 6–8 Little Belmont Street (der angeblich älteste Pub); *Cocky Hunters*, 504 Union Street (traditionell, Livemusik, So Ceilidhs); *King Street Mill*, 500 King Street (etwas außerhalb, holzig-urig, gutes Pub Grub); *The Prince of Wales*, 7 St. Nicholas Lane (*der* Pub von Aberdeen, traditionell).

Theater/Musik/Feste: Kostenlose Broschüre »What's on« für alle Veranstaltungen erhältlich bei His Majesty's Theatre, Rosemount Viaduct, Tickets Box Office Union Street, ✆ 64 11 22; gilt auch für Music Hall, Union Street (Auftritte namhafter schottischer Orchester); Arts Centre, King Street, ✆ 63 52 08 (Austragungsort des Arts Carnival im Juli); Juni: Aberdeen Highland Games; August: International Youth Festival; Oktober: Alternative Festival (U-Musik).

Markt: Fischmarkt am Hafen, Albert Basin, Mo–Fr 7–8 Uhr.

Museen/Sehenswürdigkeiten: *Art Gallery*, Schoolhill, Mo–Sa 10–17, Do bis 20, So 14–17 Uhr (Museum und Ausstellungen in georg. James Dunn's House)
Cruikshank Botanic Garden, Chanonry, Mo–Fr 9–16.30, Mai–September auch Sa/So 14–17 Uhr
Duthie Park and Winter Gardens, Polmuir Road/Riverside Drive, 10 Uhr bis halbe Stunde vor Sonnenuntergang
King's College Centre/Chapel, College Bounds, Mo–Sa 9–17, So 12–17 Uhr
Provost Ross' House and Maritime Museum, Shiprow, Mo–Sa 10–17 Uhr
Provost Skene's House, Guestrow,

Mo–Sa 10–17 Uhr
St. Machar's Cathedral, Chanonry, 9–17 Uhr
St. Nicholas' Kirk, Schoolhill, Mai–September Mo–Fr 12–16, Sa 13–15, Oktober–April Mo–Fr 10–13 Uhr.

Aberfeldy

Vorwahl: ✆ 18 87

Tourist Information: The Square, ✆ 82 02 76 (hübsch in alter Kirche).

Unterkunft: A: *Farleyer House Hotel*, Weem, ✆ 82 03 32, Fax 82 94 30 (luxuriöses Country House, preiswerter und schicker als im Restaurant ißt man im empfehlenswerten *Atkins Bistro* – vorbestellen!).
C: Mrs. Bassett-Smith, Handa, Taybridge Road, ✆ 82 03 34; Mr. & Mrs. Malcolm, Novar, 2 Home Street, ✆ 82 07 79; Mr. & Mrs. Nunn, Mavisbank, Taybridge Drive, ✆ 82 02 23 (mein Favorit unter all den schönen vikt. B&B des Orts); Mr. & Mrs. Parmley, Nessbank, Crieff Road, ✆ 82 95 03; *Tigh'n Eilean Guest House*, Taybridge Drive, ✆ 82 01 09.

Tea Room: *The Birks*, 14 Dunkeld Street.

Campingplatz: Aberfeldy Caravan Park, Dunkeld Road, ✆ 82 06 62, 5 ›Haken‹.

Sehenswürdigkeit: *Castle Menzies*, April–Mitte Oktober Mo–Sa 10.30–17, So 14–17 Uhr.

Aboyne

Vorwahl: ✆ 1 33 98

Tourist Information: Ballater Road Car Park, ✆ 8 60 60.

Unterkunft/Restaurants: B: *Hazlehurst Lodge*, Ballater Road, ✆ 8 69 21 (vikt. Kutscherhaus, gutes Restaurant); *The White Cottage Restaurant*, Craigwell, 4 km östlich, ✆ 8 62 65 (Cottage, Wintergarten, einfache Zimmer). **C:** J. & G. Moffat, *Silverbirch Lodge*, Bridgeview Road, ✆ 8 73 53 (luxuriös).

Alloway

Vorwahl: ✆ 12 92

Unterkunft: A: *Northpark House Hotel*, ✆/Fax 44 23 36 (Country House, gutes Restaurant).
B: *Burns Monument Hotel*, ✆ 44 24 66, Fax 44 31 74 (mitten im Burns-Land, am Doon-Ufer, Landgasthof).

Museen/Sehenswürdigkeiten: *Burns Cottage & Museum, Burns Monument*, April, Mai, September, Oktober 10 (So 14)–17, Juni–August 9–18, November–März Mo–Sa 10–16 Uhr
Land o'Burns Centre und *Tam o'Shanter Experience* 10–17 Uhr.
Angus Folk Museum (bei Glamis), Standard (s. S. 139).

Alva

Mill Trail Visitor Centre und Tourist Information, ✆ 12 59/75 21 76

Anstruther

Vorwahl: ℘ 13 33

 Tourist Office: im Fisheries Museum, ℘ 31 10 73.

 Schiff: Boote vom Hafen Mai–September zum Vogelschutzgebiet Isle of May, ℘ 31 01 03.

 Unterkunft: B: *The Spindrift*, Pittenweem Road, ℘/Fax 31 05 73 (oberhalb des Orts, luxuriös).

 Restaurants: A: *The Cellar*, 24 East Green, ℘ 31 03 78 (köstliches Seafood in gemütlich-edlem Fischerhaus, sehr renommiert). *Anstruther Fish Bar*, 17 Shore Street am Hafen, bis 23 Uhr geöffnet, ist einer der besten Fish'n Chipper Schottlands.

Museen/Sehenswürdigkeiten: *North Carr Lightship*, Ostern–Oktober 11–17 Uhr, Abendveranstaltungen ℘ 31 05 89 *Scottish Fisheries Museum*, Hafen, April–Oktober Mo–Sa 10–17.30, So 11–17, November–März Mo–Sa 10–16.30, So 14–16.30 Uhr.

Applecross

 B: *Applecross Hotel*; ℘ 015 20/74 42 62 (einfacher, preiswerter, typischer Hochlandgasthof, Seafood).

Arbroath

Vorwahl: ℘ 12 41

Tourist Information: Market Place, ℘ 87 26 09.

Restaurants: *Byre Farm*, Redford, Carmyllie, ℘ 86 02 45 (preiswert, gut, in altem Cottage). *Fish'n Chips and Smokies*, Peppo's, 51 Ladybridge Street (eine Institution).

Argyll Wildlife Park

Dalchenna, 9.30–18 Uhr

Arisaig

Vorwahl: ℘ 16 87

 Unterkunft: A: *Arisaig House*, Beasdale, 5 km östlich, ℘ 45 06 22, Fax 45 06 26 (höchster Luxus, im schönen Park Fluchthöhle von Bonnie Prince Charlie, gepriesenes Restaurant). **B:** *Arisaig Hotel*, am Ufer, ℘ 45 02 10, 45 03 10 (der melancholische Gout vergangener Zeiten, Café, Bar mit guter Malt-Auswahl).

 Restaurant: B: *The Old Library & Lodge*, High Street, ℘ 45 06 51 (renommiert, Seafood, altes Steinhaus).

Arran, Isle of

Vorwahl: ℘ 17 70

Tourist Information: The Pier, Brodick, ℘ 30 21 40.
Fahrradvermietung: Brodick Cycles, Roselynn, gegenüber Village Hall, ℘ 30 24 60.

 Schiff: Autofähre von Lochranza nach Claonaig s. S. 258. Von Brodick nach Ardrossan (55 Min.) Mo–So bis zu sechsmal täglich; Calmac-Büro: Brodick Pier, ℘ 30 21 66, Fax 30 26 18.

Unterkunft/Restaurants: Brodick: A: *The Auchrannie, Country House Hotel and Country Club*, 2 km nördlich, ✆ 30 22 34, Fax 30 28 12 (einstiges Witwenhaus der Herzogin von Hamilton, Freizeitzentrum mit Pool etc., Restaurant); *Kilmichael Country House Hotel*, Glen Coy, 3 km nördlich, ✆ 30 22 19 (preiswertes, schönes, altes Herrenhaus, elegante Zimmer, gutes Restaurant). **C:** *Rosaburn Lodge*, neben Heimatmuseum, ✆ 30 23 83 (eins von Schottlands besten Guest Houses, geschmackvolle Zimmer, gemütliche Lounge); *Strathwillan House*, ✆ 30 23 31 (nett).

Campingplatz: Glen Rosa Farm Site, 3 km nördlich, ✆ 30 23 80 (einfach, schöne Lage, nur Zelter).

Restaurant: Brodick: *Creelers Seafood*, *The Home Farm*, ✆ 30 28 10 (junges Bistro, schmackhaft). **Restliche Insel: Kildonan: B:** *Drimla Lodge*, ✆ 82 02 96 (schöne vikt. Villa mit außergewöhnlichen Hozbalkonen). **Lagg: A/B:** *Lagg Hotel*, ✆ 87 02 55 (s. S. 259, Postkutschenstation des 18. Jh., Bistro, empfehlenswertes Restaurant). **Lochranza: B:** *Apple Lodge*, ✆ 83 02 29 (edward. Häuschen, komfortabel). **Hostel:** *Lochranza Youth Hostel*, off A 841, ✆ 83 06 31, Grade 2. **Sannox: B:** *Sannox House*, ✆ 81 02 30, Fax 30 22 03 (Country House, Verköstigung). **Whiting Bay: B:** *Grange House Hotel*, ✆ 70 02 63 (schönes altes Haus, Sauna/Whirlpool-Bad!).

Feste: Mai: Goatfell Race; Juni: Folkfestival (ein Heer von Zeltern, Bagpackern und 68er-Familien in VW-Bussen, gute Stimmung); August: Highland Games.

Museen/Sehenswürdigkeiten: *Brodick Castle*, Gärten und Park ganzjährig 9.30–Sonnenuntergang, Burg Osterferien, Mai–September 13–17, zwischen Ostern und Mai sowie erste Oktoberhälfte Mo, Mi, Sa 13–17 Uhr
Home Farm, Arran Visitors Centre, Brodick, 2 km nördlich an A 841 (Käseherstellung und -verkauf)
Isle of Arran Heritage Museum, Mai–Sept. Mo–Sa 10–13, 14–17 Uhr
South Bank Farm, Ostern–Oktober 10–18, Di, Do 14 Uhr Sheep Dog-Vorführungen
Torrylinn Creamery, So–Fr 10–16 Uhr.

Auchiltibuie

Hydroponicum – Garden of the Future, Ostern–1. Wochenende Oktober Führungen um 10, 12, 14, 17, Juli/August auch 13, 15, 16 Uhr.

Auchindrain Old Highland Township

April–September 10–17 Uhr, April, Mai und September Sa geschl.

Auchterarder

Vorwahl: ✆ 17 64

Tourist Information: 90 High Street, ✆ 66 34 50.

Unterkunft/Restaurants: A: *Auchterarder House*, 3 km an B 8062, ✆ 66 36 46, Fax 66 29 39 (intimes, höchst luxuriöses Country House, das schon die Reagans beehrten); *The Gleneagles Hotel*, 3 km südlich, ✆ 66 22 31, Fax 66 21 34 (Golf, Reiten, Schießen, Essen vom Feinsten).

Aviemore

Vorwahl: ✆ 14 79

 Tourist Information: Grampian Road, A 81 03 63.

 Autovermietung: Grants of Aviemore, 62 Grampian Road, ✆ 81 02 32.

Unterkunft/Restaurants: B: *Corrour House Hotel*, Inverdruie, 2 km südlich, ✆ 81 02 20, Fax 81 15 00; *Lynwilg House*, Lynwilg, 2 km südlich, ✆/Fax 81 16 85 (zwei erstaunlich preiswerte kleinere Country Houses mit Restaurants); *The Rowan Tree Restaurant & Guest House*, Loch Alvie, 3 km an B 9152, ✆ 81 02 07. **Pub:** *Old Bridge Inn*, Old Dalfaber Road (traditionell, Pub Food). **Hostel:** *Aviemore Youth Hostel*, 25 Grampian Road, ✆ 81 03 45, Grade 1.

Campingplatz: Camping & Caravan Park Coylumbridge, Coylumbridge, ✆/Fax 81 01 20, 5 ›Haken‹.

 Sehenswürdigkeiten: *Cairngorm Chairlift*, 9–16.30 Uhr, nur bei gutem Wetter
Cairngorm Reindeer Centre, Reindeer House, Glenmore, 10–17 Uhr (Rentierherden)
Rothiemurchus Estate, Visitor Centre in Inverdruie, 9–17, ✆ 81 08 58, Tea Room, Fahrradverleih
Strathspey Steam Railway, Nostalgiezug von Aviemore, Dalfaber Road, bis Boat of Gartan, Fahrten im Sommer, ✆ 81 07 25.

Ayr

Vorwahl: ✆ 12 92

 Tourist Office: Burns Statue Square, ✆ 28 41 96.

 Unterkunft: B: *Old Racecourse Hotel*, Racecourse Road, ✆ 26 28 73, Fax 26 75 98 (modernisiertes vikt. Haus). **C:** *Richmond Private Hotel*, 38 Park Circus, ✆ 26 51 53 (vikt. Reihenhaus). **Hostel:** *Ayr Youth Hostel*, 5 Craigweil Road, ✆ 26 23 22, Grade 1.

Campingplatz: Craigie Gardens, Craigie Road, ✆ 26 49 09, 5 ›Haken‹.

Restaurants: A: *Fouters Bistro*, 2A Academy Street, ✆ 26 13 91 (unter Gewölben). **B:** *Pierre Victoire*, 4 River Terrace, ✆ 28 20 87 (französisch); **Tea Room:** *Stables Coffee House*, 41 Sandgate (nett in Innenhof, Lunch).

Ballater

Vorwahl: ✆ 1 33 97

 Tourist Information: Station Square, ✆ 5 53 06.

 Unterkunft/Restaurants: A: *Balgonie Country Hotel*, Braemar Place, ✆/Fax 5 54 82; *Darroch Learg Hotel*, Braemar Road, ✆ 5 54 43, Fax 5 52 52 (zwei typische vikt. Landhäuser, erschwinglich, ersteres preisgekrönt, Restaurants). **B:** *Deeside Hotel*, Braemar Road, ✆ 5 54 20 (preiswert, auch das Restaurant); *The Green Inn*, 9 Victoria Road, ✆ 5 57 01 (preiswertes Restaurant mit schottischen Spezialitäten).

C: *Highland Guest House*, Invercauld Road, ✆ 5 54 68 (schöne Granitvilla).

 Feste: August: Highland Games hier und im nahen Aboyne.

Balmaha

Vorwahl: ✆ 13 60

 Unterkunft: C: Mrs. E. Craik, Lomond Bank, ✆ 87 02 13 (B&B in vikt. Haus am Seeufer).

 Schiff: MacFarlane, ✆ 87 02 14, Bootsverkehr zu den Inseln, z. B. Inchcailloch.

Balmoral Castle

Mai–Juli Mo–Sa 10–17 Uhr.

Balquhidder

Vorwahl: ✆ 18 77

Unterkunft/Restaurants: *Creagan House*, Strathyre, am Kopf des Loch Lubnaig, ✆/Fax 38 46 38 (›Restaurant mit Zimmer‹, empfehlenswertes Country House aus 17. Jh.); *Monachyle Mhor Farm Hotel*, ✆ 8 46 22, Fax 38 43 05 (6 km westlich am Ende des Loch Voil, komfortabel, preiswerte georg. Farm, entzückende Bar und offene Kamine, Restaurant – ein Traum).

Balvenie Castle

Standard, Oktober–März geschl.

Banchory

Vorwahl: ✆ 13 30

 Tourist Information: Bridge Street, ✆ 82 20 00.

 Unterkunft/Restaurant: A: *Raemoir House Hotel*, 4 km nördlich, ✆ 82 48 84, Fax 82 21 71 (granitenes, lokaltypisches Country House, Sauna, empfehlenswertes Restaurant). **C:** Mrs. Hampson, *The Old Police House*, 3 Bridge Street, ✆ 82 40 00 (zentral, komfortabel, alte Polizeistation).

 Campingplatz: Feughside Caravan Park, Strachan, ✆ 85 06 69, 4 ›Haken‹.

Banff

Vorwahl: ✆ 12 61

 Tourist Information: Collie Lodge, ✆ 81 24 19.

 Unterkunft: C: D. & A. Clarc, *Montcoffer House*, Montcoffer, ✆ 81 29 79; Mrs. M. Watt, *St. Helens*, Bellevue Road, ✆ 81 82 41; Mrs. Wilkie, *Morayhill*, Bellevue Road, ✆ 81 59 56 (drei komfortable B&B in historischen Häusern).

 Campingplatz: Banff Links, ✆ 81 22 28, 4 ›Haken‹.

Sehenswürdigkeit: *Duff House* und *Skulpturengarten*, April–September Mi–Mo 10–17, Oktober–März Do–So 10–17 Uhr.

Ben Cruachan

Pumped Storage Power Station, Ostern–Oktober 9–16.30 Uhr.

Bettyhill

Tourist Information: Clachan, ✆ 0 16 41/52 13 42. *Strathnaver Museum*, an A 836, April–Oktober Mo–Sa 10–17 Uhr.

The House of the Binns

Ostern und Mai–September Sa–Do 14–17 Uhr.

Blair Atholl

Vorwahl: ✆ 17 96

Unterkunft: C: *Woodlands*, St. Andrew's Crescent, ✆ 48 14 03 (charmantes B&B mit Home Cooking-Restaurant).

Restaurant: *The Loft*, Invertilt Road, ✆ 48 13 77 (informell-rustikales, bekanntes, preiswertes ›Heuboden‹-Restaurant).

Campingplatz: The River Tilt Caravan Park, ✆ 48 14 67, Fax 48 15 11, 5 ›Haken‹ (›Bester Park‹ des Jahres 1993).

Fest: Ende Mai: Highland Games, Parade der Atholl Highlanders.

Sehenswürdigkeit: Castle, April–Oktober 10–18 Uhr.

Bo'ness & Kinneil Steam Railway

Bo'ness Station, Railway Street, Züge mehrmals täglich April–Mitte Oktober Sa/So, Juni Mi, Do, Fr, Juli/August täglich, Fahrplan ✆ 0 15 06/82 22 98.

Borthwick Castle

North Middleton, 19 km südlich von Edinburgh off A 7, ✆ 0 18 75/82 05 14, Fax 82 17 02 (Luxus in einem Tower House von 1430, wo schon Maria Stuart – unfreiwillig – wohnte; Ritterromantik und gute Küche – ein Erlebnis).

Bothwell Castle

Standard, Oktober–März geschl.

Braemar

Vorwahl: ✆ 1 33 97

Tourist Information: The Mews, ✆ 4 16 00.

Unterkunft/Restaurant: A: *Braemar Lodge*, Glenshee Road, ✆/Fax 4 16 27 (ehemaliges vikt. Jagd-Lodge, erschwinglich, preiswerteres Restaurant). **B:** *Callater Lodge Hotel*, 9 Glenshee Road, ✆/Fax 4 12 75 (preiswertes, kleines vikt. Haus). **C:** Mrs. D. Lamont, *Auld Bank House*, Invercauld Road, ✆ 4 13 36.

Campingplatz: Invercauld Caravan Club Site, Glenshee Road, ✆ 4 13 73, 5 ›Haken‹.

Fest: Braemar Highland Gathering, 1. Samstag im September, s. S. 158/59.

Sehenswürdigkeit: Castle, Mai–Mitte Oktober Sa–Do 10–18.

Brechin

 Tourist Information: St. Ninian's Place, ✆ 01 35/ 6 62 30 50.

Brodie Castle

April–Oktober Mo–Sa 11–18, So 14–18 Uhr.

Broughty Ferry

Vorwahl: ✆ 13 82

 Unterkunft: B: *Taychreggan Hotel*, 4 Ellieslea Road, ✆ 77 86 26, Fax 73 81 77. **C:** Mrs. S. Charlett, *The Laurels*, 65 Camphill Road, ✆ 77 62 03.

Restaurants/Pubs: B: *Fisherman's Tavern*, 10–14 Fort Street (Pub mit Essen); *L'Auberge Restaurant*, 594 Brook Street, ✆ 73 08 90 (französisch, Bistro); *The Ship Inn*, 121 Fisher Street, ✆ 77 91 76 (Pub und preiswertes, gerühmtes Essen); *Visocchi's*, 40 Gray Street, ✆ 77 92 97 (preiswert, italienisch).

 Sehenswürdigkeit: *Castle Museum*, Sa–Do 10–13, 14–17, Juli–September auch So 14–17 Uhr.

Bute, Isle of

Vorwahl: ✆ 17 00

 Tourist Information: Hafen, ✆ 50 21 51.

Fahrradvermietung: Bute Electrical Centre, 5 East Princess Street, ✆ 50 25 19.

 Schiff: Calmac-Büro ✆ 50 27 07, Fax 50 28 53; Autofähren nach Wemyss Bay (30 Min.) Mo–So etwa dreiviertelstündlich.

Unterkunft: B: *Cannon House Hotel*, Battery Place, ✆ 50 28 19 (an Seafront, kleines, spätgeorg. Haus). **C:** *Ardmory House Hotel*, Ardmory Road, ✆ 50 23 46 (komfortables kleines Hotel); Mr. & Mrs. Clegg, Glenarch, 21 Craigmore Road, ✆ 50 20 33 (schöne vikt. Villa, B&B).

Restaurant: *The Winter Garden*, Victoria Street, ✆ 50 24 87 (Bistro, Terrassencafé, Kino und Amusements in vikt. Pavillon am Hafen). Fish'n Chips: *West End*, 1 Gallowgate (preisgekrönt).

 Sehenswürdigkeiten: Castle, Standard, Oktober–März Do Nachmittag und Fr geschl.; Mount Stuart, Juni–September Mo, Mi, Fr–So Haus 12–17, Gärten 11–17 Uhr; vikt. Toiletten 8–18, im Sommer bis 21 Uhr.

 Feste: Mai: Jazzfestival; Juli: Folkfestival; August: Highland Games.

Cairnpapple Hill

April - September Mo-Sa 9.30-18, So 14-18 Uhr, Oktober–März geschl.

Callander

Vorwahl: ✆ 18 77

Tourist Information: im Rob Roy & Trossachs Visitor Centre, (Film und Ausstellung März–Mai und Oktober/Dezember 10–17, Juni und September 9.30–18, Juli/August 9–19 Uhr, Januar/Februar nur am Wochenende), Ancaster Square, ✆ 33 03 42.
Fahrradvermietung: Aberfoyle, Trossachs Holiday Park, ✆ 38 26 14.

Unterkunft/Restaurants:
A: *Roman Camp Hotel*, ✆ 33 00 03, Fax 33 15 33 (Luxus in Country House aus dem 17. Jh., renommiertes Restaurant). **B:** *Lubnaig Hotel*, Leny Feus, ✆/Fax 33 03 76 (empfehlenswertes kleines Landhaus). **C:** Mrs. N. Henderson, *Teithside House*, Bridgend, ✆ 33 13 33 (B&B in georg. Landhaus).
Hostel: *Lord Ard Youth Hotel*, Kinlochard, 6 km auf B 829 von Aberfoyle, ✆ 38 72 56, Grade 1. **Pub:** *Lade Inn*, Kilmahog, ✆ 33 01 52 (gutes Essen). **Tea Room:** *Dun Whinny's*, 9 Bridge Street (cosy, leckere Mittagsnacks).

Campingplatz: Callander Holiday Park, Invertrossachs Road, ✆ 33 02 65, 5 ›Haken‹.

Campbeltown

Vorwahl: ✆ 15 86

Tourist Office: MacKinnon House, The Pier, ✆ 55 20 56.

 Unterkunft: B: *Balegreggan Country House*, Balegreggan Road, ✆ 55 20 62 (luxuriöse vikt. Villa in eigenem Park, Küche).

Carbisdale Castle

Youth Hostel, Culrain, ✆ 15 49/ 42 12 32, Grade 1 (traumhaft, s. S. 178)

Cardhu Distillery

Mo–Fr 9.30–16 Uhr, Mai–Sept. auch Sa.

Carnasserie Castle

Standard

Carradale

Vorwahl: ✆ 15 83

Unterkunft: B: *Carradale Hotel*, ✆/Fax 43 12 23 (freundliches Haus über dem Hafen mit gutem Restaurant). **C:** *Dunvalenree Guest House*, Portrigh Bay, ✆ 43 12 26, Fax 43 13 39.

Campingplatz: Carradale Bay Caravan Site, ✆ 43 16 65, 4 ›Haken‹.

Carrbridge

Vorwahl: ✆ 14 79

Tourist Information: Village Car Park, Main Street, ✆ 84 16 30.

Unterkunft: B: *Dalrachney Lodge Hotel*, ✆ 84 12 52, Fax 84 13 82 (vikt. Jagd-Lodge, Restaurant). **C:** *Feith Mhor Country House*, Station Road, ✆ 84 16 21 (Pfarrhaus des 19. Jh., Restaurant); Mrs. L. J. Taulbut, Braes of Duthil, ✆ 84 13 95.

Restaurant: B: *Ecclefechan Bistro*, Main Street, ✆ 84 13 74 (einfach, preiswert).

Sehenswürdigkeit: *Landmark Visitor Centre*, April–Juni und September/Oktober 9.30–18, Juli/August 9.30–20, November–März 9.30–17 Uhr.

Castle Campbell

Standard, Oktober–März Do Nachmittag und Fr geschl.

Castle Douglas

Vorwahl: ✆ 15 56

 Tourist Information: Markethill Car Park, ✆ 50 26 11.

 Unterkunft/Restaurants: Im netten Auchencairn, 20 km südlich auf A 711: B: gemütlicher Pub/Gasthof *Old Smugglers Inn*, Main Street (gegen die Schmuggler an dieser Küste hatte Robert Burns als Zollbeamter vorzugehen); kurz dahinter *Collin House*, ✆ 0 15 56/64 02 92, Fax 64 02 76 (**A:** schönes Country House, Restaurant auch für Non-Residents, vorbestellen).

 Sehenswürdigkeiten: *Threave Castle*, Standard, Oktober–März geschl.; *Threave Garden*, 9 Uhr bis Sonnenuntergang.

Castle Fraser

Mai, Juni, September 14–18, Juli/August 11–18, April und Oktober Sa/So 14–17 Uhr.

Castle Stalker

Mit Booten April–August nach Absprache, ✆ 16 31/73 02 34 (ist sowieso am schönsten vom Ufer).

Cawdor Castle

Mai–1. Sonntag im Oktober 10–17.30 Uhr. **Pub:** *Cawdor Tavern* im Ort.

Chatelherault

Schloß und Besucherzentrum 11–16/17 Uhr; Ranger Service, ✆ 16 98/42 62 13.

Claonaig-Pier

Kein Büro, keine Reservierung, Autofähren nach Lochranza (Arran) Mo-So fast stündlich.

Comrie

Scottish Tartans Museum, April–Oktober Mo-Sa 10–18, So 11–17 Uhr, November–März nach Absprache, ✆ 17 64/67 07 79.

Crail

Tourist Information, ✆ 13 33/45 08 69, im *Museum* and *Heritage Centre*, 62/64 Marketgate, Ostern und Juni–September Mo-Sa 10–12.30, 14.30–17 Uhr.

Craigievar und Crathes Castle and Gardens

April–Oktober 11–18, Gärten ganzjährig 9.30 Uhr bis Sonnenuntergang.

Crarae Glen Garden

9–18 Uhr, im Winter bis Sonnenuntergang.

Crathes Castle s. Craigievar

Crathie Church

April–Oktober Mo–Sa 9.30–17.30, So 14–17 Uhr.

Crinan

Vorwahl: ✆ 15 46

Unterkunft: B: *Cairnbaan Hotel*, Cairnbaan, 4 km am Kanal entlang, ✆ 60 36 68, Fax 60 60 45 (schöne Zimmer in alter Postkutschenstation, freundlicher, gemütlicher Pub, sehr gutes Bar Food). **C:** Mr. & Mrs. A. Blair, Tigh-na-Glaic, ✆ 83 02 45 (luxuriöses, modernes B&B hoch über dem wunderschönen Hafen).

Restaurant: A: *Lock 16, Crinan Hotel*, direkt am Pier, ✆ 83 02 61 (eins der besten Fischrestaurants Schottlands, überteuert wie auch das Hotel; nautischer Pub). **B:** *Cairn Restaurant*, Kilmartin, ✆ 51 02 54 (alteingesessen, originell, lecker); *Tayvallich Inn*, Tayvallich, 10 km südlich am schönen, sanften Loch Sween, ✆ 87 02 82 (gutes Seafood in Bar und Restaurant).

Crossraguel Abbey

Standard, Oktober–März geschl.

Culloden Moor Visitor Centre

Februar/März und November/Dezember 10–16, April–Mitte Mai und Mitte September–Oktober 9–17, Mitte Mai–Mitte September 9.30–18 Uhr.

Culross

Town House und *Study*, Ostern und Mai–September 13.30–17 (Palace 11–17 Uhr), Oktober nur Sa/So.

Culzean Castle

April–Oktober 10.30–17.30, Park ganzjährig 9 Uhr bis Sonnenuntergang.

Cupar

Vorwahl: ✆ 13 34

Tourist Information: The Granary, Coal Road, ✆ 65 28 74.

Restaurants: A: *The Peat Inn*, Kreuzung des Weilers Peat Inn, ✆ 84 02 06 (eins der besten Restaurants Schottlands, französisch-schottisch). **B:** *The Nutshell*, 17 Bonnygate, ✆ 54 11 47 (preiswert, auch vegetarisch); *Ostler's Close*, Bonnygate, ✆ 65 55 74 (Bistro-Atmosphäre).

 Sehenswürdigkeiten: *Fife Folk Museum*, Ceres, April–Oktober Sa–Do 14.15–17 Uhr.
Scottish Deer Centre, Bow-of-Fife, 5 km westlich an A 91, Ostern–Oktober 10–17 Uhr, im Sommer länger.

Dalmeny

Herrenhaus Mai–Sept. So 13–17.30, Mo/Di 12–17.30 Uhr *St. Cuthbert* nach Vereinbarung, ✆ 1 31/3 31 18 69.

Delgatie Castle

April–Oktober 14–17 Uhr.

Dornoch

Vorwahl: ✆ 18 62

 Tourist Information: The Square, ✆ 81 04 00.

Unterkunft/Restaurants:
A: *The Royal Golf Hotel*, 1st Tee, ✆ 81 02 83, Fax 81 09 23 (oberhalb einem von Schottlands bekanntesten Golfplätzen). **B:** *Dornoch Castle Hotel*, Castle Street, ✆ 81 02 16, Fax 81 09 81 (Schloßhotel in ehemaligem Bischofspalast, gutes Restaurant). **C:** Mr. & Mrs. D. MacKenzie, *Trevose Guest House*, The Square, ✆ 81 02 69 (neben Kathedrale).

 Campingplatz: Cornoch Links, ✆ 81 04 23, 4 ›Haken‹.

 Sehenswürdigkeit: *Cathedral*, 9 Uhr bis Sonnenuntergang.

Doune

Castle, Standard, Oktober–März Do Nachmittag und Fr geschl.
Motor Museum, April–Oktober 10–17 Uhr; südlich von Doune liegt der *Blair Drummond Safari Park*, April–Anfang Oktober 10–17.30 Uhr.

Dounreay Exhibition Centre

Mitte Mai–Mitte September Di–So 10–16 Uhr.

Drum Castle

April und Oktober Sa/So 14–17, Mai–September täglich 14–18, Rosengarten Mai–Oktober 10–18 Uhr.

Drumlanrig Castle

Mai–August Mo–Mi, Fr/Sa 11–17, So 13–17, Park Mo–Sa 11–18, So 12–18 Uhr.

Drummond Castle Gardens

Mai–September 14–18 Uhr.

Drumnadrochit

Official Loch Ness Monster Exhibition, 9.30–17.30 (Juli/August bis 21.30), im Winter 10–16 Uhr.

Dufftown

 Tourist Information: The Clock Tower, The Square, ✆ 0 13 40/82 05 01.

Dumfries

Vorwahl: ✆ 13 87

 Tourist Office: Whitesands, ✆ 25 38 62.
Fahrradvermietung: Grierson & Graham, 10 Academy Street, ✆ 25 94 83.

 Autovermietung: Arnold Clark, New Abbey Road, ✆ 26 30 00.

Unterkunft: A: *Comlongon Castle*, Clarencefield, 12 km südlich, ✆ 87 02 83, Fax 87 02 66 (preiswert, holzgetäfeltes, mit Ritterrüstungen ausstaffiertes Schloß, Restaurant: vor dem Abendessen gibt's eine Geisterführung – ein Erlebnis). **C:** *Glebe House*, Terregles, 3 km nordwestlich, ✆ 72 02 59 (preisgekröntes vikt. Pfarrhaus, gute Küche, auch für Non-Residents); Mrs. Connors, Mouswald Place, ✆ 83 02 26 (B&B in schönem altem Stadthaus).

Restaurant: B: *Station Hotel*, Lovers' Walk, ✆ 25 43 16, Fax 25 03 88. **Pub:** *Globe Inn*, 56 High Street (Pub und Grub).

Sehenswürdigkeiten: *Burns House*, Burns Street, Mo–Sa 10–13, 14–17, So 14–17 Uhr, Oktober–März So/Mo geschl.
Dumfries Museum, oberhalb Church Street, (geöffnet wie Burns House) und *Camera Obscura*, April–September Mo–Sa 10–13, 14–17, So 14–17 Uhr
Old Bridge House, Mill Road, (geöffnet wie Camera Obscura)
Robert Burns Centre, Mill Road, April–September Mo–Sa 10–20, So 14–17, Oktober–März Di–Sa 10–13, 14–17 Uhr

Dunbar

Vorwahl: ✆ 13 68

 Tourist Information: 143 High Street, ✆ 86 33 53.

Unterkunft/Restaurants: B: *Courtyard Hotel & Restaurant*, Woodbush Brae, ✆ 86 41 69 (Fischerhäuschen am Meer, Seafood); *The Creel*, Hafen, ✆ 86 32 79 (Bistro, tolles Seafood).

Sehenswürdigkeiten: *John Muir House*, 126/128 High Street, Ende Mai–September Do–Sa und Mo/Di 11–13, 14–17.30, So 14–17.30 Uhr, Mi nur im August
Leisure Pool, Castlepark, Mai–Sept. 10–20, Okt.–April 10–17, Do/Fr bis 20 Uhr
Torness Power Station, 9 km südöstlich, Führungen Mo–Sa 10–16 Uhr
Underground, Town House, High Street, Ostern–Oktober 14–16.30 Uhr.

Dundee

Vorwahl: ✆ 13 82

Tourist Information: 4 City Square, ✆ 43 46 64; verschiedene Stadtführungen.

Flugzeug: Regionalflughafen Dundee Airport, Riverside Drive, ✆ 64 32 42, 2 km südlich vom Stadtzentrum am Ufer, wo auch Bahnhof und Bushof liegen, Flüge nach Inverness, Aberdeen, Manchester.

Bahn: Auskunft Scotrail: Taybridge Station, South Union Street, ✆ 22 80 46.

 Bus: Hauptunternehmen ist Tayside Public Transport (blaue Busse), East Dock Street, ✆ 20 11 21; in Außenbezirken auch Strathay Scottish Omnibuses (orange-blau), Seagate Bus Station, ✆ 22 83 45. City Tripper: täglich 10–17 Uhr, Start Crichton Street Nähe Tourist Office, dann kann man beliebig zu- und aussteigen, z. B. an Tayside House, Botanic Garden, Shaw's Sweet Factory, The Law, McManus Galleries.
Taxis: Hauptstände Bahnhof und Nethergate-Einkaufszone; Teletaxis ✆ 88 93 33/66 93 33.

Autovermietung: Arnold Clark, 14–22 Trades Lane, ✆ 22 53 82.

Unterkunft: A: *The Queen's Hotel*, 160 Nethergate, ✆ 32 25 15, Fax 20 26 68 (vikt. Gebäude). **B:** *Shaftesbury Hotel*, 1 Hyndford Street, ✆ 66 92 16, Fax 64 15 98 (ehemalige Villa eines Jutebarons, mit gutem *Rachel's Restaurant*); *Hillside Guest House*, 43 Constitution Street, ✆ 22 34 43 (vikt. Villa in City-Nähe). **C:**

University of Dundee, ✆ 34 40 38, Fax 20 26 05, Juli–September B&B und Ferienwohnungen.

⛺ Campingplatz: Tayview East Holiday Park, Monifieth, ✆ 53 28 37, 3 ›Haken‹, Blick auf Tay.

🍽 Restaurants: B: *Jahangir*, 1 Session Street, ✆ 20 20 22 (indisch); *Raffles*, 18 Perth Road, ✆ 20 11 39 (schottisch); *Royal Oak*, 167 Brook Street (Pub Food).

🍺 Pubs: *Mercantile Bar*, 100–108 Commercial Street; *Tally Ho*, 7/13 Old Hawkhill (im Pubviertel West Port hinter der Universität); *Taybridge Bar*, 129 Perth Road.

👁 Sehenswürdigkeiten: *Barrack Street Museum*, Barrack Street, Mo 11–17, Di–Fr 10–17 Uhr
Botanic Garden, Riverside Drive/Perth Road, März–Oktober Mo–Sa 10–16.30, So 11–16, November–Februar Mo–Sa 10–15.30, So 11–15 Uhr Uhr
Claypotts Castle, Standard, Oktober–März geschl.
Discovery Point mit Schiffsbesichtigung, Discovery Quay, Mo–Sa 10 (So11)–17, November–März bis 16 Uhr
Frigate Unicorn, Victoria Dock, 10–17 Uhr
McManus Galleries, Albert Square, Mo 11–17, Di–Sa 10–17 Uhr
Mill's Observatory, Balgay Park, April–September Di–Fr 10–17, Sa 14–17, Oktober–März 15–22, Sa 14–17 Uhr (im Winter Teleskopbenutzung)
Shaw's Sweet Factory, Fulton Road, Juni–September Mo–Fr 11.30–16, Oktober–Mai Mi 13.30–16 Uhr
Verdant Works/Textilindustriemuseum, 27 West Henderson's Wynd, Juni–August Mo–Fr 12–17 Uhr.

Dundrennan Abbey

Standard, Oktober–März geschl.

Dunfermline

Vorwahl: ✆ 13 83

 Tourist Information: 13/15 Maygate, ✆ 72 09 99.

 Unterkunft/Restaurant: B: *Davaar House*, 126 Grieve Street, ✆ 72 18 86 (kleines, vikt. Hotel mit gutem Restaurant).

 Sehenswürdigkeiten: *Abbey & Palace*, Monastery Street, Standard, Oktober–März Do Nachmittag und Fr geschl.
Andrew Carnegie Birthplace Museum, Moodie Street, April–Oktober Mo–Sa 11–17, So 14–17, November–März 14–16 Uhr.

Dunkeld

Vorwahl: ✆ 13 50

 Tourist Information: The Cross, ✆ 72 76 88

🛏 Unterkunft: A: *Kinnaird House Hotel*, Dalguise, 12 km nördlich, ✆ 0 17 96/48 24 40, Fax 48 22 89 (Country House-Luxus vom Feinsten, entspannend-gemütlich, renommiertes Restaurant); *Stakis Dunkeld House Resort Hotel*, 2 km östlich, ✆ 72 77 71, Fax 72 89 24 (Luxus im edward. ehemaligen Herrensitz des Herzogs von Atholl, Restaurant). **C:** *Balmore*, Perth Road, Birnam, ✆ 72 88 85 (luxuriöses vikt. B&B).

Campingplatz: Erigmore House, Birnam, ✆ 01 91/2 24 05 00, 4 ›Haken‹ (modernster Holiday Park, Zeltplatz, Wohnwagenvermietung etc.).

Dunnett Head

Unterkunft/Restaurant: C: Mr. J. Eden, *Dunnett Head Tea Room*, Brough, ✆ 0 18 47/85 17 74 (nettes B&B und preiswertes Bistro/Restaurant – gut essen am nördlichsten Punkt von Schottlands Festland).

Dunnottar Castle

Mitte März–Oktober Mo–Sa 9–18, So 14–17, November–Mitte März Mo–Fr 9 Uhr bis Sonnenuntergang.

Dunrobin Castle

Mai Mo–Do 10.30–12.30, 1.–15. Oktober Mo–Sa 10.30–16.30, So 13–16.30, Juni–September Mo–Sa 10.30–17.30 Uhr, Gärten ganzjährig.

Durness

Vorwahl: ✆ 19 71

Tourist Information: Sango, ✆ 51 12 59.

Schiff: Fähre/Minibus zu Cape Wrath, Sommer, ✆ 51 13 76.

Unterkunft: B: *Cape Wrath Hotel*, ✆ 51 12 12, Fax 51 13 13 (Landgasthof mit Restaurant). **C:** Mrs. S. Frasers, *Puffin Cottage*, ✆ 51 12 08 (entzückend winzig). **Hostel:** *Durness Youth Hostel*, Smoo, ✆ 51 12 44, Grade 3.

Edinburgh

Vorwahl: ✆ 1 31

Tourist Information: Waverley Market, 3 Princes Street, ✆ 5 57 17 00, Fax 5 57 51 18 (über Waverley-Bahnhof); Ingliston Flughafen, ✆ 3 33 21 67.

Flugzeug: Ingliston International Airport, ✆ 3 33 10 00, 12 km westlich; halbstündlich Busse von Waverley Station, ca. 25 Min. Fahrt. Busse zum größeren Glasgower Flughafen von St. Andrew's Station.

Bahn: Hauptbahnhof Waverley Station, Infos ✆ 5 56 24 51. Intercity-Züge von Londons King's Cross (4 Std.). Verbindungen in zahlreiche englische und schottische Städte, auch mit Schlafwagen, z. B. Inverness, Fort William.

Bus: Hauptbushof St. Andrew's Square, Nordostende. Zwei Firmen betreiben das ausgedehnte innerstädtische und Lothian-Netz, Lothian Region Transport (LRT, dunkelrot-weiße Busse, Infos Waverley Bridge, ✆ 2 20 41 11) und SMT/Eastern Scottish (grün-beige Busse, Infos St. Andrew's Square Bus Station, ✆ 5 56 84 64); beim Fahrer zahlen, mehrere Spartickets. Überlandbusse in alle schottischen Regionen.

Autovermietung: Arnold Clark, Tollcross, ✆ 2 28 47 47; Seafield, ✆ 5 53 30 00.
Taxi: Hauptstände Bahnhöfe Waverley und Haymarket sowie westliches Ende Princes Street; Waverley Cabs ✆ 5 57 55 59.

Fahrradvermietung: Cycles, 12 West Preston Street, ✆ 6 67 62 39. **Stadtbesichtigung:** mit dem Bus: klassische Stadtrundfahrt mit oben offenen Bussen des LRT, Start täglich etwa alle Viertelstunden von Waverley Bridge, man kann an allen Stationen aus- und zusteigen; zu Fuß: Robin's Tours, 66 Willowbrae Road, ✆ 6 61 01 25, auch die unverzichtbare Ghost Tour; Ghost Hunter Trail, ✆ 6 61 45 41, oder Witchery Tours, ✆ 2 20 20 86. Hubschrauber: Lakeside Helicopters, Flughafen, ✆ 3 39 23 21.

Unterkunft: A: *Balmoral*, 1 Princes Street, ✆ 5 56 24 14, Fax 5 57 37 47 (früheres North British Hotel; s. S. 90; teuerster Luxus); *Borthwick Castle* s. S. 273; *Bruntsfield Hotel*, 69–74 Bruntsfield Place, ✆ 2 29 13 93, Fax 2 29 56 34 (vikt.); *The Howard*, 32/36 Great King Street, ✆ 5 57 35 00, Fax 5 57 65 15 (höchster Luxus in georg. Stadthaus, Restaurant); *Malmaison*, Tower Place, Leith, ✆ 5 55 68 68, Fax 5 55 69 99 (s. S. 93; preis- und empfehlenswert, Brasserie); *Prestonfield House*, Priestfield Road, ✆ 6 68 33 46, Fax 6 68 39 76 (stilvoll teuer, mit renommiertem Restaurant, in Herrenhaus des 17. Jh.); *Scandic Crown*, 80 High Street, ✆ 5 57 97 97, Fax 5 57 97 89 (schön auf alt gemacht, an Royal Mile); *Sheraton*, 1 Festival Square, ✆ 2 29 91 31, Fax 2 29 62 54 (Luxus). **B:** *Ailsa Craig Hotel*, 24 Royal Terrace, ✆ 5 56 10 22, Fax 5 56 60 55 (an ruhiger georg. Royal Terrace); *Beverley Hotel*, 40 Murrayfield Avenue, ✆ 3 37 11 28 (preiswert, gut, ruhig); *Six St Mary's Place*, Raeburn Place, ✆ 3 32 89 65, Fax 6 61 64 50 (empfehlenswertes georg. Guest House); *St. Bernhard's Guest House*, 22 St. Bernard's Crescent, ✆ 3 32 23 39; *Stuart House*, 12 Claremont Street, ✆ 5 57 90 30, Fax 5 57 05 63 (empfehlenswertes neogeorg. Stadthaus); *Templehall Hotel*, 77 Promenade, Joppa, ✆ 6 69 42 64 (Seebadevorort, vikt., unique); *Thistle Hotel*, 59 Manor Place, ✆ 2 25 61 44, Fax 2 25 52 44 (modernisiert, Westend). **C:** B&B konzentriert an Ferry Road und Mayfield Road. Mrs. Christine Bryan, 1 Barnton Grove, ✆ 3 39 36 11; Mrs. M. Coleman, 54 Craigmillar Park, ✆ 6 68 34 08 (in vikt. Stadthaus, luxuriös); Mrs. H. Donaldson, 60 Polwarth Terrace, ✆ 3 37 10 66. **Hostels:** *Bruntsfield Youth Hostel*, 7 Bruntsfield Crescent, ✆ 4 47 29 94; *Eglington Youth Hostel*, 18 Eglington Crescent, ✆ 3 37 11 20 (beide Grade 1 Superior, in vikt. Häuserzeilen); *High Street Hostel*, 8 Blackfriars Street, ✆ 5 57 39 84, Fax 5 56 29 81 (zentral, gut); *Pollock Halls*, Holyrood Park Road, ✆ 6 67 06 62, Fax 6 68 32 17 (Juli–September, moderne Campussuiten, nicht billig).

Campingplatz: Mortonhall Caravan Park, 38 Mortonhall Gate, ✆ 6 64 15 33, Fax 6 64 53 87, 12 km südwestlich Stadtzentrum.

Restaurants: A: *Atrium*, 10 Cambridge Street, ✆ 2 28 88 82 (schick, im Foyer des Traverse Theatre); *Martin's*, 70 Rose Street, ✆ 2 25 31 06 (fein); *Prestonfield House* s. o.; *Vintners Rooms*, 87 Giles Street, Leith, ✆ 5 54 67 67 (s. S. 93); *The Witchery by the Castle*, Castlehill, ✆ 2 25 56 13 (mittelprächtiges Essen in phantastischen ›Hexenräumen‹ unterhalb der Burg; eine Institution). **B:** *Cramond Gallery Bistro*, 4 Riverside, Cramond, ✆ 3 12 65 55 (in altem, gemütlichem Gebäude); *Dubh Prais*, 123B High Street, ✆ 5 57 57 32 (gemütlicher ›Keller‹, sehr gut französisch-schottisch); *Henderson's Salad Table*, 94 Hanover Street, und *Henderson's Bistro Bar*, um die Ecke, Thistle Street (Akzent auf vegetarisch. Salate, Quiches, Kuchen, sehr preiswert); *Keeper's Restaurant*, 13B Dundas Street, ✆ 5 56 57 07 (int m, im Basement eines georg. Hauses, preiswert); *Overtures*, 18/22 Greenside Place, ✆ 5 57 83 39 (im Playhouse Theatre, vikt. Anklänge, preiswert, jung); *Pierre Victoire*, 10 Victoria Street, ✆ 2 25 17 21 (informell, französisch); *Round Table Restaurant*, 31 Jeffrey Street, ✆ 5 57 30 32 (rustikales Bistro); *The Shore*, 3/4 Shore, Leith, ✆ 5 53 50 80 (s. S. 93); *Skippers Bistro*, 1A Dock Place, Leith, ✆ 5 54 10 18 (s. S. 93).

Bar-Pubs: *Café Royal*, 7 West Register Street, (s. S. 91; Pub und Oyster Bar Restaurant, Brunch); *Waterfront Wine Bar*, 1C Dock Place, Leith, ✆ 5 54 74 27 (s. S. 93; zwei Edinburgher Institutionen).

Tea Rooms: *Laigh Kitchen*, 117A Hanover Street; gute Cafeterias in Botanic Gardens, Gallery of Modern Art, National Portrait Gallery, Royal Scottish Museum, St. Giles.

Pubs: konzentriert im Westend unterhalb von Charlotte Square und um Grassmarket (s. S. 87). *The Abbotsford*, 3 Rose Street (mit Restaurant); *Bannerman's*, 212 Cowgate (Steinfußboden, Kirchengestühl, Livemusik); *Bennets*, 8 Leven Street (ähnlich Café Royal); *Fiddler's Arms*, 9 Grassmarket (Folkmusik, unverfälscht alt); *The Guildford Arms*, 1 West Register Street (vikt.); *The King's Wark*, 36 The Shore, Leith (gemütlich, gutes Essen); *The Merman*, Leith (ältester Pub Edinburghs von 1793); *Oyster Bars* (Calton Road, The Shore in Leith – s. o., West Maitland Street und Queen Street): Livemusik, Pubs bis spät in die Nacht geöffnet; *Pelican*, 209 Cowgate (Schickeria); *Sheep's Heid*, Causeway, Duddingston (alt, Pub Grub); *The Tron Ceilidh House*, Hunter Square (Folkmusik live).

Theater: Karten: fürs Edinburgh International Festival ab April 21 Market Street, Edinburgh EH; 1BW, ✆ 2 26 40 01; Box Office ✆ 2 25 57 56, Fax 2 26 76 69. Festival Fringe: 180 High Street, ✆ 2 26 52 57, Fax 2 20 42 05. Tattoo: im voraus 22 Market Street, Edinburgh EH1 1QB, ✆ 2 25 11 88, Fax 2 25 86 27, vor Ort Ticket Centre 31/33 Waverley Bridge. Spielhäuser: Festival Theatre, 13/29 Nicolson Street, ✆ 6 62 11 12; King's Theatre, Leven Street, ✆ 2 20 43 49; RossTheatre, Freilichttheater in Princes Gardens, ✆ 5 57 24 80; Royal Lyceum Theatre, Grindlay Street, ✆ 2 29 96 97; Traverse Theatre, Cambridge Street, ✆ 2 28 14 04. Konzerte: Queen's Hall, Clerk Street, ✆ 6 68 34 56 (groß); Usher Hall, Lothian Road, ✆ 2 28 11 55 (kleiner).

Kinos: Dominion, Newbattle Terrace; Filmhouse, 88 Lothian Road; Odeon, 7 Clerk Street.

Feste: Dezember/Januar: Hogmanay (Silvester) mit Straßenkarneval, Umzügen, Konzerten etc.; Ostern: Folk und Science Festival; Juni: Royal Highland Agricultural Show; August: Edinburgh International Festival (s. o. und S. 84-86); Book Festival, Charlotte Square, alle 2 Jahre, nächstes 1997; Film Festival; Military Tattoo (s. o. und S. 84-86); Jazz Festival.

Galerien: Zum Festival gibt's die Broschüre »The Edinburgh Gallery Guide«; Collective Gallery, 22–28 Cockburn Street (zeitgenössische Installation); Edinburgh Printmakers, 23 Union Street

(Druckwerkstätten, zeitgenössische schottische Kunst); Flying Colours Gallery, 35 William Street.

 Einkäufe: Waverley Shopping Centre (3 Ebenen unterirdisch, modern, am Bahnhof, Fast Food); Kaufhaus Jenners, 4 Princes Street (sehenswerter vikt. Bau). Trödel/Antiquitäten: Byzantium, 9 Victoria Street (in ehemaliger Kirche, mit Café); generell um Grassmarket (wo während des Festivals ein Straßenmarkt stattfindet), Victoria, Thistle, Dundas Street, Causewayside, in Stockbridge, vor allem St. Stephen Street.

Sehenswürdigkeiten: *Botanic Garden,* (s. S. 94), Standard
Brass Rubbing Centre, Trinity Apse, Juni–September Mo–Sa 10–18, Oktober–Mai Mo–Sa 10–17, während des Festivals auch So 14–17 Uhr
Camera Obscura, Castlehill, April–Oktober 9.30–18 (Juli/August länger), November–März 10–17 Uhr
Castle, Castle Rock, April–September 9.30–17.15, Oktober–März 9.30–16.15 Uhr
City Art Gallery, Market Street, Juni–September Mo–Sa 10–18, So während des Festivals 14–17, Okt.–März Mo–Sa 10–17 Uhr
Craigmillar Castle, Standard, Oktober–März Do Nachmittag und Fr geschl.
Edinburgh Experience, Calton Hill, April–Oktober Mo–Fr 14–17, Sa/So 10.30–17, Juli/August 10.30–17 Uhr
Georgian House, 7 Charlotte Square, April–Okt. Mo–Sa 10–17, So 14–17 Uhr
Gladstone's Land, 477B Lawnmarket, April–Okt. Mo–Sa 10–17, So 14–17 Uhr
Greyfriar's Kirk, Greyfriar's Place, Ostern–September Mo–Fr 10–16, Sa 10–14, Friedhof 9–18 Uhr
Holyrood Palace, Canongate, April–Oktober 9.30–17.15, So 10.30–16.30, November–März Mo–Sa 9.30–15.45 Uhr, geschl. während königlicher und Staatsbesuche, ✆ 5 56 10 96
Huntly House Museum, Canongate, Juni–September Mo–Sa 10–18, Oktober–Mai Mo–Sa 10–17, während des Festivals auch So 14–17 Uhr
John Knox House, 45 High Street, Mo–Sa 10–17 Uhr
Lady Stair's House, Off Lawnmarket, Juni–September Mo–Sa 10–18, Oktober–Mai Mo–Sa 10–17, während des Festivals auch So 14–17 Uhr
Lauriston Castle, Cramond Road South, April–Oktober Sa–Do 11–13, 14–17, November–März Sa/So 14–16 Uhr
Museum of Antiquities und *National Portrait Gallery*, Queen Street, Mo–Sa 10–17, So 14–17 Uhr, während des Festivals länger
Museum of Childhood, 42 High Street, Juni–September Mo–Sa 10–18, Oktober–Mai Mo–Sa 10–17, während des Festivals auch So 14–17 Uhr
National Gallery of Scotland, The Mound, Mo–Sa 10–17 (während des Festivals länger), So 14–17 Uhr
National Library of Scotland, George IV Bridge, Mo, Di, Do, Fr 9.30–20.30, Mi 10–20.30, Sa 9.30–13 Uhr
New Town Conservation Centre, 13A Dundas Street, Mo–Fr 9–13, 14–17 Uhr (Ausstellung zur Restaurierung der Neustadt)
Parliament House, Parliament Square, Di–Fr 10–16 Uhr
The People's Story, Canongate Tolbooth, Mo–Sa 10–17, Juni–September 10–18, während des Festivals auch So 14–17 Uhr
Register House, Princes Street östliches Ende, Ausstellungen 10–16 Uhr
Royal Botanic Garden, Inverleith Row und Arboretum Place, November–Februar 10–16, März/April und Septem-

ber/Oktober 10–18, Mai–August 10–20, Gewächshäuser 10 (So 11)–17 Uhr
Royal Museum of Scotland, Chambers Street, Mo–Sa 10 (So 12)–17 Uhr
St. Giles' Cathedral, High Street, Winter Mo–Sa 9 (So 12)–17, Sommer Mo–Sa 9–19, So 13–17 Uhr
St. Mary's Episcopal Cathedral, Palmerston Place, Mo–Sa 7.30–18.15, So 8–19 Uhr
Scotch Whisky Heritage Centre, 354 Castlehill, 10–17 Uhr, Juni–September länger
Scott Monument, East Princes Gardens, Oktober–März Mo–Sa 10–15, April–September Mo–Sa 10–18 Uhr
Scottish National Gallery of Modern Art, Belford Road, Mo–Sa 10–17, So 14–17 Uhr, während des Festivals länger geöffnet
Scottish National Portrait Gallery s. Museum of Antiquities
Talbot Rice Gallery, South Bridge, Di–Sa 10–17 Uhr
Stone and Brass Rubbing Centre, Chalmers Close, Standard
West Register House, Charlotte Square, Ausstellungen Mo–Fr 10–16 Uhr
Zoo, Corstorphine Road, April–Sept. 9–18, Oktober–März 9 (So 9.30)–16.30 Uhr, Pinguinparade April–September 14 Uhr.

Edzell Castle and Garden

Standard, Oktober–März Do Nachmittag und Fr geschl.

Eilean Donan Castle

Ostern–September 10–18 Uhr

Elcho Tower House

s. Perth, S. 310

Elgin

Vorwahl: ℂ 13 43

 Tourist Information: 17 High Street, ℂ 54 26 66.

 Unterkunft/Restaurant: **A:** *Mansion House Hotel & Country Club*, The Haugh, ℂ 54 88 11, Fax 54 79 16 (neobaroniales Schlößchen mit relativ preiswertem Restaurant). **C:** *The Lodge Guest House*, 20 Duff Avenue, ℂ 54 99 81 (reizendes, komfortables edward. Haus).

 Campingplatz: Riverside Caravan Park, West Road, ℂ 54 28 13, 5 ›Haken‹.

 Sehenswürdigkeiten: *Cathedral*, North College Street, Standard, Oktober–März Do Nachmittag und Fr geschl.
Museum, High Street, April–September Mo, Di, Do, Fr 10–17, Sa 11–16, So 14–17 Uhr.

 Fest: Juli: Highland Games.

Elie

 Restaurant: B: *Bouquet Garni*, 51 High Street, ℂ 0 13 33/ 33 03 74 (köstliches Seafood im Kerzenschein). **Pub:** *Ship Inn*, Hafen (gutes Pub Food).

Falkland

Vorwahl: ℂ 13 37

Unterkunft: C: Mrs. L. Stephen, *Oakbank Guest House*, The

Pleasance, ✆ 85 72 87 (B&B in schönem altem Haus). **Hostel:** *Falkland Youth Hostel*, Back Wynd, ✆ 85 77 10, Grade 3. **Tea Room:** *Kind Kyttock's Kitchen*, Cross Wynd (legendäres Home Baking).

Sehenswürdigkeit: *Palace*, April–September Mo–Sa 10–18, So 14–18, Oktober Mo–Sa 10–17, So 14–17 Uhr.

Fasque

Mai–Sept. Sa–Do 13.30–17.30 Uhr.

Findhorn

Vorwahl: ✆ 13 09

 Pub: *Crown and Anchor Bar*, am Pier.

 Campingplatz: Findhorn Bay Caravan Park, ✆ 69 02 03, Fax 69 09 33, 3 ›Haken‹. Findhorn Foundation: bei vorigem, ✆ 67 36 55, Fax 67 31 13, B&B auf Anfrage, Besucherzentrum und Green Room Café, im Winter nur nachmittags offen.

Floors Castle (Kelso)

Forres

Vorwahl: ✆ 13 09

 Tourist Information: 116 High Street, ✆ 67 29 38.

 Unterkunft: A: *Knockomie House Hotel*, Grantown Road, ✆ 67 31 46, Fax 67 32 90 (Country House, Park, Restaurant). **C:** Mrs. J. Binney, Russell House, Russell Place,

✆ 67 24 55 (B&B in Nähe des preisgekrönten Grant-Stadtparks).

 Restaurant: B: *Ramnee Hotel*, Victoria Road, ✆ 67 24 10 (Restaurant und Bar Food).

 Sehenswürdigkeit: *Dallas Dhu Distillery*, 3 km südlich von A 940, Standard, Oktober–März Do Nachmittag und Fr geschl.

 Fest: Juli: Highland Games.

Fort Augustus

Vorwahl: ✆ 13 20

Tourist Information: Car Park, ✆ 36 63 67.

Unterkunft: A: *Knockie Lodge*, 14 km nördlich an B 862, ✆ 0 14 56/48 62 76, Fax 48 63 89 (elegantes Country House mit gutem Restaurant); *Lovat Arms Hotel*, zwischen Fort Augustus und Fort William an A 82, ✆ 36 62 06, Fax 36 66 76 altmodischer vikt. Landgasthof mit gutem Restaurant). **C:** *Fort Augustus Abbey*, ✆ 36 62 33, Fax 36 62 28 (schlicht, gut).

Pub: *Loch Inn*, am Caledonian Canal (beliebt, Pub Grub, Livemusik).

 Sehenswürdigkeit: *Abbey Visitor Centre*, Mai–Sept. Mo–Sa 10–12.30, 13.30–17, So 13.30–17 Uhr.

Fort William

Vorwahl: ✆ 13 97

Tourist Information: Cameron Square, ✆ 70 37 81.
Fahrradvermietung: Off Beat Bikes, High Street, ✆ 70 40 08.

 Bus/Bahn: Bus- und Bahnhof Belford Road, ✆ 70 37 91; Züge nach Glasgow, Edinburgh, London. Empfehlenswert ist eine Fahrt mit der berühmten, 1885 gegründeten West Highland Line bis Mallaig, im Sommer mit einer historischen Dampflok.

 Autovermietung: Budget, Tankstelle Lochybridge, ✆ 70 25 00.

 Schiff: Seal Cruises, Town Pier, ✆ 70 55 89, April–Oktober.

Unterkunft: A: *Inverlochy Castle*, Torlundy, 5 km nördlich an A 82, ✆ 70 21 77, Fax 70 29 53 (eine der exklusivsten und teuersten Schloßhotels Schottlands, neobaronial, Restaurant); *The Moorings Hotel*, Banavie, an Neptune's Staircase, ✆ 77 27 97, Fax 77 24 41 (preiswert, modernisiert, nette Atmosphäre, empfehlenswertes Restaurant, nautische Keller-Weinbar). **B:** *Ashburn House*, Achintore Road, ✆/Fax 70 60 00 (wunderschöne vikt. Villa am Linnhe-Ufer im Süden); J. Campbell, *The Grange*, Grange Road, ✆ 70 55 16 (vikt. Villa B&B neben Crolinnhe; *Crolinnhe Guest House*, Grange Road, ✆ 70 27 09 (empfehlenswerte vikt. Villa mit weitem Blick über Loch Linnhe, liebevolles neovikt. Interieur, abwechslungsreiches Frühstück; *Distillery House*, Glenlochy Distillery, North Road, ✆ 70 01 03, Fax 70 62 77 (neben Destillerie am nördlichen Ortsende); *Rhu Mhor Guest House*, Alma Road, ✆ 70 22 13 (schöne alte Villa über der Stadt). **C:** B. Lytham, Glenmoidart, Fassifern Road, ✆ 70 57 90; Mrs. E. MacLeod, Caberfeidh, Fassifern Road (ohne Tel.), (zwei vikt. B&B über Linnhe); *Mansefield Guest House*, Corpach, 5 km nordwestlich, ✆ 77 22 62 (ruhig, einfach). **Hostel:** *Glen Nevis Youth Hostel*, am Fuße des Ben Nevis, ✆ 70 23 36, Grade 1.

Restaurants: B: *Crannog*, Town Pier, ✆ 70 55 89 (›Mutterhaus‹ der Seafood-Kette in Form eines achteckigen, rotdachigen Crannogs, eines bronzezeitlichen Pfahlhauses im Wasser); *The Factor's House*, Torlundy, ✆ 70 57 67, Fax 70 14 21 (eins der besten Restaurants Schottlands, mediterran angehaucht, erstaunlich preiswert, geschmackvoll eingerichtet, im ehemaligen Haus des Estate Managers am Eingang von Inverlochy Castle Hotel; auch stilvolle A/B Zimmer).

Sport: Aonoch Mor, Torlundy, 12 km nördlich an A 82, ✆ 70 58 25, Schottlands modernstes Skigebiet mit Skischulen und -verleih; Gondeln ganzes Jahr außer November–Mitte Dezember 10–17 Uhr, Juli/August auch abends; Fahrradverleih Juli/August an Talstation; an Bergstation der Gondel (Nevis Range Selbstbedienungsrestaurant, 640 m ü. d. M.) Ranger Service mit geführten Wanderungen im Juli/August sowie ausgeschilderte Spazierwege – bitte unbedingt an die Wege halten! Straßen-, Wetter- und Skireport ›Ski Hotline‹: ✆ 0 18 91/65 46 60.

 Fest: Juli: Lochaber Highland Games (mit Hill Race).

Fyvie Castle

Ostern und April und Oktober Sa/So

14–17, Mai und September 14–18, Juni–August 11–18, Parks ganzjährig 9.30 Uhr bis Sonnenuntergang.

Gairloch

Vorwahl: ✆ 14 45

 Information: Auchtercairn, ✆ 71 21 30

Unterkunft/Restaurants: **B/C:** *Little Lodge*, North Erradale, an B 8021 nördlich, ✆ 77 12 37 (charmantes Crofthaus, Halbpension etwa 40 £); *The Mountain Restaurant and Lodge*, Strath Square, ✆ 71 23 16 (unique: Wandererherberge mit alternativ-rustikalem Wintergartenbistro, schmackhaftes, deftiges Essen mit Riesenportionen im Kerzenschein, moderne, preiswerte Zimmer); *Birchwood Guest House*, oberhalb Gairloch Harbour, ✆ 71 21 00 (komfortables B & B). **Hostel:** *Carn Dearg Youth Hostel*, an B8021 nördlich, ✆ 71 22 19, Grade 2 (Fahrradverleih).

Sehenswürdigkeit: *Gairloch Heritage Museum*, Ostern–September Mo–Sa 10–17 Uhr (in alten Farmgebäuden daneben das empfehlenswerte *Steading Restaurant*, ✆ 17 24 49, Tea Room, Mittagssnacks, im Sommer auch Dinner).

Gatehouse-of-Fleet

Vorwahl: ✆ 15 57

 Tourist Information: Car Park, ✆ 81 42 12

 Unterkunft: A: *Cally Palace Hotel*, 2 km westlich auf A 75, ✆ 81 43 41, Fax 81 45 22 (elegantes, noch erschwingliches georg. Herrenhaus mit empfehlenswertem Restaurant). C: Mrs. W. Johnstone, *High Auchenlarie Farmhouse*, ✆ 84 02 31 (schöne Farm, mit Essen).

 Campingplatz: Mossyard Caravan Park, ✆ 84 02 26, 5 ›Haken‹, am Fleet-Ufer.

 Sehenswürdigkeit: *Cardoness Castle*, Standard, Oktober–März nur Wochenenden.

Gigha, Isle of

 Schiff: Fähre von Tayinloan Mo–So stündlich.

 Unterkunft: *Post Office Guest House*, ✆ 0 15 83/50 52 51 (georg., Fahrradverleih).

 Sehenswürdigkeit: *Achamore House Gardens*, 10 Uhr–Sonnenuntergang.

Glamis

Angus Folk Museum, Kirkwynd, Ostern und Mai–September 11–17; *Castle*, April–Anfang Oktober 10.30–17.30 Uhr.

Glasgow

Vorwahl: ✆ 1 41

 Tourist Information: 35 St. Vincent Place, ✆ 2 04 44 00; am Flughafen, ✆ 8 48 44 40.

Flugzeug: Internationaler Flughafen Abbotsinch, Paisley, 13 km südwestlich, für den ganzen Südwesten; Fluginfos ✆ 8 87 11 11. Nach Glasgow: Bus von CityLink (Service 500) alle 20 Min. nach Buchanan Station; Zug alle 7 Min. von Paisley, Gilmore Street Station, nach Central.

Bahn: Von Bahnhöfen Central und Queen Street Fernzüge von ScotRail innerhalb Schottlands, von Central mit InterCity nach England; Zugauskunft 24 Std. ✆ 2 04 28 44. Ausgezeichnetes Netz von Vorortzügen mit 174 Bahnhöfen von ScotRail. Bahnverbindungen u. a. von Central zu Fähren in Wemyss Bay (Bute), Gourock (Dunoon), Ardrossan (Arran). Auskunft zu Bahn, Bus, U-Bahn im Travel Centre, St. Enoch Square, geöffnet Mo–Sa 9.30–17.30 Uhr, ✆ 2 26 48 26 (Mo–Sa 7–21, So 9–19 Uhr). Broschüren: Zeitplan (»Underground Timetable and Guide«), Verkehrsnetzplan (der unverzichtbare »Visitors' Transport Guide«) zu allen öffentlichen Verkehrsmitteln Glasgows, »The Guide – How to Get There by Rail« innerhalb Strathclyde. Sparticekts Day Tripper-Ticket, Glasgow Roundabout. **U-Bahn:** Ein in beide Richtungen befahrbarer Ring um die Innenstadt; Ticket Erwachsener 50 p; Züge verkehren alle 4 bis 8 Min., Mo–Sa 6.30–22.55, So 11–18 Uhr. Sparticket Heritage Trail. In jeder Station bemannter Fahrkartenstand mit Kartenverkauf und Broschüren (s. o.).

Bus: Ein engmaschiges, aber kompliziertes System mit mehreren privaten Anbietern; einzelne Linien und Busgesellschaften im »Visitors' Transport Guide«; zahlen meist beim Fahrer, Kleingeld für Stadtbusse bereithalten; Nachtbusse in nähere Umgebung, die meisten Fr und Sa, fahren von George Square ab. Fernbusse von Buchanan Bushof hinter St. Enoch Travel Centre, Info Coach Travel ✆ 3 32 96 44.

Autovermietung: Arnold Clark, St. Georges Road, ✆ 2 21 95 17; Vinicombe Street, Westend, ✆ 3 34 95 01; Flughafen, Phoenix Park, Linwood, ✆ 8 48 02 02.
Taxi: 3 32 70 70; meist ohne lange Wartezeiten per Handzeichen am Straßenrand; wesentlich billiger als auf dem Kontinent.

Fahrradvermietung: Tortoise Cycle Hire, 1417 Dumbarton Road, Scotstoun, ✆ 9 58 10 55.

Schiff: Vergnügungsfahrt auf dem Clyde mit Raddampfer »P.S. Waverley«, Mai–September, Glasgow Waverley Terminal, Anderston Quay, ✆ 2 21 81 52. Personen- und Autofähren sowie Vergnügungsfahrten rund um den Clyde: Caledonian MacBrayne, Ferry Terminal, **Gourock**, ✆ 0 14 75/65 01 00. Clyde Marine Motoring, Princes Pier, **Greenock**, ✆ 0 14 75/72 12 81.

Stadtbesichtigung: Bus: Discovering Glasgow Tours, 153 Queen Street, ✆ 2 04 04 44, mit offenem Oberdeck; zu Fuß: Glasgow City Walks, Mrs. I. Sommerville, Scottish Tourist Guides Association, 17 Russell Drive, Bearsden, ✆ 9 42 79 29; Hubschrauber: Clyde Helicopters, City Heliport, ✆ 2 26 42 61.

Unterkunft: A: *One Devonshire Gardens*, 1 Devonshire Gardens, ✆ 3 39 20 01, Fax 3 37 16 63 (Designerluxus in georg. Stil, in eleganten Wohnhausreihen hinter Great Western Road, *die* Topadresse Glasgows); *Devonshire Hotel*, 5 Devonshire Gardens, ✆ 3 39 78 78, Fax 3 39 39 80 (etwas preisgünstigerer Vetter von obigem); *Malmaison*, 278 West George Street, ✆ 2 21 64 00, Fax 2 21 64 11 (erschwinglich, neues Design, Bruder des Edinburgh Malmaison; Brasserie); *Moat House International*, Congress Road, ✆ 2 04 07 33, Fax 2 21 20 22 (modernes, preiswertes Haus am Clyde-Ufer neben S.E.C.C., Freizeitzentrum, zwei Restaurants). **B:** *Cathedral House*, 28–32 Cathedral Square, ✆ 5 52 35 19 (einzeln stehendes, geschmackvoll renoviertes vikt. Gebäude neben Kathedrale, viel Verkehr); *Babbity Bowster*, 16–18 Blackfriars Street, ✆ 5 52 50 55 (in Merchant City, *very glaswegian*); *The Town House*, 4 Hughenden Terrace, ✆ 3 57 08 62, Fax 3 39 96 05; *Kirklee*, 11 Kensington Gate, ✆ 3 34 55 55, Fax 3 39 38 28 (vikt. Reihenhausvillen in ruhiger West End-Lage, beide empfehlenswert); *Victorian Guest House*, 212 Renfrew Street, ✆ 3 32 01 29, Fax 3 53 31 55 (Nähe Kunstschule). **C:** B & B bei Mrs. A. Bennett, 107 Dowanhill Street, ✆ 3 37 13 07 (edward. Reihenhaus in ruhigem West End); Mrs. A. Couston, 13 Carment Drive, ✆ 6 32 01 93.

Hostels: *Sya Hostel*, 7 Park Terrace, ✆ 3 32 30 04; mehrere Universitätswohnheime bieten in den Ferien (März–April, Juli–September) Einzel- und Doppelzimmerunterkunft, kann bis zu 30 £ pro Person kosten, zentrale Auskunft University of Glasgow ✆ 3 39 84 81, University of Strathclyde ✆ 5 55 41 48 – preisgünstig hierunter sind *Horselethill House*, 7 Hourselethill Road, ✆ 3 39 99 43, und *Baird Hall*, 460 Sauchiehall Street, Jugendstilhaus Nähe Kunsthochschule; *Glasgow Youth Hostel*, 7/8 Park Terrace, ✆ 3 32 30 04, Grade 1 Superior (in schöner vikt. Häuserzeile).

Camping: Craigendmuir Park, Campsie View, Stepps, ✆ 7 79 41 59, 3 ›Haken‹.

Restaurants: Glasgow hat die wohl beste Küche und Pubszene Schottlands. Da die Glaswegians gerne und oft ausgehen, ist Vorbestellung immer ratsam. **A:** *The Buttery*, 652 Argyle Street, ✆ 2 21 81 88 (s. S. 102; distinguiert-gemütliche schottische Atmosphäre, exquisites Essen in holzgetäfeltem Raum, eine Institution und ein lohnendes Erlebnis) – *The Belfry*, ✆ 2 21 06 30: preiswerter kleiner Bruder; *One Devonshire Gardens*, wie Hotel oben (piekfeines Design, etwas steif, köstliches Essen, das teuerste Restaurant Glasgows); *The Ubiquitous Chip*, 12 Ashton Lane, off Byres Road, ✆ 3 34 50 07 (einzigartig, informell, eine Institution: in offenem, steingedecktem, dschungelartigem Innenhof ehemaliger Ställe; innovative Küche mit Schottlands frischsten Produkten, z. B. vegetarischer Haggis, Kartoffel-Rüben-Pürree, gegrillte Jakobsmuscheln mit Ingwersauce, Hafer-Eis, bester Weinkeller Schottlands mit angeschlossenem Weinladen) – *Upstairs at the Chip*: preis- und auch empfehlenswerter kleiner Weinbarbruder, Tisch auf Galerie bestellen. **B:** *The Brasserie*, 176 West Regent Street, ✆ 2 48 38 01 (den ganzen Tag über auch Bar Food, hinter repräsentativer Fassade); *Crannog Seafood Restaurant*, 28 Cheapside Street, ✆ 2 21 17 27 (kühles Ambiente im Hafenviertel, frischer Fisch); *Créme de la Créme*, 1071 Argyle Street, ✆ 2 21 32 22 (beste indische Küche, den postmodern bis neureich gestaltetem

Riesensaal eines ehemaligen Kinos muß man gesehen haben); *Cul de Sac*, Ashton Lane, ⌀ 3 34 47 49 (Bistro mit gutem Essen inmitten der Jeunesse dorée Glasgows); *Ginger Hill*, 1 Hillhead Street, Milngavie, ⌀ 9 56 65 15 (freundliches Vorortrestaurant, Seafood); *Mata Hari*, 17 Princes Street, ⌀ 3 32 97 89 (malayisch-indonesisch in bunt ausgemaltem Souterrain); *Pierre Victoire*, 16 Byres Road, ⌀ 3 39 25 44, und 91 Miller Street, ⌀ 2 21 75 65 (empfehlenswert); *Victoria & Albert*, 159 Buchanan Street, ⌀ 2 48 63 29 (beliebter Eßtreff für Geschäftsleute und Theaterbesucher mit vikt. Flair, Bar, Restaurant, preiswert).

Cafés/Bars: *Baby Grand*, 3/7 Elmbank Gardens (großstädtisch, nicht allzu coole Nachtbar inmitten des Asphaltdschungels um Charing Cross); *De Quincey's*, 71 Renfield Street (einzigartige maurische Kachelpracht, schicker, beliebter Treff); *University Café*, 87 Byres Road (legendäres 50er Jahre Studentencafé mit Stannioldeko und Take-away).

Tea Rooms: *Café Gandolfi*, 64 Albion Street (kosmopolitisch); *The Granary*, 82 Howard Street (vegetarische Snacks und köstliche Home Bakery); *Willow Tea Room*, 217 Sauchiehall Street (s. S. 110, guter Lunch).

Pubs: *Curlers*, 260 Byres Road (Livemusik in der unschönen Lounge, mit Tam o'Shanter Fresken ausgemalte Bar); *The Exchequer*, 53/61 Dumbarton Road (Essen im Restaurant und volle, laute ›Jugendladung‹ im trödelartigen Pub mit Riesen-Wodka-Auswahl); *Griffin*, 266 Bath Street (billiger, fettiger Lunch für Glasgows Geschäftsleute, Hektik in historischer Umgebung); *Halt Bar*, 160 Woodlands Road (alte hufeisenförmige Theke, legendärer Studentenpub, Livemusik); *Hogs Head*, Argyle Street gegenüber Kelvingrove Museum (alter, gemütlicher Pub, Livemusik); *Horse Shoe*, 17 Drury Street (namengebende Hufeisentheke, guter Pub Grub); *Murphy's Pakora*, 1287 Argyle Street (bunter Pub mit indischem Pakoras zu Murphy's Stout); *Scotia Bar*, 112 Stockwell Street (alter Pub, Folkmusik live); *Uisge Beatha*, 246 Woodlands Road (Lebenswasser und Old World-Atmo); *Victoria*, 157 Bridgegate (das alte Glasgow, im East End).

Theater/Musik: *Barrowland Ballroom*, Gallowgate (berühmtberüchtigt für Rock und Pop); *Citizen's*, Gorbals Street, ⌀ 4 29 00 22 (modernes Repertoiretheater); *King's*, Bath Street, ⌀ 2 27 55 11 (vikt.-plüschiges Theater, traditionell, Musicals); *Society of Musicians*, 73 Berkeley Street, ⌀ 2 21 61 12 (außer Di und Fr Folk oder Jazz live); *Theatre Royal*, Hope Street, ⌀ 3 32 90 00 (Heimbühne der Scottish Opera und des Scottish Ballet); *Tramway*, 25 Albert Drive (avantgardistische Bühne von Peter Brook, mit Galerie, Café, Bar).

Feste: April: Orchideenausstellung; Mai: Mayfest (renommiertes Kunstfest); Juni: Folk-, Fazzfestival.

Einkäufe: *Princes Square Shopping Centre;* etwas gewöhnlicher im *St. Enoch Centre*, feine Designerklamotten im *Italian Centre*. **Antiquitäten:** *Victorian Village*, 57 West Regent Street (ständiger Antikmarkt in riesigem altem Warenhaus). Mackintosh-inspiriertes Kunsthandwerk im Erdgeschoß unter dem Willow Tea Room, 217 Sauchiehall Street.

 Sehenswürdigkeiten: Die Glasgower Museen und Denk-

mäler öffnen, wenn nicht anders angegeben, ganzjährig Mo–Sa 10–17, So 11–17 Uhr
Art Lover's House, Bellahouston Park
The Barras, östlich von Glasgow Cross, Sa/So 9–17 Uhr
Botanic Gardens, Great Western Road, Gärten 7 bis Sonnenuntergang, Kibble Palace 10–16.45, edward. Gewächshäuser 13 (So 14)–16.45 Uhr
Burrell Collection, Pollok Country Park
City Chambers, George Square, Mo–Fr Führungen 10.30 und 14.30
Fossil Grove, Victoria Park, Victoria Park Drive North, nach Vereinbarung, ✆ 9 59 90 87
Gallery of Modern Art, Kelvingrove Museum, Ingram Street
Glasgow School of Art, 167 Renfrew Street, Führungen Mo–Fr 11 und 14, Sa 11 Uhr
Hill House, Upper Colquhoun Street, Helensburgh, April–Dezember 13–17 Uhr
Hunterian Art Gallery, Hillhead Street, Mo–Sa 9.30–17 Uhr
Hunterian Museum, University Avenue, Mo–Sa 9.30–17 Uhr
Martyr's Public School, Parson Street
Merchants' House, George Square, nach Vereinbarung, ✆ 2 21 82 72
Mitchell Library, North Street, Mo–Fr 9.30–21, Sa 9.30–17 Uhr
Museum of Education, 225 Scotland Street, Mo–Sa 10–17, So 14–17 Uhr
People's Museum, Glasgow Green
Pollok House, 2060 Pollokshaws Road
Provand's Lordship, 3 Castle Street
Queen's Cross Church, 870 Garscube Road, Di, Do, Fr 12–17.30, So 14.30–17 Uhr (Hauptquartier der Charles Rennie Mackintosh Society)
Scotland Street School Museum of Education, 225 Scotland Street
St. Mungo's Cathedral und *St. Mungo Museum*, Cathedral Street
Tenement House, 145 Bucchleuch Street, April–Oktober 14–17, sonst Sa/So 14–16 Uhr
Transport Museum, Kelvin Hall, Burnshouse Road
Willow Tea Room, Sauchiehall Street.
Galerien: Aktuelle Ausstellungen und Galerie-Adressen im »Glasgow Gallery Guide«. *Glasgow Print Studio*, 22/25 King Street (Drucke zeitgenössischer Künstler); *MacLellan Galleries*, 270 Sauchiehall Street (vikt. Galerie für bedeutende Ausstellungen).

Glencoe

Vorwahl: ✆ 18 55

Unterkunft: A: *The Isles of Glencoe Hotel and Leisure Centre*, Ballachulish, ✆ 81 16 02, Fax 81 17 70 (preiswert, modern, Pool, Sauna, Skifahrer). **B:** *Clachaig Inn*, ✆ 81 12 52, Fax 81 16 79 (preiswert, gemütlich-einfach, Wandererherberge tief im Tal, bester Pub 1994, herzhaftes Essen). **Hostel:** *Glencoe Youth Hostel*, 2 km vor Clachaig Inn, ✆ 81 12 19, Grade 1.

 Sehenswürdigkeiten: *Glencoe and North Lorn Folk Museum*, Glencoe Village, Mitte Mai–September Mo–Sa 10–17.30; Glencoe Besucherzentrum, an A 82, April–später Mai, Anfang September–Mitte Oktober 10–17, später Mai–Anfang September 9.30–18.

Sport: Schottlands ältestes Skigebiet wird vom Glencoe-Skilift bei Kingshouse erschlossen, 12 km südlich von Glencoe an der A82, Januar–April Do–Mo 10–17, Juni–September täglich 10–17 Uhr; Skiverleih und -schulen. Straßen-, Wetter- und Skireport ›Ski Hotline‹: ✆ 18 91/65 46 58.

Glencoe Outdoor Centre, Glencoe, ℡ 18 55/81 13 50, Fax 81 16 44 (Wandern, Klettern, Wassersport, Ski).

Glenelg

 Schiff: Autofähre Kylerhea–Glenelg, Mr. R. MacLeod, Glenshiel, ℡ 0 15 99/51 13 02, Ostern–Oktober, Juni–August auch So.

 Unterkunft/Restaurant: B: *Glenelg Inn*, am Ufer, ℡ 01 59/98 22 73, Fax 98 23 73 (geschmackvoll renovierter Gasthof, preiswertes, schmackhaftes Essen, auch mittags, abends lebendiger, rustikaler Pub mit Ceilidhs).

Glenfarclas Distillery

26 km nordöstlich von Grantwon-on-Spey von A95, Mo–Fr 9–16.30, Juni–September auch Sa 10–16, So 13–16 Uhr.

Glenfiddich Distillery

Dufftown, Mo–Fr 9.30–16.30, Ostern–Mitte Oktober auch Sa 9.30–16.30, So 12–16.30 Uhr.

Glenfinnan Monument and Visitor Centre

April–später Mai und Anfang September–Mitte Oktober 10–13, 14–17, später Mai–Anfang September 9–18 Uhr.

Glengoyne Distillery

April–November Führungen Mo–Fr stündlich 10–16, Sa 11–15, Juli/August auch Di und Do 19 und 20, Ostern–Oktober *Nosing Session* 19.30 Uhr.

Glen Grant Distillery

Rothes, Ende April–September Mo–Fr 10–16 Uhr, Juli/August auch Sa.

Glenkinchie Distillery

bei Pentcaitland, Mo–Fr 9.30–16.30 Uhr.

Glenlivet Distillery

16 km nördlich von Tomintoul an B9008, Ostern–Oktober Mo–Sa 10–16, Juli/August bis 19 Uhr.

Glenluce Abbey

Standard, Oktober–März nur an Wochenenden.

Glenshee Chairlift

Weihnachten–Mitte Oktober 9–17 Uhr.

Glenturret Distillery

März–Dezember Mo–Sa 9.30–16.30, So 12–16.30, Januar/Februar Mo–Fr 11.30–14.30 Uhr.

Gordon's Arms Hotel

Yarrow, St. Mary's Loch, ℡ 0 17 50/8 22 32 (B: typischer Wayside Inn, preiswert, Essen), in der Nähe die Wasserfälle von Grey Mare's Tail.

Gretna Green

Vorwahl: ℡ 14 61

Tourist Information: An der M74 Infostation zu Schottland »Gretna Gateway to Scotland«,

✆ 33 85 00; lokal: *Blacksmith's Shop*,
✆ 33 78 34.

 Sehenswürdigkeit: *Old Blacksmith's Shop Centre*, immer geöffnet.

Gullane

Vorwahl: ✆ 16 20

 Unterkunft/Restaurants: A: *Greywalls Hotel*, Muirfield (über dem Golfkurs), ✆ 84 21 44, Fax 84 22 41 (edward., von Sir Edwin Luytens gebauter Country House-Luxus, teures, preisgekröntes Restaurant); *La Potinière*, Main Street, ✆ 84 32 14 (französisch, Michelin-Stern, eins der besten Restaurants Schottlands).

Haddington

Vorwahl: ✆ 16 20

 Tourist Information: Pencraig, an A1, ✆ 86 00 63.

 Unterkunft/Restaurants: A: *Brown's Hotel*, 1 West Road, ✆/Fax 82 22 54 (preiswertes georg. Country House, renommiertes Restaurant). **B:** *The Waterside*, ✆ 82 56 74 (beliebtes Bistro).

 Pub: *The Pheasant*, Ecke Market/High Street (große Real Ale-Auswahl).

 Campingplatz: The Monk's Muir, ✆/Fax 86 03 40, 4 ›Haken‹.

 Sehenswürdigkeiten: *Lennoxlove*, 2 km südlich, Ostern und-Mai–September Mi, Sa, So 14–17 Uhr *St. Mary's Collegiate Church*, Sidegate, April–September Mo–Sa 10–16, So 13–16 Uhr.

Haddo House

Mai und September 14–18, Juni–August 11–18, April und Oktober Sa/So 14–17, Park ganzjährig 9.30 Uhr bis Sonnenuntergang.

Hawick

Vorwahl: ✆ 14 50

 Tourist Information: Drumlandrig's Tower (modernes Interpretive Centre zu Hawicks Geschichte in altem Turm, täglich 10–17 Uhr, im Sommer länger), Tower Knowe, ✆ 37 25 47.
Fahrradvermietung: Hawick Cycle Centre, 45 North Bridge Street, ✆ 37 33 52.

 Unterkunft: B: *Whitchester Christian Guest House*, Bortaugh, 4 km auf A7, ✆/Fax 37 74 77 (Zimmer und Restaurant im Park).
Hostel: *Snoot Youth Hostel*, 10 km auf B711 bei Roberton, ✆ 88 02 59, Grade 3 (in Kirchlein, pastorale Umgebung).

 Restaurant: *The Old Forge*, Newmill-on-Teviot, 8 km auf A7, ✆ 38 52 98.

 Fest: Common Riding, Juni.

Helmsdale

Vorwahl: ✆ 14 31

Tourist Information: An A9, ✆ 82 16 40.
Fahrradvermietung: Pedal Power, Unit 1, Helmsdale Industrial Estate, ✆ 82 12 29.

 Unterkunft: C: Mrs. S. Blance, *Broomhill House*, ✆ 82 12 59 (B & B in Villa, die auf Burg macht).
Hostel: *Helmsdale Youth Hostel*, an A9, ✆ 82 15 77, Grade 3.

 Restaurant: *La Mirage*, Dunrobin Stret, ✆ 82 16 15.

 Sehenswürdigkeit: *Timespan Heritage Centre*, Ostern–Oktober Mo–Sa 10–17, So 14–17.

Hermitage Castle

April–September Mo–Sa 9.30–18.30, So 14–18.30, Oktober–März Sa 9.30–16.30, So 14–16.30 Uhr.

Hopetoun House

Ostern–September 10–17 Uhr.

House of Dun

Ostern und Mai–Oktober 11–17.30 Uhr.

Huntly

Vorwahl: ✆ 14 66

 Tourist Information: 7A The Square, ✆ 79 22 55.

 Unterkunft: A: *The Old Manse of Marnoch*, Bridge of Marnoch, zwischen Huntly und Banff, ✆/Fax 780873 (georg. Landhaus, Gärten, gutes Restaurant). **C:** Mrs. Gent, *Linnorie House*, ✆ 79 47 39 (Edward. Stadthaus).

 Sehenswürdigkeit: *Castle*, Standard, Oktober–März Do Nachmittag und Fr geschl.

Inchmahome Priory

Standard, Oktober–März geschl.

Inveraray

Vorwahl: ✆ 14 99

 Tourist Information: Front Street, ✆ 30 20 63.

 Unterkunft: A: *The Creggans Inn*, Strachur, auf dem gegenüberliegenden Ufer, ✆ 0 13 69/86 02 79, Fax 86 06 37 (einer der berühmtesten Highland Inns, gediegen schottisch, auch das renommierte Restaurant). **B:** *The Great Inn*, Seafront, ✆ 30 24 66, Fax 30 23 89 (klassischer Landgasthof, Pub Food, Besitzer ist der Herzog von Argyll); *Thistle House*, St. Catherine's, auf dem gegenüberliegenden Fyne-Ufer, ✆ 30 22 09 (sehr schönes vikt. Guest House inmitten von Parks). **C:** Mrs. MacLaren, *Old Rectory*, Newton, ✆ 30 22 80 (georg. Pfarrhaus Nähe Zentrum an A 83). **Hostel:** *Inveraray Youth Hostel*, Dalmally Road, ✆ 30 24 54, Grade 2.

Campingplatz: Argyll Caravan Park, 4 km südlich am Fyne-Ufer, ✆ 30 22 85, 4 ›Haken‹.

Restaurant: *Loch Fyne Oyster Bar*, Clachan, 12 km nördlich am Kopf des Loch Fyne, ✆ 60 02 17/2 36 (Laden mit phantastischem Räucherfisch und -muscheln und schlicht-rustikales Seafood-Bistro).

 Sehenswürdigkeiten: *Arctic Penguin*, 9.30–18 Uhr
Bell Tower, The Avenue, Mitte Mai–September Mo–Sa 10–13, 14–17, So 14–17 Uhr
Castle April–Juni und Mitte September–Oktober Mo–Do, Sa 10–12, 14–17, So 13–17, Juli/August Mo–Sa 10–17, So 14–17 Uhr
Jail, Church Square, 9.30–18 Uhr.

Fest: Juli: Highland Games.

Inverewe Garden

9.30 Uhr-Sonnenuntergang.

Inverness

Vorwahl: ✆ 14 63

Tourist Office: Castle Wynd, ✆ 23 43 53.

 Flugzeug: Regionalflughafen Highlands and Islands Airports Limited, Dalcross, 13 km nordöstlich, Bus nach Inverness, ✆ 23 24 71; innerschottische Flüge, auf alle Inseln.

 Bahn und Bus: Verkehrsknotenpunkt der nördlichen Highlands. Bahnhof Academy Street, ✆ 23 89 24; Bushof Farraline Park, off Academy Street, ✆ 23 33 71.

 Autovermietung: Budget, Railway Terrace, ✆ 71 33 33.

 Schiff: Jacobite Cruises, Tomnahurich Bridge, Glenurquart Road, ✆ 23 39 99 (Ausflugsboote, durch Schleusen des Caledonian Canal zur Monsterjagd auf den Loch Ness).

 Unterkunft/Restaurants: Beste Lage in der Stadt ist Ness Bank, am schönen, ruhigen Ufer des Ness. **A:** *Bunchrew House Hotel*, Bunchrew, ✆ 23 49 17, Fax 71 06 20, 5 km westlich am Ufer des Beauly Firth (neobaroniales Herrenhaus des 17. Jh., Luxus, Restaurant und Bistro); *Culloden House Hotel*, ✆ 23 05 12, Fax 22 45 32, 2 km westlich (eins der besten und teuersten Country Houses Schottlands, prächtiges georg. Herrenhaus). **B:** *Ardmuir House Hotel*, 16 Ness Bank, ✆ 23 11 51; *Glen Mhor Hotel & Restaurant*, Ness Bank, ✆ 23 43 08, Fax 71 31 70 (Essen in informellem, preiswertem *Nico's Bistro*); *Moyness House*, 6 Bruce Gardens, ✆/Fax 23 38 36 (Neil Gunn wohnte einst in dieser hübschen vikt. Villa, preiswertes Restaurant). **C:** *Felstead House*, 18 Ness Bank, ✆ 23 16 34; Mrs. L. Fraser, 26 Ness Bank, ✆ 23 43 97 (empfehlenswertes B & B); *The Old Rectory Guest House*, 9 Southside Road, ✆ 22 09 67 (luxuriöses B & B in vikt. Granithäuschen). **Hostel:** *Inverness Youth Hostel*, 1 Old Edinburgh Road, ✆ 23 17 71, Grade 1; *Student Hostel*, 8 Culduthel Road, ✆ 23 65 56 (empfehlenswert).

Campingplatz: Bught Caravan & Camping Site, zentral gelegen an A82 nach Fort William, ✆ 23 69 20, 4 ›Haken‹.

Restaurants: A: *Dunain Park Hotel*, Dunain Park, ✆ 23 05 12 (*das* Restaurant von Inverness, französisch-schottisch). **B:** *Pierre Victoire*, 75 Castle Street, ✆ 22 56 62 (französisch); *The Raja*, Post Office Avenue,

℡ 23 71 90 (guter Inder); *The Theatre Restaurant*, ℡ 22 17 23 (preiswert im Eden Court, Bar).

 Pubs: *Academy*, 104/106 Academy Street; *The Phoenix*, 108/110 Academy Street (traditionell, Livemusik).

 Sehenswürdigkeiten: *Eden Court Theatre*, Bishop's Road, Karten ℡ 22 17 18/23 42 34
Museum and Art Gallery, Castle Wynd, Mo–Sa 9–17, Juli/August auch So 14–17 Uhr;
St. Andrew's Cathedral, Ness Walk, 8.30–18 Uhr, im Mai–September auch später.

Inverurie

Vorwahl: ℡ 14 67

 Tourist Information: Town Hall, Market Place, ℡ 62 06 00.

Unterkunft/Restaurants: A: *Pittodrie House Hotel*, Chapel of Gairioch, ℡ 68 14 44, Fax 68 16 48; *Thainstone House Hotel & Country Club*, Thainstone Estate, Inverurie Road, ℡ 62 16 43, Fax 62 50 84 (relativ preiswerte Herrenhaushotels, bürgählich bzw. palladianisch, mit empfehlenswerten Restaurants). **C:** Mrs. S. McGhie, Fridayhill, Kinmuck, ℡ 0 16 51/88 22 52 (ein luxuriöses Doppelzimmer in skandinavisch anmutendem Haus).

Iona, Isle of

Vorwahl: ℡ 16 81

Anreise s. S. 305.

 Unterkunft: B: *Argyll Hotel*, am Pier, ℡ 70 03 34 (gemütliche Zimmer, Restaurant); *Iona Abbey*, ℡ 70 04 04 (s. S. 256).

 Sehenswürdigkeiten: *Abbey*, Standard, netter Craft Shop; *Iona Heritage Centre*, The Manse, Mo–Sa 10.30–16.30 Uhr (lohnenswertes Heimatmuseum, Tea Room).

Islay, Isle of

Vorwahl: ℡ 14 96

Tourist Information: The Square, Bowmore, ℡ 81 02 54.

 Autovermietung: D & N Mackenzie, Main Street, Port Charlotte, ℡ 85 02 00.

 Schiff: Calmac-Büro Port Ellen, ℡ 30 22 09, Fax 30 25 57; Autofähren von hier und Port Askaig nach Kennacraig (s. S. 299).

 Unterkunft: B: *Glenmachrie Farmhouse*, zwischen Port Ellen und Bowmore, ℡ 30 25 60 (schöne, komfortable, traditionelle Farm mit gutem Home Cooking); *Lochside Hotel*, Shore Street, Bowmore, ℡ 81 02 44, Fax 81 03 90 (nettes Gasthaus, Pub mit großer Malt-Auswahl); *Port Askaig Hotel*, Port Askaig, ℡ 84 02 45, Fax 84 02 95 (neben Fähren, Bar). **C:** *The Kennels*, Ballygrant, 5 km südlich von Port Askaig, ℡ 84 02 37. **Hostel:** *Islay Youth Hostel*, Port Charlotte, ℡ 85 03 85, Grade 2.

Campingplatz: Kintra Farm Site, Kintra Beach, Port Ellen, ✆ 30 20 51 (einfach mit ebensolchem Restaurant).

 Restaurant: *Kilchoman House*, Bruichladdich, 3 km nördlich von Port Charlotte, ✆ 85 02 77 (georg. Pfarrhaus).

 Sehenswürdigkeiten: *Bowmore Distillery*, Nähe Zentrum, Mo–Fr 10–17 Uhr
Bowmore Round Church, 9 Uhr bis Sonnenuntergang
Bunnahabhain Distillery, Port Askaig, Mo–Fr 10–16 Uhr; *Lagavulin Distillery*, Port Ellen, ✆ 30 24 00; *Laphroaig Distillery*, Port Ellen, ✆ 30 24 18
Museum of Islay Life, Port Charlotte, Ostern–Oktober Mo–Sa 10–17, So 14–17, November–März Mo–Mi 10–13 Uhr.

Jedburgh

Vorwahl: ✆ 18 35

 Tourist Information: Murray's Green, ✆ 86 34 35/6 88.

 Unterkunft: B: *Glenfrairs Hotel*, The Friars, ✆ 86 20 00 (altes Haus, nett). **C:** Mrs. Whittaker, *Hundalee House*, ✆ 86 30 11, 5 km auf A68 (luxuriöses georg. Country House inmitten Park, toll).

 Campingplatz: Jedwater Caravan Park, ✆ 84 02 19, 5 ›Haken‹.

 Restaurant: Willow Court, The Friars, ✆ 86 37 02 (preiswert in modernem, netten Guest House).

 Sehenswürdigkeiten: *Abbey*; *Museum*; *Castle Jail*, Castlegate, Mo–Sa 10–17, So 13–17 Uhr; *Mary Queen of Scots House*, Queen Street, Ostern–Mitte November 10–17 Uhr.

John o'Groats

Vorwahl: ✆ 19 55

 Tourist Information: County Road, ✆ 61 13 73.

 Schiff: Personenfähren, auch mit kombinierten Bustouren, auf die Orkneys Mai–Oktober; Juli/August Bootsverkehr zu Stacks of Duncansby, Stroma und Pentland Skerries; Ferry Office, ✆ 61 13 53.

Unterkunft: B: *John o'Groats House Hotel*, ✆ 61 12 03, Fax 61 14 08 (achteckiges Teil am Pier). **Hostel:** *Youth Hostel Canisbay*, ✆ 61 14 24, Grade 2.

Campingplatz: John o'Groats Caravan Site, ✆ 61 13 29, 4 ›Haken‹.

Jura, Isle of

Vorwahl: ✆ 14 96

Unterkunft: B: *Jura Hotel*, Craighouse, ✆ 82 02 43, Fax 82 02 49 (guter, einfacher, einziger Gasthof; der Pub ist der soziale Treffpunkt der ganzen Insel).

Sehenswürdigkeit: *Jura House Walled Garden and Grounds*, Mo–Sa 9–17 Uhr.

Kellie Castle

Ostern und April–September 14–18, April nur Sa/So, Oktober 14–17 Uhr, Parks immer 10 Uhr bis Sonnenuntergang.

Kelso

Vorwahl: ✆ 15 73

 Tourist Information: Town House, The Square, ✆ 22 34 64.

Unterkunft: A: *Sunlaws House Hotel*, Heiton, 5 km auf A698, ✆ 22 03 31, Fax 22 06 11 (Country House Hotel, gehört dem Duke of Roxburghe, Luxus in typischer Borders-Landschaft, Restaurant). **B:** Mrs. E. Bentham, Wooden, 1 km auf B6350, ✆ 22 42 04 (B & B in prachtvollem georg. Herrenhaus, preiswert). **C:** *Inglestone Guest House*, Abbey Row, ✆ 22 58 00 (freundliches georg. Stadthaus, in dem schon Bonnie Prince Charlie schlief); Mrs. W. Hess, *The Knowes*, Abbey Bank, ✆ 22 65 50 (luxuriöses B & B in georg. Stadthaus).

Campingplatz: Springwood Caravan Park, Springwood Estate, ✆ 22 45 96, 4 Haken.

Restaurant: B: *Ednam House Hotel*, Bridge Street, ✆ 22 41 68, Fax 22 63 19 (in diesem relativ preiswerten, etwas älterlichen georg. Herrenhaus am Tweed ist auch gut wohnen).

Feste: Oktober–Mai: Kelso Races, berühmte Pferderennen; Mai: Floors Castle Horse Trials; Piper-Aufmärsche vor Floors Mai–August; September: Ram (Widder) und Horse Sales; Ende Oktober: alle zwei Jahre, nächstes Mal 1997, Borders Festival an zahlreichen Orten der Borders, auch in Kelso.

 Sehenswürdigkeiten: *Abbey*, Bridge Street, immer offen
Floors Castle, Ostern, Mai–Juni, September So–Do 10.30–17.30, Juli/August täglich 10.30–17.30, Oktober So und Mi 10.30–16 Uhr
Turret House Museum, Abbey Court, Ostern–Oktober Mo–Sa 10–12, 13–17, So 14–17 Uhr.

Kenmore

Vorwahl: ✆ 18 87

Unterkunft: A: *Kenmore Hotel*, The Square, ✆ 83 02 05, Fax 83 02 62 (preiswert, urtypischer schottischer Landgasthof von 1572, Bar, Restaurant). **B:** *Croft-na-Caber Hotel*, ✆ 83 02 36, Fax 83 06 49 (moderner Komplex, Wassersportzentrum, Garden Restaurant preiswert, mit Schweizer Touch).

 Campingplatz: Kenmore Caravan Park, ✆ 83 02 26, Fax 83 02 11, 4 ›Haken‹.

Kennacraig-Pier

Calmac-Büro ✆ 0 18 80/73 02 53, Fax 73 02 02; Autofähren nach Port Ellen/Port Askaig (Islay; 2 bzw. 2½ Std.) mehrmals täglich Mo–So; im Sommer Dinnerfahrten zum Mull of Kintyre.

Kildrummy

Castle, Standard, Oktober–März an Wochenenden; *Castle Gardens*,

April–Oktober 10–17 Uhr; *Castle Hotel*, ✆ 1 97 55/7 12 88, Fax 7 13 45 (A, super, s. S. 156).

Feste: Am 4. Samstag im August marschieren und reiten die martialisch herausgeputzten Lonach Men durchs Tal des Don und eröffnen so die Lonach Highland Games in Bellabeg.

Killicrankie

Besucherzentrum am Paß, April–Oktober 10–17, Juni–August 9.30–18 Uhr.

Kincraig

Unterkunft: *Glen Feshie Hostel*, hinter Feshiebridge im Wandererparadies Glen Feshie, ✆ 0 15 40/ 65 13 23.

Sehenswürdigkeit: *Highland Wildlife Park*, 10–16, Juni–August bis 17 Uhr, Winter geschl.

Kingussie

Vorwahl: ✆ 15 40

Tourist Information: King Street, ✆ 66 12 97.

Unterkunft: B: *Columba House Hotel*, Manse Road, ✆ 66 14 02 (Pfarrhaus des 19. Jh., preiswert auch das Restaurant). **C:** *Mr. & Mrs. Short*, Glengarry, East Terrace, ✆ 66 13 86.
Hostel: *Kingussie Youth Hostel*, East Terrace, ✆ 66 15 06, Grade 2.

Restaurant: A: *The Cross*, Tweed Mill Brae, ✆ 66 11 66 (klein, fein, alte Mühle am Wasser, schicke, teure Zimmer).
Pub: im Royal Hotel, Main Street.

Sehenswürdigkeit: *Highland Folk Museum*, April–Oktober Mo–Sa 10–18, So 14–18, November–März Mo–Fr 10–15, mit Sheep Dog-Vorführungen So, Di, Do 14 Uhr.

Kircudbright

Vorwahl: ✆ 15 57

Tourist Information: Harbour Square, ✆ 33 04 94. Fahrradvermietung: Solway Cycling Holidays, Borgue, ✆ 87 04 33.

Unterkunft: B: *Gladstone House*, 48 High Street, ✆ 33 17 34 (s. S. 74, 1. Wahl); *Selkirk Arms Hotel*, High Street, ✆ 33 04 02, Fax 33 16 39 (freundlicher Gasthof, hier hat Burns das »Selkirk Grace« gedichtet, Restaurant). **C:** *Len Rutter*, Millburn House, Millburn Street, ✆ 33 09 26 (B & B in denkmalgeschütztem Bezirk).

Restaurant: B: *Auld Alliance*, 5 Castle Street, ✆ 33 05 69 (beste französisch-schottische Küchenallianz). Auchencairn s. S. 276.

Campingplatz: Brighouse Bay Holiday Park, c/o Gillespie Leisure, ✆ 33 10 79, 5 ›Haken‹ (luxuriös mit Golf, Swimming-Pool, Strand, preisgekrönt als bester schottischer, ja britischer Platz).

Sehenswürdigkeiten: *Hornel Art Gallery*, Broughton House, High Street, Ostern und Mai–Oktober 13–17.30 Uhr

MacLellan's Castle, High Street, Standard, Oktober–März nur an Wochenenden
Stewartry Museum, St. Mary Street, März–Oktober Mo–Sa 10–17, Juni–September auch So 14–17, November–Februar nur Sa 11–16 Uhr
Tolbooth Arts Centre, High Street, März–Oktober Mo–Sa 11–17 Uhr, Juni–September auch So, November–Februar nur Sa
Wildlife Park, an B 727, Mitte März–Oktober 10–18 Uhr. Malkurse: April–Oktober, ✆ 33 02 74.

Kirkoswald

Souter Johnnie's Cottage, Main Road, Ostern–September 13.30–17.30 Uhr, Oktober nur Sa/So.

Kirriemuir

Vorwahl: ✆ 15 75

Tourist Information: High Street, ✆ 57 40 97 (Wanderinfos für Angus Glens).

Unterkunft/Restaurants: B: *Clova Hotel*, Glen Cova, ✆ 55 02 22, Fax 55 03 33 (einsam am Ende des Glen Clova, Wanderer); *Glenisla Hotel*, ✆ 58 22 23 (alte Postkutschenstation am Ende des Glen Isla, Wanderer). **Hostel:** *Glendoll Youth Hostel*, Clova, ✆ 55 02 36, Grade 2 (ideal für Wanderer am Ende des Glen Clova).

Campingplatz: Nether Craig Caravan Park, Glenisla, ✆ 56 02 04, Fax 56 03 15, 5 ›Haken‹.

 Sehenswürdigkeit: *Barrie's Birthplace*, 9 Brechin Road, Ostern, Mai–September Mo–Sa 11 (So 14)–17.30 Uhr.

Kyle of Lochalsh

Vorwahl: ✆ 15 99

Tourist Information: Car Park, ✆ 43 42 76.

 Restaurant: *The Seafood Restaurant Biadh Math*, in der Railway Station, ✆ 53 48 13 (simply great).

Leith Hall

Mai–September 14–18, Oktober nur Sa/So 14–17 Uhr, Park ganzes Jahr 9.30 Uhr bis Sonnenuntergang.

Leslie Castle

Bei Insch, ✆ 0 14 64/2 08 69, Fax 2 10 76 – ein wunderschönes Baronialschloß des 17. Jh. als Hotel (Kategorie A).

Leuchars

Earlshall Castle & Gardens, April–Oktober 13–18 Uhr; Kirche Morgendämmerung bis 19 Uhr.

Lewis und Harris

Lewis (Vorwahl): ✆ 1851
Harris (Vorwahl): ✆ 1859

Tourist Information: Lewis, 26 Cromwell Street, Stornoway, ✆ 18 51/70 30 88; Harris, Pier Road, Tarbert, ✆ 18 59/50 20 11.
Fahrradvermietung: Alex Dan Cycle Centre, 67 Kenneth Street, Stornoway, ✆ 18 51/70 40 25.

Flugzeug: British Airways Express-Flüge bis zu dreimal täglich von Glasgow und Inverness nach Stornoway, täglich, nur in der Hochsaison auch So, von Glasgow nach Benbecula und Barra; die drei Inselflughäfen sind ebenfalls untereinander verbunden; Infos British Airways Express, St. Andrew's Drive, Glasgow Airport, ✆ 13 45/22 21 11.

Autovermietung: Lewis Car Rentals, 52 Bayhead Street, Stornoway, ✆ 18 51/70 37 60.

Schiff: Calmac-Büro Stornoway, ✆ 18 51/70 23 61, Fax 70 55 23; Autofähren von Ullapool s. S. 320. Calmac-Büro Tarbert, ✆ 18 59/50 24 44, Fax 50 20 17, Autofähren nach Lochmaddy (North Uist, gut 1½ Std.) Mo–Sa zweimal täglich – ein Tagesausflug nach North Uist ist mit diesen Fähren nicht möglich; nach Uig (Skye, 1¾ Std.) Mo–Sa zweimal täglich.
Personenfähren: Leverburgh nach Newton Ferry (North Uist), ✆ 18 76/54 02 30; Ludag (South Uist) nach Eoligarry (Barra) und Eriskay, ✆ 18 78/72 02 33. Autofähre von Caolas Scalpaigh (Harris) nach Scalpay, ✆ 18 59/54 02 66.
Reisebüro: Atmays, 77 Cromwell Street, Stornoway, ✆ 0 18 51/70 31 04 (u. a. für Flüge nach Barra, die dort auf dem einzigen regulären, gezeitenabhängigen Flugplatz der Welt, einem Strand, landen; nicht als Tagesausflug möglich).

 Lewis: Unterkunft/Restaurants: Stornoway: B: *Park Guest House*, 30 James Street, ✆ 70 24 85 (vikt. Villa, geschmackvoll eingerichtet, im Annex große, moderne Zimmer, gutes, nicht billiges Restaurant, empfehlenswert). **C:** Mrs. Anne MacLeod, *Ravenswood*, 12 Matheson Road, ✆ 70 26 73 (komfortables, zentrales B & B in vikt. Haus); *Tower Guest House*, 32 James Street, ✆ 70 31 50 (vikt. Haus, einfache Zimmer). **Hostel:** *The Stornoway Hostel*, 47 Keith Street, ✆ 70 36 28, unabhängig. **Tea Room:** in der An Lanntair Gallery, Craft Shop.
Restliches Lewis: Callanish: B/C: *Corran View Guest House*, 22a Breascleit, ✆ 62 13 00; *Eshcol Guest House*, 21 Breascleit, ✆ 62 13 57 (zwei moderne, komfortable Gästehäuser mit guter Küche nur für Gäste). **Ness-Region: B:** *Galson Farm Guest House*, South Galson, ✆ 85 04 92 (komfortabel, alte Farm, Essen). **C:** Kate & Anthony Barber, *Harbour View*, Port of Ness, ✆ 81 07 35 (s. S. 236). **Timsgarry: B:** *Baile na Cille Guest House*, ✆ 67 22 42, Fax 67 22 41 (schönes altes Pfarrhaus, Restaurant, für Einsamkeitsfanatiker). **Tea Room/Craft Shop:** *Smugglers*, Aird (u. a. Replikas der bei Arnol gefundenen mittelalterlichen Schachfiguren, der Lewis Chessmen). **Hostel:** *Garenin Youth Hostel*, Grade 3 (s. S. 237; schlichtest, aber die Lage!).

 Campingplatz: Laxdale Holiday Park, 4 Laxdale Lane, ✆ 70 32 34, 3 ›Haken‹. **Tea Room:** *Black House Café*, Standing Stones of Callanish; *Morven Gallery*, Morven, Barvas, Café und geschmackvolle Keramik, Drucke, Kunsthandwerk.

Harris: Unterkunft/Restaurants: Tarbert: B: *Leachin House*, ✆ 50 21 57 (kleines vikt. Country House am Meer). **B/C:** *Allan Cottage Guest House*, ✆ 50 21 46 (gemütliches, komfortables kleines Haus, gutes Restaurant). **Restliches Harris: A: Ardvourlie:** *Ardvourlie Castle Guest*

House, ℘ 50 23 07 (vikt. Jagd-Lodge am Loch Seaforth auf der ›Grenze‹ zu Harris, preiswert, gutes Restaurant).
Scarista: *Scarista House*, ℘ 55 02 38 (schlichtes Herrenhäuschen in himmlischer Ruhe mit gutem Restaurant).
Hostel: *Stockinish Youth Hostel*, Kyles, Stockinish, ℘ 53 03 73, Grade 3, an Golden Road. **Pub:** *Rodel Pub*, Rodel Pier.

Ferienwohnungen in restaurierten Black Houses: Mrs. Campbell-Kennard, Tigh na Seallach, Bowglass, ℘ 50 24 11; Sacristavore, Mrs. M. Bennett, ℘ 1 31/5 52 32 42 oder 18 59/55 02 22.

 Sehenswürdigkeiten: *An Lanntair Gallery*, Town Hall, South Beach Street, Mo–Sa 10–17.30 Uhr
Arnol Black House, Standard, So geschl.
Museum Nan Eilean, Francis Street, Juni–August Di–Sa 10–12.30, 14–17.30 Uhr, September–Mai Di–Sa 14–17 Uhr
Lewis Loom Centre, Lewis Hotel, Point Street, Stornoway, ℘ 18 51/70 31 17 (Vorführungen der Tweed- und Webkunst)
Shawbost School Museum, April–November Mo–Sa 10–18 Uhr
Lhaiday Croft Museum, Ostern–Mitte Oktober 10–18 Uhr.

Linlithgow

Vorwahl: ℘ 15 06

 Tourist Information: Burgh Halls, The Cross, ℘ 84 46 00.

Restaurant: A: *Champany's Inn*, an A904 Richtung South Queensferry, ℘ 83 45 32.

 Pubs: *Black Bitch Tavern*, High Street (Folkmusik); *The Four Marys*, Main Street (gute Real Ales).

 Sehenswürdigkeiten: *Blackness Castle*, Standard, Oktober–März Do Nachmittag und Fr geschl.; *St. Michael's*, Oktober–Mai Mo–Fr 10–12, 14–16 Uhr, Juni–September auch Sa/So.

Lochinver

Vorwahl: ℘ 15 71

 Tourist Information: Main Street, ℘ 84 43 30.

 Unterkunft: B: *The Albannach Hotel*, Baddidarroch, 1 km westlich, ℘ 84 44 07 (schönes altes Haus, phantastische Blicke, Restaurant). **C:** Mr. & Mrs. Munro, Ardglas, ℘ 84 42 57, Fax 84 43 60.

Restaurant: B: *Larder's Riverside Bistro*, Main Street, ℘ 84 43 56 (Seafood hinter Delikatessen-Laden).

 Pub: *Wheelhouse* (Fischerkneipe am Hafen).

Loch Leven

Castle, Standard, Oktober–März geschl.; *Scottish Centre for Falconry*, Turfhills, an A977 von Junction 6 der M90, März–November 10.30–17.30 Uhr, März, Oktober und November bis Sonnenuntergang, Flugdarbietungen 11.30, 13, 14.30, 16 Uhr.

Loch Maree Hotel

Talladale, ✆ 0 14 45/76 02 88 (A/B, eine Institution, Angler, gutes Restaurant).

Mallaig

Vorwahl: ✆ 16 87

 Tourist Information: ✆ 46 21 70.

Schiff: Calmac-Büro ✆ 46 24 03, Fax 46 22 81; Autofähre nach Armadale (Skye; 30 Min.) mehrmals täglich, Mai–September auch So; Personenfähre zu den Small Isles Mo–Sa, täglich abwechselnd nach Eigg oder Rum und Canna oder als Rundfahrt ohne Aufenthalte (*Non-Landing Cruise*).

 Unterkunft: B: *Marine Hotel*, Station Road, ✆ 46 22 17, Fax 46 28 21 (zweckmäßig, Restaurant). **Hostel:** *Garramore Youth Hostel*, südlich von Morar, ✆ 45 02 68, Grade 1 (Fahrradverleih).

Pub: *Tigh a Clachan* (Folkmusik).

 Sehenswürdigkeit: *Mallaig Marine World*, The Harbour, 9–17 Uhr, Juni–September bis 21 Uhr (Aquarien, Fischen, Seenotrettung).

Manderston House

Mitte Mai–September Do und So 14–17.30 Uhr.

Mauchline Burns House Museum

Standard, s. S. 65.

Meigle Museum

Standard, Oktober–März geschl.

Mellerstain House

Ostern und Mai–September So–Fr 12.30–16.30 Uhr.

Melrose

Vorwahl: ✆ 18 96

 Tourist Information: Abbey House, Abbey Street, ✆ 82 25 55.

 Unterkunft: B: *Burts Hotel*, Market Square, ✆ 82 22 85, Fax 82 28 70 (typisch schottischer Gasthof, gutes Barfood). **C:** Mrs. E.M. Cripps, Chiefswood, Chiefswood Road, ✆ 82 21 72 (georg. Landhaus – wo Sir Walter seine Tochter besuchte); Mrs. C. Calgetty, Little Fordel, Abbey Street, ✆ 82 22 06 (eins der besten B & B Schottlands); Mrs. M. Graham, Braidwood, Bucchleuch Street, ✆ 82 24 88 (altes Stadthaus). **Hostel:** *Melrose Youth Hostel*, Priorwood, ✆ 8 22 25 21, Grade 1 (eine der schönsten Jugendherbergen Schottlands, bei Abtei, Fahrradverleih).

Restaurants: *Marmion's Brasserie*, Bucchleuch Street, ✆ 82 22 45 (super, s. S. 60); *Melrose Station Restaurant*, Palma Place, ✆ 82 25 46 (informell in altem Bahnhof). Café: *Pyemont & Company*, 28 Market Square (s. S. 58, georg. Café und Mittagssnacks).

Sehenswürdigkeiten: *Zisterzienserabtei*; *Priorwood Gardens*, April–Dezember Mo–Sa 10–17.30, Mai–Oktober auch So 13.30–17.30 Uhr

Teddy Melrose/*Teddy Bear Museum*, The Wynd, 10–17 Uhr.

Montrose

Unterkunft: C: Mrs. C. Hulton, *The Retreat*, South Street, Johnshaven (netter Hummerfangweiler 12 km nördlich), ✆ 15 61/36 27 31 (luxuriöses B & B am Meer).

Campingplatz: Littlewood Holiday Park, Brechin Road, ✆ 16 74/67 29 73, 4 ›Haken‹.

Mull, Isle of

Tourist Information: Main Street, Tobermory, ✆ 16 88/30 21 82; The Pier, Craignure, ✆ 16 80/81 23 77. (Organisierte Ausflüge Mull/Iona/Staffa, s. S. 307).

Fahrradvermietung: On Yer Bike, Salen, ✆ 16 80/30 05 01, oder direkt am Pier von Craignure, ✆ 16 80/81 24 87.

Bahn: Mull Rail vom Old Pier, Craignure, nach Torosay Castle Ostern–Mitte Oktober, mehrmals täglich, Buchungen ✆ 0 16 80/81 24 94, Tourist Office oder Calmac-Büros.

Schiff: Calmac-Büro Craignure, ✆ 16 80/81 23 43, Autofähren von Oban (40 Min.) Mo–Sa bis zu achtmal täglich; von Fishnish nach Lochaline (15 Min.), ohne Reservierung, Mo–So öfter als stündlich; von Tobermory nach Kilchoan (Ardnamurchan, 35 Min.), ohne Reservierung, Mo–Sa bis zu siebenmal täglich. Personenfähre Fionnphort – Iona (5 Min.), häufige Fahrten. Fahrten nach Staffa: Staffa Trips, ✆ 0 16 81/70 03 58. Von Ulva Ferry Bootsausflüge zu Threshnish Isles, Pat & Ian Morrison, Penmore Mill, Dervaig, ✆ 0 16 88/40 02 42.

Unterkunft/Restaurants:
Calgary: B: *Calgary Farmhouse Hotel*, oberhalb Calgary Beach, ✆ 16 88/40 02 56 (schönste Einsamkeit, preis- und empfehlenswertes Bistro in alter Scheune, Lunch, Tea Room). **Craignure: B:** *Pennygate Lodge*, ✆ 16 80/ 81 23 33 (luxuriös, teuer, georg. Pfarrhaus). **Dervaig** (Vorwahl ✆ 16 88): **A:** *Druimard Country House*, neben Mull Little Theatre, ✆ 40 03 45 (preiswert, vikt., klein, renommiertes Restaurant). **C:** *Ardrioch Farm*, 2 km westlich, ✆ 40 02 64 (einsames Holzhaus mit Verköstigung). **Tea Room:** im *Old Byre Heritage Centre*. **Salen: B:** *The Puffer Aground*, Main Street, ✆ 16 80/30 03 89 (gutes Restaurant, Café); zweites Café, auch an Hauptstraße. **Tobermory** (Vorwahl ✆ 16 88): **A:** *Strongarbh House*, über Hafen, ✆ 30 23 28, Fax 30 22 38 (vikt., schöne Zimmer, empfehlenswertes, renommiertes Restaurant); *Western Isles Hotel*, ✆ 30 20 12, Fax 30 22 97 (vikt. Bau hoch über Hafen, individuelle, gemütliche Zimmer, Restaurant). **B/C:** *Baliscate Guest House*, Salen Road, ✆ 30 20 48 (recht komfortabel, in eigenem Park); *Bad-Dariach House*, ✆/Fax 30 23 52 (komfortables B & B neben Golfplatz); *Staffa Cottages Guest House*, ✆/Fax 30 24 64 (komfortable, nette Cottages). **Hostel:** *Tobermory Youth Hostel*, Main Street, ✆ 30 24 81, Grade 3.

Craignure: Campingplatz: David Gracie, Shieling Holidays, ✆ 81 24 96, 4 ›Haken‹.

 Sehenswürdigkeiten: *Duart Castle*, Mai–September 10.30–18 Uhr

Iona s. S. 256
Mull Little Theatre, Dervaig, ✆ 16 88 /40 02 67, Aufführungen Ostern–September
Old Byre Heritage Centre, Ostern–Oktober 10.30–18.30 Uhr
Torosay Castle and Gardens, Mitte April–Mitte Oktober 10.30–17.30, Gärten 9–19 Uhr
Ulva Story, ✆ 16 88/50 02 64 (*Boathouse Visitor Centre*, *Oyster Bar* und Tea Room, ausgeschilderte Wanderwege).

Naturführungen: Sea Life Surveys, Dervaig, ✆ 16 88/40 02 23 veranstaltet Bootsfahrten zur Wal-, Delphin-, Seehundsichtung, Fahrten zu den Treshnish Isles, Staffa oder Coll; Walzentrum So–Mo 10–17 Uhr, einfaches B & B.

Nairn

Tourist Information: 62 Kingh Street, ✆ 0 16 67/45 27 53. *Fort George* am Moray Firth, Standard.

Newark Castle

Standard, Oktober–März geschl., s. S. 121.

New Abbey

Pub: *Criffel Inn*, The Square.

Sehenswürdigkeiten: *Shambellie House Museum of Costume*, Mai–September Do–Sa, Mo und Di 11–17, So 12–17 Uhr; *Sweetheart Abbey*, Standard, Oktober–März Do Nachmittag und Fr geschl.

New Lanark

Vorwahl: ✆ 15 55

Clyde Valley Tourist Board: Lanark, Horsemarket, Ladyacre Road, ✆ 66 16 61.

Unterkunft: *New Lanark Youth Hostel*, Wee Row, ✆ 66 67 10, Grade 1.

Sehenswürdigkeiten: alle von 11–17 Uhr geöffnet.

Newton Stewart

Vorwahl: ✆ 16 71

Tourist Information: Dashwood Square, ✆ 40 24 31.

Unterkunft: B: *Creebridge House Hotel*, ✆ 40 21 21, Fax 40 32 58 (Country House mit gutem Restaurant und Barfood). **C:** Mrs. M. Hewitson, *Auchenleck Farm*, Glentrool-Nationalpark, ✆ 40 20 35 (in vikt. Jagd-Lodge). **Hostel:** *Minnigaff Youth Hostel*, ✆ 40 22 11, Grade 2.

North Berwick

Vorwahl: ✆ 16 20

Tourist Information: Quality Street, ✆ 89 21 97.

Restaurant: B: *MacFarlane's*, 2 Station Road, ✆ 89 47 37.

Oban

Vorwahl: ✆ 16 31

Tourist Information: Boswell House, Argyll Square, ✆ 56 31 22. Es empfiehlt sich, Iona und Staffa im Rahmen einer organisierten

Fähr/Bus/Bootstour zu besichtigen, z. B. Bowman's, Queen's Park Place, oder Gordon Grant Marine, Railway Pier. Buchungen und Infos, auch für Mull-Touren, auch im Tourist Office.
Fahrradvermietung: Oban Cycles, 9 Craigard Road, ✆ 56 69 96.

Bahn: Endbahnhof des westlichen Abzweigs der West Highlands Line, Züge nach Glasgow.

Schiff: Calmac-Büro: Reservierungen ✆ 56 22 85, Fax 56 65 88, Info 24 Std. ✆ 56 66 88; Autofähren nach Castlebay (Barra, 5 Std.) und Lochboisdale (South Uist, nochmal 2 Std.) einmal täglich Mo–So; nach Colonsay (2¼ Std.) Mo, Mi, Fr; nach Coll (3 Std.) und Tiree (nochmal 1 Std.) Mo–Mi, Fr, Sa; nach Lismore (50 Min.) mehrmals täglich Mo–Sa; nach Craignure (Mull, 40 Min.) fast stündlich Mo–So. Taynuilt, Kreuzfahrten auf Loch Etive, Ostern–Mitte Oktober, ✆ 01 86 62/82 24 30.

Unterkunft: Meiden Sie die zahllosen Hotels/Guest Houses direkt am Hafen und an der Esplanade Richtung Dunollie Castle. **A:** *Isle of Eriska Hotel*, Ledaig, bei Benderloch, 10 km nördlich an A 828, ✆ 72 03 71, Fax 72 05 31 (Luxus in neobaronialem Herrenhaus mit modernem Fitneßzentrum); *The Manor House*, Gallanach Road, ✆ 56 20 87, Fax 56 30 53 (elegantes Country House, Restaurant). **B:** *Ards House*, Connel, 6 km nördlich, ✆ 71 02 55 (luxuriöses vikt. Guest House, Restaurant). **B/C:** *Ardblair*, ✆ 56 26 68; *Hawthornbank*, ✆ 56 20 41 (zwei schöne Guest Houses in vikt. Villen, Dalriach Road über der Stadt). **C:** *Beechgrove*, Croft Road, ✆ 56 61 11; *Dungrianach*, Pulpit Hill, ✆ 56 28 40 (empfehlenswerte, komfortable B & B in Obans schönerem Teil). **Hostel:** *Oban Youth Hostel*, Esplanade, ✆ 56 20 25, Grade 1 (schönes vikt. Haus).

Campingplatz: Oban Divers Caravan Park, Glenshellach Road, ✆ 56 27 55, 5 ›Haken‹.

Restaurants: B: *Crannog*, im Scottish Salmon Centre, s. u., ✆ 18 52/31 62 02; *Gallery*, Argyll Square, ✆ 56 46 41 (sehr einfach, preiswert); *Heatherfield House*, Albert Road, ✆ 56 26 81 (›Restaurant with Rooms‹, nicht billig).

Pubs: *Oban Inn*, am Hafen (große Malt und Ale-Auswahl); *Tigh-an-Truish Inn*, Seil, Bridge over the Atlantic (uralt, ein Erlebnis).

 Sehenswürdigkeiten: *Ardchattan Garden*, Ostern–Oktober 9–21 Uhr
Dunstaffnage Castle and Chapel, Standard, Oktober–März geschl.
Oban Distillery, Stafford Street, Mo–Fr 9.30–17 Uhr
Oban Experience, Heritage Wharf, Railway Pier, Sonnenauf- bis -untergang (audiovisuelles Besucherzentrum zu Obans Geschichte)
Rare Breeds Farm Park, New Barran, Ostern–Oktober 10–17.30, Mitte Juni–August 10–19.30 Uhr (Streichelfarm, gut für Kinder)
Scottish Salmon & Seafood Centre, Kilninver, 10–18 Uhr
Sea Life Centre, Mitte Februar–November 9–18, Juli/August bis 19 Uhr, Dezember–Mitte Februar nur Sa/So.

Orchardton Castle

(bei Kippford): Standard.

Orkney Isles

Vorwahl: ✆ 18 56

Tourist Information: 6 Broad Street, Kirkwall, ✆ 87 28 56; Ferry Terminal, Stromness, ✆ 85 07 16 (hier auch Buchungen für Wildabout, Michael Hartley, Naturführungen und -touren, oder ✆ 85 10 11).
Fahrradvermietung: Orkney Cycle Hire, 54 Dundas Street, Stromness, ✆ 85 02 55.

Flugzeug: Regionalflughafen Kirkwall Airport 5 km südöstlich an A 960, Flüge mit British Airways (✆ 0 13 45/2 22 11 11) aus Aberdeen, Edinburgh, Glasgow, Inverness oder mit British Airways Express (✆ Kirkwall Airport 87 24 94) aus Glasgow, Edinburgh, Wick.

Autovermietung: James D. Peace, Junction Road, Kirkwall, ✆ 87 28 66.

Schiff: P & O-Büro in Tourist Information, Stromness; tägliche Autofähren von Stromness nach Scrabster s. S. 313. Autofähre »St. Sunniva« fährt von Stromness nach Lerwick (Shetland, 8 Std.) und Aberdeen (10 Std.), Juni–August viermal, sonst zweimal wöchentlich. **Andere Orkney-Inseln:** Genaue Fahrpläne beim Tourist Office oder Orkney Island Shipping Company, die für alle Autofähren zwischen den Inseln zuständig ist: 4 Ayre Road, Kirkwall, ✆ 87 20 44. **Rousay, Egilsay, Wyre:** Mai–September tägliche Autofähre von Tingwall Terminal, Evie, ✆ 75 13 60. **Shapinsay:** Tägliche Autofähre von Kirkwall Terminal, ✆ 87 20 44. **Hoy, Graemsay, Flotta:** Autofähren von Houton Terminal, Or-

phir, ✆ 81 13 97; Personenfähren von Steven Mowat Hoy Sailings von South Pier Steps (✆ 85 06 24), Stromness, nach Hoy, Moaness Pier und Graemsay, zwei- bis dreimal täglich. **Eday, Stronsay, Sanday, Westray, Papa Westray, North Ronaldsay:** Autofähren von Kirkwall Terminal s. o.

 Unterkunft: Kirkwall: A/B: *Ayre Hotel*, Ayre Road, ✆ 87 30 01, Fax 87 62 89; *Kirkwall Hotel*, Harbour Street, ✆ 87 22 32, Fax 87 28 12 (die besten am Ort, Hafenlage, etwas nostalgisch). **B:** *West End Hotel*, Main Street, ✆ 87 23 68. **C:** Mrs. M. Bain, 6 Frasers Close, ✆ 87 28 62 (in schmaler Lane, altmodische, große Zimmer, ein Erlebnis); Mrs. M. Flett, Briar Lea, 10 Dundas Crescent, ✆ 87 27 47 (altes Steinhaus); Mrs. M. Hourie, *Heathfield Farmhouse*, ✆ 87 23 78 (schöne Farm ein wenig außerhalb). **Hostel:** *Kirkwall Youth Hostel*, Old Scapa Road, ✆ 87 22 43, Grade 1.
Shapinsay: A: *Balfour Castle*, ✆ 71 12 82, Fax 71 12 83 (vikt. Schloßhotel, das zahlende Privatgäste beherbergt und verköstigt).
St. Margaret's Hope: C: Mrs. A. Brown, *Blanster House*, ✆ 83 15 49 (komfortables, schönes altes Farmhaus); Mrs. M. Cromarty, *The Anchorage*, ✆ 83 14 56 (luxuriöses hist. Haus).
Stromness: B: *Stromness Hotel*, Hafen, ✆ 85 02 98, Fax 85 06 10 (vikt. Bau, s. S. 216). **C:** *Ferry Inn*, John Street, ✆ 85 02 80, Fax 85 13 32 (recht komfortabel); Mrs. S. Thomas, Stenigar, Ness Road, ✆ 85 04 38 (recht komfortables altes Haus). **Hostel:** *Stromness Youth Hostel*, Hellihole Road, ✆ 85 05 89, Grade 2.

 Campingplatz: Kirkwall: Pikaquoy, westlich an A 965, ✆

87 35 35, Fax 87 63 27, 4 ›Haken‹.
Stromness: Point of Ness, ✆ 87 35 35, Fax 87 63 27, 3 ›Haken‹.

Restaurants: Evie: *Woodwick House*, ✆ 75 13 30 (schönes altes, einsam gelegenes Landhaus, Restaurant und komfortable B-Zimmer). **Kirkwall:** *Busters*, 1 Mounthoolie Place, ✆ 87 67 17 (preiswert, Pizzen, Burger, Tapas: einfach gut); *Foveran Hotel*, 4 km südwestlich an A 964, ✆ 87 23 89 (skandinavisch); *Mumutaz Indian Tandoori*, 7 Bridge Street, ✆ 87 35 37; *Quoyburray Inn*, Tankerness, ✆ 86 12 55, 9 km südöstlich an A 960 (gutes Bar Food, Pub des Jahres 1994, Livemusik). **Tea Room:** *St. Magnus Café*, Broad Street.
St. Margaret's Hope: *Creel Restaurant*, Front Road, ✆ 83 13 11 (das beste der Inseln; gemütlich, empfehlenswertes Seafood, nicht billig. auch B-Zimmer).
Stromness: *Hamnavoe Restaurant*, 35 Graham Place, ✆ 85 06 06 (schlicht, gemütlich, Seafood). **Tea Room:** *The Café*, 22 Victoria Street.

Pubs: Kirkwall: *Torghauve Inn*, Bridge Street (hier trifft sich die Inseljugend); Folkmusik an Wochenenden in den Bars des *Royal und Ayre Hotel* und *Pomona Inn*, Finstown.

Feste: 25. Dezember und 2. Januar: Ba Games (s. S. 211); Mai: Folkfestival; Juni: St. Magnus Festival, Strandal, Nicolson Street, ✆ 87 26 69; August: Festival of the Horse and Boys Ploughing Match, St. Margaret's Hope (s. S. 220); Riding of the Marches (aus dem Mittelalter stammendes Abreiten der Stadtgrenzen); September: Orkney Science Festival, 6–8 Broad Street, ✆ 87 62 14.

Einkaufen: Sheila Fleet Jewellery, Old Schoolhouse, Tankerness; Judith Glue, 25 Broad Street, Kirkwall (Strickwaren, Kunsthandwerk); Ola Gorie, 7/9 Broad Street, Kirkwall (Silber); Ortak Jewellery, 10 Albert Street, Kirkwall. Orkney Chairs: Mariveg, Rope Walk, Kirkwall; Orcadian Crafts, 8 Bridge Street, Kirkwall. Scapa Crafts, 12 Scapa Court, Kirkwall.

Sehenswürdigkeiten: *Broch of Gurness*, Standard, Oktober–März geschl.
Earl's Palace and Bishop's Palace, Kirkwall, Standard, Oktober–März geschl.
Highland Park Distillery, Ostern–Oktober Mo–Fr 10–16 Uhr, Juni–August auch Sa, November–Ostern eine Führung 14.30 Uhr
Isbister Cairn, im Sommer 10–22, im Winter 10 bis Sonnenuntergang
Kirbister und Corrigal, *Orkney Farm and Folk Museum*, März–Oktober Mo–Sa 10.30–13, 14–17, So 14–17 Uhr
Maes Howe, Standard
Pier Arts Centre, Victoria Street, Di–Sa 10.30–12.30, 13.30–17 Uhr
Scapa Flow Visitor Centre, Lyness, Hoy, Mo–Fr 9–16, Mai–September auch Sa/So 10.30–15.30 Uhr (Orkney als Marinebasis)
Skara Brae, Standard
St. Magnus Cathedral, Mai–August Mo–Sa 9–17, September–April Mo–Sa 9–13, 14–17
Stromness Museum, Alfred Street, Mai–September 10.30–17, Oktober–April Mo–Sa 10.30–12.30, 13.30–17 Uhr
Tankerness House Museum, Broad Street, Mo–Sa 10.30–12.30, 13.30–17, Mai–September auch So 14–17 Uhr
Wideford Hill, Standard.

Paisley

Tourist Information: Town Hall, Abbey Close, ⌀ 1 41/8 89 07 11.

Sehenswürdigkeiten: *Abbey* Mo–Sa 10–15.30 Uhr; *Museum*, High Street, Mo–Sa 10–17 Uhr.

Paxton House

Ostern–Oktober 12–16.15 Uhr.

Peebles

Vorwahl: ⌀ 17 21

Tourist Information: High Street, ⌀ 72 01 38.
Fahrradvermietung: A. Philipps, Drummore, Venlaw High Road, ⌀ 72 29 34.

Unterkunft: B: *Barony Castle*, Eddleston, ⌀ 73 03 95, Fax 73 02 75 (preiswerter Luxus in georg. Haus, Sauna).

Campingplatz: Crossburn Caravan Park, Edinburgh Road, ⌀/Fax 72 05 01, 5 ›Haken‹.

Sehenswürdigkeit: *Neidpath Castle*, Ostern–September Mo–Sa 11–17, So 13–17, Oktober Di 11–16 Uhr.

Fest: Highland Games, September.

Perth

Vorwahl: ⌀ 17 38

Tourist Information: 45 High Street, ⌀ 63 83 53.

Autovermietung: Arnold Clark, St. Leonard's Bank, ⌀ 44 22 02.

Unterkunft: A: *Ballathie House Hotel*, Kinclaven bei Stanley, 20 km nördlich, ⌀ 12 50/88 32 68, Fax 88 33 96 (Country House Hotel des Jahres 1994, Restaurant); *Parkland's*, St. Leonard's Bank, ⌀ 62 24 51, Fax 62 20 46 (georg. Stadthaus, etwas preiswerteres Restaurant, Geschäftsleute). **B:** *Sunbank House Hotel*, 50 Dundee Road, ⌀ 62 48 82, Fax 44 25 15 (nettes vikt. Haus). **C:** Mrs. S. Guild, Bridgeside, 51 a King Street, ⌀ 62 58 43 (schönes B & B in altem Haus); *Park Lane Guest House*, 17 Marshall Place, ⌀ 63 72 18, Fax 64 35 19 (in georg. Reihenhaus, luxuriös). **Hostel:** *Perth Youth Hostel*, Glasgow Road, ⌀ 62 36 58, Grade 1.

Campingplatz: Cleeve Caravan Park, Glasgow Road, ⌀ 63 99 11, 4 ›Haken‹.

Restaurants: A: *Newton House Hotel*, 6 km östlich off A 90 (empfehlenswertes Restaurant, auch Unterkunft in erschwinglichem Luxus in Country House von 1840). **B:** *Almondbank Olde Worlde Inn*, Main Street, Almondbank (alter Pub mit Bar Food); *The Lang Bar & Restaurant*, Perth Theatre, 185 High Street, ⌀ 3 91 36 (beliebtes, preiswertes Restaurant und Bar/Bistro im schönen vikt. Theater von Perth); *Number Thirty Three Seafood Restaurant*, 33 George Street, ⌀ 3 37 71 (mit informellerer Oyster Bar); *Pierre Victoire*, 38 South Street, ⌀ 44 42 22.
Tea Room: Betty's, 67 George Street.
Pub: Greyfriar's, 15 South Street.

Sehenswürdigkeiten: *Art Gallery and Museum*, George Street, Mo–Sa 10–17 Uhr
Black Watch Museum, Hay Street, Mo–Fr 10–16.30, im Winter bis 15.30, Ostern–September auch Sonntags 14–16.30 Uhr
Elcho Castle, Standard, Oktober–März geschl.
Fair Maid's House, North Port, Mo–Sa 10–17 Uhr
Huntingtower Castle, Standard, Okt.–März Do Nachmittag und Fr geschl.
Scone Palace, Ostern–Mitte Oktober Mo–Sa 9.30–17, So 13.30–17, Juli/August 10–17 Uhr.

 Fest: Mai: Festival of the Arts.

Pitlochry

Vorwahl: ⌀ 17 96

 Tourist Information: 22 Atholl Road, ⌀ 47 22 15.

Unterkunft/Restaurants: A: *East Haugh Country House*, East Haugh, 2 km südlich, ⌀ 47 31 21, Fax 47 24 73 (preiswert, Baronialschlößchen des 17. Jh., Game Keeper's Restaurant und Wintergarten-Lunch). **B:** *Dunfallandy House*, Logierait Road, ⌀ 47 26 48, Fax 47 20 17 (erstaunlich preiswertes georg. Herrenhaus, georg. Bad noch erhalten, Restaurant). **C:** Mr. & Mrs. Read, Seebpore House, Knockard Road, ⌀ 47 37 52; Mrs. E. Swales, Ashbank, 14 Tomcroy Terrace, ⌀ 47 27 11 (zwei schöne B & B in vikt. Villen). **Hostel:** *Pitlochry Youth Hostel*, Knockard Road, ⌀ 47 23 08, Grade 1.
Tea Room: *Mill Pond Coffee Shop*, 19 West Moulin Road.

 Theater: Pitlochry Festival Theatre, ⌀ 47 26 80 (das ›Theater in den Bergen‹, Mai–Oktober Konzerte, Schauspiel; Restaurant, ⌀ 47 30 54, und Bar).

 Sehenswürdigkeiten: *Edradour Distillery*, 4 km östlich, bei Moulin, März–Oktober Mo–Sa 9.30–17 Uhr
Power Station, Fishladder & Dam, Ende März – Ende Oktober 9.40–17.30 Uhr

Pitmedden Gardens

Mai–September 10–18

Plockton

Vorwahl: ⌀ 15 99

 Schiff: Leisure Marine, 32 Harbour Street, ⌀ 54 43 06, Seal Trips, Bootsverleih.

Unterkunft: B: *Creag nan Darach Hotel*, ⌀ 54 42 22, Fax 54 44 87; *The Haven Hotel*, ⌀ 55 42 23, Fax 55 44 67 (zwei gemütliche kleine Landhotels in der Innes Street, letzteres etwas teurer, Bar Food, Restaurants).
C: Mr. & Mrs. Bruce, 6 Bank Street, ⌀ 54 42 21; A. W. M. Franchi, Dal Cottage, 12 Bank Street, ⌀ 54 44 42; Mrs. MacAulay Rowe, An Caladh, 25 Harbour Street, ⌀ 54 43 56 (drei B & B in alten Fischercottages); Mrs. J. Jones, 4 Frithard Road, ⌀ 54 43 21 (freundliches B & B in modernem Haus).

 Restaurant: *Off Rails*, The Station, ⌀ 55 44 23 (winziges, holzgetäfeltes Restaurant, für das man Zeit braucht, Scallops in Ingwer und Kokosnuß im Kerzenschein).

△ **Campingplatz:** Reraig Caravan Site, Balmacara, 8 km südlich, ✆ 56 62 15, 4 ›Haken‹.

🛏 **Pub:** *Plockton Hotel*, Harbour Street (rustikal, beliebt).

Pluscarden Abbey

✆ 1 34/38 92 57; 5-20.30 Uhr.

Port Appin

Vorwahl: ✆ 16 31

🛏🍴 **Unterkunft: Restaurant:** **B:** *Linnhe House*, ✆ 73 02 45 (reizendes vikt. Guest House); *Pierhouse Hotel*, ✆ 73 03 02, Fax 73 05 21 (s. S. 197; Zimmer ab 35 £, lebhafter, netter Pub).

Preston Mill & Phantassie Devecot

April–September Mo–Sa 11–13, 14–17, So 14–17, Oktober Sa 11–13, 14–16.30, So 14–16 Uhr.

Queen Elizabeth Forest Park Visitor Centre

2 km nördlich Aberfoyle, Ostern–Oktober 10–18 Uhr.

Queensferry

 Tourist Information: Queensferry Lodge Hotel, Forth Bridge, North Q., ✆ 13 83/41 77 59.

🛏🍴 **Unterkunft/Restaurant:** **B:** *The Hawes Inn*, Newhalls Road, South Q., ✆ 1 31/3 31 19 90, Fax 3 19 11 20 (s. S. 99; Restaurant, Pub, Barfood).

👁 **Sehenswürdigkeiten:** *Deep-Sea World*, North Q., 9–18 Uhr Inchcolm Abbey, Standard, Oktober–März geschl. (mit »Maid of Forth«, South Q., ✆ 1 31/3 31 31 13 oder »Heather«, Town Pier, North Q., ✆ 1 31/5 54 68 81)
Queensferry Museum, Burgh Chambers, High Street, South Q., Mo, Do, Fr, Sa 10–13, 14.15–17, So 12–17 Uhr.

Rhum, Isle of

Kinloch Castle, ✆ 16 87/20 37 (edward., etwas pompöses Schloß, Halbpension 68–88 £).

Rosemarkie

Groam House Museum, High Street, Mai–Oktober Mo–Sa 11–17, So 14.30–16.30 Uhr, im Winter nur Sa/So.

Rosslyn Chapel

April–Oktober Mo–Sa 10–17, So 12–16.45.

Rowardenan

Vorwahl: ✆ 13 60

B: *Hotel*, ✆ 87 02 73, Fax 87 02 51 (einfach, preiswert). **Hostel:** *Rowerdennan Youth Hostel*, ✆ 87 02 59, Grade 1 (Seeufer, Wassersport, am Beginn des Fußwegs auf Ben Lomond).

Royal Lochnagar Distillery

Mo–Fr 10–17, Ostern–Oktober auch Sa 11–16 Uhr.

Sanquhar

 Tourist Information: Tolbooth, High Street, ⌀ 0 16 59/5 01 85 (mit Stadtmuseum).

Scottish Mining Museum

Prestongrange und Newtongrange (Lady Victoria Colliery), April–September 11–16 Uhr.

Scourie

Vorwahl: ⌀ 19 71

 Schiff: Boote nach Handa Island, Ostern–September, Ken Nash, Rangoon, ⌀ 50 20 11.

Unterkunft: B: *Eddrachilles Hostel*, Badcall Bay, ⌀ 50 20 80, Fax 50 24 77 (schöne Lage, altes Haus). **C:** P. Hawker, Scourie Lodge, ⌀ 50 22 48 (nettes, einfaches B & B).

Scrabster

Schiff: P & O-Autofähren nach Stromness (Orkney, 1³/₄ Std.) auf der »St. Ola«, Mo–So, im Sommer bis zu dreimal, im Winter einmal täglich; Buchungen in jedem Tourist Office.

Restaurant: *The Upper Deck*, Hafen, ⌀ 0 18 47/89 28 14 (einfach, gutes Seafood).

Selkirk

Vorwahl: ⌀ 17 50

 Tourist Information: Halliwells House, ⌀ 2 00 54.

Unterkunft: A: *Philipburn House Hotel*, ⌀ 2 07 47, Fax 2 16 90 (Landhaus mit Alpenglühen-Touch; sehr empfehlenswertes Restaurant). **Hostel:** *Broadmeadows Youth Hostel*, Old Broadmeadows, Yarrowford, ⌀ 7 62 62, von A 708 ab, 8 km von Selkirk, Grade 3 (älteste Jugendherberge Schottlands, 1931 eröffnet).

 Sehenswürdigkeiten: *Bowhill House & Country Park*, Haus 1.–31. Juli 13–16.30, Park Mai–August Sa–Do 12–17 Uhr, im Juli auch Fr
Sir Walter Scott's Courtroom, Market Place, April–Oktober Mo–Sa 10–16, So 14–16 Uhr
Newark Castle, Seton Collegiate Church, Standard, Oktober–März geschl.

 Feste: Juni: Common Riding.

Shetland Isles

 Tourist Information: Market Cross, Lerwick, ⌀ 15 95/69 34 34 (im Sommer auch Holmsgarth Terminal am Fähranleger): Broschüren und Infos zu See- und Meeresangeln, Segeln, Tauchen, Fähren, Böds (s. Unterkunft).
Fahrradvermietung: Puffins, Puffin House, Mounthoolie Street, ⌀ 0 15 95/69 50 65.

Flugzeug: Regionalflughafen Sumburgh Head, Flüge von Aberdeen mit Business Air, ⌀ 05 00 34 01 46 (frei).

Autovermietung: Star Rent-a-Car, 22 Commercial Road, Lerwick, ⌀ 0 15 95/69 20 75.

Schiff: P & O-Autofähren Mo–Do und Sa 18 Uhr nach Aberdeen, Fr 12 Uhr via Orkneys; s. a. S. 266). Autofähre nach Bergen. Inter-Island Ferry Service: Ro/Ro-Fähren mehrmals täglich, teils öfter als stündlich, nach Bressay (von Lerwick, 5 Min.); nach Whalsay (von Laxo nach Symbister, 30 Min.); nach Yell (von Toft nach Ulsta, 20 Min.); nach Unst (von Gutcher auf Yell nach Belmont, 10 Min.); nach Fetlar (von Gutcher über Belmont nach Oddsta, 25 Min.). Fair Isle (s. S. 221). Personenfähren nach Foula, Skerries, Papa Stour mehrmals wöchentlich.

Bootsausflüge: nach Noss Island mit Bressaboats oder Shetland Sea Charters, Buchung Tourist Office; nach Mousa mit Tom Jamieson, Leebitton, Sandwick, ✆ 19 50/43 13 67, unbedingt vorher anrufen.

Unterkunft/Restaurants: Lerwick (Vorwahl ✆ 15 95) **A:** *Queen's Hotel*, Commercial Street, am Hafen, ✆ 69 28 26, Fax 69 40 48 (bestes am Ort, recht gutes Restaurant, *Posers Nightclub*). **B:** *Glen Orchy House*, 20 Knab Road, ✆ 69 20 31 (schönes vikt. Guest House oberhalb Hafen). **C:** *Breiview Guest House*, 43 Kantersted House, ✆ 69 59 56 (komfortables, modernes Haus Nähe Clickhimin Broch); *Carradale Guest House*, 36 King Harald Street, ✆ 69 54 11 (einfaches vikt. Haus, Pool!); Mrs. Irving, *Old Manse*, 9 Commercial Street, ✆ 69 63 01 (B & B in Lerwicks ältestem bewohnten Haus, einem Pfarrhaus von 1685). **Hostel:** *Lerwick Youth Hostel*, Islesburgh House, King Harald Street, ✆ 69 21 14, Fax 69 64 70, Grade 3 (schönes vikt. Haus).

Nord-Mainland: A: *Busta House Hotel*, Brae, ✆ 18 06/52 25 06, Fax 52 25 88 (bestes Hotel der Insel, georg. Herrenhaus, Restaurant: das beste der Insel). **B:** *St. Magnus Bay Hotel*, Hillswick, ✆ 18 06/50 33 71, Fax 50 33 73 (s. S. 231, gutes Restaurant, Bar Food). **C:** *Lunna House*, Vidlin, ✆ 0 18 06/57 72 37 (s. S. 231, einfache Zimmer in Herrenhaus).

Süd-Mainland: B: *Sumburgh Hotel*, ✆ 19 50/46 02 01, Fax 46 03 94 (neu möbliertes Herrenhaus am Flughafen, Restaurant).

West-Mainland: A: *Burrastow House*, Walls, ✆ 15 95/80 93 07, Fax 80 92 13 (kleineres georg. Haus, gutes Home Cooking, geschmackvolle alte Möbel, Torffeuer, einsam und empfehlenswert, Halbpension um 65 £).

Fair Isle: Im Sommer Anreise mit kleinen Flugzeugen von Loganair oder zwei- bis dreimal wöchentlich Fähre von Sumburgh (knapp 3 Std.). **Unterkunft: C:** *Fair Isle Lodge & Bird Observatory*, ✆ 15 95/76 02 58 (April–Oktober Vollpension in Schlafsälen oder DZ, häßlicher Betonklotz); Mrs. M. Stout, Barkland, ✆ 15 95/76 02 47 (renoviertes altes Farmhaus im Inselzentrum, Vollpension).

Tea Rooms/Pubs: *Da Böd*, Hillswick; *Da Warp & Weft*, Hoswick; *The Noost*, 86 Commercial Street, Lerwick.

Campingplatz: Lerwick: Clickhimin, ✆ 69 45 55, Fax 69 26 53 (neben supermodernem Clickhimin Freizeitzentrum).

Camping Böds: Sehr preiswerte, sehr einfache, nur in Shetland (beim Tourist Office) zu buchende Übernachtungsmöglichkeiten in Böds, Häusern, in denen früher in der Heringssaison die Fischer übernachteten: Böd of Nesbister, Steinhaus auf kleiner Landzunge im Whiteness Voe; The Sail Loft, Voe, Holzhaus am Strand von Olnafirth; The Grieve House, Sodom, Whalsay, ein Steinhaus, in dem einst Hugh MacDiarmid lebte!

Feste: Januar–März: Up Helly Aa-Feste, 31. Januar das große Fest in Lerwick; April: Folkfestival; Juni: Mittsommerfest; Oktober: Fiddle-Festival mit Gemeinschaftstänzen und Fiddle-Orchestern; zahlreiche Regatten das ganze Jahr über. Musik: Den ganzen Sommer über traditionelle Musik im Lerwick Folk & Blues Club, Islesburgh Community Centre, King Harald Street, Lerwick; Sa Nachmittag und Mi Abend Livemusik in der Lounge Bar am Lerwicker Hafen.

Einkäufe: Jamieson's Knitwear, 93/95 Commercial Street, Lerwick; Shetland Jewellery, 92 Commercial Street, Lerwick; Shetland Knitwear Trades Association, 175a Commercial Street, Lerwick; Shetland Woolen Company, Castle Street, Scalloway.

 Sehenswürdigkeiten: *Boddam Croft Museum*, Mai–September 10–13, 14–17 Uhr
Böd of Gimista, Mai–September Di, Mi, Do, Sa 10–17, So 14–17 Uhr
Jarlshof, Standard, Oktober–März geschl.
Scalloway Museum, Main Street, Mai–Oktober Di, Mi, Do, So 14–17, Sa 10–13 Uhr
Shetland Museum, Lower Hillhead, Mo, Mi, Fr 10–19, Di, Do, Sa 10–17 Uhr
Tingwall Agricultural Museum, Juli/August 14–17 Uhr.

Skye, Isle of

 Tourist Information: Hauptinfo Meall House, Portree, ⌀ 14 78/61 21 37; Broadford, ⌀ 14 71/82 23 61; Uig, ⌀ 14 70, 54 24 04.
Fahrradvermietung: Island Cycles, The Green, Portree, ⌀ 14 78/61 31 21; Broadford Bicycle Hire, Fairwinds, Elgol Road, Broadford, ⌀ 14 71/82 22 70.

Autovermietung: Ewen MacRae, West End Garage, Dunvegan Road, Portree, ⌀ 14 78/61 25 54.

Schiff/Autofähren: Calmac-Büros: Armadale, ⌀ 14 71/84 42 48, Fax 84 42 12; nach Mallaig (30 Min.), Ostern–Oktober bis zu siebenmal täglich, Mitte Mai–Ende September auch So; Rest des Jahres nur als Personenfähre. Von Sconser auf die Insel Raasay (15 Min.), Ferry Master Raasay, ⌀ 14 87/66 02 26, Mo–Sa bis zu zehnmal täglich. Uig, ⌀ 14 70/54 22 19, Fax 54 23 87, nach Tarbert (Harris, 1³/₄ Std.) Mo–Sa zweimal täglich, nach Lochmaddy (North Uist, 1³/₄ Std.) Mo–So zweimal täglich; Tagesausflüge mit kombinierter Bustour auf Lewis/Harris im Sommer. Kylerhea-Glenelg s. S. 293.
Bootsausflüge: Seal Cruises vor Dunvegan Castle und Kyleakin, Pier Coffee House, mehrmals täglich im Sommer.

 Unterkunft/Restaurants/Pubs: Dunvegan Region (Vorwahl ⌀ 14 70) **A:** *Harlosh House Hotel*, 6 km südlich, ⌀ 52 13 67 (geschmackvolles, kleines Haus des 18. Jh., gutes Restaurant). **B:** *Ullinish Lodge Hotel*, off A 863 zwischen Dunvegan und Sligachan, ⌀ 57 22 14 (Country House des 18. Jh., gutes Restaurant).
Restaurants: A: *Three Chimneys*, Colbost neben dem Folkmuseum, ⌀ 51 12 58 (Lunch, Tea, Dinner, sehr teuer, trotz aller Rustikalität etwas snobby, gilt als das beste der Insel).

B: *The Old Schoolhouse*, im Ort, ✆ 52 14 04 (einfach).
Portree (Vorwahl ✆ 14 78) **A/B:** *Viewfield House Hotel*, ✆ 61 22 17, Fax 61 35 17 (empfehlenswertes Herrenhäuschen mit vikt. Interieur); *Rosedale Hotel*, Beaumont Crescent, ✆ 61 31 31, Fax 61 25 31 (schöne Lage am Hafen, mittelmäßige Zimmer, Restaurant); *Skeabost House Hotel*, 6 km nördlich an Dunvegan Road, ✆ 14 70/53 22 02, Fax 53 24 54 (hübsches Herrenhaus, gutes Restaurant). **B:** *Coolin View Guest House*, Bosville Terrace, ✆ 61 23 00; *The King's Haven*, 11 Bosville Terrace, ✆ 61 22 90 (komfortable, schöne Guest Houses). **C:** Mrs. McPhie, Balloch, ✆ 61 20 93; Mrs. E. Nicolson, Almondbank (zwei luxuriöse B & B in modernen Bungalows, Viewfield Road). **Tea Room:** *An Tuirean Arts Centre and Café Innean*, Struan Road (alternativ, vegetarisch, Lunch). **Pub:** *Pier Hotel Bar*, Hafen; *Tongadale Hotel Bar*, Wentworth Street.
Sleat-Halbinsel: A: *Kinloch Lodge*, Kinloch, Isle Ornsay, ✆ 14 71/83 32 14, Fax 83 32 77 (Luxus unter dem einsam gelegenen Herrenhausdach von Lord und Lady MacDonald; ihre Kochkünste waren dem Michelin einen Stern wert). **B:** *Ardvasar Hotel*, Nähe Armadale Pier, ✆ 14 71/84 42 23 (freundliche alte Postkutschenstation, gutes Restaurant). **Pub:** *Tigh Osda Armadil*, neben Armadale Hotel, Nähe Pier. **Staffin** (Vorwahl ✆ 14 70): *Flodigarry Country House Hotel*, ✆ 55 22 03, Fax 52 23 01 (das beste der Insel, s. S. 246, Restaurant, empfehlenswertes Bar Food im vikt. Wintergarten, vielbesuchte Bar). **Hostel:** *Dun Flodigarry Hostel*, ✆/Fax 55 22 12 (empfehlenswert, bei dem Hotel, neben dem Broch). **Stein: B:** *Lochbay Seafood Restaurant*, 1/2 MacLeod's Terrace, ✆ 14 70/59 22 35 (s. S. 252; phantastisches Seafood in gemütlicher, schlichter, freundlicher Atmosphäre, einfaches B & B). **Pub:** *Stein Inn* (der älteste der Insel), daneben an Seafront.
Uig (Vorwahl ✆ 14 70) **C:** Mrs. A. Morrison, Braeholm, Nähe Pier, ✆ 54 23 96; Mrs. S. Phelps, Kilmuir House, ✆ 14 70/54 22 62 (schönes altes Pfarrhaus, einfache Zimmer, Verköstigung). **Hostel:** Uig, oberhalb des Piers, ✆ 54 22 11, Grade 2. *Armadale Youth Hostel*, neben Pier, ✆ 14 71/84 42 60, Grade 2; Kyleakin, ✆ 15 99/53 45 85, Grade 1.

Campingplatz: Portree: Torvaig, 2 km nördlich an A 855, ✆ 61 22 09, 3 ›Haken‹.

Feste: Juni: Dudelsackwettbewerb um den Donald MacDonald Quaich, Clan Donald Centre; Juli/August: Dunvegan Castle Music Festival; August: Portree Highland Games auf dem Lump, dem Hügel über dem Hafen; Dudelsackwettbewerb um den Silver Chanter, Dunvegan Castle; den ganzen Sommer über Wettbewerbe, Musikabende und Ceilidhs mit traditioneller Musik.

Einkäufe: Edinbane Pottery, Edinbane; Over the Rainbow, Quay Brae, Portree (geschmackvoll, ausgefallen, nicht billig, Kunsthandwerk, Strickwaren); Ragamuffin, Armadale Pier (Riesenauswahl an ausgefallenen, schönen Wollsachen); Skye Batiks, Armadale Pier; Skye Silver, The Old School, Colbost (gutes Kunsthandwerk, keltisch inspirierter Silberschmuck).

Sehenswürdigkeiten: *Borreraig Piping Centre and Museum*, Ostern–Mitte Oktober 10–17 Uhr *Clan Donald Centre and Armadale Gardens*, April–Oktober 9.30–17.30 Uhr

Colbost Croft Museum, 10–18 Uhr
Dunvegan Castle & Gardens, März–Oktober 10–17.30 Uhr, So morgen Burg geschl.
Kilmuir, Skye, *Museum of Island Life*, April–Oktober Mo–Sa 9–17.30 Uhr
Luib, *Old Skye Crofter's House*, 9–18 Uhr
Skye Heritage Centre, Viewfield Road, März–Dezember 9–18, Juli–September bis 21 Uhr
Talisker Distillery, Mo–Fr 9–16.30.

 Aktivitäten: *Sabhal Mor Ostaig*, gälische Sommerkurse, ✆ 14 71/84 43 73.

Smailholm Tower

April–September Mo–Sa 9.30–18, So 14–18 Uhr.

Speyside Cooperage Visitor Centre

Dufftown Road, Mo–Fr 9.30–16.30 Uhr, Ostern–Mitte Oktober auch Sa.

St. Andrews

Vorwahl: ✆ 13 34

 Tourist Information: 78 South Street, ✆ 47 20 21.

 Unterkunft/Restaurants: A: *Old Course Hotel*, ✆ 47 43 71, Fax 47 76 68 (*das* Hotel von St. Andrews, Luxus, auch das Restaurant); *Rufflets*, Strathkinness Low Road, ✆ 47 25 94, Fax 47 87 03 (hübsches Country House mit halbrunden Türmchen, gepriesenen Gärten, Restaurant). **B:** *The Grange Inn*, Grange Road, 1 km außerhalb, ✆ 47 26 70, Fax 47 87 03

(golferisch, mittelmäßiges Essen bei schönem Blick im Patio Room). Ein Guest House neben dem anderen an Murray Park/Place. **C:** Mrs. Jean Pumford, Linton, 16 Hepburn Gardens, ✆ 47 46 73 (ultimatives, freundliches B & B in ruhiger Wohngegend); University of St. Andrew's, ältere *Hamilton Hall* und luxuriösere, neue, teure *New Hall*, 79 North Street, ✆ 46 20 00, Fax 46 25 00.

 Tea Room/Snacks: *Brambles*, 5 College Street; *The Merchant's House*, 49 South Street.

 Campingplatz: *Craiftoun Meadows*, Mount Melville, ✆ 47 59 59, Fax 47 64 24, 5 ›Haken‹.

👁 **Sehenswürdigkeiten:** *Botanic Garden*; *British Golf Museum*, Mai–Oktober 10–17.30, November Do–Di 10–16, Dezember–Februar Do–Mo 11–15, März/April Do–Mo 10–17 Uhr
Castle Visitor Centre, Standard
Kathedrale/Museum, Standard
Sea Life Centre, The Scores, 10–18, Juli/August bis 21 Uhr.

Stanraer

 Tourist Information: Bridge Street, ✆ 17 76/70 25 95.

Stirling

Vorwahl: ✆ 17 86

 Tourist Information: 41 Dumbarton Road, ✆ 47 50 19; Castle Esplanade, ✆ 47 99 01; an Autobahn Junction 9, ✆ 81 41 11.

Autovermietung: Arnold Clark, Kerse Road, ✆ 47 86 86.

Unterkunft: A: *Highland Hotel*, Spittal Street, ✆ 47 54 44, Fax 46 29 29 (Hotelkette, modernisierte vikt. Schule, Pool, gutes italienisches Restaurant). **B:** *Blairlogie House Hotel*, Blairlogie, 5 km nordöstlich am Fuße der Ochils, ✆/Fax 12 59/76 14 41 (erstaunlich preiswertes, vikt. Country House); *Stirling Management Centre*, University of Stirling, ✆ 45 16 66, Fax 45 04 72, unterhalb des Wallace Monument (luxuriös, modern, Sport- und Freizeitzentrum). **Hostels:** *Stirling Holiday Campus*, University of Stirling, ✆ 46 71 41, Fax 46 71 43; *Stirling Youth Hostel*, St. John Street ✆ 47 34 42, Grade 1 Superior (ganz neu, unterhalb der Burg hinter Fassade der alten Erskine Marykirk).

Campingplatz: Witches Craig Caravan Park, Blairlogie, ✆ 47 49 47, am Fuße der Ochils, 5 ›Haken‹.

Restaurants: B: *Harvieston Inn*, Mains Farm, Tillicoultry, ✆ 12 59/75 25 22 (schmackhaft in Bar und Restaurant); *The Heritage*, 16 Allan Park, ✆ 47 36 60, Fax 45 12 91 (in elegantem, georg. Stadthaus, Zimmer auch empfehlenswert). **Pub:** *Settle Inn*, St. Mary's Wynd (atmosphärereicher georg. Pub).

Sehenswürdigkeiten: *Bannockburn Heritage Centre*, April–Oktober 10–18 Uhr
Castle, April–September 9.30–17.15, Oktober–März bis 16.15 Uhr (*Argyll and Sutherland Highlanders' Museum* im Schloß Ostern–Ende September Mo–Sa 10–17.30, So 11–17, Oktober–Ostern Mo–Fr 10–16, So 11–16 Uhr)

Church of the Holy Rude, St. John Street, Mai–September Mo–Sa 10–17, So 11 Uhr
Guildhall, St. John Street, nach Vereinbarung ✆ 46 23 73
National Wallace Monument, von A 807 Hillfoots Road, 2 km nordöstlich, 10–17, im Sommer bis 18 Uhr
Smith Art Gallery & Museum, Dumbarton Road Nähe King's Park (Geschichte Stirlings, Ausstellungen), Standard.

Veranstaltungen: Im Sommer spielen die Royal Stirling Players in historischen Kostümen Ereignisse der Stadtgeschichte nach, Pipe Bands blasen auf der Burgesplanade, Folksessions, es steigen Ballons und ein großes Abschlußfeuerwerk; Infos in Tourist-Büros oder Stirling District Council, Beechwood House, St. Ninian's Road, ✆ 43 23 53.

Stonehaven

Vorwahl: ✆ 15 69

Tourist Information: 66 Allardice Street, ✆ 76 28 06.

Unterkunft: A: *Muchalls Castle*, Muchalls, 6 km nördlich, ✆ 73 11 70, Fax 73 14 80 (Schloßhotel im Baronialstil, Restaurant). **C:** *Arduthie Guest House*, Ann Street, ✆ 76 23 81 (vikt. Haus im Zentrum).

Restaurant: B: *Tolbooth Restaurant*, Old Pier, ✆ 76 22 87 (in Tolbooth des 16. Jh., dem ältesten Gebäude Stonehavens, permanente Gemäldeausstellung, Blick auf Hafen, Seafood). **Pub:** im *Marine Hotel*, Hafen (Ales und junge Leute).

Fest: Juli: Highland Games.

Strathisla Distillery

Ostern–September, Mo–Fr 9–16.30 Uhr.

Tamdhu Distillery

Knockando, 13 km westlich von Craigellachie, April–Oktober Mo–Fr 10–16 Uhr.

Tamnavulin Distillery

Tomnavoulin, 6 km nordöstlich von Tomintoul auf B 9008, März–Oktober Mo–Fr 9.30–16.30 Uhr, April–September auch Sa.

Tantallon Castle

Standard, Oktober–März Do Nachmittag und Fr geschl.

Tarbert (Argyll)

Vorwahl: ✆ 18 80

 Tourist Information: Harbour Street, ✆ 82 04 29.

 Unterkunft: A: *Stonefield Castle Hotel*, 4 km südlich, ✆ 82 08 36, Fax 82 09 29 (preiswert, neobaronialer Prachtbau, Halbpension 45–75 £, Restaurant). **B:** *The Columba Hotel*, East Pier Road, ✆ 82 08 08 (gemütliche Bars, Sauna, Restaurant). **C:** Southcliffe, Lady Ileene Road, ✆ 82 06 04 (ruhiges Guest House).

Restaurant: *The Anchorage*, Hafen, ✆ 82 08 81 (frischester Fisch).

Tarbolton

Bachelor's Club, Sandgate Street, Ostern–September 13.30–17.30 Uhr, Oktober nur Sa/So.

Thirlestane Castle

Ostern, Mai, Juni und September Mi, Do, So 14–17, Juli und August So–Fr 14–17 Uhr.

Threave Castle

(bei New Galloway), Standard (s. S. 75).

Thurso

Vorwahl: ✆ 18 47

 Tourist Information: Riverside, hinter Thurso Bridge, ✆ 6 23 71.

 Unterkunft: B: *Ormlie House Hotel*, Ormlie Road, ✆ 89 27 33 (preis- und empfehlenswertes Familienhotel in vikt. Haus, Restaurant). **C:** *Inchgarvie House*, 30 Olrig Street, ✆ 89 38 37 (freundliches B & B mit Riesenräumen in vikt. Reihenhaus).

 Sehenswürdigkeit: *Heritage Museum*, Town Hall, High Street, Juni–September Mo–Sa 10–13, 14–17 Uhr.

Tibbie Shiel's Inn

St. Mary's Loch, ✆ 17 50/4 22 31 (B/C).

Tolquhon Castle

Standard, Oktober–März nur an Wochenenden geöffnet.

Torphichen Preceptory

Standard, Oktober–März geschl.

Torridon

Countryside Visitor Centre, Mai–Sept. Mo–Sa 10–17, So 14–17 Uhr, Hirschmuseum und Park ganzjährig offen.

Unterkunft: A: *Tigh-an-Eilean Hotel*, im Crofter-Ort Shieldaig, 10 km westlich, ✆ 0 15 20/75 52 51, Fax 75 53 21 (zweckmäßig, Wanderer, Restaurant). **Hostel:** *Torridon Youth Hostel*, beim Hirschmuseum, ✆ 0 14 45/ 79 12 84, Grade 1.

Traquair House

Ostern und Mai, Juni und September 13.30–17.30, Juli/August 10.30–17.30 Uhr. Im August: bunte Traquair Fair.

Ullapool

Vorwahl: ✆ 18 54

Tourist Information: West Shore Street, ✆ 61 21 35.

Schiff: Calmac-Büro, ✆ 61 23 58, Fax 61 24 33; Autofähren nach Stornoway (Lewis, 3½ Std.) mehrmals täglich Mo–Sa; auf der neuen »Isle of Lewis« im Sommer Tagesausflüge nach Lewis mit Bustour.

Unterkunft: A: *Altnaharrie Hotel*, ✆ 63 32 30 (exklusiv, einzigartig, teuer, auf gegenüberliegendem Ufer – man wird mit Booten in Ullapool abgeholt, renommiertes Restaurant); *The Ceilidh Place*, West Argyle Street, ✆ 61 21 03, Fax 61 28 86 (berühmtes, familiäres Hotel und Restaurant, Folkmuseum). **B:** *Tigh na Mara Guest House*, The Shore, Ardindreen, Lochbroom, ✆ 65 52 82, Fax 65 52 82 (einsame, idyllische Lage in altem Crofthaus, Halbpension 30–40 £, vegetarisch). **C:** *Brae Guest House*, Shore Street, ✆ 61 24 21 (nett, recht komfortabel, mit Meerblick); *Ladysmith House Hotel & Restaurant*, Pulteney Street, ✆ 61 21 85 (klein, einfach). **Hostel:** *Ullapool Youth Hostel*, Shore Street, ✆ 61 22 54, Grade 2.

 Campingplatz: Ardmair Point Caravan Site & Boat Centre, 6 km nördlich an A 835, ✆ 61 20 54, Fax 61 27 57, 4 Haken.

Restaurant: B: *Mariners' Restaurant* im *Morefield Motel*, North Road, ✆ 61 21 61, Fax 61 28 70, 2 km nördlich an A 835 (renommiert, gutes Seafood, preiswerte, schlichte Motel-Zimmer).

Pub: *Ferry Boat Inn*, Shore Street (hier ist abends der Bär los – in der Mittsommerdämmerung das Bier draußen auf der Hafenmauer trinken).

Urquhart Castle

April–September 9.30–18.30, Okt.– März Mo–Sa 9.30–16.30, So 11.30–16.30 Uhr.

Wanlockhead

Vorwahl: ✆ 16 59

 Hostel: *Lotus Lodge*, ✆ 7 42 52, Grade 2.

 Sehenswürdigkeit: *Museum of Lead Mining*, Ende März–Novem-

ber 11–16 Uhr, sonst nach Absprache
✆ 7 43 87.

Wick

Vorwahl: ✆ 19 55

Tourist Information: Caithness Tourist Board, Whitechapel Road, ✆ 60 25 96 (hier gibt's eine Broschüre, die zu Plätzen in Caithness führt, die mit dem Schriftsteller Neil Gunn in Verbindung stehen).

Flugzeug: Regionalflughafen, 2 km nördlich, Flüge Aberdeen, Edinburgh, Orkney mit Loganair ✆ 60 22 94.

 Auto/Fahrradvermietung: Richard's Garage, Francis Street.

 Sehenswürdigkeiten: *Castles Girnigoe and Sinclair*, 5 km nördlich, über Flughafengelände, immer zugänglich, wenn Straße nicht gesperrt (zwei atemberaubend gelegene Burgruinen über den Klippen)
Wick Heritage Centre, Bank Row, Juni–September 10–17 Uhr (Schwerpunkt Heringsfischerei).

Withorn

The Dig, 45–47 George Street, April–Oktober 10.30–17 Uhr
Priory and Museum, Main Street, Standard, Oktober–März nur Wochenenden.

Reiseinformationen von A bis Z

Anreise

Reisedokumente: Für einen Aufenthalt bis zu sechs Monaten können Staatsbürger aus EU-Ländern mit Personalausweis/Reisepaß sowie Schweizer Nationaler Identitätskarte ohne Visum einreisen.

... mit dem Flugzeug

Lufthansa fliegt samstags und sonntags von Frankfurt nach Glasgow (Zubringerflüge von allen deutschen Flughäfen) sowie täglich außer samstags und sonntags von Frankfurt, Hamburg und Düsseldorf via Manchester nach Aberdeen, Dundee, Edinburgh und Glasgow. Von Wien fliegt Lufthansa/Lauda Air nach Manchester, von der Schweiz mit entsprechenden Umsteigeverbindungen über Frankfurt. Buchungen in Lufthansa-City Centern, Reisebüros und bei der Zentralreservierung unter ✆ 0 18 03 80 38 03.

... mit der Bahn

Alle Verbindungen vom Festland führen über London und von dort nach Edinburgh (London King's Cross) und Glasgow (London Euston), Fahrtzeit zwischen 4 und 5¼ Std. Schlafwagen von Euston nach Aberdeen, Edinburgh, Fort William, Glasgow und Inverness. *Le Shuttle*-Pendelzüge fahren durch den Kanaltunnel von Calais nach Folkestone. Buchungen und Infos bei **British Rail International**; Deutschland: Düsseldorfer Str. 15–17, 60329 Frankfurt/Main, ✆ 0 69/23 85 42 44, Fax 23 60 00; Schweiz und Österreich: Centralbahnplatz 9, 4002 Basel, ✆ 0 61/ 12 72 14 04. Sondertarife: *Saver* für Hin- und Rückfahrt innerhalb eines Monats; *Super Saver, Apex* etc.

... mit dem Bus

Die Europabusse der Deutschen Touring Gesellschaft, Am Römerhof 17, 60486 Frankfurt/Main, ✆ 0 69/ 7 90 32 40, fahren von Aachen, Frankfurt, Köln (16 Std.), Mannheim, München und Stuttgart nach London. Dort kann man auf Anschlußbusse von National Express nach Edinburgh und Glasgow umsteigen.

... mit Auto/Fähre

Die kürzeste Fährverbindung über den Kanal, durchgängig auf Autobahnen zu erreichen, ist die Autofähre **Calais–Dover** (4 Std., bis zu 45minütige Verbindungen): P & O Ferries, Generalvertretung J. A. Reinecke, Jersbecker Str. 12, 22941 Bargteheide, ✆ 0 45 32/65 19, Fax 2 41 43. Man kann auch das Auto auf *Le Shuttle* aufladen lassen und von **Calais nach Folkestone** den Kanaltunnel benutzen. Die von Dover ca. zehnstündige Nordfahrt auf der M 6 bis Carlisle kürzt ab, wer mit Scandinavian Seaways, Van-der-Smissen-Str. 4, 22767 Hamburg, ✆ 0 40/3 89 03-0, Fax 3 89 03-1 20, von **Amsterdam nach Newcastle** (15½ Std., Mai–September, mehrmals wöchentlich) oder von **Hamburg nach Newcastle** (23 Std., April–Okt., alle 4 Tage) eine kleine Kreuzfahrt macht. North Sea Ferries, Beneluxhaven, Havennummer 5805, Luxemburgweg 2, Rotterdam/Europort, ✆ 00 31/71 81/25 55 55, fährt von **Zeebrügge** und **Rotterdam nach Hull**, das auf halber Strecke nach Schottland liegt (14 Std.; täglich abends). Broschüre: *Autofähren Großbritannien und Irland*, erhältlich beim BTA (s. Auskunft).

Auskunft

Für Deutschland und Österreich: Britische Zentrale für Fremdenverkehr, British Tourist Authority (BTA), Taunusstraße 52–60, 60329 Frankfurt/Main, ℘ 0 69/2 38 07 11, Fax 2 38 07 17.
Für die Schweiz: Britisches Verkehrsbüro, Limmatquai 78, 8001 Zürich, ℘ 01/2 61 42 77, Fax 2 51 44 56.
In Schottland: Scottish Tourist Board (STB), 23 Ravelston Terrace, Edinburgh EH4 3EU, ℘ 01 31/3 32 24 33, Fax 3 32 92 12. Gegen Bezahlung verschicken **British Book Shop**, Börsenstr. 17, 60313 Frankfurt/Main, ℘ 0 69/28 04 92, Fax 28 77 01; British Bookshop, Weihburggasse 24–26, 1010 Wien, ℘ 02 22/5 12 19 45, Fax 5 12 10 26; Business Contact, Neumühle Töss, 8406 Winterthur, ℘ 0 52/2 02 63 63, Fax 2 02 69 08, folgende Info-Bücher über Schottland: *Bed and Breakfast* (Auswahl); *Touring Guide* (Sehenswürdigkeiten alphabetisch, Öffnungszeiten); *Hotels and Guest Houses* (Auswahl); *Self-Catering* (Selbstversorger); *Caravan and Camping*; *Taste of Scotland* u. a.

Behinderte

Das STB gibt eine Broschüre *Practical Information for Visitors with Disabilities to Scotland* heraus. Die Symbole des *Tourism for All* bedeuten, daß man sich hier verpflichtet hat, auf die Bedürfnisse behinderter Besucher einzugehen. Disability Scotland, Princes House, 5 Shandwick Place, Edinburgh EH2 4RG, ℘ 01 31/2 29 86 32, Fax 2 29 51 68, ist eine Hilfsorganisation, die Behinderten im Urlaub mit Infos und Verzeichnissen behindertengerechter Hotels, Campingplätze, Besucherattraktionen etc. zur Seite steht.

Diplomatische Vertretungen im Land

Von Deutschland: Übergeordnetes Generalkonsulat für Amtsbereich Schottland: **Edinburgh**, 16 Eglinton Crescent, ℘ 01 31/3 37 23 23, Fax 3 46 15 78.
Weitere Konsulate in **Aberdeen,** 12 Albert Street, ℘ 0 12 24/62 20 00; **Glasgow**, Sovereign House, 158 West Regent Street, ℘ 01 41/2 21 34 00; **Kirkwall**, Shore Street, ℘ 0 18 56/87 29 61; **Lerwick**, Shearer Shipping Services Ltd., Garthspool, ℘ 0 15 95/69 25 56.
Von Österreich: Botschaft, London, 18 Belgrave Mews West, ℘ 01 71/ 2 35 37 31, Fax 2 35 80 25.
Von der Schweiz: Botschaft, London, 10–18 Montagu Place, ℘ 01 71/ 7 23 07 01, Fax 7 24 70 01.

Einreise- und Zollbestimmungen

Für die Ein- und Ausfuhr von Landes- und Fremdwährung bestehen keine Beschränkungen. Nationaler Führerschein und Zulassung sind ausreichend, das Nationalitätskennzeichen muß am Fahrzeug angebracht sein. Die Mitnahme der Internationalen Grünen Versicherungskarte wird empfohlen. Die Einfuhr von Treibstoff in Kanistern, von Geflügel- und Schweinefleisch sowie Eiern ist verboten.
Die Höchstbreite für Pkw-Anhänger beträgt 2,30 m, die Höchstlänge für einen einachsigen Anhänger 7 m.

Reisende, die nicht länger als zwölf Monate im Land bleiben wollen, dürfen

Reisegut zum persönlichen Gebrauch abgabenfrei einführen. Bürger von EU-Staaten dürfen im Duty-Free erworbene Waren bis zu folgenden Höchstgrenzen zollfrei ausführen, nie jedoch für mehr als 170 DM: Tabakwaren: 800 Zigaretten, 400 Zigarillos, 200 Zigarren, 1000 g Tabak; Alkoholerzeugnisse: 10 l Spirituosen, 20 l Zwischenerzeugnisse wie Campari oder Sherry, 90 l Wein, davon höchstens 60 l Schaumwein, 110 l Bier. Für Bürger aus anderen als EU-Staaten sind folgende Warenmengen abgabenfrei: 200 Zigaretten oder 100 Zigarillos oder 50 Zigarren oder 250 g Rauchtabak; 2 l nicht schäumende Weine; 1 l Spirituosen über 22 % oder 2 l unter 22 %; 50 g Parfüm und 0,25 l Toilettenwasser; andere Waren im Wert bis zu 335 DM. Reisenden unter 17 Jahren wird generell keine Abgabenfreiheit für Tabakwaren und alkoholische Getränke gewährt.

Lebende Tiere müssen wegen der auf den Britischen Inseln nicht vorkommenden Tollwut ausnahmslos sechs Monate in Quarantäne. Man kann also Hunde und Katzen für einen Urlaub keinesfalls mitnehmen.

Essen und Trinken

Der Tag beginnt mit dem reichlichen britischen *cooked breakfast:* Nach Obstsaft *(juice)* oder Grapefruitschnitzen *(segments)* und eingelegten Dörrpflaumen *(prunes)* gibt's *cereals*, Müsli, Cornflakes oder für echte Briten warmen Haferbrei *(porridge)*. Der Standard zum Hauptgang beinhaltet Spiegelei *(fried egg)* oder Rührei *(scrambled egg)*, gebratenen Räucherspeck *(bacon)*, der, wenn man Pech hat, in der Mikrowelle gekocht wird, Würste ohne viel Fleischanteil *(sausage)*, eine Art Leber- oder Blutwurst *(white, black pudding)* sowie Grilltomate und -pilze. Gute B&Bs und Hotels bieten oft ein ganzes Menü mit Steak, delikaten, in Milch gegarten Räucherfisch *(kipper, smokies)*, Lachs oder Früchte. Dazu wird Toast mit gesalzener Butter und Orangenmarmelade *(marmelade)* und Tee genommen. Auf den notorisch dünnen Kaffee sollte man verzichten.

Das traditionelle Hauptnahrungsmittel der Schotten, Hafer, findet sich z. B. in Haferkeksen *(oatcakes, bannocks)*, oder einem Dessert namens *Cranachan*, Sahne und Haferschrot, mit Himbeeren serviert. Während man den *Haggis* (s. S. 25f.) vielerorts für Touristen angeboten bekommt, sind andere traditionelle Gerichte wie *Cock-a-leekie*, eine Suppe mit Hühnerfleisch, Lauch und Backpflaumen, die Räucherfischsuppe *Cullen Skink* oder die *Scotch Broth*, eine Graupen-Gemüsesuppe, auf den Speisekarten selten anzutreffen. Allerorts bekommt man die sättigenden, billigen und fettigen *Fish'n Chips*, große Weißfischstücke in Panade und Pommes mit Essig *(vinegar)*. Flächendeckend sind auch Hamburger- und sonstige Fast-Food-Ketten sowie chinesische Take-aways. In den *Coffee Houses*, empfehlenswert in Sehenswürdigkeiten und Museen, nimmt man einen *Afternoon Tea* mit den köstlichen selbstgebackenen Karotten-, Ingwer-, Kokos- oder Schokoladen-*Fudge*-Küchlein, Pfannkuchen *(pancakes)*, leckeren Sandwiches, dem salzigen Buttermürbegebäck des *Shortbread* oder *Scones*, die in Schottland mit gesalzener Butter und fruchtiger, roter Marmelade *(jam)* meist ohne die in England übliche Sahne verzehrt werden. Vielerorts wird gegen 17/18 Uhr der spezifisch angelsächsische *High Tea* angeboten, eine Mischung aus Kuchen, Sandwiches und warmen Tellergerichten.

Schottland ist für die Frische und Qualität seiner Produkte berühmt. Fast überall gibt's Schätze aus dem Meer: Lachs *(salmon)*, gerne auch als Räucherlachs *(smoked salmon)*, Austern *(oysters)*, auch gegart mit Senf- oder Bechamelsauce, Kammuscheln *(scallops)*, Miesmuscheln *(mussels)*, Hummer *(lobster)*, Krabbenscheren *(crab claws)*, Langusten *(langoustines)*, Engelbarsch *(monkfish)*, Hecht *(pike)* oder aus den Süßwasserlochs die Forelle *(trout)*. Mindestens einmal sollte man in einem Hafenort eine frisch vom Kutter angelandete *seafood platter* gegessen haben.

In gut angelsächsischer Kochtradition werden gern für Kontinentaleuropäer gewagt klingende, überaus wohlschmeckende Kompositionen serviert: Lammkoteletts mit Minzsauce *(lamb cutlets with mint sauce)*, Ente mit Orange *(orange duck)*, Hase mit Kastanienfüllung und Thymian *(hare with chestnut and thyme)*, Schwein mit Apfel *(porc with apple sauce)*, Hirsch mit Aprikosen *(venison with apricots)* oder *King Scallops* in Pernod-Sahne. Warum selbst in guten Restaurants die Karamelsauce des Desserts gesalzen, die allgegenwärtigen Gemüse *(side dishes)* jedoch ungesalzen auf den Tisch wandern, bleibt ein schottisches Rätsel. Nur in Ausnahmefällen wie im *Ubiquitous Chip* in Glasgow sind die Beilagen eine Offenbarung: *clapshot*, ein Kartoffel-Rüben-Pürree mit ›verbrannten‹ Zwiebeln. Schottland ist kein klassisches Käseland, doch auf manchem *Scottish Cheese Board* steht ein Dunsyre Blue aus Lanarkshire, ein Farmhouse Cheddar vom Mull of Kintyre, Käse von den Orkneys, Mull oder Arran.

Die schottische Küche ist besser als ihr Ruf, vorausgesetzt man wählt die richtigen Restaurants, doch herrscht zahlenmäßig immer noch das britische Einheitsmenü – Steak, Pommes, salzfreies Gemüse – vor. Empfehlenswert sind im allgemeinen die Restaurants in Herrenhaushotels und Hafenorten sowie der Ketten *Pierre Victoire* (französisch-schottisch, informell, preiswert, Bistrostil) und *Crannog* (modernes Ambiente, köstliches frisches Seafood). Die Taste of Scotland-Vereinigung (keine Kette) trägt einen dampfenden Kessel im Signet und gibt eine Broschüre mit allen angeschlossenen Eßetablissements heraus (33 Melville Street, Edinburgh EH3 7JF, ✆ 01 31/2 20 19 00, Fax 2 20 61 02 oder beim British Bookshop); generell empfehlenswert; es stehen doch auch einige einfallslose 08/15-Kandidaten in dem Büchlein. In vielen Restaurants studiert man die Speisekarte *(menu)* bei einem Gin Tonic in der Bar, manchmal vor einem prasselnden Kaminfeuer, bevor man an den gedeckten Tisch gebeten wird.

Preiswerter und schneller als in Restaurants ißt man, vor allem mittags, in Pubs. Das klassische *Pub Grub* ist deftige, internationale Küche wie Burger, Pasta oder Steaks. Pommes gibt es zu allem, auch zu Pizza und Spaghetti Bolognese. Daneben bieten auch zahlreiche Hotels neben ihren Restaurants in der Bar eine preiswertere, vereinfachte Variante aus derselben Küche *(bar menu)*. Viele renommierte Restaurants haben einen bistroähnlichen ›kleinen Bruder‹, bei guten Etablissements wie *Ubiquitous Chip* oder *Buttery* in Glasgow eine empfehlenswerte, pfundsparende Alternative.

Die zahlreichen Pubs sind einer der touristischen Pluspunkte Schottlands. Hier kommt man leicht mit den Schotten ins Gespräch, entspannt bei *Single Malt* (s. S. 166f.), *Drambuie* (Likör auf

Whiskybasis) oder Bier vom Zapfhahn (draught). Es gibt Stout (Starkbier, z. B. das irische Guinness), Lager (vergleichbar dem Exportbier), das dünne, helle Ale oder seltener Scottish Heather Ale: Das schon im Neolithikum nachgewiesene, bernsteinbraune, würzige Gerste-Heide-Gesöff mit der Honignote kann nur zwischen Juni und Oktober gebraut werden. Viele Pubs bieten eine Auswahl starker, frischgebrauter Real Ales an. Meist ist das Public House in einen Barbereich und eine Lounge mit Hockern, Bänken und Tischen unterteilt. Wenn ein Schild im Pubfenster „Music tonight" verkündet, kann man im allgemeinen ab etwa 21 Uhr Liveklängen lauschen – geboten wird alles von Country über Rock zu Folk. Lounge-Bars der Hotels sind meist etwas feiner und teurer, in vielen abgelegenen Orten aber der einzige Treffpunkt.

Feiertage

1. Januar und 25. Dezember sind die einzigen gesetzlichen Feiertage. An Bank Holidays haben, anders als in England, nur Banken und Institutionen zu: 2. Januar, Karfreitag, erster und letzter Montag im Mai, erster Montag im August, 26. Dezember. Zudem gibt es, regional verschieden, einen Frühlings- und einen Herbstfeiertag.

Geld und Banken

Die fünf großen Banken sind Bank of Scotland, Royal Bank of Scotland, Clydesdale Bank, TSB Scotland, Girobank, von denen die ersten drei eigene, auch im restlichen Großbritannien gültige Banknoten herausgeben (dies gilt auch vice versa). Den günstigsten Wechselkurs erhält man gegen Bargeld in Banken oder per Postsparbuch. Letzteres ist nur an bestimmten größeren Postämtern möglich – eine Broschüre gibt die deutsche Post aus; in abgelegenen Gegenden der Highlands ist das Postamt zugleich Tante-Emma-Laden und beschränkt sich auf den Briefverkehr. Tauschen kann man auch in Flughäfen, Bahnhöfen, großen Hotels und Wechselstuben.

Euroschecks bis maximal 100 £ können Sie bei Banken, Wechselstuben und in größeren Hotels einlösen. Reiseschecks sollten Sie auf Pfund ausstellen lassen, um eine Umtauschgebühr zu vermeiden. Hotels und Restaurants nehmen im allgemeinen Kreditkarten, am verbreitetsten sind Eurocard/Mastercard und Visa. B&B, Pubs und kleinere Läden akzeptieren die Karten meist nicht. EC-Geldautomaten sind so verbreitet wie auf dem Kontinent.

Es gibt Banknoten zu 50, 20, 10, 5 £ und die allmählich aus dem Verkehr genommenen zu 1 £, Münzen zu 1 £, 50 p (Pence, 100 Pence sind ein £), 20, 10, 5, 2, 1 p.

Gesundheit

An die 150 000 Fälle von BSE (Bovine Spongiforme Enzephalopathy) sind bislang unter Großbritannies Rindern registriert. Die BSE steht im Verdacht, beim Menschen die tödliche Creutzfeldt-Jacob-Krankheit hervorzurufen. Hundertprozentige wissenschaftliche Ergebnisse stehen noch aus, aber es weist vieles auf eine Übertragungsgefahr hin. Mein Rat lautet auf alles Rindfleisch, auch auf das vielgepriesene Fleisch der Aberdeen-Angus-Rinder, nicht nur in Steak-Form, sondern auch als Kraftbrühe oder Bolognesesauce zu verzichten. Die mit Meeresfrüchten, Lamm etc. reichhaltig bestückten Speisekarten machen einem den Verzicht ohnehin leicht.

Kino

Die vom BTA herausgegebene *Movie Map* enthält ein Verzeichnis der Drehorte von Filmen, die in Großbritannien entstanden sind. Eine Karte und weitere ergänzende Informationen führen u. a. zu den Schauplätzen von »Highlander«, »Greystoke« und »Nessie«.

Lesetips

Angegeben ist das Jahr der Erstveröffentlichung.

Barker, Elspeth: *O Caledonia*, 1991, deutsch Residenz Verlag (ein wundervoller, trauriger Roman über eine Kindheit in Schottland; das Kontrastprogramm zu Rosamunde Pilcher)

Beckwith, Lillian: *In der Einsamkeit der Hügel*, dtv 11648 (humorig-herablassender Bericht der englischen ›Schutzheiligen‹ der *White Settlers* über ihr Leben auf den Hebriden, s. S. 42)

Boswell, James: *Dr. Samuel Johnson*, darin »Tagebuch einer Reise nach den Hebriden«, Diogenes Taschenbuch 20786 (s. S. 47)

Brown, George Mackay: *Greenvoe*, 1976, Penguin (s. S. 46 und 210); ders.: *The Sun's Net*, 1992, Chambers Scottish Collection (Erzählungen von den Orkneys); ders.: *Magnus*, 1973, Richard Drew Publishing (Leben des Nationalheiligen der Orkneys, s. S. 208)

Buchan, John: *The Thirty-Nine Steps*, 1915, Penguin (klassischer Thriller: Richard Hannays Flucht vor deutschen Spionen durch die Bergmoore von Dumfries)

Carr, John Dickson: *Die schottische Selbstmordserie*, 1989, DuMont's Kriminal-Bibliothek (spannender Krimi)

Duchein, Michel: *Maria Stuart*, 1987, Benzinger (*die* wissenschaftliche Biographie)

Fontane, Theodor: *Jenseit des Tweed*, insel TB 1066 (unverzichtbar, wildromantisch, zart ironisch, s. S. 48)

Gunn, Neil: *Highland River*, 1937, Penguin (»The little Highland community in which Kenn lived was typical of what might be found anywhere round the northern and western shores of Scotland...«)

Kelman, James: *Windhund zum Frühstück*, Stories, 1993, Europaverlag (pessimistische Momentaufnahmen des ›modernen‹ großstädtischen Schottland, s. S. 46)

Linklater, Eric: *Magnus Merriman*, 1935, Penguin (der Titelheld findet nach Irrungen und Wirrungen eines bohèmehaften Schriftstellerlebens, in dessen Verlauf er sich gar als Kandidat der SNP aufstellen läßt, zu einem glücklichen Bauernleben auf den Orkneys)

MacDiarmid, Hugh: *The Complete Poems*, hg. v. Michael Grieve u. W. R. Aitken, Bd. 1 u. 2, 1985, Penguin Books (s. S. 45)

Mackenzie, Compton: *Whisky Galore*, 1947 (s. S. 232)

Maxwell, Gawin: *Ring of Bright Water*, 1960, Penguin (ein trauriger Hymnus auf Otter und Mull, s. S. 255)

Mitchison, Naomi: *Kornkönig und Frühlingsbraut*, 1931, deutsch Lübbe (qualitätvoller Fantasy-Roman der schottischen Autorin, spielt im Griechenland des 2. Jh. v. Chr.)

Orkneyinga Saga, hg. v. Hermann Pálsson u. Paul Edwards,1987, Penguin Books (s. S. 208)

Pilcher, Rosamunde: *September*, 1990, Rowohlt (boy gets girl und die schottische Laird-Familie gleich dazu; schlicht, aber besser als ihr Ruf, s. S. 261)

Sayers, Dorothy L.: *Fünf falsche Fährten* (The Five Red Herrings), 1931, rororo (kleine Morde unter Künstlern in schottischer Sommerfrische)

Torrington, Jeff: *Schlag auf Schlag* (Swing, Hammer Swing!), 1992, Fischer (Roman der Gorbals, s. S. 108f.)
Zweig, Stefan: *Maria Stuart*, 1939, Fischer TB 1714 (historisch nicht haltbare, aber romantische Biographie)

Maße

Großbritannien hat im Herbst 1995 zum Unwillen vieler Bürger auf das metrische System umgestellt. Erhalten blieben lediglich die Meile (1,609 km) und das *Pint* im Pub (0,568 l).

Mehrwertsteuerrückerstattung

Ist nicht möglich für Reisende, die in einen EU-Staat zurückreisen. Schweizer erkundigen sich in den jeweiligen Geschäften nach dem *Retail Export Scheme* für die Mehrwertsteuer (VAT).

Notruf

✆ **9 99** (gebührenfrei) für **Polizei** *(police)*, **Ambulanz** *(ambulance service)* und **Feuerwehr** *(fire brigade)*.
Pannenhilfe landesweit rund um die Uhr, gebührenfrei: ✆ **08 00/88 77 66** (Automobile Association) oder ✆ **08 00/82 82 82** (Royal Automobile Club).

Öffnungszeiten

Banken: Mo–Fr 9.30–15.30, meist von 12.30–13.30 Uhr geschl.
Büros: Mo–Fr 9–17 Uhr.
Geschäfte: Mo–Sa 9–18 Uhr, Sa teils nur bis 13, Supermärkte meist bis 20 Uhr, in Städten donnerstags abends *late-night shopping* bis 20 Uhr, im Sommer haben viele Läden in den Städten auch sonntags geöffnet; auf dem Land regional verschiedener *early-closing day* – nachmittags geschl.
Pubs: Mo–Sa 11–14.30, 17–23, So 12.30–14.30, 18.30–23 Uhr; manchmal über Mittag offen oder spätere Schließzeit abends.

Reisedokumente

(s. S. 323)

Reisen im Lande

... mit dem Flugzeug

British Airways und Loganair bieten innerschottische Flüge zu den Orkneys, Shetland und den Hebriden (s. Infos zu den einzelnen Orten).

... mit der Bahn

Infos und Fahrpläne gibt's bei British Rail International. Der *Freedom of Scotland Travel Pass* berechtigt für 8 (250 DM) oder 15 aufeinanderfolgende (350 DM) oder 8 Tage innerhalb von 15 Tagen (290 DM) zur kostenlosen Benutzung aller Scotrail-Strecken, der meisten Caledonian MacBrayne-Fähren, der Glasgower U-Bahn und gewährt Ermäßigungen auf P & O-Fähren und Buslinien. Verschiedene Rover-Tickets für bestimmte Regionen, für junge Leute von 16–23 und Senioren können bei schottischen Bahnhöfen oder Reisebüros, die Bahnkarten verkaufen, erworben werden.

... mit dem Bus

Die wichtigen Städte sind in einem gut ausgebauten Express-Busnetz verbunden, z. B. durch Scottish Citylink und National Express, aber auch durch zahlreiche regionale Gesellschaften. Die Fahrpläne und Tarife erfragt man in den Touristenbüros. Post-, Schul- und lokale Busse bedienen die entlegenen Gegenden, wo es meist nur einen Bus morgens hin und einen abends zurück gibt. Gestoppt wird per Handzeichen irgendwo an der Strecke. Ein Erlebnis ist das Mitreisen in den Minibussen des Postboten, Fahrpläne bei Royal Mail Scotland and Northern Ireland, Public Relations Department, 102 West Port, Edinburgh EH3 9HS, ✆ 01 31/ 2 28 74 07.

... mit Fähren

P & O bedient Orkney und Shetland, Caledonian MacBrayne die Hebriden (s. Infos zu den einzelnen Orten).

... mit dem Auto

Es wird **links** gefahren und **rechts** überholt. Höchstgeschwindigkeit ist in den Orten 48 km/h, auf Autobahnen und Straßen mit mindestens zwei Fahrstreifen in jeder Richtung 112, mit Anhänger 96 km/h, sonst 96, mit Anhänger 80 km/h. Kreisverkehr *(roundabout)* hat Vorfahrt. Auf einspurigen Straßen *(single track road)* fährt derjenige, der einem Ausweichplatz *(passing place)* am nächsten ist, auf diesen – nie als Parkplatz benutzen! Selbst auf Nationalstraßen kreuzen oft Schafe – Vorsicht! Parken ist verboten bei doppelter gelber Linie, auf einfacher nur zu angegebenen Zeiten. Die Schotten selbst fahren zügig, aber rücksichtsvoll. Treibstoffarten sind *Unleaded Premium* (95 Oktan) = bleifrei, *Super Unleaded* (98 Oktan) = bleifrei, *Super Plus*, *Premium 4-star* (97 Oktan) = verbleit, Diesel, Preise etwa 0,52–0,60 £. Für das Ausleihen eines **Mietwagens** muß man älter als 21 (bei Minibussen 25) und jünger als 70 sein. Am preiswertesten ist im allgemeinen der nationale Anbieter Arnold Clark.

Souvenirs

In zahlreichen, besonders auf den Inseln sehr qualitätvollen Kunsthandwerksläden kann man Wollsachen vom Pullover bis zum wärmenden Kaminplaid, Keramik, Bilder, keltischen oder wikingischen Mustern nachempfundenen Silberschmuck und jede Menge netten Nippes erstehen. Die Souvenirläden in touristischen Kernzonen wie Royal Mile, Gretna Green, Loch Ness oder Fort William sind dagegen auf den Massengeschmack abgestimmt. In größeren Textilläden kann man sich etwas preiswerter als bei uns mit klassischer Angel-, Jagd- und Golfausrüstung im *Country House Style* einkleiden, z. B. mit den dem schottischen Wetter ideal angepaßten Barbour-Mänteln.

Da deutsche Urlauber meist keine schottischen Ahnen ihr eigen nennen, werden die sündhaft teuren Kilt- und Tartanausstatter an ihnen weniger als an den Gästen aus Übersee verdienen. Ein Bummel durch die vielen Antiquitäten- und Trödlerläden lohnt, da die Preise deutlich niedriger als bei uns liegen. Ohne ein, zwei ... Single Malts, eine Packung Walkers Shortbread mit Bonnie Prince Charlie auf der Blechdose, einen Weiden- oder Brombeerwein, ein Glas Baxters Marmelade und MacDonalds Chutney sollte kein Gourmet aus Schottland zurückkehren.

Sport

Angeln: Schottland ist ein Eldorado für Angler. Lachsfischen hat von Februar bis Oktober Saison und kann auf den ›Königsflüssen‹ wie dem Spey unbezahlbar sein. Auch für kleinere Lochs und Flüsse muß man bei Hotels, Touristenbüros, Angel- oder Lebensmittelläden oder Postämtern eine Lizenz für 5 £

aufwärts kaufen. Viele Hotels bieten Pauschalangebote, teilweise mit Angelkursen und Leihausrüstung. Das Hochseeangeln – Boote kann man in fast allen Häfen chartern – hat das ganze Jahr über Saison. Broschüre: *Fishing Holidays in Scotland* des STB mit detaillierten Adressen.

Fahrradfahren: Eine schöne Art, das Land kennenzulernen; auf den Nationalstraßen – die Schotten selbst fahren wenig Rad – jedoch recht oft risikoreich. Zwischen 5 und 10 £ täglich kostet ein Mietfahrrad, ein Adressenverzeichnis gibt es beim STB oder den lokalen Touristenbüros. Das eigene Fahrrad wird meist kostenlos oder gegen eine geringe Gebühr von Flugzeugen, Fähren und Bahn transportiert – vorbuchen empfiehlt sich. Fahrradrouten durch ganz Schottland, Adressen von Fahrradferienveranstaltern und nützliche Tips enthält die Broschüre *Scotland Cycling* des STB.

Golf: 459 Golfplätze locken im Heimatland des Golf. Die meisten nehmen Gäste an – ein Telefonat oder eine schriftliche Reservierung beim *Secretary* des gewünschten Clubs reicht meist –, ein Handikapzertifikat und ein Empfehlungsschreiben des heimischen Clubs sind hilfreich. Auf die berühmten Plätze wie Old Course St. Andrews, Royal Dornoch, Muirfield und generell die Plätze der Open Championship kommt man natürlich schwieriger. An Wochenenden herrscht meist Hochbetrieb, so daß sich für den Gast die übrige Woche empfiehlt. Obwohl der Volkssport Golf in Schottland lockerer gehandhabt wird als anderswo – der schottische Spieler pflegt seine Schläger selbst zu tragen –, werden Jeans auf dem Rasen nicht gern gesehen, ohne Jackett und Krawatte kommt man meist nicht ins Clubhaus, und für Frauen gibt es hin und wieder noch Beschränkungen hinsichtlich Spielzeit, Barzutritt und Umkleiden. Auf den kleineren kommunalen Plätzen kann man schon ab 5 £ *Green Fees* spielen, die berühmten Privatclubs nehmen meist über 25 £: Golf in Schottland ist billiger als auf dem Kontinent. Empfehlenswert ist eine Buchung in einem der Golfhotels, die oft auch Kurse veranstalten und Ausrüstung verleihen (letzteres auch auf den meisten Plätzen). Broschüre: *Scotland Golf* des STB mit den Adressen der schottischen Golfplätze.

Wandern: Die ideale Art, Schottlands grandiose Natur kennenzulernen. Die örtlichen Touristenbüros versorgen Sie mit zahlreichen Wanderungen in der jeweiligen Region, auch kleineren, markierten Spaziergängen, z. B. im Queen Elizabeth Forest Park, am Loch Gartan oder im Galloway Forest Park. Langstreckenwanderungen in mehreren Tagesetappen sind der vielbegangene **West Highland Way**, 153 km von Glasgow bis Fort William, der teils über eine alte Militärstraße verläuft und im nördlichen Teil schwierige, nur für erfahrene Wanderer geeignete Abschnitte enthält; der etwas einfachere **Speyside Way**, 68 km entlang des Spey von Aberdeen nach Tomintoul in den Grampians; der **Southern Upland Way**, 341 lange Kilometer von Portpatrick an der West- bis Cockburnspath an der Ostküste. Die von einem Sechseck gerahmte Distel auf braunem Grund markiert auf allen *Long Distance Footpaths* den Weg. Karten (Ordnance Survey im Maßstab 1:50 000, *Landranger;* 1:25 000, *Pathfinder)*, Kompaß, feste Wanderschuhe und wetterfeste, warme Kleidung, Nahrungsmittel- und Wasservorrat, Verbandszeug sind unerläßlich für Bergwanderer – die schottischen Berge mögen zwar nicht hoch sein, extrem schnelle Wetterumschwünge und Nebel sind jedoch sehr gefährlich. Lassen Sie vor Beginn der Tour jemand ihren Weg wissen. Während der Lammsaison im Frühjahr und der Jagdsaison im Herbst ist Vorsicht geboten. In Schottland gibt es eine seit kurzem umstrittene Wegerechtstradition, doch sollte man bei Überquerung von Privatgrund immer um Erlaubnis fragen. Die Beachtung des *Country Code* – Gatter schließen, keinen Abfall zurücklassen, auf den Wegen bleiben, Rücksicht auf die Natur nehmen, kein offenes Feuer anzünden – sollte selbstverständlich sein. Man kann auch den Rangerservice mit geführten Wanderungen nutzen, Infos erteilt Scottish Natural Heritage, 12 Hope Terrace, Edinburgh EH9 2AS, ✆ 0131/4 47 47 84. Die Telefonnummern der Wettervorhersage, Tips und Adressen enthält die Broschüre *Walk Scotland* des STB.

Wassersport: Ob Wasserski auf dem Loch Tay, Segeln vor der Westküste, Motorboottouren auf dem Caledonian Canal, Tauchen auf den Orkneys, Kanufahren, Wildwasserrafting, Windsurfen auf Tiree – die Broschüre *Scotland Watersports* des STB hält Adressen der Organisationen, Sportzentren, Marinas, Schulen bereit: *Scotland Waterworld*.

Wintersport: Die Hauptzentren sind Glencoe und Nevis Range, ferner Glenshee, Cairngorm und Lecht. Die Broschüre *Ski Scotland* des STB enthält Pisten, Unterkünfte, Ausrüstungsverleih und Skischulen.

Strom

Die normale Stromspannung beträgt 240 Volt Wechselstrom 50 Hertz. Für die Steckdosen benötigt man einen Adapter.

Telefon

Von Deutschland, Österreich und der Schweiz nach Schottland ✆ **00 44 + Ortsnetzkennzahl ohne 0**. Von Schottland nach Deutschland ✆ **0 10 49,** nach Österreich ✆ **0 10 43**, in die Schweiz ✆ **0 10 41 + Ortsnetzkennzahl ohne 0**. Es gibt nur noch wenige der schönen roten Telefonzellen mit 10 p-Münzen, die neuen Plexiglaszellen mit Drucktasten schlucken 10, 20, 50 p und 1 £-Stücke. Für die immer häufigeren Kartentelephone *(card phones)* kauft man in Postämtern oder mit dem grünen Telefonkartenemblem gekennzeichneten Geschäften Telefonkarten zu 2 bis 20 £.

Die Vermittlung ist kostenlos unter ✆ **100** zu erreichen. Die britischen Ortsnetznummern beginnen neuerdings alle mit **01**. Das Telefonnetz wird gerade auf sechsstellige Rufnummern umgestellt, so daß bei einigen vier- oder fünfstelligen Ziffern in nächster Zeit Änderungen zu erwarten sind.

Touristeninformation

Ein Netz von 170 Touristenbüros hilft dem Urlauber vor Ort mit Infos zu Veranstaltungen, Unterkunftsbuchung (gegen eine geringe Gebühr), Broschüren, Landkarten, Büchern, Rundreisen, Ausflügen u. v. m. Die Büros öffnen meist Mo–Fr 9–16 Uhr, im Sommer oft abends und an Wochenenden länger, kleinere nur während der Saison, meist Ostern–Oktober.

Unterkunft

Vor allem in der Hauptreisesaison Juli/August, aber auch um Pfingsten empfehlen sich Vorbuchungen.

Hotels: Die Prüfung und Einteilung der Hotels, Guest Houses und B&B durch das STB reicht von *approved* über *commended* und *highly commended* bis *deluxe*, kombiniert mit einer Bewertung der sanitären Einrichtungen und des Service von *listed* bis 5 ›Kronen‹. Sehr schottisch, empfehlenswert und natürlich nicht billig sind die Herrenhaushotels. Auch das rustikal-traditionelle Flair eines typischen weißgetünchten Landgasthofs mit den schwarzen Fenstern sollte man einmal ausprobieren. Bei den Hotels der unteren Preiskategorie steht man sich oft mit einem guten Guest House oder B&B besser.

B&B und Guest Houses: Die spezifisch britische Tradition des *Bed and Breakfast* bietet Übernachtung und Frühstück bei Privatpersonen, oft mit Familienanschluß – eine empfehlenswerte Unterkunftsform, die auch von einheimischen Reisenden häufig genutzt wird. Der Übergang zu den meist professionelleren, etwas teureren Guest Houses mit mehr Zimmern ist fließend. Einfache B&B kosten in der Regel nicht unter 12 £, luxuriöse mit Privatbad und WC *(ensuite)* um die 17–20 £. B&B und Guest Houses liegen oft konzentriert an den Ausfallstraßen der Städte, seltener im Zentrum. Die *Farmhouse B&B* auf Bauernhöfen sind teils recht luxuriös und eine lohnende Alternative, vor allem für Reisende mit Kindern. Viele B&B bieten eine meist einfache Abendmahlzeit an.

Jugendherbergen: Voraussetzung ist ein internationaler Jugendherbergsausweis. Es bestehen keine Beschränkungen hinsichtlich Alter oder Aufenthaltsdauer. Alle der über 80 Hostels haben eine Küche für Selbstversorger, die größeren bieten Mahlzeiten an. Die Übernachtungspreise liegen von 3.30 £ für einen unter 17jährigen in einer ›Grade 3‹-Herberge (1 Dreieck, einfachst, keine Duschen) bis zu 10.15 £ für einen über 17jährigen in einer ›Grade 1 Superior‹-Herberge in Stirling, Edinburgh oder Glasgow (4 Dreiecke, Luxus, längere Öffnungszeiten). Eine Liste aller Hostels sowie ein informatives Büchlein mit näheren Beschreibungen gibt's von der Hauptniederlassung: SYHA National Office, 7 Glebe Crescent, Stirling FK8 2JA, ✆ 0 17 86/45 11 81, Fax 45 01 98, und in Touristenbüros.

Selbstversorger: Ferienwohnungen und -häuser, klassifiziert von 1 bis 5 ›Kronen‹, können moderne Bungalows, romantische alte Cottages oder gar mittelalterliche Tower Houses sein. Auf Campingplätzen werden oft eingerichtete Wohnwagen vermietet (ab 22 £).

Camping: Camping- und Caravanplätze sind von 1 bis 5 ›Haken‹ klassifiziert. Das Distelsymbol *(Thistle)* garantiert höchste Qualitätsstufe. Eine Übernachtung mit Zelt kostet ab ca. 4 £. Wild zelten ist offiziell nicht gestattet, doch fragt man den Landbesitzer um Erlaubnis, bekommt man sie meist auch erteilt.

Zeit

In Großbritannien herrscht MEZ minus eine Stunde, man muß die Uhr also in Dover eine Stunde zurückstellen. Da auch in Großbritannien die Sommerzeit gilt, bleibt der Zeitunterschied immer erhalten, außer zwischen Ende September und Ende Oktober, da Großbritannien erst Ende Oktober die Sommerzeit umstellt; 1996, wenn europaweit erst Ende Oktober umgestellt wird, entfällt diese Ausnahme.

Kleines Glossar: Scots - Deutsch

ae	- eine(r), ein
ain	- eigene(r)
aince	- einst
auld	- alt, vor langer Zeit
ay	- immer
aye	- ja
bairn	- Kind
	- balmoralflache Mütze mit Bommel und Bändern im Nacken,
	- Bestandteil der Highland-Kluft
bannock	- runder, flacher Haferkuchen
biggin	- Gebäude
birk	- Birke (englisch: birch)
blaeberry	- Blau-, Heidelbeere
bonny	- hübsch
bothy	- primitive Hütte von Schäfern, Fischern, Wanderern
braid	- breit
bramble	- Brombeere (englisch: blackberry)
breeks	- Hosen
brig	- Brücke
brither	- Bruder
broth	- dicker Fleisch- und Gemüseeintopf
burgh	- Stadt mit Selbstverwaltung (englisch: borough)
burn	- kleines Flüßchen
but and ben	- Cottage mit zwei Räumen
byre	- Kuhstall
caber	- Pfahl, Mast
cairn	- Steinhaufen zur Markierung, als Denkmal oder über prähistorischer Grabstätte
Candlemas	- 2. Februar, einer der schottischen Quartalstage
carl	- Mann, vorzugsweise Landarbeiter oder Arbeiter
chanter	- Melodiepfeife des Dudelsacks
clan	- Familiengruppe, Sippe
claymore	- Bidenhänder, zweihändig geführtes Schwert der Highlands
Clearances	- Vertreibung der Bauern in den Highlands im 19. Jh.
clootie dumpling	- im Tuch (cloot) gegarter Knödel, Pudding
creel	- großer Korb für Fische, Torf etc.
croft	- kleines Stück Land in den Highlands
crofter	- Kleinbauer
cruik	- Haken, Krücke
dae	- tun
daft	- tumb
daith	- Tod
dee	- sterben
deer forest	- großes Areal unbestellten Landes, für Hirschherden und Jagd genutzt
deil	- Teufel
dirk	- Dolch, Kurzschwert am Gürtel
dochter	- Tochter
doo	- Taube
doocot	- Taubenschlag
doon	- herunter; doon the watter - flußabwärts
dram	- Glas Whisky
drove road	- Viehtrieb-Treck, ungepflasterte Straße
dub	- (trüber) Teich, Weiher
dyke	- Wand, Steinmauer
efter	- nachdem
elder	- Kirchenältester in der Free Kirk
faither	- Vater
fause	- falsch

fecht	- Kampf, Gefecht (!)	ilk(a)	- jede(r)
feu	- Pacht von Land	Immortal Memory	- Rede beim Burns Supper im Gedenken an Burns
first-foot	- derjenige, der als erster beim traditionellen Neujahrsbesuch ein Haus betritt	ither	- andere(r)
fitba	- Fußball		
flesher	- Metzger, Fleischer (!)		
forenoon	- Morgen	Jimmie	- saloppe Anrede für jeden Mann
gea	- gehen		
General Assembly	- höchste Kirchenversammlung der Kirk	kail	- Kohl
		kailyard	- Bauerngarten
general merchant	- Gemischtwarenladen	keek	- linsen, ›kieken‹
		Kelvinside	- anglisierte, vornehme Sprechweise (nach Glasgower Stadtteil)
gie	- geben		
gigot	- Lammkeule		
gillie	- jemand, der einem fremden Angler oder Jäger zur Hand geht	ken	- wissen
		kilt	- schottischer Männerrock
		kirk	- Kirche, the Kirk: Church of Scotland
ginger	- sprudelnder Soft Drink		
glengarry	- Feldmütze mit zwei Bändern im Nacken	kist	- Kiste, Sarg
		kye	- Vieh
green	- Rasenfleck um ein Haus herum	laird	- Grundbesitzer, Landedelmann
grilse	- Junglachs, der erst einmal im Meer war	Lallans	- das Scots in der Literatur, wie es von den Dichtern der Gälischen Rennaissance geschrieben wurde
guddle	- Fische mit den Händen fangen		
guid	- gut		
		Lammas	- 1. August, einer der schottischen Quartalstage
haar	- kalter Seenebel an der Ostküste	land	- Mietshaus
		lang	- lang
haddie, haddock	- Schellfisch	lass(ie)	- Mädchen, Freundin
		laverock	- Feldlerche
hea	- haben	leal	- treu
haggis	- schottisches Nationalgericht	lee	- liegen
hame	- heim	licht	- Licht (!)
haud	- halten	luckenbooth brooch	- herzförmige Silberbrosche als Liebes- und Treuegabe
heid	- Kopf		
hert	- Herz		
High Court	- höchster Strafgerichtshof in Schottland		
Hogmanay	- schottisches Neujahrsfest	mac	- saloppe Anrede für (unbekannten) Mann

Mackay	- the real Mackay: das einzig Wahre	pudding	- (Preß)-Wurst, oft mit Innereien
mair	- mehr	pun(d)	- Pfund
maist	- am meisten	quaich	- zweihändige Trinkschale, oft aus Silber
maister	- Meister, Lehrer		
manse	- Pfarrhaus		
march	- Grenze		
Martinmas	- 11. November, einer der schottischen Quartalstage	rasp	- Himbeere (englisch: rapsberry)
meikle	- groß	reek	- Rauch, Qualm
Merry Dancers	- Nordlichter, Aurora Borealis	reid	- rot
midden	- Dunghaufen		
minister	- Kirchenmann	Sassenach	- Engländer
mither	- Mutter	Scots	- in Schottland üblich für: schottisch; auch Scottish, im offiziellen Kontext, Scotch für Nahrungsmittel
morning roll	- weiches Frühstücksbrötchen		
Morningside	- anglisierte, vornehme Sprechweise (nach einem Stadtteil von Edinburgh)	Session	- höchster Zivilgerichtshof in Schottland
muckle	- groß	sett	- Muster eines Tartan
		sgian dubh, skean dhu	- kleiner Strumpfdolch der Highland-Tracht
na, nae	- nicht		
nane	- keine(r)	siller	- Geld
neep	- weiße Rübe	sma	- klein
Nick	- oder Auld Nick: der Teufel	smiddy	- Schmiede
no bad	- sehr gut	smirr	- leichter Nieselregen
nocht	- nichts	smolt	- junger Lachs zwischen parr und grilse
		softie	- weiches Brötchen mit Delle in der Mitte
o	- von		
ocht	- irgend etwas, irgendein	sporran	- Börse, vor dem Bauch getragen in der Highland-Tracht
oor	- unser, Stunde		
		stane	- Stein
		supper	- oder fish supper: Bratfisch und Chips
pape	- abwertend für: Katholik		
parr	- junger Lachs	syne	- seit, damals
parritch	- Haferbrei (englisch: porridge)		
peedie, peerie	- Orkney, Shetland für: klein	tablet	- Buttertoffee, harter Kuchen (englisch: fudge)
piskie	- salopp für: Angehöriger der Episkopalischen Kirche	tae	- zu, auch
		tartan	- karierter Wollstoff
prod(die)	- abwertend für: Protestant	tattie	- Kartoffel
provost	- Bürgermeister	tenement	- Block von Miethäusern

teuchter	- abwertend für: Highlander	auchter, ochter	- Ober-, Gipfel
tinker	- Kesselflicker, entwurzelte, herumziehende vertriebene Highlander nach den Clearances	ault	- Bach
tolbooth	- Rathaus, Stadtgefängnis	bal, bally	- Dorf, Stadt
trews	- enge Tartanhosen, kurze Tartanunterhosen, unter dem Kilt getragen	balloch, belloch	- Paß
		ban	- weiß
		beag, beg	- klein
		ben	- Berg, Hügel
twa, twae	- zwei	-bie, -by	- Gehöft, Siedlung
		blair	- Schlachtfeld, Ebene
		-bost, -bister, -bster, -busta, -boll, -poll, -pool	- Gehöft, Heim
upstanding	- einen Toast ausbringen	brae	- (steiler) Berghang, Ufer

wallie - Porzellan, wallie dugs: Paar von Porzellanhunden auf fast jedem Wohnzimmerkaminsims

ca(e)r - Fort, Festung, Dorf
cairn - Steinhaufen
cambus - Bucht
carse - tiefgelegenes Ackerland an einem Fluß

wan-un-waulking song - Walklied, von den Frauen der Hebriden bei der Arbeit gesungen

clach - Stein
clash, cleish - Graben, Rinne

wee - klein
whan - wenn
whaur - wo
wheesht - Halt den Mund!
Whitsunday - 15. Mai, einer der schottischen Quartalstage
wi - mit

close - enge Gasse
coll, collie - Wald
corbett - Berg in Schottland zwischen 2500 und 3000 Fuß
corrie - Mulde, See unterhalb einer Bergspitze
craig, craik - Fels

Ortsnamen und Ortsnamenelemente

Die schottischen Ortsnamen gehen größtenteils auf gälische, aber auch auf altnordische, Scots oder britische Begriffe zurück.

dal(r), dail, dol, dul - Flußaue, Tal
darrach - Eiche
dearg - rot
dhu - schwarz
din, doon, dum, dun - Fort
dour - Wasser
drochit - Brücke
drum - Gebirgskamm, Grat

aber - Flußmündung
ach, auch - Feld
-aig - Bucht
aird - Höhe
annat, annet - Kirche
ardan, arden - Höhe, Landzunge
auchan, auchen - Feld

eccles - Kirche (von lateinisch ecclesia)
enach, enoch - Hügel, Moor
ess, eas - Wasserfall
-ey, -ay - Insel

fell	- Hügel, Berg	liath	- grau
fern	- Erle	links	- Dünen oder Grasstreifen in Küstennähe, Golfplatz
fetter	- Wald, Feld		
fin(n)	- weiß, fahl	lin(n)	- Tümpel, Wasserfall
firth	- Meerarm, Ästuar	loan	- Viehpfad, der zur Weide führt, Marsch
		loch	- Binnensee, Meerarm
gair, gare	- kurz		
gart	- Feld		
garb, garv	- rauh	machair	- Sandstreifen hinter dem Strand, tiefgelegenes, fruchtbares Stück Land
gate	- Straße		
gil(le)	- Diener (eines Heiligen)		
glas(s)	- grüngrau, grün	maddy	- Fuchs, Wolf
glen	- (enges) Tal	mains	- Erbbauernhof, Gut
gleo, gloe	- Nebel	miln-	- Mühle
gobha, gower	- Schmied	mon, mo(u)nt, mounth	- Hügel, Moor
gorm	- blau, grün	more, mhor	- groß
gour, gower	- Ziege	moss	- Sumpfland, Moor
		muc(k)	- Schwein
		muir	- Moor
haugh	- Bachwiese	munro	- schottischer Berg über 3000 Fuß
heugh	- Klippe, Steilufer, tiefe Schlucht		
holm	- kleine, unbewohnte Insel		
hop(e)	- Bucht, in Südschottland hochgelegenes Tal	nes(s), nis(h)	- Landzunge, Landspitze
		nether	- Nieder-
how(e)	- Mulde, tiefgelegenes Land	neuk	- Ecke, Schlupfwinkel, Landstrich
		nor	- Nord-
inch, innis	- Wiese, Insel		
inver	- Flußmündung		
		oba(n)	- Bucht
ken, kin	- Kopf	ord	- Hammer
kil	- Kirche		
knock, nock	- Erdhügel		
know(e)	- Anhöhe	park	- eingezeuntes Farmland, Feld
kyle(s)	- Meerenge	pend	- überdachte Gasse, Gang
		pit	- Anteil, Gehöft (piktisch)
		pol(l)	- Tümpel, schlammiges Feld
lag, laggan	- Höhle, Senke		
lairig, learg	- Gebirgspaß		
law	- gerundeter oder konischer Hügel	rannoch	- Farnkraut
		rath	- Fort
lax	- Lachs	rhu	- Landspitze, Kap
leck	- flacher Stein	rig(g)	- erhöhtes Ackerland zwischen Senken
letter	- steiler Berghang		

ros(s)	- Kap	tillie, tullie, tullich, tulloch	
roy	- rötlich		- Hügel
		tir(e)	- Land
		tober, tibber	
sauchie	- umgeben von, voller Weiden		- Brunnen
		tom	- kleiner, gerundeter Berg
-set(t), -setter, -ster - Haus		-ton, -toun	
sgor(r), sgurr - steiler, scharfer Fels			- Gehöft
shee	- Fee	tor(r)	- steiler, konischer Berg
shen	- alt	-toul	- von der Scheune
shieling	- Sommerweide, kleine Hütte dort		
sker(ry), sgeir - Fels im Meer		-val	- Hügel, Berg
slack	- Tal zwischen Bergen	vat	- See
slew	- in Südwestschottland Berg	vennel	- enge Gasse zwischen Häusern
spit(t)al(l), spittle, spidal - Unterstand für Wanderer in den Bergen		-vik, -vaig, -vig	
-sta	- Gehöft		- Bucht
stan(e)	- Stein	voe	- schmaler Meerarm
strath	- breites Tal		
stron(e)	- Nase, Landspitze		
struan	- Bach	-way, -wall - Bucht	
		weem	- Höhle
tap	- Spitze, Gipfel	-wick, -vik- Bucht, in Südschottland Gehöft	
tar	- über		
tarbe(r)t, tarbat		wynd	- enge Gasse, die von einer Straße abzweigt
	- Isthmus, wörtlich: Herüber tragen (der Boote)		
tarf(f)	- Stier		
tay, tee, tigh, ty		yett	- Tor, Gebirgspaß
	- Haus		
temple	- verweist auf eine ehemalige Niederlassung der Templer		

Register

Personen

Adam, Robert 51, 61, 66, 88, 91f., 101
Adam, William 61, 101, 122, 147, 162, 164
Adams, Charles 169
Adomnan 30, 190
Agricola 29
Ainslie, John 68
Albert von Sachsen-Coburg und Gotha 157f., 160, 175
Alexander III. 31
Anderson, Ian 251
Anderson, Private 169
Anderson, Robert Rowand 122
Anderson, Tom 230
Anderson, Arthur 226
Andreas, hl. 28, 134
Anne 37
Antoninus Pius 94, 101
Ardvorlich, Lady of 29
Argyll, Herzöge von 200f.
Armour, Jean 65, 70
Atholl, Herzog von 176

Bain, Aly 251
Balliol, John 32, 71
Barber, Anthony 235
Barber, Kate 235
Barbour, John 40
Barrie, J.M. 139
Beaton, David 135
Beckwith, Lillian 42
Bellany, John 53, 92, 109
Blackie, Walter 113
Blair, Tony 41
Blantyre, Alexander Lord 97
Bonnie Dundee s. Dundee, John Graham
Bonnie Prince Charlie s. Stuart, Charles Edward
Bothwell, James Hepburn 36, 47, 63, 97, 201, 209, 245
Bridei mac Bille 30, 140
Brodie of Brodie 168
Brodie, William 83
Brown, George Mackay 46, 92, 210, 214, 216
Brown, John 157
Bruce, George 101
Bruce, Sir William 51, 68, 79, 101
Bruce s. Robert the Bruce
Buccleuch, Herzöge von 64, 68
Buchanan, George 36
Burke, William 87
Burne-Jones, Sir Edward Coley 82, 97, 101
Burnetts of Ley, Familie 154
Burns, Robert 25, 28, **44f.**, 64ff., 69f., 78, 83, 87, 109, 174
Burrell, Sir William 115
Bute, Marquess of 122, 129f.
Buthelezi, Mangosuthu 27

Caddy, Peter 168
Cadell, Francis Campbell Boileau 53
Calgacus 29f.
Campbell, Alex 190
Campbell, Clan 195, 200f.
Campbells von Cawdor, Familie 169
Campbell von Glenlyon, Robert 188
Canaletto alias Antonio Canal 64
Carnegie, Andrew 99f.
Carswell, John 202
Ceolbeg 251
Châtelard, Pierre de 35
Charles, Prinz 157, 165
Charles I. von England 36f.
Charles II. von England 37, 79, 91, 97
Chiocchetti, Domenico 219
Christian I. von Norwegen und Dänemark 223
Churchill, Winston 157, 219, 223
Cleve, Joos van 68
Close, Glenn 147
Cochrane 95
Columban, hl. 30, 190, 203, 256
Connery, Sean 25, 41, 53, 92
Cor, John 167

Corphat, Janet 132f.
Cowane, John 126
Cowper, Patrick 132f.
Craig, James 90
Cranach, Lucas 115
Cranston, Catherine 113
Cromwell, Oliver 37, 96, 147
Cruithne 30
Cursiter, Stanley 210

Dalí, Salvador 107, 169
Dale, David 123
Dalriada, Skoten von 30, 201
Dalrymple, John 188
Darnley, Henry Stuart, Lord 33, 35, 91
David I. 31, 49, 59, 63, 79, 127
David II. Bruce 32
Davidson, John 66
Defoe, Daniel 47
Degas, Edgar 115
Devorgilla 71
Dickson, Maggie 87
Dire Straits 58
Donald II. 30
Douglas, Archibald, genannt Bell the Cat 75, 95
Douglas, Ellen 118
Douglas, Familie 33, 129
Douglas, James 59
Douglas, William 59f., 129
Doyle, Sir Arthur Conan 45
Drumdurno 162
Drummond, George 90
Dubliners 146
Duff, William 164
Dufy, Raoul 168
Duncan 30, 139, 169, 257
Dundas, Henry 91
Dundee, John Graham of Claverhouse, Viscount 176
Dunmore, Gräfin von 240
Dürer, Albrecht 90
Dyce, William 90, 151

Eardley, Joan 53, 147
Ecgfrith 139

Edward I. von England 174f.
Edward II. von England 32, 126
Edward VIII. von England 223, 226
Edwin 78
Einar Trockenmund 209
El Greco 116
Elizabeth II. von England 22, 34, 36, 80, 86, 132, 158, 183, 200
Elizabeth, Königinmutter 132, 138, 182
Elphinstone, Bischof 151
Elsegood, Mark 17
Epstein, Jacob 68
Ettrick Shepherd s. Hogg, James
Eumenius 140

Fergus Mór 30
Fibeach, Mairi 205
Filian, hl. 131
Finlay, Ian Hamilton 53, 93
Fischer, Joschka 75
Fontane, Theodor 33, **48**, 59, 79, 83, 116, 118, 120, 144, 171, 176
Forbes, William 155
Fordun, John of 28
Forsyth, Bill 163
Franz II. von Frankreich 33, 35
Frasers, Familie 161

Gainsborough, Thomas 52, 64, 68, 101
George II. von England 244
George III. von England 175
George IV. von England 26, 38, 79, 182
Gibbon, Lewis Grassic 46, 147
Gibson, Mel 127, 147
Gildas 28
Gladstone, Sir John 143
Glamis, Lady 139
Glassford, John 103f.
Gledstanes, Thomas 83
Glover, Catherine 173
Goya y Lucientes, Francisco de 116
Graham, Douglas 66
Graham, James Gillespie 92
Gray, Hugh 190
Gray, John 87

Greyfriars Bobby 87
Grieve, Christopher Murray
  s. MacDiarmid, Hugh
Groot, Jan de 182
Gunn, Neil 46
Guthrie, James 53

Hahn, Kurt 165
Hakon, schlechter Mensch 209
Hamilton, Familie 97f., 122, 258
Hamilton, Ian 146
Hamilton, Patrick 135
Hare, William 87
Hawthorne, Nathaniel 11
Heinrich VIII. von England 50
Heinrich II. von England 31
Heinrich II. von Frankreich 33
Henry, George 53
Hepworth, Barbara 53, 151, 216
Herodot 238
Hesketh, Nick 255
Hjilf 213
Hogg, James 64
Holbein, Hans d.J. 68
Hole, William 91
Hornel, Edward Atkinson 53, 74
Howson, Peter 109
Hudson, Hugh 63
Hume, David 38, 78
Hunter, William 114
Hyperboreer 238

Irvines, Familie 153

James (VIII.) s. Stuart, James
James I. 32
James II. 32f. 130, 137
James III. 33, 95, 223
James IV. 33, 79, 86, 101, 127, 130
James V. 33, 101, 118, 127, 130, 138, 246
James VI. 36, 86, 101, 126
James VII. (I. von England) 37, 82
Jamieson, Tom 228
Johnson, Dr. Samuel 43, **47**, 201, 245

Kauffmann, Angelika 97f.
Keith, George 151
Keith, Marschälle von Schottland 147
Kelman, James 46
Kenneth mac Alpin 30, 140, 169, 174, 257
Kentigern, hl., s. Mungo, hl.
King, Jessie M. 73
Klee, Paul 90
Knox, John 33ff., 50, 80, 82, 135
Konstantin 30

Lambert, Christopher 63, 193
Lancaster, Burt 163
Lang, Ian 41
Lawrence, David Herbert 14
Lazlo, Philip de 68
Leitch, Cecil 138
Leonardo da Vinci 68
Lepel, Bernhard von 48
Leslie, George 53
Leverhulme, Lord 240
Lindsay, Sir David 142
Linklater, Eric 10, 45f., 210
Linlithgow, Marquess of 102
Lorimer, Sir Robert 52f., 82, 128, 130, 179

Mac-Talla 251
MacBean, Clan 159
Macbeth 30, 139, 143, 169, 173, 175, 257
MacCormick, John 40
MacCrimmon, Clan 249, 252
MacCulloch, Clan 74
MacDiarmid, Hugh 42, **45**
MacDonald, Allan 245
MacDonald, Clan 232, 244, 253
MacDonald, Flora 60, 170, 198, **244ff.**
MacDonald von Glencoe, Clan 188
MacDougall, Clan 198
MacGregor, Clan 29, 116, 118
MacKay, Clan 183f.
Mackendrick, Alexander 232
Mackenzie, Compton 232
Mackenzie, Marshall 151

Mackenzie, William 42
Mackintosh, Charles Rennie 102, 110, **112f.**, 114f.
Mackintosh, Margaret 112
MacLean, Clan 255
Maclean, Dorothy 168
MacLean, John 39
MacLeod, Alexander 239
MacLeod, Clan 184, 239, 249, 252
MacLeod, Connor 150
MacLeod, George 256
MacMillan, James 251
MacPhee, Catherine-Ann 251
MacPherson, James 43
MacTaggart, William 53, 114, 151, 168
Magnus Barfuß von Norwegen 202f.
Magnus, hl. 209f.
Maitland, Familie 61
Maitland, William 98
Malcolm III. Canmore 30f., 42, 100, 173
Manet, Edouard 115
Mansfield, Grafen von 173
Margaret, Frau von Malcolm III. Canmore 31, 42, 100
Margaret, Maid of Norway 31, 220
Margaret, Prinzessin 138
Margaret Tudor 101
Maria von Geldern 33, 130
Maria von Guise 101
Maria Stuart s. Stuart, Maria
Marjorie 32
Martin, David 90
Matisse, Henri 63
Maxwell, Gavin 208, 255
Maxwell Davies, Sir Peter 53, 210
Maxwell, Sir William Stirling 116
McCartney, Paul 203
McGonagall, William 145
McLean, David 210
Melville, Andrew 36
Mendelssohn-Bartholdy, Felix 48, 258
Menzies, Clan 27, 174
Merton, John 68
Metheson, Lady 238
Mitchison, Naomi 46
Moffat, Alexander 46, 92

Molua, hl. 235
Monmouth, Herzog von 64
Montrose 80, 82
Moore, Henry 68, 151
Moray, Earl of 36, 82
Morris, Tom 137
Morris, William 82
Mossman, James 82
Muir, Edwin 45f., 210
Muir, John 96
Mulcahy, Russell 193
Mungo, hl. 106
Munro, Donnie 251
Munro, Sir Hugh T. 17
Murgatroyd, Kathy 17
Murillo, Bartolomé Estéban 116
Mylne, Robert 79

Nechtans 30
Neeson, Liam 116
Nessie 189-192
Nicholson, Ben 151, 216
Ninian, hl. 30, 74f.

Oengus 30
Orwell, George 205
Ossian 251
Owen, Robert 123

Paolozzi, Eduardo 53, 91, 93, 216
Park, Willie 137f.
Patrick Stuart 210f., 217, 230
Peploe, Samuel John 53, 114
Philipp IV. von Frankreich 32
Picasso, Pablo 93
Pilcher, Rosamunde 261
Playfair, William Henry 52, 61, 88
Porteous, John 87
Ptolemäus 29

Rae, John 216
Raeburn, Sir Henry 52, 64, 90, 114, 163
Ramsay, Allan 26, 52, 87, 90, 101, 114, 168
Rawlinson, Thomas 27

Reagan, Ronald 176
Reginald Mac Somerled 256
Regulus, hl. 134
Rembrandt, Harmensz van Rijn 68, 90, 114
Reuter, Ludwig von 219
Reynolds, Sir Joshua 52, 63f., 114
Rines, Robert 190
Rizzio, David 79f.
Rob Roy 60, 116, 120f.
Robert Cementarius 154
Robert II. 32
Robertson, Archibald Eneas 17
Robertson, William 38
Robert the Bruce 32, 40, 59f., 91, 100, 126, 146, 154, 202f.
Rodin, Auguste 68
Rognvald Kali, hl. 209f.
Romney, George 114
Rose, Axl 27
Rosebery, Earls of 102
Ross, Colin 88
Rossetti, Dante Gabriel 145
Roxburgh, Herzog von 61
Rubens, Peter Paul 90, 114
Rule, hl., s. Regulus, hl.
Runrig 78, 193, 251

Saint Phalle, Niki de 109
Sayers, Dorothy L. 73
Schopenhauer, Arthur 47
Schopenhauer, Johanna 47f.
Scott, Janet 61
Scott, Lady Margaret 138
Scott, Michael 59
Scott, Robert Falcon 145
Scott, Sir Walter 27f., **43f.**, 58-61, 82f., 86f., 89,99, 109, 116, 118, 120, 129, 173, 228, 253
Septimius Severus 30, 94
Seton, Sir Alexander 162
Shakespeare, William 257
Sileas 251
Simison, Morgan 220
Simison, Ronald 220
Simpson, Archibald 151

Smith, Adam 22, 38, 78
Smith, William 151, 157
Somerled Mac Gille Bride 232
Stevenson, David 235
Stevenson, Robert Louis 45, 80, 83, 99
Stevenson, Thomas 235
Stewart, Teresa Frances 97
Stewarts of Appin, Clan 197
Strachwitz, Moritz von 59
Strathmore, Earl of 138f.
Stringer, Mabel 138
Stuart, Alexander 165, 173
Stuart, Charles Edward 37f., 63, 79, 91, 115, 170, 192, 244f., 253
Stuart, James 37
Stuart, Lachlan 190
Stuart, Maria **33-36**, 63, 73, 79f., 82, 86, 91, 94, 97f., 101,121, 129f., 138, 146
Sutherland, Herzog von 178f.
Sutherland, Donald 256
Synge, Richard 190

Tacitus 30
Tatsuno, Koji 240
Taylor, E.A. 73
Telford, Thomas 188
Templeton, James 108
Thom, Alexander 170
Thorfinn Schädelspalter 209
Torrington, Jeff 108f.
Tucker, Denis W. 191
Turnbull, William 114
Turner, William 123, 253

Van Gogh, Vincent 90, 114
Venocrio, Gloria 138
Venturi, Robert 112
Victoria 26, 28, 109, 153, 157, 160, 175, 194

Wallace, William 32, 126f.
Wardlaw, Henry 135
Watson, Jane Peacock 106
Watt, James 22
Weir, Grizel 83, 87

Weir, Thomas 83, 87
Westbrook, Sue 74
Westwood, Vivienne 240
Whistler, James MacNeill 114
Wilcox, Brodie 226
Wilkie, Sir David 90, 114
William I., der Löwe 31, 146
William von Oranien 37
Wills, Jonathan 225
Wilson, Colonel 190
Wishart, George 135
Wolf von Badenoch s. Stuart, Alexander
Wordsworth, William 123

Zeffirelli, Franco 147

Orte und Sachen

H = Hebriden   O = Orkneys
S = Shetland

Abbotsford 43, 48
Abbotsford House 52, **60**, 129
Aberdeen 19, 37, 47, **150ff.**
-Aberdeen Cathedral 50
-Art Gallery 151
-Botanischer Garten von Cruikshank 152
-Brig o'Balgowine 153
-City Chambers 151
-King's College 152
-King's College Chapel 150
-Marischal College 151
-Mercat Cross 151
-Provost Ross's House 151
-Provost Skene's Haus 151
-St. Machar's 152
-St. Nicholas Kirk 151
-Union Terrace Gardens 152
Aberfeldy 173, 174
Aberfoyle 118
Aberlemno 139, 141
Abernethy 140, 173
Aboyne 154f, 157

Achamore Gardens 203
Ackerland 16f.
Age of Improvement 38
Alloway 44, **65**
Alternativenergien 24, 218
Alva 129
An Lanntair-Galerie (H) 234
Ancrum 63
Angus Folk Museum 139
Anstruther **131f.**, 134, *Abb. S. 131*
Antoninuswall 30, 101
Applecross 194
Arbroath 146
Arbroath, Erklärung von 32, 40, 146
Arbuthnot 147
Arctic Penguin 200
Ardchattan Priory 198
Ardnamurchan Point 192
Ardvreck Castle 184
Argyll 15, **197ff.**
Argyll and Sutherland Highlanders 128
Argyll Wildlife Park 201
Arisaig 192
Arnol (H) 236
Arran (H) 11, **258ff.**
Atholl Highlanders 176
Atomkraft 24, 96, 183, 209
Auchagallon Stone Circle (H) 258
Auchiltibuie 184
Auchindrain Old Highland Township 201
Auld Alliance 32
Ayr 65

Balhousie Castle 171
Ballater 154f.
Balloch Pier 116
Balmaha 116
Balmoral Castle 52, 157, *Abb. S. 161*
Balquhidder 120
Balvenie Castle 165
Banavie 188
Banchory 143, 154f.
Banff 163f.
Bannockburn 32
Bannockburn, Schlacht von 32, 126

Baronialstil 50f.
Barra (H) 232
Bealach na-Ba 194
Beauly 178
Beinn Dòrain 187
Beinn Eighe 194
Belted Angus 73
Ben Arthur 118
Ben Bhraggie 178f.
Ben Cruachan 24, 200
Ben Hope 184
Ben Lawers-Massiv 175
Ben Lomond 24
Ben Macdui 177
Ben More 187
Ben Nevis 12, 24, 188
Benbecula (H) 232
Bergwelt 16
Berwick, Vertrag von 32
Berwick Law 95
Berwick-upon-Tweed 61
Bettyhill 183f.
Birnam 173
Birsay(O) 217
Black Houses 236f.
Black Isle 178
Black Watch-Regiment 171, 173f.
Blackness 101
Blair *Abb. S. 176*
Blair Castle 176
Bo'ness 101
Boat of Gartan 177
Böd of Gimista (S) 226
Boddam Croft Museum (S) 228
Borders 58ff.
Borreraig (H) 249
Bothwell Castle 122
Bowhill 52, 64
Bracklinn Falls 120
Braco 128
Braemar 14, 45, 133, **158f.**, 160, Abb. S. 159
Braer 224f., 229
Braeriach 177
Brechin 139
Brent Spar 224

Bridge over the Atlantic 198
Broch of Gurness(O) 218
Broch of Mousa (S) 227
Brochs 49, 179, 193, 218, 226f., 237
Brodgar(O) 215
Brodick (H) 258
Brodick Castle (H) 258
Brodie 168
Brodie Castle 168
Bronzezeit 29
Brough of Birsay(O) 217
Brough of Deerness (O) 219
Brown und White Caterthun 139
Buchaille Etive Mor 187
Burghead 165
Burghead Bay 165
Burn of Care 129
Burn of Sorrow 129
Burns Supper 25, 28
Burry Man 99
Bute 121
Butt of Lewis (H) 234, 235

Cadzow Castle 122
Cadzow Rinder 98
Caerlaverock Castle 50, **75**, *Abb. S. 56/57*
Cailpie Caves 134
Cairn Gorms 177
Cairn o'Get 179
Cairn o'Mounth Road 143
Cairn Toul 177
Cairngorms 10, 14, 153, 160
Cairngorn-Massiv 177
Cairnholy 74
Cairnpapple Hill 101
Cairnwell 161
Caithness 10, 183
Caledonian MacBrayne (Calmac) 193, 197f., 203, 234, 256
Calgary (H) 255
Callander 116, 120
Callanish (H) 237
Callater 160
Campbeltown 203
Campsie Fells 121

Canisbay 182
Canna 193
Cape Wrath 182, 184
Carbisdale Castle 178
Cardhu 164
Cardoness Castle 74
Carn Cliochmhulinn (Cairngorms) 17
Carn Liath-Broch 179
Carnasserie Castle 202
Carradale 203
Carrbridge 178
Carsaig Arches (H) 255
Castle Campbell 129
Castle Fraser 161
Castle Hill 140
Castle Menzies 174
Castle of Mey 182
Castle Stalker 197, *Abb. S. 198*
Catterline 147
Cawdor Castle 26, 52, 169, *Abb. S. 169*
Ceilidh 236, 250f.
Cellardyke 133
Celtic Glasgow 106
Ceres 130
Chartisten 89
Chatelherault 122
Chatelherault Country Park 122
Cheviot Hills 12
Churchill Barriers (O) 219
Clan 28f.
Clan Donald Visitor Centre (H) 253
Clava Cairns 170
Clearances 20f., 38f., 179, 183f., 237
Clickhimin Broch (S) 226, *Abb. S. 49*
Clova 139
Clyde 11, 12, 18, 30, 121
Clyde Falls 123
Cnoc a' Choire 178
Colbost Croft Museum (H) 248f.
Coll 47, 198
Colonsay 198
Common Ridings 58
Commando Memorial 189
Company of Edinburgh Golfers 137
Corrigal Farm Museum (O) 217f., *Abb. S. 218*

Corryvrecken Whirlpool 205
Corstorphine 94
Corvie *Abb. S. 164*
Countryside Visitor Centre 194
Craigellachie 165
Craigievar 155, *Abb. S. 155*
Craigievar, Tower House 50
Craigmillar Castle 94
Crail 133
Cramond 94
Crarae Gardens 201
Crathes 154
Crathes, Tower House 50
Crathie 157
Crieff 128
Crinalarich 187
Crinan 201, *Abb. S. 202*
Crinan Canal 201
Croft-na-Caber 175
Crofter 244f., 249
Crofters' Wars 39, 238, 249
Crofting 20f.
Cromarty Firth 178
Crossraguel Abbey 66
Crovie 163
Cuillins (H) 248, *Abb. S. 248*
Cullen 164
Culloden 170
Culloden, Schlacht von 37, 42, 170
Culross 51, **100**
Culsh Souterrain 157
Culzean 51
Culzean Castle 66
Cup and Ring Marks
Cupar 130
Cuween Hill Cairn (O) 212

Dalmeny 102
Dalmeny House 102
Dee 12, 18, 150, 153, **161ff.**
Deeside 153ff., *Abb. S. 153*
Dee-Tal 143
Delphine 171, 193
Dervaig (H) 255
Destillerien 98, 121, 128, 160, 164-167, 169, 175, 204, 220, 248

Devolution 40f.
Dinosaurier 239, 247
Dirk 27
Dirleton 95
Discovery 145
Dollar Glen 129
Don 10, 12, 150
Dornoch 178
Dornoch Firth 178
Dounby Click Mill(O) 218
Doune Castle 128
Dounreay 24, 183
Drum Castle 153f.
Drumberg 184
Drumlanrig Castle 52, 68
Drummadrochit 189
Drummossie Moor 170
Dryburgh, Abteikirche 60
Duart Castle (H) 255
Dubh 169
Dudelsack 250f.
Duff House 164
Dufftown 165
Dumfries 24, **64ff.**, *Abb. S. 68*
Dumgoyne 121
Dun Carloway 49
Dun Telve 193
Dun Trodden 193
Dunadd Fort 201
Dunbar 96
Dunbar, Schlacht von 37
Dunblane 128
Duncansby 182
Duncansby Head 182
Duncansby Stacks 182
Dundee 22, **143ff.**
-Barrack Street Museum 145
-Broughty Ferry 146
-Claypotts Castle 146
-Discovery 145
-HMS Unicorn 145
-Howff Burial Ground 146
-McManus-Galleries 144f.
-Verdant Works 145
Dundrennan Abbey 73
Dunfermline 49, **99f.**

Dunkeld 51, 173
Dunnet Head 182, *Abb. S. 182*
Dunnichen Moss, Schlacht von 30
Dunnottar Castle 50
Dunollie Castle 198
Dunoon 121
Dunottar Castle 147
Dunrobin Castle 52, 179
Dunsgaith Castle (H) 253
Dunstaffnage Castle 198
Duntulm Castle (H) 246
Dunvegan Castle (H) 252
Durness 184

Eas Fors-Wasserfall (H) 255
East Auquhorthies 161
East Lothian 95ff.
East Mainland (O) 218
East Neuk 130
Easter Ross 178
Edinburgh 16, 22, 23, 33, **78ff.**
-Arthur's Seat 10, 78f., *Abb. S. 79*
-Balmoral Hotel 90
-Bank of Scotland 91
-Botanischer Garten 94
-Café Royal 91
-Calton-Hill-Friedhof 89
-Camera Obscura 83
-Canongate Kirk 80
-Canongate Tolbooth 80
-Central Public Library 87
-City Art Centre 90
-City Chambers 82
-Dugald Stewart-Monument 88, *Abb. S. 89*
-Edinburgh Castle 48, **87**, *Abb. S. 83*
-Festival Theatre 88
-Filmhouse 90
-Georgian House 92
-Gladstone's Land 83
-Greyfriar's Church 87
-Heriot-Watt-University 87
-Holyrood Palace 34, 48, 51, **79f.**
-Huntly House 80
-International Festival 84ff.
-Jenners 90

-John Knox House 80
-King's Theatre 90
-Museum of Childhood 82
-National Gallery 90
-National Libraray of Scotland 87
-National Monument 88
-National Portrait Gallery 53, 91
-Nelson-Monument 88
-Neues Observatorium 88
-Old University 88
-Parliament Hall 82
-Register House 91
-Royal Lyceum 90
-Royal Museum of Scotland 88, 141
-Royal Scottish Academy 90
-Scotch Whisky Heritage Centre 83
-Scott-Monument 89
-Scottish National Gallery of Modern Art 93
-St. Giles Cathedral 50, **82**, *Abb. S. 81*
-St. Mary's Episcopal Cathedral 93
-Stone and Brass Rubbing Centre 82
-Tolbooth St. John 83
-Traverse Theatre 90
-Usher Hall 90
-Waverley Bahnhof 89
-Waverley Market 90
-Writers' Museum 83
-Zoo 94
Edinburgh, Vertrag von 32
Edzell 142f.
Eigg 193
Eildon Hills 10, 59
Eilean Donan Castle 193, *Abb. Titel*
Elcho 173
Elgin 165
-Cathedral *Abb. S. 31*
Elgol (H) 253
Elie 130
Ellen Islands 118
Ellisland Farm 44
Eriskay (H) 232
Eshaness (S) 231

Fair Isle 221
Falaise, Vertrag von 31

Falkirk 101
Falkland Palace 51, 129
Falls of Leny 120
Falls of Measach 195
Falls of Shin 178
Fasque 143
Feste 25, 28
Fiddlemusik 230
Fife 129ff., *Abb. S. 11*
Finanz- und Versicherungssektor 23
Findhorn 165
Findhorn Community 165, 168
Firth of Clyde 12
Firth of Forth 12, 42, **98ff.**, 129, *Abb. S. 99*
Firth of Solway 31
Firth of Tay 12, 129, 144
Fischadler 18, 178
Fischerei 19
Fischzucht 19f.
Five Sisters of Kintail 193
Flodden, Schlacht von 33
Floors Castle 52, 61
Flüsse/Seen 18
Fordyce 164
Forest Drive 118
Forres 168f.
Fort Augustus 189, *Abb. S. 189*
Fort George 169
Fort William 11, 12, 30, 42, 184, **188**
Forties Field 39
Fortose 178
Fotheringhay 34
Fountainbridge 25
Fowlis Wester 128
Fraser, Tower House 50
Fyvie Castle 162f.
Fyvie Loch 163

Gälisch 42, 232, 251, 253
Gairloch 194
Galloway 64ff.
Galloway Cattle 21
Galloway Forest Park 75
Gardenstown 163
Garry 176

Gatehouse-of-Fleet 74
Geologie 10
Georgianischer Stil 51f.
Giants' Graves (H) 260
Gifford 98
Gigha 203
Gills Bay 182
Glamis Castle 52, 138
Glasgow 22, 23, 25, 29, 52, **102ff.**
-Art Lover's House 113
-Barras 108
-Börse 109
-Botanischer Garten 111
-Burrell Collection 115
-City Chambers 109
-Dowanhill 111
-Drumchapel 102
-Fossil Grove 114f.
-Gallery of Modern Art 109f.
-Glasgow Cathedral 50
-Glasgow School of Art 110, **112f.**
-Glasgow University 114
-Hunterian Art Gallery 113, 114
-Hunterian Museum 114
-Italian Shopping Centre 109
-Kelvingrove Art Gallery 113
-Kelvingrove Museum 114
-Mackintosh House 113
-Martyr's Public School 113
-Mitchell Library 111
-Nekropolis 107
-People's Palace 108
-Pollok House 115
-Princes Square Shopping Centre 110
-Provand's Lordship 108
-Queen's Cross Church 113
-Scotland Street Museum of Education 115
-Scotland Street School 113
-St. Enoch-Einkaufszentrum 110
-St. Mungo Museum 107
-St. Mungo's Cathedral 106f.
-Tenement House 110
-Tolbooth Steeple 108
-Transport Museum 115
-Willow Tea Room 110, **113**

Glasgow Boys 53, 114
Glasgow Rangers 106
Glean Beag 193
Glen Eagles 129
Glen Etive 187
Glen Isla 139
Glen Lyon 174
Glen Shiel 193
Glen Ulladale (H) 238
Glenashdale Burn 260
Glencoe 133, *187f.*, *Abb. S. 187*
Glencoe, Massaker von 37, 188
Glendale (H) 249
Glenelg Brochs 49
Glenfarclas 164
Glenfiddich 166
Glenfinnan Monument 192
Glenkiln Reservoir 69
Glenlivet 164, 165
Glenshee 160f.
Gloup of Deerness (O) 218
Goatfell (H) 258
Goldadler 16, 239
Golden Road (H) 240
Golf 137f.
Golspie 178
Gordon Highlanders 84
Gordonstoun 165
Gothic Revival 52f.
Gourock 121
Grabsteine 49f.
Grain (O) 218
Grampian Mountains 176
Grampians 147
Grangemouth 23, 100f.
Greenock 121
Gretna Green 75
Grey Cairns of Camster 179
Grey Mare's Tail 64
Groam House Museum 178
Großregionen 10f.
Gruinard Bay 194
Gullane 95

Haddington 97
Haddo House 162

Hadrianswall 30
Hafer 21
Haggis 25, 28
Hailes Castle 97
Handa Island 184
Hanse 231
Harris (H) 20, **232ff.**
-Tràigh Luskentyre 239
-Tràigh Seilebost 239
Hawick 63
Heart of Midlothian 43, 82
Hebriden 19, 30, 31, 33, 42, 47, 49, **232ff.**, 240
Heide 16
Helen Hill House 113
Helensburgh 113
Helmsdale 179
Hermitage Castle 50, 63
Hexenwahn 132f.
Highland Folk Museum 177
Highland Gathering 158f.
Highland Wildlife Park Kincraig 177
Highlander 28f.
Highlands 149ff.
Hill o'Many Stones 179
Hillswick (S) 231
Historic Scotland 212
HMS Unicorn 145
Hochlandrinder 21, 177
Hochtechnologie 23
Hopetoun House 52, 101
House of Dun 147
House of the Binns 101
Hudson Bay Company 210, 216
Huntingtower Castle 173

Inchcailloch 116
Inchcolm 99
Inchmahome Priory 121
Industrielle Revolution 22, 38
Inveraray 52, 200
Inverewe Gardens 194
Invergordon 178
Inverlochry Castle 188
Inverness 11, 47, 48, 161ff., **170f.**, Abb. S. 170
-Carnac Point 171
-Geird Bridge 171
-St. Andrew's Cathedral 171
Inversnaid 118
Inverurie 161
Iona (H) 30, 47, 49, 50, 254, **256f.**
Iona Community 256
Isbister(O) 48, 220
Islay (H) 204f.
-Bowmore 204
-Bunnahabhainn 204
-Kilchoman 204
-Kilnave 204
-Lagavulin 204
-Laphroaig 204
-Port Charlotte 204
Isle of Arran Heritage Museum (H) 258
Isle of Man 75
Isle of Mary 132
Isle of Withorn 74

Jagd 22
Jarlhoff (S) 228, Abb. S. 228
Jed Water 63
Jedburgh 63
John Muir Country Park 96
John O'Groats 179
Jura (H) 204f.
-Craighouse 205
-Jura House 205
-Keils 205
-Killchianaig 205

Kaledonischer Forst 14ff., 177, 194
Keil Point 203
Keith 165
Kellie Castle 52, 130
Kelso 61
Kenmore 174
Kilchurn Castle 200
Kildonan Castle (H) 260
Kildrummy Castle 50,
Kildrummy Castle Hotel **156**, 157, Abb. S. 156
Killicrankie 176
Killicrankie, Schlacht von 176

Killing Times 37
Kilmartin 48, 50, *Abb. S. 51*
Kilmartin Glen 202
Kilmichael Glassary 201
Kilt 26f.
Kingussie 177
Kinlochewe 194
Kinross Pier 129
Kintail 184
Kippford 71
Kirbister(O) 217
Kirchen 49f.
Kircudbright 73f.
Kirk s. Religion
Kirkoswald 66
Kirkwall (O) 49, 210
-Bishop's Palace 211
-Cathedral *Abb. S. 50*
-Earl's Palace 211
-Highland Park Distillery 220
-St. Magnus Cathedral 210f.
-Tankerness House Museum 211
Kirkwall Ba Games 211
Kirriemuir 139
Kleodale 184
Klondijkers 228
Knaik River 128
Kronjuwelen 147
Küste 18f.
Kyle of Lochalsh 193
Kyle of Tongue 184
Kylerhea (H) 253
-Otterreservat 253

Lachs 18, 20, 175, 178, 198
Lagg (H) 259
Lamb Holm (O) 219
-Italian Chapel 219
Lammermuir Hills 96
Lanarkshire 106
Landwirtschaft 20ff.
Largs, Schlacht von 31
Lauriston Castle 94, *Abb. S. 52*
Lealt Falls (H) 247
Leith 93
Lennoxlove 97

Lerwick (S) 223, *Abb. S. 226*
Leuchars 136
Lewis (H) 232ff.
-Callanish 48
-Steinacleit-Stätte 235
-Walverarbeitungsanlage 238
Lhaidhay Croft 179
Linlithgow 34, **101**
Linlithgow Palace 51
Linn o'Dee 160
Linn of Tummel 176
Little Houses 51, 100f., 173
Loanhead of Daviot 161
Loch Achray 120
Loch Ard 118
Loch Arkaig 189
Loch Assynt 184
Loch Awe 12
Loch Broom 195
Loch Chon 118
Loch Duich 193
Loch Earn 121
Loch Eil 192
Loch Eilt 192
Loch Eriboll 184
Loch Etive 198
Loch Ewe 194
Loch Garry 193, 250
Loch Gartan 177f.
Loch Katrine 116
Loch Leven 129, 130, 188
Loch Leven Castle 36, *Abb. S. 35*
Loch Linnhe 11, 188
Loch Lochy 11
Loch Lomond 10, 12, 48, **116ff.**, 184, 187, *Abb. S. 118*
Loch Lubnaig 120
Loch Maree 194
Loch Morar 12
Loch Ness 11, 12, 171, 184, 189, *Abb. S. 13*
Loch Ness Investigation Bureau 190
Loch Oich 11, 193
Loch Rannoch 175
Loch Shiel 192
Loch Skeen 64

Loch Tay 174
Loch Tummel 175
Loch Venachar 120
Lochbuie (H) 255
Lochcarron 194
Lochearnhead 121
Lochinver 184
Lochranza (H) 258
Lomond Tarbet 116
London 40f.
Longniddry 97
Lords of the Isles 33, 232
Lossiemouth 165
Lowlander 28
Luib Folk Museum (H) 253
Lunna (S) 231
Luss 187

Machair 17, 239
Machrie Moor (H) 259, Abb. S. 260
Machrihanish 203
Maes Howe(O) 48, 212f.
Maiden Stone 162
Mallaig 184, 193, Abb. S. 193
Manderston House 61
Mauchline 65
Mavis Grind (S) 231
Mealt Falls (H) 247
Meigle 138
Mellerstain 51, 61
Melrose 58f.
Melrose Abbey 50
Melrose, Priorwood Garden 60
Melrose, Zisterzienserabtei 59
Mercat Cross 51
Military Tattoo
Mona 133, 146
Mons Meg 87
Montrose 146f.
Moorhuhn 16, 22, 177
Moot Hill 173f.
Moray 178
Moray Firth 12, 168ff.
Mote of Mark 71
Motherwell 122
Mount Stuart 122

Mousa (S) 49, 227
Muck 193
Muir of Dinnet 157
Mull (H) 47, **254ff.**
Mull of Kintyre 203
Munros 17
Musselburgh 95

Nahrungsmittelindustrie 23
Nairn 169
Nan Eilean Museum (H) 234
National Convenant 37, 87
National Trust 66, 92, 100, 153f., 171, 173, 176, 188, 193
Nationalismus 40f., 152
Nechtansmere, Schlacht von 139
Neidpath Castle 63
Neptune's Staircase 188
Ness of Burgi (S) 229
New Abbey 71
New Galloway 75
New Lanark 122f.
Newark Castle 64, 121
Newton Stewart 75
Newtongrange 98
North Berwick 95
North Carr Lightship 131ff.
North Queensferry/Deep Sea World-Aquarium 99
North Uist (H) 232
Norweger 31
Noss (S) 221

Oban 197f.
-Sea Life Centre 197
Official Loch Ness Monster Exhibition 189
Ogham 140
Öl 39, 150, 178, 210, 224f., 231
Old Man of Hoy 208
Old Man of Stoer 184
Old Man of Storr (H) 247
Operation Deepscan 190f.
Orchardton Castle 73
Orkney 10, 33, **208ff.**
-Brogar/Stenness 48
-Burgar Hill 24

-Highland Park Distillery 166
Orkneys 179, 182f.
Otter 19, 177, 179, 227, 253

Paisley 123
Papageitaucher 229, 259
Parlament 37
Paxton House 61
Peebles 63
Pencaitland 98
Peniel Heugh 63
Pennan 163
Pentland and Oriental (P&O) 183, 221, 226, 228
Pentland Firth 179
Perth 171ff.
Peterhead 19
Pier Arts Centre (O) 216
Pikten 30, 138-141, 146
Piktensteine 128, 162, 165, 168, 171, 178f., 183, 217
Pinguine 94
Pionersk 225
Piper Alpha 152, 224
Piper Bravo 224
Piper s. Dudelsack
Pitlochry 24, 175
Pitmedden Gardens 162
Pittenweem **131**, 132
Plockton 194
Pluscarden 168
Port of Menteith 121
Port of Ness (H) 235
Portree (H) 245
-Skye Heritage Centre 246
Portskerra 183
Portsoy 164
Preston Mill 96
Prestongrange/Scottish Mining Museum 95
Prosen 139
P.S. Waverley 121

Queen Elizabeth Forest Park 118
Queen's View 175
Quiraing-Massiv (H) 246

Rannoch Moor 176, 187
Recumbent Stone Circles 157, 161
Reformation 33-36
Religion 13, 25, 36f., 39, 132f., 234, 249
Renaissancepaläste 51
Rennibister (O) 218
Rest and be Thankful-Paß 201
Rhododendron 15
Rhum 193
Ring of Brodgar (O) 213
Road of the Isles 192
Rockcliffe 71
Rodel (H) 239
Römer 29, 140
Rosemarkie 178
Rosslyn 98
Rosslyn Chapel 50
Rothes 165
Rothesay 121f.
Rothesay Castle 50, 122
Rothiemurchus Estate 177
Rotwild 22, 177, 239
Rough Castle 101
Rowardenan Hotel 116
Royal and Ancient Golf Club 137f.
Royal Burgh 31, 51
Royal Oak 219
Royal Scots Dragoon Guards 86
Ruthven Barracks 176
Ruthwell Cross 75

Saddell 50, 203
Samoa 45
Sanquar 66
Scalloway (S) 230
Scapa Flow (O) 219
Schafe 21f.
Schottische Koloristen 53, 114
Schottische Renaissance 40
Schwerindustrie 22
Scone Palace 52, 173
Scots 42
Scott's View 60
Scottish Centre for Falconry 130
Scottish Deer Centre 130
Scottish Fisheries Museum 132

Scottish Labour Party 39
Scottish Malt Whisky Society 93
Scottish National Party (SNP) 24, 39ff., 146
Scottish Salmon Centre 198
Scourie 184
Scrabster 183
Seehunde 19, 99, 182, 194f., 205, 219, 227, 252
Seevögel 18f., 183f., 221, 227
Selkirk 64
Seton 95
Sgian Dubh 27
Sgurr Dearg 17
Shambellie House 71, Abb. S. 71
Shawbost (H) 237
Sheriffmuir, Schlacht von 37
Shetland 12, 14, 19, 33, 45, **221ff.**
Shetland Bus 230f.
Shetland-Museum (S) 223
Shetland-Pullover 223, 226
Shetlandponies 229
Shetlands 179
Silver Sands of Morar 193
Skara Brae (O) 48, 214, **217**
Ski 160f., 177
Skipness Castle 203
Skye 39, 47, **241ff.**
-Flodigarry Country House Hotel 246
Sleat (H) 253
Sligachan Bridge (H) 248
Sma' Glen 128, 174
Smailholm Tower 61
Smoo Cave 184
Solemn League and Covenant 37
Solway 30
Solway Firth 12, 36
Solway Moss, Schlacht von 33
Sporran 27
South Bank Farm (H) 260
South Queensferry 99
South Uist (H) 244
Southerness Point 71, Abb. S. 72/73
Spey 12, 18, 176
Speyside Cooperage 165
S.S. Politician 232

S.S. Sir Walter Scott 118
St. Andrews 134ff.
-Botanischer Garten 136
-British Golf Museum 136
-Burg 135
-Kathedrale 135
-Madras College 136
-Old Course Klubhouse 136
-St. Mary's College 136
-St. Rule 135
-St. Salvator's College 135
St. Giles, Thistle Chapel 52
St. Magnus Festival 210
St. Margaret's Hope 220
St. Mary's Loch 64
St. Monans 130f.
St. Ninian's Cave 75
St. Ninian's Isle (S) 229
St. Vigeans 146
Stacks of Duncansby 182
Staffa (H) 10, 48, 254, **257f.**, Abb. S. 18
-Fingal's Cave 257, Abb. S. 256
Standing Stones of Stenness (O) 213
Steinzeit 29, 48, 208, 214f., 220, 237 f.
Stenness (O) 215
Sterling Ochil Hills 127
Stirling 48, 51, **126ff.**
-Bannockburn 126
-Cambuskenneth 127
-Sterling Castle 127f.
-Wallace Monument 127
Stirling Bridge, Schlacht von 126
Stone of Destiny 40, 146, 174f.
Stonehaven 11, 143, 147
Stonypath, Pentland Hills 53
Stornoway (H) 234
Strathclyde 24, 30
Strathisla 165, Abb. S. 167
Strathy Point 183
Stroma 182
Stromness (O) 24, 46, **216**, Abb. S. 217
Stromness Museum (O) 216
Stronachlachar 118
Sullom Voe (S) 231

Sumburgh-Kap (S) 229
Sweetheart Abbey 50, **71**

Talisker (H) 248
Tam o'Shanter 44f., 65f.
Tamdhu 164, 165
Tamnavulin 164, 165
Tantallon Castle 50, **95**
Tarbert 202f.
Tarbert (H) 239
Tarbert Beach 184
Tarbolton 65
Tartan 26f.
Tartanmuseum von Comrie 128
Tay 12, 18, 143, 173
Tay-Brücke 144
Teith 128
Thirlestane Castle 61
Threave Castle 75
Threave-Gärten 75
Three Sisters 188
Thurso 183
Tibble Shiel's Inn 64
Tillicoultry 129
Timespan Heritage Centre 179
Tingwall (S) 230
Tiree 198
Tobermory (H) 255
Tolbooth 51
Tölpel 96
Tolquhon Castle 162
Tomb of the Eagle (O) 220
Tomintoul 165
Tomnaverie Stone Circle 157
Tongue 184
Torf 24, 235
Torness 24, 96
Torosay Castle (H) 254
Torphichen Perceptory 101
Torridon 184
Torridon-Massiv 194
Torrisdale Bay 183
Torrylin Cairn (H) 260
Torrylin Creamery (H) 260
Tourismus 23f.
Tower House Drummond Castle 128

Tower Houses 50, 112f.
Traquair 58
Traquair House 63
Trossachs 43, 48, 116ff., **120**
Tullibardine Chapel 128
Tweed 240
Tweed 10, 12, 18, 31, 47, 60
Tyne 30
Tyninghame 96

Uig (H) 246
Ullapool 19, 184, **195**, Abb. S. 20
Ulva (H) 255
Unapool 184
Unionsvertrag 37
Unstan-Ganggrab (O) 213
Up Helly Aa 223
Urquhart Castle 50, 189, Abb. S. 192

Verwerfungslinien 11
Victoria Falls 194
Vital Spark 201

Wale 145f., 238
Wanlockhead 68
Wasserkraft 24, 200
Waternish Point-Kap (H) 252
Wemyss Bay 121
West Highland Way 187
West Mainland (O) 212
Wetter 11f.
Wester Ross 184, 193
Whaligoe 179
White Castle Hillfort 96
White Settlers 244f.
Wick war 179
Wideford Hill (O) 212
Wigtown Bay 74
Wikinger 30, 209, 223, 232
Wildkatze 15, 177, 179
Withorn 49, **74**
Wyre, Erklärung von 209

Yarrow 64
York, Vertrag von 31

Abbildungsnachweis

Cassels History of Great Britain: Abb. S. 35, 38, 245

Glasgow School of Art, Peter Trowles MLitt, Glasgow: Abb. S. 113

Historic Scotland, Edinburgh: Abb. S. 141

Georg Jung, Hamburg: Abb. S. 76/77, 83, 164

David Lyons, Loughrigg: Abb. S. 4 unten, 44, 62, 89, 95, 160/61, 186/87, 202, 237, 256/57

Kai Uwe Müller, Berlin: Abb. S. 3 unten, 41, 85, 99, 108, 139, 167, 176, 214, 215, 236, 248/49

National Trust for Scotland, Edinburgh: Abb. S. 65

Werner Richner, Saarlouis: Abb. Umschlagvorderseite

Scottish National Portrait Gallery, Edinburgh: Abb. S. 46

Alle übrigen Abbildungen stammen von der Autorin.

Karten und Pläne: artic, Duisburg und Berndtson & Berndtson, Fürstenfeldbruck

DUMONT
RICHTIG REISEN

»Den äußerst attraktiven Mittelweg zwischen kunsthistorisch orientiertem Sightseeing und touristischem Freilauf geht die inzwischen sehr umfangreich gewordene, blendend bebilderte Reihe ›Richtig Reisen‹. Die Bücher haben fast schon Bildbandqualität, sind nicht nur zum Nachschlagen, sondern auch zum Durchlesen konzipiert. Meist vorbildlich der Versuch, auch jenseits der ›Drei-Sterne-Attraktionen‹ auf versteckte Sehenswürdigkeiten hinzuweisen, die zum eigenständigen Entdecken abseits der ausgetrampelten Touristenpfade anregen.«
Abendzeitung, München

»Zum einen bieten die Bände der Reihe ›Richtig Reisen‹. dem Leser eine vorzügliche Einstimmung, zum anderen eignen sie sich in hohem Maß als Wegweiser, die den Touristen auf der Reise selbst begleiten.«
Neue Zürcher Zeitung

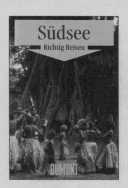

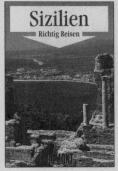

Weitere Informationen über die Titel der Reihe DUMONT Richtig Reisen erhalten Sie bei Ihrem Buchhändler oder beim DUMONT Buchverlag • Postfach 10 10 45 • 50450 Köln.

DUMONT
Visuell-Reiseführer

»Wer einen der atemberaubenden Reiseführer aus der neuen Reihe ›DUMONT visuell‹ wie unsere Rezensentin in der Badewanne aufschlägt, der sollte sich vorsichtshalber am Rand festhalten, denn was einem in diesen Bänden geboten wird, verführt den Leser geradezu, in das Land seiner Träume einzutauchen.« *Kölner Illustrierte*

»Sehfreude wird provoziert, Neugierde geweckt, Leselust angeheizt...«
Rheinischer Merkur

»Faszinierend sind die detailgetreu gezeichneten Ansichten aus der Vogelperspektive, die Form, Konstruktion und Struktur von Stadtlandschaften und architektonischen Ensembles auf einzigartige Weise vor Augen führen.«
Hamburger Abendblatt

»DUMONT *visuell* bei Besichtigungen stets bei sich zu haben, bedeutet stets gut informiert zu sein.«
Der Tagesspiegel

Weitere Informationen über die Titel der Reihe DUMONT *visuell*-Reiseführer erhalten Sie bei Ihrem Buchhändler oder beim DUMONT Buchverlag • Postfach 10 10 45 • 50450 Köln.

DUMONT

RICHTIG WANDERN

»›Richtig Wandern‹ mit DUMONT, den ungemein brauchbaren, vielseitig informierenden, praktisch orientierenden besonderen Wanderführern. Die Bände machen einfach Lust, das Ränzel zu schnüren und den vorgeschlagenen Routen zu folgen. Wobei die Wanderungen nicht mit Scheuklappen unternommen werden, sondern sehr viel an Kultur und Geschichte mitgenommen wird.«
Oberösterreichische Nachrichten

»Jede Wanderung wird anhand einer Übersichtskarte und eines Kurztextes beschrieben. Länge, Dauer, Höhenunterschiede, Markierungen, Einkehrmöglichkeiten und Anfahrt sind in Stichpunkten übersichtlich dargestellt. Außerdem bieten die Bände noch zusätzliche interessante Hintergrundinformationen über Geschichte und Kultur.«
Aschaffenburger Zeitung

Weitere Informationen über die Titel der Reihe DUMONT Richtig Wandern erhalten Sie bei Ihrem Buchhändler oder beim DUMONT Buchverlag • Postfach 10 10 45 • 50450 Köln.

Titelbild: Eilean Donan Castle
Umschlaginnenklappe: Crail
Umschlagrückseite: Anstruther Fish Bar

Über die Autorin: *Susanne Tschirner* studierte Germanistik und Geschichte und promovierte mit einer Arbeit über den Fantasy-Bildungsroman. Heute arbeitet sie als Reisejournalistin und Übersetzerin. Im DuMont Buchverlag erschienen von ihr außerdem die Reise-Taschenbücher »Provence« und »Irland«.

Fremde Kulturen kennenlernen und gastfreundlichen Menschen begegnen – wie sehr genießen wir das auf Reisen. Zu Hause bei uns jedoch wird mancher Ausländer von einer kleinen Minderheit beschimpft, bedroht und sogar mißhandelt. Alle, die in fremden Ländern Gastrecht genossen haben, tragen hier besondere Verantwortung. Deshalb: Lassen Sie uns gemeinsam für die Würde des Menschen einstehen.

Verlagsleitung und Mitarbeiter des DuMont Buchverlages

Die Deutsche Bibliothek – CIP-Einheitsaufnahme

Tschirner, Susanne:
Schottland : mit Hebriden, Orkney und Shetland / Susanne Tschirner – Köln: DuMont, 1996
  (Richtig reisen)
  ISBN 3-7701-3093-6

© 1996 DuMont Buchverlag
Alle Rechte vorbehalten
Satz und Druck: Rasch, Bramsche
Buchbinderische Verarbeitung: Bramscher Buchbinder Betriebe

Printed in Germany   ISBN 3-7701-3093-6